U0142477

# An Introduction to European Law

# 歐盟法要義

Robert Schütze 著

藍元駿 等譯

五南圖書出版公司 印行

# An Introduction to European Law

*Third edition*

**Robert Schütze**

# 目　錄

## 第一部分　歐盟法之結構

# 第二部分　歐盟法之執行

# 學界推薦（順序依姓氏羅馬拼音）

# 業界推薦（順序依姓氏羅馬拼音）

# 淺妻章如*

# Why Asian tax lawyers should study European law

One might think that Asian tax lawyers don't have enough time (and don't need) to study European law. Of course, Asian countries' courts are not dominated by European law.[1]

However, Asian tax lawyers cannot ignore European law because of two reasons. First reason is that Asian companies are more and more participating in the European market. Second reason is that common sense among tax lawyers in non-European countries (Asian countries, America, or etc.) is not common sense among tax lawyers in European countries. For example, Marks & Spencer (C-446/03) restricts the UK's power to deny deducting losses of a subsidiary in another EU member country from profits of a UK's resident parent company. This judgment astonished non-European countries' tax lawyers because limitation on foreign losses deduction is freely legislated by a country in the common sense in non-European countries. Certainly Asian countries' courts are not dominated by European law. However common sense among tax lawyers in the world cannot be irrelevant with common sense in European countries because many of OECD member countries are European

--------------

* 立教大學法律系教授

countries.

For example, Glaxo case in the Japanese supreme court, 2009 Oct 29th (Minshû 63-8-1881)(最高裁判所2009年10月29日判決民集63卷8号1881頁) dealt with an issue of whether Japanese CFC legislation (controlled foreing corporation legislation, also called as anti-tax haven legislation or Hinzurechnungsbesteuerung in Germany) was compatible with the Japan-Singapore tax treaty. CFC legislation was originally invented in America. From the viewpoint of American tax lawyers, the issue of whether CFC legislation is compatible with a tax treaty is ridiculous because CFC legislation is anti-tax deferral legislation which is purely domestic tax policy. However, Cadbury Schweppes (C-196/04) made limitations on the importance of existence of CFC legislation: CFC legislation is compatible with EU law only when attacking "wholly artificial arrangements". And French court (Conseil d'État) ruled that French CFC legislation was not compatible with the France-Switzerland tax treaty in Schneider case (N° 232276); although Finnish court (Korkein hallinto-oikeus) ruled that Finnish CFC legislation is compatible with the Finland-Belgium tax treaty (KHO 596/2002). The Japanese court could not ignore discussions in European countries and finally ruled the compatibility.

We, Asian tax lawyers, also need to study European law if we are concerned with international tax issues. I heard that "An Introduction to European Law" written by Robert Schütze will be translated by 藍元駿老師, so I read this book. This book has many illustrations which help us to make images concerning relationships of legal concepts. Taiwanese people are lucky to study European law with this book in Chinese translation. I am confident that this translated book will be a big help for Taiwanese to study European law.

張兆恬*

# 統合、進步與競爭：以本書作為了解歐盟法之鑰

　　我國比較法研究向來是以德國、日本、美國法為主要對象，然而歐盟法的重要性，可謂日漸提升。歐盟法的規範與治理架構，不僅因其超越國界以及區域整合的效力，成為跨國治理的管制典範，其在許多領域所彰顯的前瞻性，亦是原因之一。以筆者較為熟悉的科技法領域為例，歐盟一般資料保護規則（General Data Protection Regulation, GDPR）自2018年實施，儼然成為世界上最有影響力的個資保護規範之一，該規則在跨境資料傳輸上的嚴格規範，要求與其進行資料傳輸的國家，必須達到與GDPR達到實質相當程度的個資保護，使得他國立法及企業皆須向GDPR所樹立的標準看齊。此外，GDPR對於資料主體權利具有相較於其他立法例完整的清單，並就資料可攜性（data portability）、資料剖析（profiling）等議題加以規範，對於資訊科技發展作出回應，另外亦對於資料控制者、處理者的責任明定，以及加重企業責任，其體系的完整性與進步性，皆使GDPR成為個資保護上不可忽視的立法例，而與美國法強調資料自由流通及有效運用的不同立法思維相抗衡。再者，歐盟在人工智慧領域規則制定上相當積極，諸如2021年歐盟人工智慧法草案，試圖建立對於人工智慧的一般性規範架構，亦可預期歐盟法將來在此領域的示範性地位。而在我國立法

\* 國立臺灣大學國家發展研究所副教授

上，研議中的個人資料保護法修法、數位通訊傳播法草案等，亦將歐盟法作為主要參考之對象，足徵歐盟法對於我國法之影響力。

本書的前二部分提綱挈領的介紹歐盟組織、立法、效力、與內國法之關係、救濟程序，第三部分則是論述較為個論性質的議題，包括貨品與人員流通、競爭法乃至於英國脫歐，對於歐盟組織與規範體系提供簡潔精要的概述。國內研究者在進行比較法研究時，常不免感到千頭萬緒，或者對於文字近似的制度及概念有所混淆，究其原因，許多在於對該法域的體系缺乏基本的背景知識。而本書對於歐盟法進行淺顯易懂的背景介紹，足以作為欲研究、比較歐盟法的入門者的參考書籍。

本書譯者藍元駿教授作為財稅法、行政法的專家，長期致力於租稅基礎理論的研究，在比較法領域亦功力深厚，其著作所涵蓋的比較法對象，包括歐盟、東北亞、中國乃至於非洲，現為中國文化大學法學院法學院國際稅法研究中心及比較法研究中心召集人。除了豐富的著述，藍教授亦長期投入翻譯，其所譯著熊彼得《資本主義經濟學及其社會學》是為經濟思想領域的經典，而比較法上更是譯有《大陸法傳統 —— 西歐與拉丁美洲的法律制度概述》、《美國法制概述》等書。藍教授對於不同立法例的廣博知識與包容廣納，以及在比較法知識引介上的慷慨投入，實為我國法學研究者中所罕見。我作為一名以美國法為主要比較對象的研究者，近來深感到歐盟法在各領域的重要性，本書內容精要，翻譯文字流暢易讀，衷心推薦給任何想要了解歐盟及歐盟法的讀者。

# 張之萍[*]

# 作爲生活方式的歐盟法

　　開始學習歐盟法是在研究所的時候，修習了王泰銓教授所開設的歐盟法專題研討課程；在該課程中，教授清楚而且準確地帶著我們爬梳了歐盟發展的歷史，並再三強調正確使用歐盟機構名稱的重要性（有興趣了解歐盟機構翻譯之複雜與正確性的讀者，可參閱王泰銓，如何正確使用（翻譯）歐盟機構的名稱：以the European Council爲例，刊載於台灣歐洲聯盟研究協會，文章網址：https://www.eusa-taiwan.org.tw/europe_detail/49.htm，最後到訪日：2022年04月01日）。當時學習歐盟法，多是對於外國法制的好奇，更多的是一種「使用舶來品」的想像。及至到歐洲求學之後，歐盟法不再是學術殿堂的一種比較法例，也不是一種對於超國家整合的學理探討，而是真真實實的存在於生活之中。記得有次去瑞士Basel參加研討會，爲了省錢，選擇住在靠近法國的偏僻地區；和那座有名的三國紀念碑（Dreilaendereck）不同，落腳的旅館附近可是有法國與瑞士的邊境檢查站，不過均已停用。友人和我可以毫無阻礙地邁入法國領地的小餐館，享受物美價廉的晚餐，再散步回到物價驚人的瑞士城鎮，充分感受到歐盟第一支柱的歐洲一體化效力。當然，歐盟一體化這件事，作爲參與歐盟Erasmus Mundus博士學程的我更是深刻體驗：整個計畫的課程規劃與授課教師遍及全歐，課堂所使用的基本法律基礎就是歐盟法；

---------------
\* 世新大學法律學系助理教授
　　本書譯者之一

只有在mobile plan階段，必須按照自己研究領域去兩個不同國家的研究機構學習時，才會有部分的課程是涉及到各內國法，但整體來說，都還是以歐盟法為討論的對象。以被遺忘權為例，不論在荷蘭或是義大利的課堂上，都以Google Spain SL, Google Inc. v Agencia Española de Protección de Datos, Mario Costeja González (2014)一案為主要討論對象，而以Article 12 of the Directive 95/46/EC（也就是後來GDPR第17條）為討論基礎；而義大利的個資法（Il codice per la protezione dei dati personali; "codice della privacy"），或是荷蘭的個資法（de Wet bescherming persoonsgegevens）則做為輔助，在其他個案中說明。由此，更能感受歐盟法鮮活地脈動，以及作為現時規範的存在，其重要性，不言而喻。

　　Robert Schütze教授所著的這本《歐盟法要義》，相較於我先前讀的歐盟法教科書，更加能表達前述「生活中的歐盟法」那般感受。Schütze教授用語詼諧，降低了「法」的不可親近，像是用「pie in the sky」來說明沒有附帶救濟的權利，就有如空中畫餅那般，看得到吃不到。讓讀者更能領略歐盟法的現時性與實踐性，並提供精確的概念與著名案例解說，使讀者對於歐盟法能有更全面與正確地認識。對於想了解歐盟法是什麼，或是想快速掌握歐盟法概念的讀者來說，這真是本可以立即上手，立刻掌握歐盟法基本概念的好書。

　　最後，我想簡單談一下自己對於法學書籍翻譯的看法。作為研究者，使用第一手文獻是義務、也是責任，更是研究的基本；於是，在比較法的討論上，或是外國文獻的引薦上，多數法學者並不傾向逐字翻譯，而是在預設同儕或讀者都能了解外國文獻的前提下進行學理討論。這是一種進階而且深入的研究方法。不過，當非法律領域的讀者、或是法學初學者來閱讀該研究時，外國法討論的脈絡就會造成他們很大的負擔，倘若市面上又無從取得相關之基礎書籍，該研究之精華，對於社會大眾而言，反而成為被忽略或無視的艱難文字，十分可惜。不過，翻譯是門學問，並非單純

將外國文字轉譯成中文，就能交差了事；曾見中國學生引用大量外文翻譯著作，但或許該翻譯是由外文專業之譯者為主，或可能不具備法學專業知識、或可能審校不確實，翻譯品質差強人意，令人敬謝不敏。而今，藍元駿教授願意投身於法學翻譯的行列，陸陸續續出版了不少經典入門書籍之譯作，對於其致力於去除法學舶來品色彩的努力，甚感佩服；元駿教授對於翻譯工作的仔細與勤奮，並一肩擔起全書譯文的統整與校對，令只是來打醬油、又混水摸魚的我深感汗顏之餘，也非常期待這本譯作的問世。法學畢竟是發展於社會規範之中，也期待這門學科能像生活中的常識般，廣被社會大眾所閱讀、所接受。

# 張志偉*

# 通往歐盟法的橋梁

　　歐洲聯盟在國際法上是個特殊的現象，作為高權主體的歐盟既非國家、亦非一般依國際條約成立的國際組織，依德國聯邦憲法法院著名的界定，其毋寧為一「由主權國家所組成之超國家聯盟」，也因此獲得國內許多研究兩岸議題之人的關注。在成員國所移轉之高權權限範圍內，歐盟可自主行使立法、行政及司法之權，據此所生之歐盟法執行亦可在各成員國中具有直接拘束力（直接效力），歐盟法生效後即成為內國法體系的一部分，在內國法秩序中具有直接效力與優先效力。個人可在內國法院行使其歐盟法上所保障的權利，而歐盟法亦要求內國法院必須提供歐盟法上所保障的權利得以有效的權利救濟管道；至於歐盟法的公權力措施之所以有此效力，則必須是在歐盟所行使的權限範圍仍在各成員國所移轉的高權領域範圍內的前提下，始得成立。因此，為釐清各成員國內國（憲）法與歐盟法間可能的規範衝突關係，同時也必須讓內國法院解釋與適用歐盟法更為清楚掌握，除了各成員國中內國憲法法院與歐洲法院越權行為審查權限的劃分問題（此即越權審查，Ultra-virus-Kontrolle）外，歐盟運作條約第267條亦設計有成員國內國法院與歐洲法院共同合作的審查模式，由內國法院判斷就待審案件而言，是否有必須提請歐洲法院先決裁判程序（Vorabentscheidungsverfahren），而歐洲法院亦有權就該歐盟法規或歐盟

---

\* 　慕尼黑大學法學博士
　　銘傳大學公共事務學系助理教授

機關之行為表示見解，凡此均形塑出歐洲法有別於其他法領域的特殊性。

　　除歐盟機構、立法、權限，以及歐盟法執行與內國國家機關、法院間的關係外，歐盟亦遵循近代憲法傳統，將基本權利保障納入歐盟法的體系中。其中除了由各成員國共同憲法傳統中所導出歐盟一般法律原則外，嗣後又公布歐盟基本權利憲章（Charta der Grundrechte der Europäischen Union），將基本權利法典化，並承認具有「與基礎條約相同的法律效力」，自此歐盟即共享一定共識的基本權利內涵，成為歐盟內部的權利清單；除此之外，扮演著國際法效力的歐洲人權公約亦成為歐盟的外部權利清單。

　　歐盟法對於各成員國的具體影響甚為全面，以德國法為例，幾乎所有主要法領域都程度不一地深受歐盟法所影響。以個人研究領域的個資法與移民暨難民法為例，歐盟法即屬研究此等領域「不可想像其不存在的條件」。在個資法領域，1995年的個人資料保護指令以及2016年通過、2018年生效的個人資料保護基本規則（Datenschutz-Grundverordnung, DS-GVO; 英譯General Data Protection Regulation, GDPR），旨在達成各成員國間個資保護機制的一致化（Harmonisierung），即深刻影響著德國個資法的具體規範：為轉換此等歐盟法要求，德國於2017年6月修正通過新的德國聯邦個人資料保護法（Bundesdatenschutzgesetz, BDSG），大幅調整其規範內容以符合歐盟個人資料保護基本規則的標準。至於在移民法與難民法中，在2009年里斯本條約中規定「自由、安全與司法區域」（Der Raum der Freiheit, der Sicherheit und des Rechts）作為規範依據，復依歐盟運作條約（Vertrag über die Arbeitsweise der Europäischen Union, AEUV）第78條及第79條，歐盟應致力於發展共同庇護及移民政策，至此歐盟對於庇護與移民政策即取得一定的發言空間。惟必須留意的是，在歐盟層級討論移民及庇護規範，原則上僅限於第三國籍者（Staatsangehörigen von Drittstaaten），而不及於歐盟公民（Unionsbürger）。蓋後者依歐

盟法享有特殊的法律地位，具歐盟公民身分者（Unionsbürgerschaft, Art. 20 AEUV）及由其所衍生的自由移動遷徙權利（Freizügigkeit, Art. 21 AEUV）原則上享有在歐盟區內自由遷徙之權，並不受居留目的之限制，於此即構成德國內國移民法與庇護法制之歐盟法框架。由這兩個法領域的發展即為適例，足以窺見歐盟法的深刻影響。

　　歐洲法不僅是德國法學院必開的國考科目，無論是在德國法學院的教室課堂上，抑或是學者所出版的專書或期刊，甚至是法院裁判實務上，均已無法迴避歐洲法對於德國內國法及法院裁判的指引作用。我在慕尼黑大學上課與撰寫論文時，由於先前在國內沒能多接觸這方面的文獻，生吞活剝地啃了些歐洲書教科書或期刊，常苦於歐洲法領域的複雜與專業用語障礙。由此過程即深切體會語言的理解只有在語言共同體中方屬可能，欲親近或掌握不同語言與法律體系的文本，翻譯一事即可確保基本的交流可能性。今適逢元駿兄翻譯英國杜倫大學（Durham University）法學院歐洲法與全球法教席的Robert Schütze教授所著，《歐盟法要義》一書，協助中文世界的讀者可以克服法律體系與語言隔閡，實屬美事一件。有幸先行拜讀大作，對於元駿兄以流暢的翻譯筆鋒，遊刃有餘地勝任不同語言與法律體系的知識傳遞任務，甚感敬佩。相信有此譯著，必能使得歐洲法這個複雜的法領域更為易於接近，故樂意為序而推薦之。

# 陳純一[*]

　　回顧歷史，可以了解歐洲一再見證與引領國際法的重大發展，被稱做「國際法之父」的格勞秀斯（Hugo Grotius, 1583-1645）是荷蘭國際法學者；被視為現代國際法發展源起的《威斯特法利亞條約》（Treaty of Westphalia）則是1648年在歐洲簽署。格勞秀斯等歐洲學者讓國際法逐漸成為一門有系統的科學；而依照《威斯特法利亞條約》所建立的國際法架構，主權民族國家成為國際社會的主要成員，而且這些國家不論領土大小、人口多寡，或是信仰新教或是舊教，其地位一律平等。

　　三百年後，歐洲整合又帶動了國際法的發展與思考。從1957年簽訂的《羅馬條約》（Treaty of Rome）開始，歐洲的區域合作與組織日益加強。1992年《歐洲聯盟條約》（The Treaty on European Union），1997年《阿姆斯特丹條約》（The Treaty of Amsterdam）、2001年《尼斯條約》（The Treaty of Nice），及2009年生效的《里斯本條約》（The Treaty of Lisbon），逐步強化歐洲整合。在這種情況下，發展出的區域共同規則日益增多。從傳統國際法的角度來看，這種適用於歐洲聯盟與其締約國的共同體法，性質上是一種條約制度下的特殊規範。它的發展，反應的是新的思潮和社會環境的變化，以及歐洲在歷經二次慘烈的世界大戰，追求和平繁榮和重視法治的願望。

　　而今，當我們檢視歐盟法的內容特點時，一定會注意到這一套法律規則具有直接適用效力及優先適用效力，在若干情況下可以直接適用到歐洲聯盟內各締約國境內的個人或法人，並且還有司法機關解釋適用上的疑

------------
* 　國立政治大學特聘教授
　　國立政治大學法律學系暨外交學系合聘教授

義。此外，我們也會注意到會員國依據此一法律制度，共同創設了歐洲聯盟這一個特殊的國際組織。歐洲聯盟有別於傳統的政府間國際組織，能擁有會員國同意移轉的部分國家權利，並獨立行使職權，從事國際會議，參與條約簽署。

但是歐盟法的意涵不僅於此，首先，歐盟法對於所有會員國，不論是原西歐國家，或是後來加入的東歐國家，都是一體適用。依照歐盟法，會員國的國內法律要與歐盟法調和，如此方能保護全體歐盟會員國公民的權益，和促進會員國法律制度的演變、進步與創新。其次，歐盟法院的判決見解，既有助於解決爭端外，也能促進會員國彼此的合作關係。第三，歐盟法也確定了歐盟這個組織本身必須要依法行政，權力分立，如此才能促進歐盟本身在政策上的透明，和強化它的正當性，以推動歐洲法律創新與法律進步。最後，在歐盟的努力下，歐盟法的精神和原則會日漸普及，不但促進新的法律原則及法理規範的建立，也會影響其他地區和國際法的發展。

歐盟法的進步，說明作為傳統國際法核心的主權領土觀已經漸漸無法維持。在18與19世紀，由於強而有力的民族國家是國際社會的主要成員，所以主張國家主權絕對最高的見解似乎是當然之理；但是到了今日，為了維持和平與促進人類的共同利益，幾乎每一個國家都會接受基於國際社會利益而對其行動自由的限制。

雖然今日世界各國所參與奉行的國際法體系，由於許多新興國家的參加，其內涵已不再限於西歐文化，但是如前所述，歐盟法的重要性絕對不容忽視。可是歐盟法體系龐大、涵蓋議題眾多，學習歐盟法對初學者實在不容易。英國杜倫大學（Durham University）教授Robert Schutze名著An Introduction to European Law第三版，簡明精要的介紹了歐盟法的基本原理、機構組織和重要的議題，包括了歐盟的機關組織和立法、歐盟的權限、基本權利、直接效力、法律優位原則、會員國和歐盟訴訟實務，以及

人員貨物自由流通所面對的法律問題，並關心競爭法在歐盟的發展，與英國脫歐的影響。全書內容豐富，條理分明，深入淺出，非常有助於莘莘學子、法律實務界和政府部門學習了解歐盟法。

　　藍元駿教授任教於中國文化大學法律系任教，擔任法學院國際稅法研究中心及比較法研究中心召集人，對歐盟法制素有研究。很高興他為了推廣歐盟法的專業知識，奉獻心力翻譯英文版原著，順利完成本書。是為序。

# 邱晨[*]

　　自2015年從德國取得學位回國任教至今，深感在稅法研究領域中，歐盟法在國際上之重要性與對於我國稅捐實務及理論之啟發，我便陸續撰寫相關國際稅法或是歐盟稅法議題之文章。然對於歐盟法之介紹均僅侷限在某個特定的稅法議題，對於歐盟或是歐盟法之運作方式有時還是感到疑惑，當時即萌生，歐盟作為歐洲多個國家在政治與經濟的共同體，其組織之內部架構、立法程序、歐盟之執行、內部市場之運作，在歐盟帶有強大之影響力下，應有所了解。

　　今聽聞向來敬重的元駿學長翻譯《歐盟法要義》一書，裡面詳盡介紹歐盟法之執行層面，尤其涉及歐盟訴訟部分，這關乎歐盟與會員國間及各會員國間之法律爭議，歐盟機構如何在尊重各會員國之立法權下介入各會員國之立法政策或是審判實務。相信藉由本書之介紹，將會帶來諸多對於歐盟機構相關措施之釐清。

　　元駿學長為國內重要之稅法學者，除了著作等身外，翻譯文獻亦相當豐富，例如早期之《國際租稅入門》、《資本主義經濟學及其社會學》到近期之《大陸法傳統》與《美國法制概述》等，均為我國法律學習者或是實務工作者帶來外國法制之衝擊與啟發。真心期望元駿學長能接著一本又一本的翻譯著作，以為我們帶來閱讀上的饗宴並增廣視野。

---

[*]　輔仁大學學士後法律學系副教授

# 卓忠宏*

　　歐洲聯盟作為一個區域性國際組織，但不同於一般國際組織，除了歐盟高峰會、歐盟部長理事會兩個政府間合作機構，同時設置類似民主國家三權分立機構——歐洲執行委員會、歐洲議會、歐洲法院，以及歐洲中央銀行等超國家組織。其治理體制呈現出一種「低於主權國家，但高於國際組織」的特質。其走向正在從政府間合作逐漸往超國家主義靠攏。歐盟複雜的組織架構、獨特的決策流程、會員國與歐盟超國家機構權限劃分原則、以及國內法與歐盟法的孰重孰輕，都是研究歐盟的基本課題。

　　歐洲內部共同市場成立後，會員國去除彼此之間的疆界，國與國之間的人民、貨物、服務、資金可以在歐洲市場內部自由流通，而形成一個相當獨特的現象。政治學中無比重要的領土與主權概念是定義一個國家重要的條件，而疆界這條有形界線就是作為國與國之間領土劃分與權限行使的依據。歐洲內部市場卻打破疆界的原則，這對歐洲人民的流動更加的密切，企業的競合也更形激烈。

　　個人在馬德里大學攻讀博士期間，對西班牙與其他歐盟會員國經濟互通有無、基礎建設逐漸完善、學生至歐洲各大學頻繁交流印象極為深刻。對歐洲國家人民對歐洲聯盟這區域組織向心與凝聚力是既好奇也深感羨慕。

\* 時任淡江大學歐洲研究所所長

　　本書《歐盟法要義》透過政策與實務層面對歐盟整合進行剖析,能理解歐盟運作的大致輪廓與內部市場,更加挑戰政治學與法學一些傳統的認知,提供國內歐盟研究愛好者一本深入淺出的參考用書。

# 顧斯文[*]

# 歐盟法、古代性以及我們的世界： 古代史學者的觀點

　　一名研究希臘羅馬歷史並任職東北師範大學古典文明研究所的史學者，何以能榮幸受邀就本書撰寫序文？受邀者認為理由有三。

　　其一，受邀者對希羅時期財稅、貨幣與經濟史的研究興趣。昔時之財稅制度、貨幣政策，經濟秩序乃至於法律規範，與今日歐盟大相逕庭，但關於財稅、貨幣以及市場規範如何與公私經濟體系密不可分，儘管各家觀點不一，卻早已深植古代思想之中。但無論如何，我們難以斷定或證明過去乃是今日的延續，欲強作比較則不免過度簡化，反而造就一群人在比附援引之中以各種「法則」進行分析與解釋，輕忽了史學的「自由與責任」。[1]話雖如此，比較視角所提供的，應該是對於財稅、貨幣及經濟之制度、行動者、工具以及過程的不同觀點及彼此的交流，如何（應該）在當時特定的框架與對話之中理解。當認知到過去遺留給我們的乃受限於我們對過去的觀點一事，則從身處的時代、問題以及挑戰來審視過去，將有助於我們發現史家蘭克所提「它在當時究竟為何？」的問題，其實總是在問「它與我們的關係究竟為何？」

　　理由之二，在於羅馬法乃是受邀者研究興趣的交集與延伸。在此，其

---

[*]　東北師範大學 世界古典文明史研究所教授
[1]　cf. J.G. Droysen, Outline of the Principles of History *[Grundriss der Historik]. With a Biographical Sketch of the Author*. Trans. by E.B. Andrews, Boston 1897, 26 [§37)].

與現代之間各式各樣的連結和延伸顯而易見。羅馬法型塑了羅馬帝國，更因查士丁尼所編《羅馬法大全》而對後世歐洲及其他各地的法律體系、制度以及對話影響深遠。其儘管被評為食古不化、有礙時代前進，在20世紀國家及社會主義運動中欲予推翻，但至今對研究與理解現代法律仍至關重要。而當發展動態而富有變化的羅馬法框架，再度為法律史學者關注之際，過去所持中世及（近）現代對羅馬法「照本宣刻」式的延續和「被動」繼受的通說觀點，也將被揭為虛構而有悖實情。而無庸置疑，多數將羅馬帝國與歐盟相提並論的比較觀點，無論動機為何，皆非單就政治或行政結構或是地緣上的相似性而論，而是將羅馬法視為在多元法律傳統與框架中的一種統攝概念。

　　「多元中團結」的框架以及所伴生的概念界定問題，是本書不可或缺的一部分，也是受邀者所認為的第三個原因。受邀者在其研究與個人身上曾歷歷可見一種「全球」觀點。古羅馬人治理帝國，兼採羅馬（市）民法與適用於外邦人的萬民法，並適度保留當地法律制度。他們甚至能承認帝國以外（甚至未與之締約）的地方之法律體系──法律爭議起於一旦涉及跨境，無論是戰爭時期的士兵或俘虜，或是基於當地交易習慣與國家經濟秩序不容之處。[2]作者也深知，在異國工作與生活之人所受法律規範（特別是稅法），某部分是以條約形式（如雙重課稅協定）所訂，但多數情形則非如此。這些在法律上（甚至在政治、社會、經濟與文化上）與多重框架為伍的生活經驗，雖有不便，但更多是豐富思想的養分，並且理解到要真正的「全球」（歷史）研究──而非流於包覆「殖民」的外衣──不能粗就統攝要素、互賴與糾葛處的外觀，便隨即冠以「全球在地化」的雅名，毋寧要體察多元、差異以及各自傳統的發展。在這些端點之間經常性

---

2　參照如Pompon. Dig. 49.15.5.2 與Tryph. *Dig.* 49.15.12.9 關於「復境權」（*ius postliminii*）的討論。

的交流和偶發的衝突實則貫穿了本書，使讀者認識到「多元中團結」並非上對下的既定口號，而應是活生生的現實，無論在法律或其他面向均然。這或許是一項挑戰性高但成果也豐碩可期的要求，使我們不先去界定「西方」為何，而是從全球視野深化對彼此的認識；亦即，除了閱讀對方，更要互相交流。

（施昀欣、藍元駿　校譯）

# 洪淳琦[*]

　　一直很佩服能將龐大體系的法制，深入淺出地寫成供有興趣的讀者們入門的書籍作者，讀者手中的這一本《歐盟法要義》，就是相當好的範例。歐盟法是常令人感到不得其門而入的法律，欣見藍元駿教授在教學研究之餘，還致力於翻譯本書、及其他多本法學經典著作，對台灣法學研究的貢獻實功不可沒。

　　我在留學英國的時期，正是歐盟與英國關係變動的時期。2016年6月，我仍是博士生，脫歐公投即將進行。我所居住的倫敦，屬於remain（留歐）支持者較多的地方，倫敦是受益於英國加入歐盟的城市，享受著歐盟關於「貨品自由」（可參本書第九、十章）及「人員流通」（參本書第十一章）帶來的各種紅利。公投前，許多鄰居在家中窗上掛著Remain的標語；大學校長直接寫信給學生，請求大家考慮投票贊成留歐。我所屬的大學以及幾乎所有高教機構，都希望英國留在歐洲，主要著眼於歐盟所支持的各種人力、研究資源，加上相當高高比例的歐盟學生在英國，如果脫歐究竟會如何，實在難以預料。由於我身邊的人多屬留歐派，因此完全沒料想到英國人民有可能選擇脫離歐盟。還記得脫歐公投開票當天晚上，我驚訝地看著Remain的票數始終落後於Leave（脫歐），最後票數結果是51.9% 的脫歐票，對上48.1%的留歐票。英鎊就此狂跌；隔天我英國朋友臉上的淚痕未乾，不敢想像英國竟然如此選擇。過了那個夜晚，我習慣的英國即將變得不一樣了。

　　不過，雖有這麼多的私人的心情，還是要提醒讀者：英國不會因為脫歐，就此所有的「英國研究」脫離歐盟法研究範疇，相反地，如何處理英

\* 　清華大學科技法律研究所助理教授

25

國的「脫離」，是歐盟法上重要的一頁，本書亦花費一整章詳細介紹，詳情可參本書「尾聲」。英國並非公投後立即產生脫歐效果，因為英國必須依歐盟條約第50條進行退出程序，並且進行漫長的脫歐協定談判。這些英國與歐盟的脫歐協定談判，也是歐盟法的一部分。英國與歐盟究竟依據那些程序如何進行談判？其中最困難的北愛爾蘭與愛爾蘭之間的邊界又如何解決？過渡時期之各種法律關係應如何約定？本次英國所創設的脫歐先例，是歐盟法可以研究的對象，給歐盟法更多研究的素材，對此有興趣者請務必閱讀最後一章，也歡迎更多人加入歐盟法研究的行列。

　　歐盟法就是這樣一部始終變動中的法律，任一國不論是加入、脫離、或其他變動的行為，其軌跡均含納於歐盟法體系中。即使英國脫離了歐盟，因為地緣政治因素，不可能真正遠離歐盟；往後英國與歐盟，會走向哪種夥伴關係，蘇格蘭的動向也令人關注，以上議題也請讀者繼續觀察研究。

# 許政賢*

# 歐盟法新視野

　　在西方文明發展史上，歐洲大陸一直扮演重要角色，無論政治、法律、經濟或社會等層面，都有舉足輕重的地位，影響效應遍及全世界。姑且不論希臘、羅馬時代以來，歐陸經歷兩千多年的衝突與融合，僅就最近一百多年而言，1870年普法戰爭所結下世仇，曾經延續到兩次世界大戰時期，但令人驚奇的是，不到一世紀光景，德國、法國兩大當年仇家，竟然化干戈為玉帛，主導現代史上嶄新的政治發展─歐洲聯盟的整合，並為人類歷史增添一幅重要篇章。

　　自20世紀下半葉起，歐盟的雛型、蛻變與實踐過程，不僅根本改變歐陸的政治生態，也開啟人類文明發展的新路徑。兩次大戰期間的敵對陣營，為何及如何在政治上趨向融合，並藉由法律而逐步落實，以整合成「類統一」的型態，在在引發許多挑戰與契機，成為歐盟研究引人入勝之處。同時，在現代主權國家興起後，加上民主思潮的推波助瀾，歐盟所進行史無先例的整合，自然涉及錯綜複雜的多重關係，相關過程成為艱鉅的政治工程。有趣的是，在當前全球化思維的浪潮中，歐盟整合所涉及全方位的改造，一方面提供新型政治發展模式，另一方面成為諸多領域研究素材，對於歐盟以外國家深具啟發意義。

　　此外，歐盟整合對於歐陸法系國家而言，勢必產生相當衝擊。例如：對於當代德國法的詮釋，無法不論述歐盟法的影響，而與德國並駕齊驅的

---

\* 　國立政治大學法學院教授兼院長

法國，也由於歐盟整合的趨勢，導致同法系兩大代表國家的特色，正逐漸縮小同中有異部分的比例。以民事法學為例，無論實體或程序法領域，以往德國法、法國法的分類，在歐盟整合的推動下，歐盟法化已成為兩國法律人的共通語言，且內國法、外國法或超國界法的傳統疆界，因而逐漸變得模糊。另一方面，歐盟整合有賴法律規範的統合，但諸多成員國的法規不一，究竟如何求同存異，實現整合的政治藍圖，涉及全方位複雜互動，如無專家適切引導，猶如霧裡看花，難以一窺堂奧。

本書作者Robert Schütze為歐盟及全球法研究的新銳，兼具法學與政治學的專業素養，對於該領域研究而言，無異特具優勢。他集二十年心力的代表著作，構成歐盟研究的三部曲，不僅榮獲學術獎項的肯定，並由世界著名學術出版社出版專書。本書為作者心血結晶的通俗版，Schütze教授基於法政兼備的學術背景，分由立法、司法及行政等層面，及由人員、貨物流通的視角，將歐盟的政治架構、法律規範與具體實踐，進行深入解析與闡釋。本書體系完整、層次清晰、表達淺顯，既有總體政治藍圖的呈現，亦有個體法律規則的描繪，且由於作者的不凡功力，使其內容執簡馭繁，可讀性極高，無論歐盟研究的學者專家，或對歐盟發展有興趣的讀者，都能從中獲益良多！

特別值得一提的是，譯者藍元駿教授，傳承深厚法律家學，基於優異學術養成背景，致力於厚植法學基礎，尤其在比較法學領域耕耘甚深，著有貢獻！藍教授不僅視野寬廣，選書獨具慧眼，並兼具過人的中、英文造詣，譯文清晰流暢，令人賞心悅目！前所翻譯「大陸法傳統」一書，原為比較法學的經典名著，輔以藍教授精采譯文，相得益彰！本書為比較法學新銳學者的傑作，對於歐盟法的論述深入淺出，實屬難得佳作，而藍教授選譯本書，不僅再度展現獨到眼光，並再現卓越語文功力。在藍教授譯筆下，本書文字清新脫俗，原文生命躍然紙上，對於中文讀者而言，實乃一大福音！本人有幸先睹為快，除欣喜讀者得以認識本書、樂意大力推薦外，並對藍教授譯介之功，聊表敬佩之意！

# 李顯峰[*]

　　歐洲聯盟（簡稱歐盟）由二戰後煤鋼共同體組織起始，歷經多次的整合發展而成，可謂是當今發展較成熟的超國家組織。歐盟並非聯邦主權國家，屬於邦聯型態，經濟上是共同市場。英國脫歐後歐盟有27個會員國，其中19國使用單一貨幣——歐元，歐洲央行為管理機構。如此龐大的超國家組織，整合中有歧異，歧異中有同，相關管理運作的法令規定多如牛毛，欲一窺其堂奧談何容易，然而透過本書能對歐盟的組織法理運行及經濟整合能獲得較為完整的認識。本書為較近期出版關於歐盟法制的著作，全書分成三大部分（篇）及尾聲等四大部分，也析論英國脫歐的過去及未來展望。

　　本書第一部分包含四章，介紹歐盟機構、立法、權限及基本權利。第一章聯盟機構，依據歐盟基礎條約創設數個歐盟機構，以制定、執行歐盟法，並依歐盟法進行裁決。數個聯盟機構共同行使各種政府職能，權力共享。第二章聯盟立法，歐盟基礎條約明白區分通常立法程序與特別立法程序成兩種立法程序，其與許多內國法秩序不同。第三章聯盟權限，歐盟的權力須由成員國透過基礎條約授權，在授權原則之下，聯盟行動應以成員國為達基礎條約所訂目標而於條約中授予之權限範圍為限。第四章基本權利，歐盟建立於尊重人性尊嚴、自由、民主、平等、法治以及尊重人權等價值之上，人權被賦予一種根本地位，用以限制所有聯盟權限的行為。

　　第二部分涉及歐盟法之執行。第五章直接效力，針對歐盟法與會成員國法之間直接效力極相對效力的論辯，即一元論或二元論的關係。第六章法律優位，依據歐洲觀點，所有聯盟法優於所有內國法；但根據會成員國

--------------
* 國立臺灣大學經濟學系兼任副教授

觀點，歐盟法的優位性是相對的，而各國對歐盟法主張，歐盟法不能侵犯內國基本權利。第七章內國訴訟，歐盟法院主張會員國法院的任務就是保障個人依歐盟法享有的個人權利，並充分落實歐盟法律的規定。會員國法律只要與任一歐盟規範發生衝突時，所有該國每一個內國法院都必須停止適用該內國法。第八章歐盟訴訟，歐盟基礎條約為歐盟法打造了雙重執行機制。在歐盟運作條約關於歐盟法院的之章節便列舉了歐盟法院的司法權限。

　　第三部分討論經濟整合層面，包含內部人員、貨品及資本的自由流動，以及反壟斷。第九章內部市場：貨品自由一，歐盟的職責為通過積極性立法以消除聯盟內部成員國間的貿易障礙。基礎各條約授予聯歐盟多項立法權限，以調和內部市場中的各成員國法，是消極性整合。第九章內部市場：貨品自由二，聯盟通過積極性立法，以消除因內國法歧異所生的貿易障礙。第十一章內部市場：人員流通，歐盟基礎條約也有意致力於確保障人員的自由流通，源自經濟的考量。第十二章競爭法：卡特爾，歐盟基礎條約納入競爭法一章係為消除關稅障礙，主要是作為內部市場的輔助機制。

　　最後部分為尾聲，增加探討英國脫歐的過去、現在及未來。在政治上，歐洲對超國家主義的堅持與英國的國家主權理想背道而馳，常有批判之詞。英國對歐洲的興趣以經濟為主，長期不滿歐盟的預算攤款，英國認為自己付出太多，得到太少。英國在脫歐後經歷經濟的衝擊，陸續與歐盟協商談判達成多項的協定，本書只討論至2020年，後續新發展需讀者自行補充英國脫歐後迄今達成的各項協定。

　　藍教授長期戮力財稅相關法理的鑽研，專業法學論著及譯注著作都相當豐碩，兼負國際財經法學知識交流的橋梁，未曾鬆懈。本書的特色之一是各章主題都會舉例許多曾發生過的案例來配合說明，另外書中的重要法律名詞概念都附有插圖，更有助於快速掌握其精義，中譯文字也能信雅達，相當值得參讀。

# 馬克・勒瓦[*]

# 危機之下歐盟機構的財稅因應之道：舒茲教授《歐盟法要義》（三版）序

　　舒茲教授這本名著，扼要呈現了歐盟法與歐盟機構。本序聚焦在較少觸及的領域，也就是歐盟在面對2008與2019年全球危機時，在預算以及租稅上的因應。

## (1)財政上的經濟作為：兩次危機的比較

　　1992年2月7日之馬斯垂克條約，創設了經濟暨貨幣同盟，並設置標準將成員國赤字限縮在3%，負債則不得高於國內生產毛額的60%；其後1997年6月17日之阿姆斯特丹條約則具體規範了管理超額赤字的程序（即歐盟運作條約第126條）。不過，德國與法國的超額赤字未受制裁，儘管歐盟法院於2004年7月13日表示：此條所規定之程序已於2005年3月12日軟化。

　　2008年的危機源於美國房地市場，其後則延及股市；作為在經濟與財政的回應，一種實施嚴格預算政策的歐盟「治理框架」於焉誕生。

　　準此，歐盟財政各部會於2010年9月7日設立「歐盟政策年度」，要

---------------------

[*]　漢斯大學名譽教授
　　法國財政學會副會長
　　巴黎第一大學財政稅務系合聘研究員

求各成員國提出就歐盟事務的預算觀點及改革方案。歐盟高峰會於2011年3月25日之「歐元附加條款」（Pacte pour l'euro plus）新增六國至歐元區，並使違反馬斯垂克條約所定比例之制裁更為積極；同時也訂出社會經濟政策（如監控薪資、企業調降社會安全金，提高退休年齡等）的優先次序（非強制性）。2011年11月，27個成員國與歐洲議會共同通過「六項法案」（six-pack）（即五項規則一項指令），設置用以檢測結構性改革與各國預算的程序。而「兩項法案」（two-pack）（即兩項規則）則強化了歐元區各國經濟與預算的監控以及將各自預算案提交執委會審查的義務。「穩定、協調與治理公約」（Le Traité sur la stabilité, la coordination et la gouvernance, TSCG）於2012年3月2日由歐盟各成員國簽署[1]，賦予財政平衡的黃金律（即結構性赤字不得超過國內生產毛額的0.5%）在法律上的效力。

此一撙節支出的選擇對經濟成長帶來了災難性的後果，特別是在希臘、義大利、葡萄牙、愛爾蘭與法國。

2019年以來新冠疫情造成了全球性的經濟停滯。作為因應，馬斯垂克條約過去對赤字與債務的限制，已於2020年3月23日決議延長至2022年底。而在2020年12月11日及12日，歐盟一項稱為「歐盟新世代」（Next Generation EU）的重建計畫經歐盟高峰會[2]通過，標誌著財政同盟的重要進展。相關費用約計8,067億歐元，其中3,380億來自各國補助、3,858億來自27個成員國的借款以及831億則由歐盟預算直接支應。各國補助部分如下：西班牙695億、義大利689億、法國394億、德國256億、波蘭239億、希臘178億、葡萄牙139億、羅馬尼亞142億，其他各國也至少80億。同時，各成員國也採取各種方式落實此項重建計畫。

---

[1] 除英國（現已脫歐）以及捷克共和國與克羅埃西亞之外。
[2] 由歐盟各成員國或其政府之元首組成。

這項政策確實帶來正面的效果：雖然有物資取得與通貨膨脹的困難，執委會仍預估經濟有所成長，在2021年為5%、2022年4.3%、2023年2.5%，但會隨疫情發展變動。

## (2)銀行的作為

鑑於2008年的金融海嘯，「系統性風險」造就了公共行動的新指標，從而去強化預算的紀律（詳上述(1)）與私部門金融的監管，也有了風管執行委員會的設置，自2010年12月開始運作：其成員涵蓋各成員國中央銀行及歐洲中央銀行之總裁與副總裁，以及歐盟銀行、保險與證券主管機關之首長。

歐盟銀行聯盟的創設源自數項指令，旨在建置自有資金[3]、破產管理以及確保資本適足：即一種對主要銀行的單一監理機制，委由歐洲中央銀行負責[4]，自2014年11月起實施。單一紛爭解決機制旨在管理銀行破產，於2016年1月啟動；各國資本適足的標準也趨於一致，各銀行與存款人均為10萬歐元。然而，一種確保全歐洲銀行資本適足的機制仍有待落實。而自2010年實施了在二手市場買回債券的非典型政策以來，歐洲中央銀行其債務管理的作用已不可或缺。歐洲央行與各成員國央行如今成為重要的債券持有者，翻轉了自1980年代以來管制鬆綁的倡議，彼時主張債務留在私部門金融市場之中。此時歐洲中央銀行則是將股利支付給其股東，例如由國家掌控資本的法國銀行。

債券買回的政策取代了過去慣用的利率調降政策，增加了優惠利率貸款的誘因，也緩和了自2008年危機以來刪減公共支出的趨勢。當前採行的是一種凱因斯式的支出政策來解決疫情危機。只是風險溢價的報酬沒有

---

[3] 參考巴塞爾資本協定III所訂國際審慎監理標準。
[4] 其他銀行則由各內國主管機關監理。

被排除，一旦疫情持續惡化或歐洲央行停止買回：長期看來，債務在將超過2021年聯盟生產毛額的90%，是以爭議並未中斷。

### (3)鬆綁的補助制度

一種國家經濟補助的「權宜措施」現已用於防疫政策。這種程序過去曾用於2008年危機，其正當性在於危機的嚴重性（TFEU第107條第3段b句）。該規定授權成員國得逕予補助受疫情影響的公司，無須通知已然鬆綁管制之執委會。此一新政，源自一項干預主義的防疫法律，最初僅適用於生態、技術、健康以及研發等屬於聯盟政策的優先選項的領域：如今此舉則挑戰了干預最小的競爭法理（容有例外）。存在的風險是，成員國在實施過程中執行計畫過於分散，而聯盟政策的優先選項也可能遭到漠視。

### (4)避稅之防杜

直到2008年危機為止，積極規避稅負的行為並不被認為是一項公共議題。租稅的管制聚焦在詐欺，並將之視為違法行為。1990年代全球化的脈絡，新自由主義意識型態盛行、各國之間租稅競爭、稅法日趨複雜、OECD與歐盟的寬鬆管制；新公共管理對跨國企業的寬待已使得歐洲福利國家社會與經濟體制中稅制的作用有所動搖。

時至今日，OECD以及歐盟和各成員國的行動都聚焦在對抗詐欺的法律手段，且把避稅防杜列為優先選項。此種改變，理由在於媒體[5]以及預算，而危機背後的結構性因素則是公共收入的減少。

作為OECD的工作內容，歐盟也致力於此項防杜工作。[6]已有諸多

---

5　2014年至2021年的相關報導，如*Luxleaks, Swissleaks, Panama Papers, Paradise Papers, OpenLux, Pandora Papers*等。

6　OECD, *Adressing Base Erosion and Profit Shifting (BEPS)*, 2013. 2016年11月24日OECD關於BEPS的多邊公約。於2023年向消費地與使用地所在國之各式活動課稅之提案

指令通過，特別是：2010年3月16日通過之2010/24/UE指令用於強化成員國間租稅徵收目的之資訊交換；2011年2月15日通過且嗣經數度修訂[7]之2011/16/UE指令，用於各國稽徵機關間就防杜目的之資訊交換；2014年7月8日之2014/86/UE指令，用於對抗各項混合錯配安排[8]；2015年1月27日通過之2015/121/UE指令引進「防杜濫用條款」[9]，用以打擊租稅逃漏[10]；租稅規避防杜指令，有2016年7月12日之第一指令即2016/1164/UE（ATAD 1）與2017年5月29日通過之第二指令即2017/952/UE（ATAD 2）。

2017年12月5日歐盟各國財長建置租稅天堂清單，其後每兩年更新一次。根據2021年10月5日的清單，計有九個地區名列黑名單[11]，15處灰名單（其資訊交換落實情形有待進一步觀察）。不過若干歐洲國家被排除在適用範圍之外，否則盧森堡、馬爾他或荷蘭等國可能榜上有名。

歐盟與瑞士於2015年5月7日簽訂並於2018年生效的協議，使追徵租稅不再受制於銀行保密規範的拘束（法國因此追回超過20億歐元的稅收）。

---

（第一支柱）。於2021年10月由136個國家地區共同簽署，就跨國企業集團利益課徵最低15%稅率的協議（第二支柱）。

7　特別是：2014年12月9日的2014/107/UE指令，擴大了適用範圍；2015年12月8日的2015/2376/UE指令關於租稅函釋的資訊；2016年5月25日的2016/881/UE指令關於跨國企業申報的資訊；2016年12月6日之2016/2258/UE指令關於代理人其分支機構的資訊；2018年5月25日之2018/822/UE指令關於稅務中介機構申報避稅規劃的資訊等。

8　即跨國企業透過安排，以在付款公司所在國或受償子公司所在國均無須被課稅。

9　一項交易安排如其主要目的在於取得有違指令目的之租稅利益時，即被視為權利濫用。

10　不過，歐盟並未禁止在租稅天堂持有財產，也未禁止與這些租稅優惠地區保持合作關係。

11　不合作的租稅天堂名單：斐濟、關島、美屬維京群島、帛琉、巴拿馬、薩摩亞、美屬薩摩亞、千里達及托貝哥、萬那杜。

## 結語

在歐盟層級，危機帶來了顯著的改變。為了因應2008年的危機，歐盟除了呼籲撙節支出的預算政策，也倡議超國家層次的治理權限，以求新自由主義式的改革。在面對新冠肺炎的挑戰，其在經濟與貨幣政策的回應，標誌了成員國在相關面向進一步的團結與整合。在制度上，歐盟在危機處理決策的集中化，偏向預算政策上的整合，儘管各國方式不同。在此，大環境轉向永續發展一事，成了財稅面向上有待克服的難題。

未來將告訴我們，整合的進展究竟是更趨團結，還是退居新自由主義。籠罩在歐洲大陸天空的烏雲，夾帶的是經濟衰退、與俄羅斯軍事衝突，甚至瀰漫著專制政府的民粹風險。歐洲確實應該深化聯盟思維，落實其和平、民主、福祉、正義與環境等價值信念。

（藍元駿　譯）

# 林昕璇*

# 一覽歐盟人權保障法制之堂奧

　　能為此一重要作品寫序，甚感榮幸。緣於2021年2月起受聘於中國文化大學助理教授，得與藍元駿教授成為同事，更有幸於文大法學院久譽盛名的國際法研究中心擔任執行祕書之際，能與藍元駿教授在諸多國際法與比較法的研究議題上，有深入探討、互相對話的機會。

　　歐盟法制的著作素來為國內學界廣受關注之研究重鎮，隨著歐洲統合進一步從經濟共同體逐步朝向政治一體化、資本一體化的法律制度整合，作為多層次治理的典範，歐盟一體化法秩序下有關基本人權的保障與救濟機制，始終是諸多學子和學者關注聚焦的主題。

　　歐洲理事會各國於1950年11月4日於羅馬簽訂歐洲保護人權及基本自由公約，本公約於1953年9月3日生效。這份國際文件代表著在歐洲層次的集體保障，保障內容主要濫觴自1948年聯合國世界人權宣言所揭示的公民及政治權利清單。

　　歐洲人權公約簽署生效及歐洲人權法院設置，是人類社會朝向人權普遍化理想邁進之重要建置性嘗試，以世界人權宣言為清單而運作的歐洲人權法院，具有雙重角色，首先，一旦個人窮盡各該國家之內國救濟途徑後，可對之起訴，故歐洲人權法院可謂落實人權公約不可或缺的機制。

　　另一方面，歐洲人權公約所建構的法律秩序，係以確保歐洲的公共秩

* 中國文化大學法律學系助理教授
　國際法研究中心執行祕書

序為目的，由法院扮演「準憲法」的角色，負責賡續不斷演變的社會規範和期待予以詮釋。但是歐洲人權公約在歐盟法秩序中的地位，以及歐盟與歐洲人權公約之間的關係始終不明確，這項讓諸多法律學者為文征伐不已、爭論不休的問題意識，在筆者閱讀本書第一部分第四章「基本權利」之際，似有尋獲解答之跡象，並且獲得諸多深具啟發性的觀點。

在藍元駿教授優美、流暢的譯文下，讀來一氣呵成且清晰了然，藍元駿教授法學精研，此書試圖涵蓋且中文化的知識疆域，絲毫不亞於藍教授此前之譯作《大陸法傳統——西歐與拉丁美洲的法律制度概述》，自歐盟法之概述、歐盟法之執行，乃至於歐盟權利保障救濟體系的論辯，儘管國內聚焦歐洲盟的研究論著並不乏見，然而鮮有本書以專書的形式，系統化、體系化歐盟法律秩序之全貌者，幾希也！

藍元駿教授以極富思辨性的筆觸，流暢且平易近人的妙筆，將歐盟法的多層次治理及其與內國法制的互動消長，細分為組織、救濟、執行等各個面向脈絡進行梳理，透過翻譯，使台灣有更多法律學者能以更宏觀的視野，接觸歐盟法規範秩序的基礎性文獻，能藉藍教授兼具翻譯豐富與法律專業的如椽妙筆，一解讀者研習比較法多年來的困惑，本書的出版以及藉由藍教授之筆付梓的中文版，嘉惠學界與學子，實屬喜文樂見。

緣此，特撰文推薦此書，藍元駿教授長期深耕經典譯作之苦心和優美流暢的文筆更為此書增色不少，斯為之序以鄭重推薦之。

# 佐佐木 伯朗[*]

It was from October, 2001 to September, 2002 that I stayed at University of Erfurt as a visiting researcher for the purpose of studying fiscal sociology. In the period, I experienced the change of currency of Germany from *Deutsch Mark* to the Euro by chance. The change of currency in shopping was very smooth because the trade between banks had been already changed into the Euro in 1999. To buy same amounts of goods I only had to pay Euro, just a half number of Mark. For a while after the introduction of the Euro, there were several symposiums open to citizens even though in the small city, formerly in *Deutsche Democratische Republik*. It was hard to understand the contents of the discussions in my ability of German at that time, but in every venue, there was an atmosphere of enthusiasm and excitement at the beginning of common currency in Europe. In the cafeteria of the university, a frequent topic in our conversation at lunch was unemployment. However, Germany marked higher economic growth ratio after the start of the cabinet of Angela Merkel in 2005. In reality Germany has been the most successful country after the introduction of the Euro so far.

In contrast to that, some countries of the EU suffered from severe economic crises after the "Lehman shock" in 2008. Above all, if a government is in default on the debt, it is called "sovereign crisis". In spring of 2010, a fraud of deficit level in the governmental account in Greece influenced

[*] Professor, Graduate School of Economic and Management
Tohoku University

European financial markets and lead to decrease of Euro. Furthermore, concern about fiscal situations in Ireland, Portugal and Spain happened. Against these problems, several fiscal schemes with cooperation of all Eurozone member countries were introduced. European Stability Mechanism, established in 2012, was the latest organization for bailouts of countries in Eurozone. Instead of receiving financial support, each member country in sovereign crisis has to carry out offered plans for recovering fiscal stability and economic reform. Since the establishment of the ESM, there have been many critics that it restricts the discretion of economic policy of each member countries.

Assuming the European Union, especially the Eurozone, as a state, we can understand the essence of the problem of sovereign crisis. For a control of the economy in a country, both fiscal policy and monetary policy are necessary in general. In several economic situations, fiscal policy, increasing governmental demand for goods, services and labor, is more effective than monetary policy in order to increase Gross Domestic Product. However, in Eurozone, there is only European Central Bank in Frankfurt for monetary policy. Besides, each government of Eurozone countries can issue national bonds in the Euro at its discretion, and every bank in Eurozone countries can buy the national bonds of any government. Thus, if one of the governments is in default, all banks which have the bonds fall into crisis, and credibility of the Euro decreases. To avoid such chain of the crises, the ESM and other stabilizing frameworks were made by Eurozone countries. In contrast to that, stabilization or redistribution policy by public expenditure directly from the institution of the European Union or indirectly from each member country cannot be realized, lacking a central fiscal authority. One way to do fiscal policy in Eurozone is that the governments in Eurozone issue Eurobonds corresponding to its economic ability. However, Germany, the strongest country, have had negative attitude to this idea for the period of sovereign crises. Recently, issuing Eurobonds was realized for a fund against the pandemic of covid-19, though north member countries opposed to make it perpetual.

The first member countries of the European Union after the World War II were only western part of European continent. These countries, France, Germany, Italy and Benelux were in similar stage of economic development and received benefit from each other by horizontal trades. As the number of member countries increased, this situation changed. In 1980's Greece, Spain and Portugal and in 1990's Sweden, Austria and Finland joined. After the collapse of socialist governments, over 10 countries of middle and eastern Europa became the member. It can be said that the European Union expanded to the east.

Introduction of the common currency was a condition of the exchange for the reunification of Germany to be approved by other member countries. The reason of the exchange was not economic but political. In order to prevent reunified Germany from acting independently from the European Union, other member countries, especially France requested West Germany to renounce Mark. In Maastricht Treaty in 1993, some conditions for each member country to participate in Eurozone were decided including fiscal ones: the ratio of annual fiscal deficit to GDP has to be not over 3% and the ratio of fiscal debt to GDP has to be within 60%. Now Eurozone consists of 19 member countries of European Union.

The above explained process of expansion of the European Union and Eurozone means that countries with different economic power were included in the area of the same currency. This point is crucial to the problem of economic

difference between countries within the European Union. In a region of the same currency, there is no need of foreign exchange. Thus, a country with strong competitive power can export its products and capitals to other countries with no adjustment of the exchange rates. In contrast to that, countries with weak competitive power could not devaluate its own currency. Furthermore, cheap labor power from new member countries contributed to industries in advanced countries. The horizontal trades between member countries in the beginning of the EU changed into vertical ones where industrial products from advanced members and raw materials are exchanged.

As the area of the EU expanded, immigrants and refugees from inside and outside of the EU increased. It caused another problem, emergence of conservatism or antiforeignism, in some countries suffering from unemployment. Influenced by such problem of immigrants, in United Kingdom, which did not like to be regulated by continental rules, the national vote decided "Brexit" in 2016, followed by the formal withdrawal in 2020. These movements made it clear that the political decision is still in hands of nationals in each country even though labor of immigrants plays an important role in its economy. Ironically, the international migration of labor force stopped since the pandemic of covid-19 and the shortage of essential workers caused serious problems of daily life in the UK and the EU countries now. Certainly one of the most basic principle of the EU is "subsidiarity". In this principle, policy of public health has to be decided on the level of each member country. However, in my view, no country could find an effective solution to a dilemma between keeping public health and maintaining the economy.

Since 1950's, the motive for participating in the European Community has been an economic interest of each country. However, the EU has become too big and diversified to combine member countries because the economic interest becomes not mutual between them. In contrast to that, there are various problems in the EU other than economic: above mentioned pandemic problem and environmental problem are good examples. It is necessary for all member countries to tackle these problems in cooperation with each other.

The European Union is in no doubt an incomplete system as a "state" but still has a possibility to be more sophisticated system as a "cooperation of each member country". I believe that this textbook translated by Professor Yuan-Chun LAN will be a good guide to understand the present situation and problems of the European Union.

邵允鍾*

# 歐盟法教學現場的意外驚喜

　　歐盟發展至今已經成為世界舞台上的重要行動者，其蓬勃的立法能量亦受到廣泛矚目。在嚴格意義的「國際立法」（international legislation）仍屬罕見現象的當前國際環境中，歐盟能夠持續產出大量具有強制拘束性的派生法（secondary laws），誠屬國際組織中的異數。從電信漫遊費用的存廢到航班取消的補償規定、從家庭用水的水費徵收到蔬果的品質分級標準，歐盟法不僅深入歐盟會員國人民日常生活的方方面面，部分歐盟法甚至具有強大的域外效力。就例如美國的科技業者若不欲放棄龐大的歐盟市場，便必須遵守歐盟個人資料保護規則的規範要求。其次，歐盟法的直接效力與最高性和歐盟法院的先決裁決程序相輔相成，為歐盟公民創造了許多在國內訴訟程序中主張歐盟法上權利的可能性，也因此即便是在各會員國法院審理的訴訟案件中，歐盟法亦經常成為兵家必爭之地，左右官司的勝敗。

　　這說明了為何如今歐盟法已然成為歐盟會員國法學教育中不可或缺的核心課程。以筆者的母校柏林洪堡大學為例，法學院的大學部學生在一、二年級修完基礎必修學分後，第三年便必須挑選重點法領域進行深度學習。在洪堡法學院所規劃的八個重點法領域中，「私法與經濟法的歐洲化與國際法化」以及「國際法與歐盟法」名稱上便已明白指向歐盟法，但其他的重點法領域，例如「轉變中的國家與行政」或「契約法：理論、實務

* 中央研究院歐美研究所助理研究員

與跨境面向」，其實也明顯暗示了歐盟法對於會員國國內法無遠弗屆的影響力。畢竟，對於德國的憲法秩序與行政運作實務而言，許多重大的轉變無疑乃是歐盟法帶來的，而契約法的跨境面向之所以成為商務律師必須掌握的關鍵知識，自然也是因為歐盟單一市場的法律制度促成了會員國間頻繁的跨境經濟活動，進而引發諸多的訴訟爭議。

在台灣，受惠於歐盟法學界許多先進前輩篳路藍縷的持續耕耘，歐盟法研習者目前已能享有極佳的學習環境。各大專院校所開設的歐盟法相關課程越趨多元，多本兼具深度與廣度的中文歐盟法教科書亦皆能為歐盟法研習者建立完整的歐盟法知識體系，在此同時還有為數眾多的學術專書讓已登門庭的進階研習者有針對特定歐盟法議題一窺堂奧的機會。但即便如此，Robert Schütze的《歐盟法要義》中文版面世仍是台灣歐盟法教學現場的意外驚喜。

Schütze是當前歐盟法學界的重要中生代學者，極度聰明且學術產出豐富，除德文母語外亦操熟練的英語與法語。筆者攻讀博士期間洪堡大學法學院曾邀請其蒞校演講，對於他的演說風采留下深刻印象。Schütze成名甚早，2009年由博士論文改寫而成的《從雙元到合作式聯邦主義：歐盟法的結構轉型》一出版便受到學界高度重視。以聯邦理論詮釋歐盟的政治結構如今得以成為歐盟憲法學領域中不可忽視的一個理論派別，Schütze初試啼聲的這本處女作功不可沒。該書出版四年後牛津大學出版社推出平裝版，亦可證明其作為歐盟憲法重要參考文獻的地位。除了理論專書以外，Schütze亦以新銳之姿在劍橋大學出版社出版了三本重要的歐盟法教科書，亦即《歐洲聯盟法》、《歐盟憲法》，以及本書《歐盟法要義》。在這三本書當中，《歐盟法要義》自然最為簡潔易懂與平易近人，是英語世界國家初遇歐盟法的法律系學生理想的入門教材。Schütze的文筆精煉優雅又不失活潑，本書的定位雖是教科書，但幾乎每一頁都蘊藏法學思維的靈光火花，也因此讀者閱讀此書除了知識上的增長，過程本身也

是一場饗宴。跟隨Schütze的思緒遊走，沿途景緻絕對不無聊。

　　2018年Schütze與另一位知名歐盟法學者Takis Tridimas合編大部頭的《牛津大學歐盟法原則第一冊：歐盟法秩序》由牛津大學出版社出版。該書網羅多國重要歐盟法學者參與撰寫，亦是一本極為精彩的歐盟法教科書，但較適合已對歐盟法有一定程度了解的進階讀者。讀者閱畢本書若覺意猶未盡不妨尋覓，定有極大收穫。

盛子龍[*]

# 進擊吧！法學著作翻譯的巨人

　　應藍教授盛情邀約，本人很榮幸在本書付梓之前，能有機會能先拜讀藍教授的最新翻譯鉅作，並在此向讀者作誠摯之推薦。

　　藍教授為知名之財稅法專家，相關之學術著作論述精闢，尤其擅長從國家學的高度觀察稅法的問題並提出深刻之反思，更深受稅法學界及實務界高度之推崇。近來藍教授致力於翻譯外國經典法學著作。尤其是其翻譯之大作「國際租稅入門」已經成為當今學子學習國際租稅法之必備教科書，更是稅法學者及實務工作者研究國際租稅法之重要參考書。另其翻譯之《大陸法傳統──西歐與拉丁美洲的法律制度概述》亦屬研究大陸法系法制史及比較法之典範。

　　藍教授之學問淵博，且研究興趣相當多元，故涉獵之領域甚廣。這一次藍教授又跨越到新領域，將翻譯之觸角擴及到歐盟法之領域。歐洲聯盟在經濟上為世界第三大之經濟實體，在國際政治上也是舉足輕重。本書原作者就歐盟法之內涵，從歐盟組織、權限、基本權保障、法令執行、確保歐盟市場之自由與公平競爭以及救濟等各項重要議題進行有系統之解析，內容深入淺出，使讀者可以用很短的時間，即可掌握到歐盟法之全貌及精髓，實屬學習及研究歐盟法之重要著作。不過正如同千里馬要遇到伯樂，好的外國著作也需要遇到翻譯能手，方能在轉換成不同語言後仍可以發光發熱。拜讀全書，藍教授再次展現出其深厚之翻譯功力。藍教授利用生花

--------

[*]　國立中正大學財經法律學系教授

之妙筆，以信雅達之方式，將這本法學著作作了極為傳神之翻譯。綜觀本書專業用語翻譯之精準，令人驚豔。而翻譯文筆流暢，更使人閱讀起來，毫無閱讀翻譯著作之生硬感。本書無疑是樹立了外國法學著作翻譯之新高峰，也為學習及研究歐盟法提供了必備之工具。

　　翻譯外國法學著作是一項吃力不討好的工作，但對於促進法學研究以及法學教育之紮根與深化卻有極大之貢獻。有藍教授這樣望重士林的學者願意投身這項艱難之工作，實在是法界之幸。也期待藍教授未來能有更多的翻譯作品。

# 蘇翊豪

# 歐盟整合的政治挑戰及契機

　　藍元駿老師翻譯完成Robert Schütze教授的巨著《歐盟法要義》，並邀請我為本書中文版撰寫推薦序。收到譯稿細讀時，除了佩服Schütze教授功力深厚，亦對藍老師的譯筆感到驚艷。考量自己既非歐洲區域研究專家，亦未曾受過法學訓練，故僅能從政治學與國際關係的角度出發，略加解釋歐盟整合過程中遇到的政治障礙與契機，為本書貢獻棉薄之力。

　　回顧歐盟成立的歷史，從經濟貿易等低階政治的成功整合，一路試圖邁進或外溢（spill over）至共同外交與防務等高階政治（high politics），看似平順其實不乏有質疑與反彈的聲浪。《馬斯垂克條約》與先前的整合條約皆順利完成，但2004年簽署的《歐盟憲法條約》嘗試制定會員國一體適用的憲法，因此在2005至2006年間先後遭到法國與荷蘭公投反對、丹麥及英國等國擱置表決。推動《歐盟憲法條約》的挫敗迫使歐盟改弦易轍，於2009年藉由通過門檻較低的《里斯本條約》取代《歐盟憲法條約》的部分內容。

　　追根究底，歐盟統合的障礙根源在於歐盟乃超國家組織，即本書提及的超國家主義（supranationalism）理念與思潮的產物。超國家主義認為統合能帶來和平，但這類型政體須由各會員國讓渡部分主權，方能擁有運用權力要求各國執行的正當性。換言之，歐盟取得的權限越多，各會員國受到限縮的自主權也越多，遭到各國國內政治人物與人民抵制的機率也就

------------
*　國立臺灣大學政治學系助理教授

51

越高。此外，超國家組織的另個問題是民主赤字（democratic deficit），這個概念意指歐洲各國的部分決策權讓渡至超國家層級，但是民主監督權力卻未跟著上移或發揮實質作用，導致超國家組織的決策機構缺乏問責（accountability）。一旦超國家組織的政策輸出未能取得效果，民眾便會開始質疑歐盟是否能充分代表民意與解決問題，種下反對建制菁英的民粹主義溫床。加上這段期間歐洲的外來移民數量增加，各國的民粹與排外心態隨之高漲，連帶導致歐洲議會出現不少疑歐的政黨，加劇歐盟統合的內在壓力。

抗拒歐洲整合力量的頂點出現在英國2016年6月的脫歐公投，選民以51.9%的同意比率贊同英國應脫離歐盟。儘管公投後有些選民後悔投下同意票，但如本書最後一章對英國脫歐架構與模式的詳盡探討，英國政府決定遵照公投結果展開談判，並且在2020年12月31日完成脫歐過程。此外，歐盟形式上東擴後，依然難以處理後共產主義國家與其他會員國，潛藏在深層的文化與意識形態矛盾。比方說，波蘭和匈牙利等國多次通過有損移民與同性戀者權益的法案，與歐盟自由主義的期許與主張格格不入。然而，歐盟對此頗為兩難，對於不配合歐盟決議者，固然可以施加制裁，但也會冒著讓彼此漸行漸遠的風險。對於這些根本立場的差異，本書深刻闡述歐盟法院無法提出一致的規則，檢驗各國依照自身價值標準所設立的整合障礙，妥協與否都是難題。

上述事件清楚顯示，歐盟整合在高階政治議題步履顧頇，若無重大國際事件或劇烈的地緣政治轉變，各國很難達成一致共識。是幸也是不幸，2022年2月俄烏戰爭的號角暫時吹熄了歐盟各國之間的紛爭，甚至在烏克蘭超乎預期的抵抗俄軍攻勢後，凝聚了歐洲國家團結對抗共同威脅的決心。不僅歐盟提供戰機給烏克蘭並歡迎後者加入歐盟，德國也一反開戰之初的悲觀預估，從只援助軍用頭盔至贈送反戰車武器，甚至連原先對制裁持保留態度的匈牙利，也連同德國轉為支持歐美國家將俄羅斯逐出環球銀

行金融電信協會（SWIFT）的決議，霎時間，歐盟各國紛紛展開支援烏克蘭的實際行動。雖然歐盟會員國並未派遣正式武裝部隊，但是這些反制措施具有程度不等的經濟成本，也可能招致俄羅斯的政治與外交報復，故比起空口白話的承諾更具有可信度。依照聽眾成本（audience cost）理論的邏輯，這些舉措能夠讓歐洲各國彼此構成相互束縛（hand-tying；也意謂同舟共濟）的效果，強化安全合作的持續力。

不過無法否認的是，歐盟防務地位仍然不及北大西洋公約組織（NATO；北約）。北約的集體防衛任務由美國主導，而防衛範圍與歐盟會員國重疊程度高，所以儘管北約曾明言不排斥歐盟參與安全工作，但也透露不希望各盟國因此稀釋應投注在北約的資源。在美國川普總統當政時期，就駐軍費用、貿易赤字、伊朗制裁等政策與歐洲盟邦衝突不斷，法國總統馬克宏為此於2018年呼籲成立歐洲軍隊，避免過度依賴美國提供安全保障。弔詭的是，當時歐洲各國並沒有因為川普的單邊主義而大幅增加軍費，反倒是俄羅斯對烏克蘭的進逼，造成各國自主提高防衛準備，例如德國總理蕭茲宣告，往後每年會投注2%國內生產毛額以上的費用於國防。雖然停筆當下，俄烏戰爭仍未有停歇的跡象，卻已經促使歐盟國家步伐趨於一同而非分崩離析，這可能是發起武裝衝突者最不願看到的局面。

# 王志誠[*]

　　歐洲聯盟是歐洲多國共同建立的政治及經濟聯盟,現擁有27個成員國,為世界上第三大經濟實體。由於成員國間的自由貿易、資金自由流動、單一貨幣、一致的對外關稅及對外貿易地位,他國若欲進入歐洲聯盟的市場,不僅應了解聯盟機構、聯盟立法、歐盟權限等基本體制,亦必須認識聯盟基本權利、規則、指令、決定、歐盟訴訟等歐盟法之效力及執行。此外,對於貨品自由流通之財政壁壘、監管壁壘、租稅、內部市場統合策略、調和機制及競爭政策等議題,亦必須全盤掌握。

　　藍元駿教授主要教授比較法、行政法、財稅法、英美法導論、法學外文等課程,學術根基深厚,並長年計畫性翻譯國外著名英文著作,例如《美國法制概述》、《大陸法傳統》、《國際租稅入門》等經典作品,有助於台灣各界了解外國法制之發展,貢獻卓著。

　　近年來,台灣與歐洲聯盟及其會員國之關係日益深化,歐洲議會除陸續發聲支持台灣之國際參與外,亦通過「歐盟—台灣政治關係與合作」決議,深化與台灣之夥伴關係,著眼於雙邊投資協議,該決議雖不具有法律約束力,但為台灣與歐盟之關係奠定新的里程碑。

　　鑑於歐盟是世界重要之貨品和服務進出口市場,台灣企業實應熟悉歐盟體制、法律架構、租稅、貿易規範及競爭政策。本書無論是對台灣之歐盟法研究,抑或對於歐盟內部市場之變革及調和,無疑皆具有重要參考價值。據此,本文極力向讀者推薦本書,亦期待藍元駿教授繼續耕耘,發表更多之研究成果,以饗讀者。

　　是為序

- - - - - - - - - - - -
[*]　中國文化大學法學院院長

# 楊三億[*]

# 把目光投向遠方　將視野不斷提升

各位讀者好：

　　作為一個長期觀察國際政治發展的學者，我可以說生活在台灣的讀者們實際上有其幸也不幸之處，不幸之處是受限於台灣特殊的歷史發展與國際處境，我們參與正統外交事務的空間並不足夠，台灣因此缺席了許多重要的國際組織、被動迴避了諸多國際條約簽署、也失去參與諸多國際法的參與制定機會。

　　不過在台灣的讀者們也有幸運之處，即便台灣正式外交空間有限，但學術界仍在諸多同好努力下將各種重要相關知識引進台灣，藍元駿老師此書便是其中之一，藍老師對歐洲聯盟法律體系著墨甚深、曾運用多層級治理體系解釋歐盟超國界的稅法體系對其他國家的影響，藍老師長期觀察比較法學與租稅等議題，閱讀者可從藍老師的脈絡中展開，有如翱翔在歐盟與稅務議題的開闊天空下那樣的視野遼闊。

　　藍元駿老師翻譯的《歐盟法要義》分為三大部分，第一部分聚焦在理解歐盟法的主要行為者、程序與內涵（機構、立法程序、聯盟權限、基本權利）、第二部分聚焦在歐盟法的執行（直接效力、法律優位、內國訴訟、歐盟訴訟）、第三部分對議題的關注（貨品與人員流通的內部市場、競爭法與英國脫歐後的未來），這三部分缺一不可，由此構築了理解歐盟

---------------

[*]　中興大學國際政治研究所教授
　　中興大學全球和平與戰略研究中心主任

法律的核心區塊。

　　與台灣有著相似時空脈絡背景的中東歐國家，回歸歐洲的過程也很值得相互參照。1990年代開啟了中東歐國家加入歐盟的道路，波羅的海愛沙尼亞、拉脫維亞、立陶宛三國，中東歐核心區的波蘭、捷克、匈牙利、斯洛伐克，以及巴爾幹半島的斯洛維尼亞、羅馬尼亞、保加利亞、克羅埃西亞等國紛紛加入歐盟，這些國家加入歐盟的挑戰遠比先前加入歐盟的中西歐國家挑戰還大：中東歐國家入盟前後的政治與經濟條件遠不如中西歐國家、要轉化的歐盟法律又比1950年代起始的歐洲整合多出許多，這些挑戰讓中東歐國家的入盟過程充滿障礙。

　　然而，成就總是交付給那些願意付出的行動者，入盟後的中東歐國家不僅享有與其他歐盟會員國相同的權利、這些國家也擁抱著快速的經濟發展動力，豐碩的成長果實讓中東歐國家得以改頭換面、拋棄共產主義的幽靈。

　　不過中東歐國家的整合經驗並非一帆風順，近年來因為歐債危機與難民危機的雙重夾擊，這些國家右派民粹力量趁勢崛起，波蘭的法律與正義黨、匈牙利的總理奧班皆屬此類，這些政黨或政治菁英與鄰近的中歐國家相唱和，共同挑戰歐盟法律的優位性，從法體系的角度來看，這可謂是當前歐洲法律的最大挑戰。

　　回首過往，歐盟法是當前全球法律體系中非常值得關注的議題，因為歐盟不僅是一個由27個會員國組成的區域大型國際組織，同時歐盟所制定的各式法律規範也深刻影響著歐洲以外的區域。所有想深入了解歐洲聯盟政治關係、經濟關係、社會關係的任何人，深入閱讀此書將可獲得諸多啟發。

　　遙望歐盟、回顧台灣，我誠心推薦藍老師翻譯的歐盟法一書，希望任何有心想了解歐盟法律的相關同好、學生、業界人士等，都能細細品味本書，並從本書的知識中獲得啟發。

# Vincenzo Carbone[*]

As a professor of European and International Tax Law, it is an honour and a privilege to write the preface of this important book, translated in Chinese by Yuan-Chun Lan and his great staff.

It is not easy for me to describe and explain the European Union (EU) in a few words. Starting from my skills, I could describe it as a the best example of trade agreement. Indeed, as we know, it was born with the intention of creating a free trade area between six countries, without customs duties or taxes.[1]. The current Union, however, is much more. The EU is a unique and great example of integration and harmonization, it is the best model, in the history of the world, of conflict resolution. In other words, the European Union is a dream that has become reality over the years.

Founded on the freedom of movement of goods, people, capitals and services, it offers numerous job opportunities and gain for its citizens. Free movement is in fact the essence of the European project, and constitutes one of the greatest achievements of European integration. It represents the cornerstone of the European single market. According to the European Central Bank (ECB)[2], since its launch in 1985, the single market has added between

- - - - - - - - - - - - -

[*] Adjunct Professor of international Tax Law
University of Internazional Studies of Rome - Unint

[1] The European Coal and Steel Community (ECSC) was a European organisation created after World War II to regulate the coal and steel industries. It was formally established in 1951 by the Treaty of Paris, signed by Belgium, France, Italy, Luxembourg, the Netherlands, and West Germany.

[2] See the Working Paper Series, No. 2392/April 2020.

12% and 22% to real gross domestic product (GDP) per capita. The estimated benefit of free movement of goods in the 2014 was 389 billion of euros, which translated into a total real income benefit for the EU population of approximately 903 billion of euros.

As Italian, I am proud to see my Country among the founding states of the EU. The Union has given to us many opportunities, facilitating the training of many young people, giving many companies the opportunity to easily expand their market and, consequently, increase the job demand of freelancers and those who offer legal consultancy to multinationals. In this sense, the effort made by international organizations to avoid the phenomenon of double taxation is also important. The realization of bilateral agreements, such as the one between Italy and Taipei, in fact, facilitate the onset of unfortunate phenomena linked to wrong taxation[3].

The normative scaffolding, created by the EU over the years, has already become an established component of social and political life of its citizens. Each year, on the basis of the Union Treaties, thousands of decisions are taken that crucially affect the Member States and the lives of their population.

The EU operates through a hybrid system of intergovernmental and supranational decision-making. Laws made by the European Union institutions are passed in a variety of forms. In general terms, they can be classified into two groups: those which come into force without the necessity for national implementation measures (regulations) and those which specifically require national implementation measures (directives). The complexities of the

-------------

[3]  As you know, Taiwan has 32 comprehensive Income Tax Agreements(including Italy) and 13 international Transportation Income Tax Agreements which have been signed and brought into force.

Union's structure and its legal order are not easy to grasp.

The aim of the book is to serve as an introduction to the European Law, offering a comprehensive overview of the EU legislation and institutions.

The manual is divided in three parts, each focusing on particular aspects of the European Law. Starting from the history, it analyze the main European actions. Of particular value is the epilogue, dedicated to the so-called Brexit, as well as the extra content, dedicated to the concept of abuse. Personally, I consider this work a valuable aid to Asian readers wishing to know European legislation. In other words, this manual illustrates the basic characteristics of the EU Law together with its procedural aspects. In addition, the book represents a highly useful tool for a good understanding not only of the relevant EU rules but also of the operational aspects of their application.

Personally, I find the study of European law extremely interesting and I hope that you enjoy reading this manual, and that it proves as instructive for you.

# 陳希佳[*]

　　歐盟法就在您我身邊！儘管歐洲與台灣的地理距離遙遠，但歐盟各項法制卻不時影響著我們，例如：「一般資料保護規範」（General Data Protection Regulation, GDPR）涉及個人資料的保護、從因應氣候變遷的「歐洲綠色新政」（The European Green Deal）倡議到「歐洲氣候法」（European Climate Law）中設立的2050前淨零排放、併隨的「碳邊境調整機制」（Carbon Border Adjustment Mechanism, CBAM）及其具體減碳方案（FIT FOR 55 PACKAGE）乃至於「碳關稅」政策等，均為企業必須面對的課題，亦為台灣立法、修法的參考。

　　然而，歐盟法制體系龐雜，與其各個成員國的法律互動緊密，涉及英美法與歐陸法兩大傳統的交集對話，本不易全面理解，所幸元駿教授及時翻譯本書，符合時代需求，切中要害。首先，原著作者Robert Schütze教授乃任教於英國之德裔學者，能結合大陸法與英美法兩大傳統並提供不同觀點，體現宏觀比較的價值；其次，原著以特別清晰、簡明且精準的方式介紹歐盟法，全書包括歐盟法的創設、執行、實體規定三大部分，再加上說明英國脫歐的脫離、現況與未來，用簡明扼要的方式含括最新的整體情況，可為進一步了解歐盟法各分項專業領域奠定堅實的基礎；其三，元駿教授多年來筆耕不輟，已陸續譯就《國際租稅入門》、《美國法制概述》、《大陸法傳統》等名著，其專業法律名著的翻譯功力不凡，讓中文讀者可以輕鬆地以最熟悉的語言閱讀，有利於高效地了解歐盟法之要義。

　　元駿教授與希佳為臺灣大學法律學研究所博士班同窗，就學其間先後

---

[*] 眾才國際律師事務所 管理合夥人
　　國際商會替代性爭議解決國際中心常設委員會委員

獲得校方推薦至日本名古屋大學訪學研究，緣分頗深。元駿一直抱持著高度的學術熱情，取得博士學位後即投身學術，在其就學及任教期間，除日本名古屋大學法政學院外，亦曾遠赴奧地利維也納經濟大學國際稅法中心、澳洲新南威爾斯大學稅法中心、澳洲昆士蘭大學法律學院、加拿大英屬哥倫比亞大學法學院、上海交通大學凱原法學院等各地知名院校訪問研究，是「讀萬卷書、行萬里路」的實踐者。除了在其專業的稅法領域學有專精之外，比較法方面的研究亦精闢入裡，頃欣聞其譯著系列有最新作品：《歐盟法要義》，樂於鄭重推薦，是為序。

# 陳薇芸[*]

# 這是一本歐洲法的基礎概念書籍，為何跨國經營者需要閱讀？

## 跨國經營者為何需要了解歐洲？

無論是數千年來人類文明發展歷史，或是世界經濟各國高度密切聯繫的近代，歐洲始終領導世界法律與稅制（如OECD推動數位經濟課稅與全球最低稅負等），並引領新一波人類所共同關注的議題（如ESG、減碳等）。了解歐洲，才知道世界未來趨勢，且能正確剖析現在所處的風險與預測未來發展方向。這是跨國經營者所需具備的遠見。

對跨國經營者來說，歐洲市場的重要性不言可喻。歐洲占我國對外貿易比重高達7.2%，是台商主要的市場之一；許多台商企業集團並在歐洲各國設點，落地經營。

歐洲重大政策隨時都在更新。近期，歐洲出台的半導體財政補貼政策，金額高達EU 43 billions，台資半導體跨國集團能有機會掌握此次機會擴張當地版圖？又對於已經在歐洲成本據點的集團來說，歐盟頒布指令草案將實施全球最低稅負，從2023年起是否在當地享受高額租稅優惠的子公司都將面臨補稅的結果？企業經營者若能掌握相關政策的立法階段，將能正確評估這些政策對集團所帶來利益與風險。

------------

[*] 資誠聯合會計師事務所稅務法律服務部協理

因此，了解歐洲規定，掌握歐盟規範，是一個有遠見的跨國經營者所無法逃避的課題。

## 從歐洲法制體系的角度切入了解，有助於有效掌握歐盟規範的運作

跨國投資經營者知道，一個完善的投資規劃，無法避免的要知道當地的法制規範，而在歐洲投資難度更高的一點，在於這些個別法規範的推動與適用，其實更可追溯到一個更高的歐盟法規範層面。無疑的，這大大提高了對這個領域的進入成本。

然而不可諱言的是，若非長期經營歐洲市場，或是有歐洲的留學背景，一般人光了解個別歐洲國家的規定與制度就難以招架了，更不用說許多規定還與歐盟整體制度密切相關。

藉由本書，企業經營者有機會更了解歐洲政策，並有效掌握歐盟規範的運作（諸如歐盟指令公告的官方網站、這些指令在成員國如何發生效力、歐盟的法規查詢網站EU-Lex介面如何操作等）。

願此書幫助跨國經營者，了解歐洲法規範，助力歐洲投資事業發展。

# 鍾典晏[*]

2018年5月25日，隨著歐盟「個人資料保護規則」（GDPR）的施行，各社群平台例如Google、臉書、推特的使用者紛紛收到隱私條款更新的通知；各大與歐盟有往來的企業亦開始修正其關於個資保護的規範。無庸置疑的是，在這個社群媒體與電子商務蓬勃發展的時代，「個人資料保護規則」是近期影響個資使用、隱私保護最大的一部規範。

「個人資料保護規範」是歐盟基於強化資料保護、排除會員國間個資流通障礙、提升個資當事人權利、以及強化個資專責機關權限等目的而設。早在1995年10月24日，歐盟基於「歐洲聯盟基本權利憲章」第8條第1項、「歐洲聯盟運作條約」第16條所示：「任何人均有保護其個人資料之權利」之意旨，就曾以指令95/46/EC號創設「個人資料保護指令」（Data Protection Directve），用以規範歐盟範圍內處理個人數據的行為。經歷時代變遷、發生於西班牙關於「被遺忘權」之訴訟、以及臉書捲入劍橋分析等風波，歐盟於2016年4月27日通過歐盟規則第2016/649「個人資料保護規則」以取代前一號指令，並訂於2018年5月25日施行。

本次GDPR之規範重點：

1. 實體適用範圍（第2條）：全部或一部自動化處理之個資，以及但排除歐盟法以外治權領域之活動、當事人所為單純個人或家庭活動、主管機關為預防調查偵查追訴刑事犯罪目的之之行為。

2. 領土適用範圍（第3條）：位於歐盟境內的個資控管或處理者；以及雖非設立於歐盟境內但對歐盟境內之資料主體提供商品或服務（不論是否有對價關係），或對於資料主體位於歐盟內行為進行監控。

---

[*] 執業律師

3. 處理個資之原則（第5條）：處理個資應合法、公正、透明；蒐集個資之目的需特定、明確、合法，且不得逾越該目的；符合比例原則；維持正確性，並採取合理措施刪除不正確的個資或更正之；保存個資之期間不得長於處理目的必要之期間；應確保個資之安全性、完整性與保密性，防止未經授權或非法的處理，亦或個資之遺失、破壞或損毀。

4. 強調處理個資需得資料主體同意，且資料主體得隨時撤回同意（第6條、第7條）。

5. 資料主體之權利：

   包括向個資控管者確認其個資是否正被處理的「接近使用權」（第15條）；

   向控管者要求更正其不正確個資的「更正權」（第16條）；

   要求個資控管者刪除期個資的「刪除權（被遺忘權）」（第17條）；

   強化對自身個資掌控的「資料可攜權」（第20條）；

   在特定具體情況下得拒絕個資控管者處理其個資的「拒絕權」（第21條）；

   不受僅基於自動化處理（或建檔）而產生法律效果的決策所拘束（第22條）。

6. 針對個資控管者責任：

   應實施適當的措施以確保病證明其處理可符合本規則之要求（第24條）；

   250人以上之企業或組織應維護其負責處理活動之紀錄（第30條）；

   個資遭侵害時有於期限內通報監管機關之義務（第33條）；

   處理個資時若認有可能造成風險時，應先實行影響評估（第35條）；

   在特定情形下需指定個資保護長（第37條到第39條）；

   提高罰則金額，違反相關規定最高可處1,000萬歐元或全球營業額2%；

2,000萬元或全球營業額4%之罰款。

7. 針對個資移轉至第三國或國際組織，採原則禁止，例外允許模式（第44條到第49條）。

　　歐盟不僅整合了歐洲市場，促進了內部成員國間人力、貨物的流通，也在網路發達的世代中進一步使得個人資料在歐盟的個人、企業間迅速流通，而針對個資保護的訂定相關規範之必要就與日俱增。欲了解如GDPR歐盟規則如何制定、其效力為何，以及這些規則如何拘束成員國或成員國內部之個人或企業等，皆十分推薦讀者閱讀本次由藍元駿教授翻譯的《歐盟法要義》。

　　《歐盟法要義》以淺顯易懂之方式，從歐盟之架構、立法、權限及基本權利引領讀者一探歐盟之面貌；其次探討歐盟法在歐盟內部之效力、執行以及訴訟之方式；再而介紹歐盟共同市場內有關人員流通自由、貨物自由以及競爭法的相關細節；並於收尾階段淺略介紹英國脫歐之經歷、模式以及相關影響。相當適合欲了解歐盟組織架構、研究歐盟相關議題之讀者作為歐盟入門書籍之選擇。

# Markus Eßfeld[*]

# 對《歐盟法要義》的簡短評釋

　　作為一位執業二十多年的德國律師，在研究機構的工作上經常遇到歐盟的法律問題。根據自身的經驗觀察，歐盟法律變得越來越重要，幾乎沒有任何法律問題不與歐盟法律相關。在許久之前我參與Christian Starck教授所講授的德國行政法課程時，我們尊敬的教授常指出「德國行政法」此專題在未來將被歐盟行政法所取代。他所言甚是。今日，無論是在歐盟內部或外部，只要工作與歐盟及其法律框架有法律或商業聯繫，對律師和商人來說歐盟法律及其知識都是至關重要的，且此不僅適用於歐洲法律的行政部分。

　　最值得稱道的是藍教授為華語學生和法律界人士翻譯了這本關於歐盟法的短著。該書的法律知識對於在台灣、中國或其他亞洲公私領域服務的法律專業人員來說大有裨益。因此適合使用此譯本進行講授或專研。

　　本書筆酣墨飽，架構完整，內容豐富。前言簡要介紹了歐盟及其前身機構自1952年以來的歷史。作者Robert Schütze教授的本著篇幅相對短，但是架構卻比入門書更完整。正如作者所述「簡明扼要」，完成任務。

　　本書的架構與我所看到的其他有關歐盟法的專論不同。他的特別在於本書分為：1.歐盟法之結構；2.執行；3.實體。這是一個非常好的想法，可以了解歐盟法與成員國法是不相同的，像是初級法及次級法和其法律效力的直接及間接影響。歐盟法或成員國法何者為重（法律優位性）是一個

----------
[*] 德國律師

重要的問題，在歷史和釋義上都有許多討論。對歐盟法律的主要價值觀及基本權利有非常好的說明。若繼續深入細節將超出此篇簡短評釋的範圍。

我只想說，作者Schütze的願望和目標已經實現了：讓讀者「求知若渴」。是的！在本書附錄中有敘述如何研究歐盟法和歐盟法院的判決，這使讀者能夠滿足自我的渴望。

最後的尾聲章節描述了英國脫歐的現狀，並表明歐盟架構始終處於審查和永久審查之下—由歐盟成員國以及歐盟內部和外部的政治發展所造成的。健全和團結之間的緊張關係將永遠存在，並成為在政治、經濟和法律上取得進步的主要工具。歐盟將進一步發展，而他的法律架構也是如此。


（施昀欣　校譯）

# 謝銘洋[*]

# 歐盟智慧財產權之法制創新與整合

　　歐盟為世界三大經濟體之一，其科技、經濟與產業都有相當高度的發展，而支撐這些發展最重要的就是相關的法律基礎，特別是面臨美國、日本的競爭以及俄羅斯、中國、印度等新興國家的崛起，歐盟如何藉由法制的創新，以促進科技、產業與社會的均衡發展，就相當重要。

　　以本人所熟悉的智慧財產領域而言，歐洲的智慧財產保護雖然在過去已經有相當具體的發展與成果，然而各會員國的法律制度與規範存在著相當大的差距，因此如何整合不同的法制來消除這些差異性，以減少商品在各會員國間流通上的障礙，而有助於單一市場之建立，便成為相當費時而艱難的工作。

　　從1960年代開始，歐洲國家就著手於商標法的整合，於1988年通過歐洲共同體商標法整合指令，於1993年進一步通過共同體商標法並成立「內部市場協調局」，2015年將其改名為「歐盟智慧財產局」（European Union Intellectual Property Office, EUIPO），並將共同體商標改稱「歐盟商標」。而在專利方面，於1973年簽署歐洲專利公約後，一直到近年來，始有較為具體的進展，歐盟的單一專利（Unitary Patents）與統合的歐洲專利法院（Unified Patent Court, UPC）可望於今年底或明年正式

---

[*] 歐盟莫內智慧財產法講座（Jean Monnet Chairs on EU IP Law）2016-2019
　國立臺灣大學法律學院兼任教授
　現任司法院大法官

啟動。在著作權方面則自1990年以來通過若干指令，以整合各國著作權法上的歧異，並於幾經波折後於2019年通過「數位單一市場著作權指令」，以因應數位技術發展所帶來的新的使用型態與新的商業模式。

除智慧財產相關法規外，歐盟有鑑於數位經濟科技發展對個人資料保護產生重大影響，因而於2016年通過「一般資料保護規則」（General Data Protection Regulation, GDPR），就個人資料提供更高的規範密度與更嚴格的保護，這不僅影響全球個人資料保護的趨勢，也成為我國憲法法庭甫出爐的111年憲判字第13號健保資料庫案的重要參考。

以上只是舉兩方面的例子說明歐盟如何在追求科技、經濟與社會發展的同時，也致力於建構完善並具有前瞻性的法規環境。藍元駿教授耗費大量心血，嚴謹地將專精於歐洲比較法的知名學者Robert Schütze的大作《歐盟法要義》翻譯成中文，讓國內讀者透過本書可以對歐盟的組織與運作、歐盟的立法與執行程序，以及法律效力與訴訟等，可以有深入的了解，是一本值得對歐盟法有興趣的讀者一讀的好書。

# 謝易哲[*]

　　歐盟是歐洲多國共同建立的政治及經濟聯盟，始於1952年成立的歐洲煤鋼共同體，發展至今已是歐洲地區規模最大的區域性經濟合作組織。歐盟與台灣的經貿往來密切，據報導，歐盟各國對台灣的直接投資，占所有外資對台總投資金額約四分之一。歐洲商會在台灣也非常活躍，除了協助歐洲企業在台發展外，也十分積極與台灣政府溝通聯繫，促成多項法案與政府政策。為了爭取與歐盟更緊密的關係與合作，我相信台灣各界對於理解歐盟內部法規與制度的需求將更勝以往。

　　不少法律實務工作者初次接觸歐盟法規，是源於歐盟的反托拉斯法、一般資料保護規範（General Data Protection Regulation, GDPR），或更近來的英國脫歐（Brexit）議題。這些法令規章固然代表歐盟對個別議題的規範，但從個別議題的角度接觸歐盟法，難免有見樹不見林之憾，甚至可能有被這些法規誤導之虞，而忽略了歐盟固然有議會、執委會、法院的建制，而隱約具有立法、行政、司法三權分立的態勢，彷彿有國家一般的地位，但其畢竟不是一個主權國家。因此法律實務者在面對歐盟體系下的法規時，除了需注意歐盟層級的規定外，針對歐盟各成員國中純粹的國內事務，仍需考慮該國的規範，才能夠正確適用法律。

　　因此，除了由下而上，從個別議題或個別法規了解歐盟法外，另一種理解歐盟法律的重要方式，則是由上而下，以比較有體系的方式，認識歐盟的制度與組織、法律位階與執行方式，再延伸至貨品貿易、服務貿易、公平競爭、智慧財產權保護等具體的法律議題。這本由Robert Schütze教授撰寫、藍元駿教授翻譯的《歐盟法要義》，正是一個很好的敲門磚。

- - - - - - - - - - - - -
[*]　Baker McKenzie國際通商法律事務所合夥律師

　　舉例來說，本書最後一章說明了英國脫歐協定的架構以及英國脫歐對於歐盟各成員國以及英國所產生的主要問題。我任職的跨國法律事務所則是就跨國企業在英國脫歐後，如何面對在國際貿易和海關、產品監管、稅務、智慧財產權、個資保護、商業契約、公平競爭、就業和移民、勞工福利、金融監管、公司重組實務問題，為客戶提供因應策略。學術與實務兩者切入角度雖然不同，卻能彼此參照，殊途同歸，是我閱讀此書的有趣發現。

　　這本《歐盟法要義》，不是大部頭的教科書，作者也沒有打算用複雜而艱澀的法律術語來「教育」讀者，而是用簡明但架構清楚的方式，搭配圖例與附表，向讀者介紹歐盟法的重要元素。有興趣了解歐盟制度規章的讀者，本書的第一部分與第二部分就歐盟的組織架構、立法程序、基本權利規範，一直到法律適用位階，提供了明確而清楚的說明。若是因為特定的歐盟法律議題而接觸到此書的讀者，我則建議可將焦點放在本書的第二部分及第三部分，可快速了解歐盟與各成員國間法律適用的先後次序，掌握相關法律爭議的處理原則，並擴及到更具體的法律問題，以及晚近的歐盟法律趨勢。

　　本書譯者藍元駿教授是我大學同窗，迄今已完成多本譯作，主題橫跨美國法、大陸法制，到本次的歐盟法，他對法學知識推廣的熱情，可見一斑。在法律學術圈中，翻譯常常是吃力不討好的工作，但元駿不改其志，煞費苦心，讓讀者可以用更簡便的方式跨越語言藩籬，對於想要快速入門且正確掌握外國法規範的讀者，很有幫助。一本介紹外國法的書籍能否使讀者正確理解法規的管制哲學、規範目的以及具體內容，端視其翻譯品質，元駿從這個面向對台灣法學教育以及法律實務的發展提出貢獻，特別值得肯定。

# 熊誦梅[*]

　　非常榮幸能為藍教授的新書撰序，更非常榮幸能有此機會先一睹為快。藍教授長期主攻憲法、行政法及財稅法，已經著作等身，卻仍積極引進國外法學名著，以促進國際法學交流，特別是可以幫助學生們了解國外法制，甚至可以幫助國內企業了解歐盟法制對於關稅或最低稅負制的政策方向，真是一本不可多得的好書。

　　本書主要分成四大部分：

　　第一部分（第一章至第四章）係關於歐盟之聯盟治理架構、立法程序、聯盟之權限依據及範圍，以及歐盟基本權利（聯盟法秩序下的人權來源）之闡述。

　　第二部分（第五章至第八章）係歐盟法之執行。第五章探討歐盟法在成員國法秩序中的直接效力。歐盟規範一旦具有直接效力，便「優越於」成員國法。第六章的主題即係歐盟法的「優位性」。第七章和第八章探討聯盟法秩序內的雙重執行機制，一般個人是在內國法院行使他們的聯盟權利，聯盟法秩序在此要求內國法院提供聯盟權利有效的救濟管道；而為協助內國法院解釋和適用歐盟法，聯盟法設想了一套先決裁決程序。第七章先討論歐盟法透過內國法院的間接執行，其後第八章則探討歐盟法在歐盟法院的直接執行。

　　第三部分（第九章至第十一章）介紹歐盟透過Treaty on the Functioning of the European Union（下稱TFEU）相關條文，規範成員國間內部市場之貨品及人員流通。為了創造內部共同市場，歐盟各基礎條約採

---

*　勤業眾信聯合會計師事務所副總經理
　德勤商務法律事務所合夥律師

取消極統合與積極統合雙管齊下，包含訂有多項「消除」聯盟內部貿易障礙的憲法層級禁止規定，並通過積極性立法，授予聯盟多項各式立法權限，以消除聯盟內部因各成員國法不一致所生之歐盟內的貿易障礙，使其得以「調和」（harmonize）內部市場中的各成員國法；第十二章則以歐盟競爭法四大支柱中處理卡特爾行為之TFEU第101條為論述主體來引薦歐盟競爭法。

第四部分則敘述英國脫歐前後之背景，從差異化統合到依歐盟條約第50條退出，並探討未來英國與歐盟可能之協定。

經由本書可以發現判例法已經成為歐盟法的主要法源之一，以關稅問題觀之，關稅為保護主義國家所慣用的典型商業武器，歐盟法院曾以概括的方式定義關稅為：「任何基於貨品穿越邊界事實所加徵之金錢費用，無論金額多寡，名稱為何，適用方式為何。」而TFEU第30條規定：「成員國間禁止課徵有同等效果的進出口關稅及與具有同等效果之規費應被禁止。前述禁止於具財稅政性質之的關稅同樣亦有適用。」將禁止範圍延伸至所謂「具同等效果」。

又TFEU第34條「會員國間禁止對進口的數量限制以及一切具有同等效果之措施皆應被禁止」則係規範對進口管制障礙監管壁壘，如同第30條關於關稅的規定，禁止範圍包含第二種措施類型，即「與數量限制具有同等效果之的措施」（Measures having an Equivalent Effect to Quantitative Restrictions, MEEQRs），此類措施在過去一直是司法界與學界關注重點，歐盟法院在Dassonville案[1]中發展出自己著名的定義：所有由會員國所制定，足以直接或間接、實際或潛在可能，造成阻礙〔聯歐盟〕內部貿易阻礙之的貿易規定，皆應認定為與數量限制具有同等效力之的措施[2]，

---

[1]　Procureur du Roi v Dassonville, Case 8/74 [1974] ECR 837.

[2]　Ibid., para. 5.

惟此公式僅適用於專門針對跨國進口貨品之規範；於內國措施（對於外國與本國貨品平等適用的措施）中則就類別區分為「產品要求」、「銷售方式安排」及「限制消費者對貨品使用」，而分別適用Cassis案標準[3]（除非存在維護公眾一般性利益的強制要件，否則成員國不得以其國內產品標準加諸於進口貨品之上）、Keck案標準[4]（僅在對外國貨品銷售為差別待遇之行銷予以歧視時，才構成MEEQRs）及Italian Trailers案標準[5]（僅有在其禁止對某一產品之所有使用方式，或在該產品僅有一種用途時禁止該用途，方受條文規範）。

歐盟法院對TFEU第34條MEEQRs之涵攝，隨著個案情形而衍伸出如書中所提出的四大典型標準，充分展現歐盟法院判決對歐體/歐盟之各項基礎條約所為之解釋或發表之諮詢意見，積極地發揮其造法性功能，不斷地創設新的法律見解而形成新的法律原則，已屬歐體/歐盟重要法源之一[6]。

另外，在全球化浪潮及數位經濟崛起下，跨國企業為追求利潤，透過利用各地區間稅制差異，進行利潤移轉的租稅規劃，嚴重侵蝕各國稅基，破壞租稅公平性，有鑑於此，經濟合作暨發展組織（OECD）啟動「稅基侵蝕與利潤移轉」專案，而其第二支柱即為「全球最低稅負制」（全球反稅基侵蝕規定，Global Anti-Base Erosion），針對全球合併年營業收入超過7.5億歐元（約為新台幣240億元）跨國企業為課稅對象，跨國企業母公司在當地實質稅率必須達到15%，若未達標則需補繳差額稅款，其目標在

---

[3] Rewe-Zentral AG v Bundesmonopolverwaltung für Branntwein, Case 120/78 [1979] ECR 649.

[4] Criminal Proceedings against Keck and Mithouard, Joined Cases C-267 and 268/91 [1993] ECR I-6097.

[5] Commission v Italy (Italian Trailers), Case C-110/05 [2009] ECR I-519.

[6] 王泰銓，〈歐洲聯盟法之本質、法源及其位階Particular nature、Sources and Hierarchy of European Union law〉，https://www.eusa-taiwan.org.tw/europe_detail/74.htm

於給予母公司及稅基被侵蝕國因資本的流出及各項給付造成稅基侵蝕之新的課稅權，彌補其因租稅競爭所造成之損失，並進而降低企業為了享受稅制利益所作之不當安排[7]。

OECD於2021年12月公布全球反稅基侵蝕規定的立法範本後，歐盟委員會不久後亦公布了歐盟最低稅負制之提案，然而繼波蘭在4月投下反對票後，匈牙利也表示反對，其疑慮大致為實施過程太倉促、影響企業競爭力以及歐盟最低稅負指令和OECD第一支柱解決方案（即課稅權重分配）之間有差異，因此原預定2023年4月之實施日程，延後的可能性大增，如同本書所提出之隱憂，爭取成員國一致同意將是歐盟委員會面臨的一大挑戰。

本書還有許多其他亮點，除了學術研究外，據財政部統計，台灣約有160家台資企業與259家在台外商跨國集團符合全球最低稅負制門檻。財政部有意將台版企業最低稅負制徵收率12%適度提高，以接軌全球最低稅負制，因台灣尚未加入OECD組織，觀察各國全球最低稅負制法規，當然也包括歐盟的發展。

藍教授的譯文非常清楚流暢，讀起來絲毫沒有翻譯之作的生僻，而且條理清晰，節省學者及學生，甚至實務工作者閱讀原文的時間及辛苦，內容豐富且完，實為近年來難得的法律佳／譯作，特為文推薦之。

---

7　勤業眾信稅務部 廖哲莉會計師、韓承皓協理，〈2022年趨勢解析《稅務篇》國際租稅新局面 全球課稅權大洗牌〉，https://reurl.cc/1ZDQLm。

# 徐彪豪[*]

# 歐盟法的學習：從經濟整合到價值共融—超國家管制實務演進觀察的培養皿

藍教授最初向我提議翻譯這本書時，我其實有點訝異。部分原因可能是作為台灣少數碰巧在青澀時期（2006-2007）就在荷蘭接觸歐盟法的法律人，我自身的學習歐盟法背景可能就不太一樣。

記得2003年到2004我和德國友人談起未來要去歐洲念歐盟法，他勸我三思。理由是歐盟法其實結合歷史和國際政治，相當複雜、當時一般德國學生也不會以此為職志。

他說的沒錯，歐盟法無疑是歷史的。

比方說，讀到*Torfaen*案中關於歐洲「週日營業限制」的規定，90後的讀者可能就比須想像一下在大部分留學歐洲老師們在求學時，週六中午後在歐陸要買雞蛋牛奶等「民生必需品」，可能必須要到加油站、火車站或穆斯林移民經營的商店。

談回訝異的原因。

其實很簡單，因為我的歐盟法101是從英文教科書開始。荷蘭大學也喜歡用"Reader"，也就是讀本／相關論述文本。25歲的我遇到最大的震

---------------
* 本書譯者之一

撼是reader中所節選文章下的附註往往有德文和法文，有時也會有義大利文，但不會有人用英文再解釋一遍。這對當時只低空考過德文TestDAF的我無疑是另一次棒喝；所以在27歲回台灣後才開始再學法文，也了解到真的若只透過一種會員國語言，能夠理解歐盟的面相可能較為可惜。

　　再說回翻譯。歐盟法中文翻譯難處除了語學強調通達與法學精準本身的潛在衝突，也來自於許多詞彙是歐盟法概念所專有，而且這些字詞若翻譯成英文後再翻成中文，而如果您只看一本教科書八成會看不懂在說什麼。

　　簡言之，如果這本書能幫助您理解或願意開始學習歐盟法，那真的很棒。但如果您還願意了解更多，建議您可以找本原文教科書、甚至可以用本書或任何一本教科書為本，查找閱讀原文的判決。這樣，或許更能真正把握歐盟法的基礎、進而觸類旁通。

# Vinod Kalloe<sup>*</sup>

Since the beginning of the formation of the European Union (EU) in the 1950s participating Member States have insisted on keeping national sovereignty on taxation issues. This reluctance is evident when reviewing the Treaty on the Functioning of the European Union (TFEU) where Articles 110-113 TFEU relate to the harmonization of legislation concerning turnover taxes, excise duties and other forms of indirect taxation and where direct taxation (such as personal income tax and corporate income tax) falls under approximation of laws covered in Articles 114-118 TFEU. For most EU harmonizing proposals, in principle, Article 289(1) TFEU provides for an 'ordinary legislative procedure' which allows for proposals to adopted in the Council of the European Union (the Council) by qualified majority voting. A qualified majority is reached if (i) 55% of Member States vote in favor and (ii) the proposal is supported by Member States representing at least 65% of the EU population (leading to a so-called 'double majority'). For taxation however, Article 289(2) TFEU is applicable which requires unanimity in the Council for adopting any proposal in sensitive areas such as social security, accession of new EU Member States, foreign, security and defence policy.

Given this legal context in the TFEU, EU Member States could not reach significant progress in harmonizing direct taxation in the EU in previous decades. A few notable exceptions span many years apart and are only

--------------------

<sup>*</sup>   KPMG EMA Tax Policy Leader
    KPMG Meijburg & Co Tax Lawyers Amsterdam The Netherlands
    email kalloe.vinod@kpmg.com

incremental in nature instead of comprehensive direct tax harmonization. These examples include the adoption in 1977 of the EU Directive concerning mutual assistance by the competent authorities of the Member States in the field of direct taxation (77/799/EEC), the adoption in 1990 of the so-called EU Parent Subsidiary Directive on the common system of taxation applicable in the case of parent companies and subsidiaries of different Member States (90/435/EEC), the EU Merger Directive (90/434/EEC) and the EU Arbitration Convention on the elimination of double taxation in connection with the adjustment of profits of associated enterprises (90/436/EEC) and finally in 2003 the adoption of the EU Interest & Royalty Directive on a common system of taxation applicable to interest and royalty payments made between associated companies of different Member States (2003/49/EC). These legislative results could only be achieved since EU Member States were willing to agree to a harmonized approach which could facilitate a proper functioning of the EU internal market for tax administrations and multinational companies.

Since 2012, however, a new momentum seems to have emerged where EU Member States were being politically forced to take EU actions due to revelations in multiple leaked documents (such as Offshore Leaks, Panama Papers and Paradise Papers) where the public and parliamentary attention was focused on tax arrangements of multinational companies that led to the perception that these companies were not paying their 'fair share' of corporate taxation. In response to these developments in 2012 the European Commission launched an action plan on aggressive tax planning (2012/772/EU) which in 2013 was followed by the Organisation for Economic Co-operation and Development (OECD) which launched its action plan on base erosion and profit shifting (BEPS).[1,2] The EU and OECD initiative were intended to reduce possibilities for multinational companies to exploiting gaps and mismatches between different countries' corporate tax systems effectively leading to a loss of tax revenue for countries. The OECD initiative was endorsed by the G20 (which members include most of the world's largest economies) and was subsequently joined by other countries in the so-called OECD Inclusive Framework group. That group currently comprises more than 140 countries worldwide and are coordinating implementation of the 2015 OECD BEPS recommendations.[3] These recommendations and the OECD's continuing work an new reforms including actions against highly profitable multinational companies and the potential introduction of a 15% global minimum corporate tax rate have led to a wave of EU legislative proposals where the Council managed to reach a swift adoption on rules (i) targeting complex tax arrangements, (ii) increasing tax transparency from multinational companies and tax advisors and (iii) facilitating effective exchange of tax information between tax administrations. These actions were included in EU legislation such as the EU Anti-Tax Avoidance Directive 1 and 2 (2016/1164) and multiple updates of the EU Directive on administrative cooperation in the field of taxation (2011/16/EU). The public concerns about multinational companies and their corporate tax affairs led to a political momentum which enabled the Council to reach unanimity swiftly.

---

[1] 2012/772/EU: Commission Recommendation of 6 December 2012 on aggressive tax planning EUR-Lex - 32012H0772 - EN - EUR-Lex (europa.eu).

[2] 2013 OECD Action Plan on Base Erosion and Profit Shifting (oecd.org).

[3] 2015 OECD Final BEPS package for reform of the international tax system to tackle tax avoidance BEPS 2015 Final Reports - OECD.

In 2019, however, the European Commission noted that the need for unanimous agreement made further progress in the field of taxation difficult and limited the potential of EU taxation policy to support a well-functioning EU internal market.[4] The European Commission specifically found that (i) tax proposals required years for Member States to agree, (ii) when agreement was reached with unanimity, it tended to be at the lowest common denominator level, limiting the positive impact for businesses and consumers, and (iii) Member States used unanimity as a bargaining chip against other demands they may have had on completely separate files. In order to address these obstacles the European Commission recommended the EU Member States to move gradually from unanimity to qualified majority voting for tax matters. In 2019 multiple EU Member States shared their view in response to this recommendation, indicating that maintaining national sovereignty on taxation is of great importance and therefore the voting procedure for taxation remains unchanged to this date. For example, the Ministry of Foreign Affairs of the Netherlands publicly stated that the key concern of fiscal sovereignty was directly related to the national budget and public policy funding of each individual EU Member State.[5] Moreover, in this statement the Netherlands added that especially the smaller EU Member States were very critical since qualified majority voting would mean a significant loss of their relative voting

---

[4] 2019 Communication from the Commission to the European Parliament, the European Council and the Council - Towards a more efficient and democratic decision making in EU tax policy 15_01_2019_communication_towards_a_more_efficient_democratic_decision_making_eu_tax_policy_en.pdf (europa.eu).

[5] 2019 Letter of the Minister of Foreign Affairs of the Netherlands to the House of Representatives of the Parliament of the Netherlands, 15 February 2019, Kamerstuk 22112, nr 2772. Kamerstuk 22112, nr. 2772 | Overheid.nl > Officiële bekendmakingen (officielebekendmakingen.nl).

power in the EU.

Given this reluctance of several smaller EU Member States, the European Commission, supported by several larger EU Member States, have started exploring alternative legislative procedures that could potentially avoid unanimity voting on taxation. For example, in 2021 an EU Directive was adopted regarding the mandatory public disclosure of income tax information per country for multinational companies (2013/34/EU).[6] The legal base of the proposal was set on Article 50(1) TFEU (internal market reporting) which only requires a qualified majority in the Council instead of unanimity, even if the reporting covers taxation. This meant that the proposal could be adopted by the Council, even if not all EU Member States were convinced that this proposal was useful for a proper functioning of the EU internal market and could even be detrimental to businesses in the EU. Another example is the 2022 Council Regulation on an emergency intervention to address high energy prices (including a solidarity levy for fossil fuel energy companies to a rate of 33% on excess profits).[7] The legal base for this Regulation was provided by Article 122 TFEU, allowing for qualified majority voting in the Council due to exceptional difficulties in the supply of energy. Moreover, a new initiative by the European Commission launched in 2022, addressing the role of "enablers" that facilitate tax evasion and aggressive tax planning, considers

---------------

[6] 2021 Amending Directive (EU) 2021/2101 for Directive 2013/34/EU of the European Parliament and of the Council of 26 June 2013 on the annual financial statements, consolidated financial statements and related reports of certain types of undertakings EUR-Lex - 02013L0034-20211221 - EN - EUR-Lex (europa.eu).

[7] 2022 Council Regulation (EU) 2022/1854 of 6 October 2022 on an emergency intervention to address high energy price EUR-Lex - 32022R1854 - EN - EUR-Lex (europa.eu).

legislative options based on art 50(2)g TFEU. This article covers the right of establishment and safeguarding the interests of EU Member States and also allows for qualified majority voting in the Council.

The international landscape of corporate taxation is rapidly changing and governments are trying to keep up with ever more complex business models of multinational companies. The EU has been at the forefront of many initiatives and adopted a wide range of solutions in the past decade. However, the EU is also running against the limits of the EU legal bases provided for in the EU treaties in moving forward towards more profound tax harmonization. The examples above describe a few creative ways to circumvent unanimity for tax matters, however, this might not be a sustainable route going forward since it runs the risk of undermining the national sovereignty on taxation that is cherished by many EU Member States.

# 李柏青[*]

# 萊茵河兩岸

　　第一次真正感受「歐盟」是從法國開車去德國那次。

　　那年聖誕誕節我們全家去法國的史特拉斯堡過節，去程我們走導航建議的最佳路線：自日內瓦一路向北，在巴賽爾出瑞士國境，走法國境內的A35號高速公路到底便是史特拉斯堡地區。回程時，我們決定改走萊茵河東岸、德國的5號高速公路南下回家。我們從史特拉斯堡出發向東，路況良好，車子開過了幾座橋，其中一座特別長，然後所有的指標突然變成德文，我很驚訝地對我太太說：「咦？到德國了嗎？怎麼一點感覺都沒有？」

　　這種歐盟各國邊境居民習以為常數十年的事，對居住在瑞士的台灣人而言卻是個新鮮的體驗，且不論台灣島國，凡出國必經移民署與海關（第一次只用身分證搭機去澎湖亦令人驚奇），瑞士身處歐陸中心卻非歐盟成員，因此與鄰國邊境均設有關卡（列支敦士登除外，瑞、列二國為長久的關稅同盟）。雖然自瑞士加入申根區後，邊境關卡原則上已不對過客進身分檢查，但因瑞士、歐盟為各自獨立的關稅領域，因此關稅稽查仍在，而且有時候還頗為嚴格。

　　以日內瓦為例，日內瓦三面為法國國土所包圍，從市中心開車至法國不用三十分鐘，而日瑞士物價較法國平均高出三成，因此還繞日內瓦的法國邊境城鎮均開設有大量的賣場，每逢周末便可見到自瑞士湧向法國購

------------------------
[*]　禾同國際法律事務所合夥律師

物的車潮。然而如前所述,瑞士不屬歐盟,增值稅、關稅與法國均有異,因此前往法國採購乃是真正意義的「跨境貿易」,購物超過一定額度便可在法國端辦理增值稅退稅;但相反地,進入瑞士時則要接受瑞士海關的稽查,倘攜帶超量的物品進入瑞士便屬於進口,需要補繳關稅與增值稅。因此經常可見海關辦公室旁停著打開後車廂的車子,車主面對滿車的肉類產品,無奈地填寫申報單。

　　瑞士對國內農產品極為保護,2016年瑞士對工業產品進口的平均關稅僅有1.7%,農產品卻高達34.2%,其中肉製品平均稅率110%,乳製品更是驚人的133.2%[1]。瑞士允許的肉類免稅數量為每人一公斤,大概是四塊牛排或是一鍋燴肉的豬肉量,相當容易超量。我們現在所看到綠草如茵、美侖美奐的瑞士農村,某程度便是靠這樣的保護政策與高物價支撐起來的。

　　然而自法國進入德國便完全沒有任何海關與稅務的問題,公路一線直行,直到進入德國境內才驚覺剛剛開過的便是萊茵河,我們已跨過著名的馬奇諾防線。這裡是歐洲二千年來的兵家戰地,從提比留司、查里曼、拿破崙、俾斯麥到希特勒,每個野心家曾試圖以暴力將河流兩岸之地置於統治之下,無奈萊茵河寬闊的河道始終堅定地切開高盧與日耳曼,只留下河畔無數枯骨。那些昔日的野心家與戰士們是否曾想像,在不經戰爭的情況下,萊茵河上可自由往來、用同一種貨幣交易、說著不同語言的人民甚至共同決定警察、環保、教育等事務?

　　筆者最初接觸歐盟法大約在2003年,當時我協助臺大的王泰銓教授完成幾個歐盟法的研究計畫,那時為尼斯協定簽定不久,歐盟東擴正執行中,千年來無數野心家無法達成的歐洲大一統竟已見雛形;全球化主義者於是大為振奮:既然德、法死敵都能整合,「地球村」便不再是癡人說夢。

---

[1]　見https://legacy.export.gov/article?id=Switzerland-Import-Tariffs。

　　孰料二十年來局勢丕變，先有阿拉伯之春造成歐洲的難民危機、接著是希臘債務引發的金融震盪，近年來匈牙利民主體制爭議、英國脫歐、新冠疫情，乃至筆者為文之時仍在進行的烏克蘭戰爭，均挑戰著歐盟的內外治理能力，究竟這個人類史上最具實驗性的組織體制可以走多遠，它會是跨國家整合的地板或是天花板？

　　藍元駿教授翻譯的這本《歐盟法要義》對於歐盟當今組織法制提供一廣泛而深入淺出的介紹，承蒙藍教授邀請作序，筆者因此有機會翻新有歐盟法制的認識。筆者始終相信，宏觀政策的評論必須基於微觀細節，本書對於有意進一步研究歐洲政治、法律甚至文化者，都是很好的入門。

# 林恆鋒[*]

# 跨國法律實務工作者學術上強有力的支援者：欣見歐盟法深入淺出的精彩介紹

　　歐洲經貿辦事處於2021年9月分發表的「2021歐盟—台灣雙邊關係概況」報告中，說明歐盟持續作為台灣最大外國投資者，在2020年不論在境外直接投資（FDI）流量或存量均排名第一，分別占台灣FDI流量總額38.8%（36億美元）與存量總額25.7%（488億美元）。台灣對歐盟的投資也首次翻倍成長，2020年經核准至歐盟的直接投資有15億美元，比前一年成長了122.3%。雙邊貨品貿易總額為493億歐元，台灣躍升一位成為歐盟全球第十四大重要貿易夥伴，為亞洲排名第五。歐盟是台灣第四大貿易夥伴，僅次於中國、美國和日本。

　　我和我服務的理律法律事務所長年處理跨國企業的法律工作，除了日商客戶之外，外國企業客戶來自美國及歐盟的幾乎是各占一半，對於美國客戶提供法律服務時，我們對於美國客戶所處法域的政治制度、法律基本體系、甚至相關領域法律的大致規範，都有一定程度的了解，但長久以來，對於來自與台灣投資經貿關係日趨緊密的歐盟領域中的企業客戶，其所處的歐盟領域中，如何透過歐盟條約、和歐盟主要機構，例如歐洲議會、理事會、歐盟執委會、歐盟法院、歐盟高峰會（European

---
[*]　理律法律事務所合夥人

Council）、歐洲中央銀行及審計院（Court of Auditors）等所架構的政治及法律秩序，相較於美國來說卻相對陌生許多，事實上，國內長久以來，對於歐盟法的介紹及研究屈指可數，其中比較例外的，是持續引起台灣法律學術和實務界關注的歐盟競爭法發展，以及2016年歐洲議會和歐盟理事會通過的「一般資料保護規則」（General Data Protection Regulation, GDPR），才引起國內法律學術界跟實務界比較廣泛的討論和研究，但不諱言，歐盟法的研究及介紹在我國相對於歐盟與我國之間投資及經貿活動的密切程度而言，確實是相對受到忽略。

藍元駿教授是我在十幾年前承辦一件重大的海外訴訟案件的時候認識的學者，在那件案件中需要由我國稅法學者提供相當專業且複雜的法律意見，當時我和藍元駿教授一起在葛克昌教授的指導下，順利完成台灣相關法律意見的分析，當時在互動的過程裡，我最初感覺藍教授是一位非常內斂的學者，但隨著過程中的密切互動，漸漸體會到他不僅學術研究態度嚴謹，而且外文能力相當優異，後來陸續接觸與交流，更了解到藍教授在比較法方面有著深入而持續的有計畫研究，是國內年輕法律學者中，難得可以給予我們經常處理跨國案件的法律實務工作者學術上強有力的支援者。

藍元駿教授在2019年就曾經將美國一代法學大儒E. Allan Farnsworth經典的「美國法制概述」，提供淺顯易懂的翻譯著作，並慨予贈書給我，讓我有幸拜讀，如今又欣聞藍教授針對Robert Schütze著作的《歐盟法要義》，再次出版架構清楚並且易於閱讀的優秀翻譯著作，本書內容包括歐盟機構、立法、權限和基本權利的介紹，並扼要分析歐盟法的執行問題，特別針對歐盟特殊的法律架構下，可能涉及的內國訴訟及聯盟訴訟的兩個層級加以分析，此外特別針對歐盟法下幾個重要的法律規範，包括歐盟內貨品流動及人員流動的法律規範，以及歐盟著名而持續影響全球法律秩序的競爭法規範等，提供了更深入的具體介紹，為國內法律界對於歐盟法制度提供一個難得的比較法資訊，對於一個與歐盟企業客戶有長期往來的法

律實務工作者來說，真是一大福音，我非常榮幸能為本書中文版做推薦
序，希望有更多讀者透過此書可以和我一樣更了解歐盟法的制度和內涵。

# 劉汗曦[*]

　　21世紀的開頭二十年，讓我們看到了全球在政治、經濟、文化、貿易等各個領域，正隨著交通工具、數位科技、教育水準的不斷進展，形塑成人類有史以來各區域、種族、國家間最緊密且相互影響的時代。而在其中，以歐盟所代表的歐洲各國之規範秩序創造能力，更是深刻地影響包括我國在內的全球法制與政策發展。

　　以國人較為熟悉的個人資料保護法規為例，就看出我國受到歐盟國家法制影響的清楚脈絡。現行個資法之前身為電腦處理個人資料保護法，該法在1995年立法時，即是參考以歐洲國家為主的經貿合作暨發展組織（OECD）的個資隱私規範（1980 OECD Privacy Guidelines）。接著我國在2010年制定個資法時，亦是參考了歐盟1995個人資料保護指引（EU Directive 95/46/EC: the Data Protection Directive）。而在2022年8月新出爐、涉及健保資料庫與個資隱私的憲判字第13號中，大法官們更是明確指出歐盟2012年所制定的歐盟通用資料保護規則（EU General Data Protection Regulation, GDPR），將是三年期限內主管機關根據該判決，進行健保法與個資法修法的重要依據與方向。

　　上述的事例應證了歐盟法制對於我國規範的影響。然而錯綜複雜、多重層次的歐盟法制與實務，一直以來對於吾人這樣小國好民、習慣中央立法地方執行兩層級法制的我們來說，是個相當難以清楚認識的比較法對象。甚至有時從報章雜誌或文章論述中，所得到關於歐盟法制一知半解的片面知識，反而彼此矛盾使人更加迷茫。

-------------

[*]　國立政治大學創新國際學院兼任助理教授
　　博思法律事務所創所資深律師
　　博安生醫法律團隊總顧問

　　為此特別感謝吾友藍元駿教授，針對國內各界的這種困境，挑選了Robert Schütze教授所撰寫，可說是最知名歐盟法教科書之一的《歐盟法要義》這本著作之2020年最新版，並願意投入大量時間來翻譯，使得國人終於有機會就此，一窺歐盟法之全貌。特別本書作為該作者2020年之最新修訂版，而在結語部分增加一章對於英國脫歐（Brexit）的分析與說明，藍教授對此也清楚的加以翻譯介紹，特別值得關心國際趨勢的讀者參考。

　　最後，誠摯地推薦此書給所有想要或需要更加了解歐盟法之讀者！

# 羅月君*

個人從事實務工作多年，相當欣賞英美法律係以一種「由下而上」方式發展與推動的特色，不時閱讀英美法文獻，尋求辦案找法之靈感。於前次拜讀藍元駿教授譯著《美國法制概述》大作時，更深受啟發，是我與藍教授結緣的開始。欣聞藍教授時隔不久，又一本近500頁《歐盟法要義》譯著即將付梓，其學術能力、熱忱與對法界師生的貢獻，實屬絕倫，令人佩服。能先睹為快，為此書作序，倍感榮幸。

歐盟是經國際上實證，已穩定運作近三十年的超國家組織。歐盟如何透過組織與法制的設計，成功調和各國不同的政治背景與經貿制度，並推出許多前瞻性、能展現歐盟價值的法律（如2021年4月提出的人工智慧管理法草案、或2018年施行的一般資料保護規則）、行政措施及法院裁判，以迎接全球性的挑戰（如經貿、安全、氣候、難民等問題），著實使人好奇。

本書從歐盟條約所設權力分立架構出發，介紹各歐盟機構的權限執掌，接著在法制面，從立法程序及權限開始，再進到法源與司法審查。對司法工作者最引人入勝者，莫過於結合大量歐盟法院的裁判，分析各法源在會員國與歐盟機構、個人與政府及私人間的直接或間接效力，及相關效力的要件與審查標準。復如何透過統一解釋機制及歐盟法的優先性，以化解各會員內國法與歐盟法的衝突，可供我國法院面對具體個案，參考國際規範（如人權公約）用以解釋國內現行法，並解決相關歧異與落差，以及思考私人間如何適用憲法解決基本權之衝突。其中，歐盟法院就各國訴訟個案發生內國法與歐盟法潛在衝突時，就此先決問題，設置先行裁決的法

* 臺北高等行政法院法官

律解釋機制，藉以釐清歐盟法並維持其優先性，不僅類似我國法官裁定提止訴訟而聲請憲法解釋的機制，更可以作為近年最高（行政）法院增設大法庭後，下一步如何擴充歧異見解統一法律解釋功能之借鏡。

另值一讀的是，歐盟訴訟章所述關於當事人適格的司法審查標準。鑑於我國公法訴訟，法律並未明文規定何人有訴訟資格，具體審查標準必須透過憲法解釋及法院裁判實務的積累，始趨精緻、穩定。向來仰賴、源自德國的保護規範理論（司法院釋字第469號參照），在個案關於當事人是否適格之判斷，其如何適用並妥適界定利害關係人，仍然抽象而未 具體。對此，歐盟相關縝密之立法技術，與法院建立之審查標準，亦值得我國司法實務之參考。

本書詳述歐盟程序組織後，進而觸及實體法，大篇幅介紹歐盟法之三大支柱：貨品市場、人員流通、及競爭法制。最後，不會遺珠地交代英國脫離歐盟之始末與展望。

本書透過藍教授深厚的法學知識及語言造詣譯成，不但可以讓法學Insider參考獲益，也可以讓Outsider容易入門一窺其精妙，是其譯作最具價值之處。個人甫於東吳大學教授民法總則，尤其在講授法律解釋方法時，有感於法律解釋對司法實務的重要性，及學生普遍的理解困難度，透過課堂教學或講述仍有未逮之處。此書之出版，實有助於比較法制的學習與法律解釋方法的精進。誠心推薦給大家！

# Nikolai Milogolov[*]

# Preface to a translation of classic book about EU tax law to Chinese

This book is the high-quality translation carefully performed for the local reader of one of the classic existing texts in the field of EU tax law. EU tax law has its specifics considering the fact that the level of economic integration among the EU Member States is very deep and economic ties are stronger than between other countries. So, EU tax law is driven mostly by the political goal of Member Countries' governments for creation of single market and conditions for free movement of key factors of value creation – workers and capital inside the EU single economic area.

These external conditions under which EU tax law is rapidly re-inventing itself are important for other countries especially for developing countries. These countries are often borrowing tax law doctrines, legislative approaches and other technical concepts from EU tax law and adopt them to local circumstances. However, such kind of transplantation of legal norms and emergence of international tax law standards shall be made carefully and the mentioned differences in the external conditions between EU counties and recipient countries shall be outlined and considered by tax policymakers and

---

[*]  ADIT, CIOT international tax affiliate
    Associate professor at Financial University

practitioners.

Nevertheless, considering the highest level of technical expertise of EU tax law-makers EU is emerging as the global trend-setter in international direct and indirect taxation during the last decades. This can be observed in the most striking way in the experience of implementation of EU-style value added taxes throughout the world. The former-USSR region where the author of these words is based at the time of writing is the illustrative example of this trend. All former-USSR countries implemented broad-based VAT taxes when they transitioned to the market economies in the early 1990s and they all looked primarily at the existing EU VAT Directives as their source of reference and inspiration.

Currently EU direct tax law is coming through the several breaking points of its development described below. First point is the growing political will in EU Member countries for the increased cooperation in tax policy setting in direct taxation area. Key argument for such increased cooperation is based on the idea of addressing tax challenges of digitalization, globalization, and tax competition. Second point is the extending scope of areas where EU Member countries are declaring their cooperation in tax matters. These areas are not today limited by traditionally economic reasons but are also impacted by the ecological agenda, social policy, and technological shift. Third, EU countries are trying to maintain their economic competitiveness at the global stage not as individual countries but also as a block of countries. This can ensure the possibility of relatively high level of tax burden on businesses and people while maintaining social welfare models. This requires in-depth harmonization and consolidation of EU corporate tax rules. All these institutional developments find their reflections in EU tax law and in the soft law principles developed at the EU level.

One notable example of soft law developments at EU level is its attack of harmful tax competition officially started by adopting Code of Conduct in Business Taxation Resolution in (1997) almost at the same time as the OECD (1998) famous project which is not surprising because most of OECD countries are EU member states therefore tax policy agenda and goals of these blocks largely intersect. As EU countries have close political ties and international regulations aimed at deepening the cooperation aimed at promoting their economic union – the Single Market – there are more arguments, political, and treaty commitments for tax harmonization between EU Member States than everywhere else in the world.

EU soft and hard law in the area of tackling tax competition and defending from its consequences emerged in the form of different existing and proposed multilateral instruments at EU level used (1) to deal directly with the issue of tax competition (including the EU Code of Conduct (1997) and subsequently the EU List of non-cooperative jurisdictions for tax purposes, State Aid rules and Pilar 2 implementation at EU level), (2) to defend the Member States revenues from its consequences (including ATAD/ATAD 2 Directives, Shell Company Directive), and (3) to deepen the level of integration and centralization in corporate taxation (including increasing EU resources by transferring Pilar 1 revenues from taxation of residual profits of MNEs to EU budget). The first mentioned multilateral instruments are directly aimed at setting the EU standards in tax competition while the other regulative developments are more relevant to the problem of tax competition with EU and non-EU countries.

However, how justified are the EU approaches towards addressing the

problem of tax competition at global level remains an open question. Second open question relates to the legitimacy of spreading EU standards (backed with EU sanctions) in tax competition on the tax systems of non-EU states. Such unification and centralization of tax law standards and principles at EU level potentially can lead to the internationally unbalanced intervention of EU policymakers into tax sovereignty issues of the non-EU states. This is contrary to the principles of international tax regime based on the ideas of pragmatic compromise among jurisdictions in sharing their taxing rights and on respecting of the tax sovereignty.

One recent example of the competition of tax policy frameworks between EU and non-EU countries is the examination of Russian International Holding Companies Special Administrative Regions (IHC SAR) regime by the EU Code of Conduct Group. EC considered Russian International Holding Company Regime as harmful in 2021. However, Russia declared 'de-offshorization' (fight with offshore tax evasion) as its tax policy goal when introducing this regime. Considering this controversy and the fact that Russia adheres to the strictest standards of anti-BEPS tax policies as the early supporter and initiator of the OECD/G20 BEPS Project the conflict of tax policies is obvious. This case clearly illustrates the ambiguity and unsoundness of such anti-tax competition standards in non-EU context.

Considering all mentioned above I recommend to local readers to pay close attention to studying EU tax law considering its growing role in global tax policy and tax law standards. At the same time my second advice is to be careful when performing comparative research with EU law or when using EU law as a model for local legislation or for case analysis because context always matters.

I am sure that the translation of this classical EU tax textbook performed by the respected scholar and my friend Professor Yuan-Chun (Martin) Lan will be very useful and will contribute both to educational programs and to development of practice of international tax law in Taiwan, China, and the region.

With best regards

# 南 繁樹[*]

　　本書是Robert Schütze 教授的著作《歐盟法要義》的中文譯本。Robert Schütze 教授是歐盟法領域知名的學者，他的原著被認為是歐盟法教科書等級的基本文獻之一。

　　Robert Schütze教授是歐盟法及世界法領域的專家，除了擔任杜倫大學的歐洲比較法教授之外，也在歐洲學院與羅馬路易斯大學擔任常任客座教授。

　　對亞洲的法律人與學生來說學習歐盟法有兩個層面的意義。首先，在處理受歐盟法管轄的案件，例如交易的對象位於歐盟成員國境內，有必要了解何謂歐盟法。其次，歐盟法在很多領域上處於領先世界的地位，例如對於個資的保護與對於其他平台業務的措施等，對沒有直接參與歐盟法的法律人與學生來說有很多值得借鑒之處。舉例來說，於2022年3月，歐盟同意（公布）了「數位市場法」，該法旨在為大型科技公司維持公平的競爭環境。除此之外，同年4月，歐盟也同意了「數位服務法」，此法旨在透過要求巨型平台營運商刪除非法內容來保護消費者。從競爭法與隱私的角度來看，對於科技公司的監管正不斷的加強。將來是否也要引進相同的規定將會是亞洲各國一個主要的討論點。雖然本書出版於2020年，但為了正確的理解最新的動態發展，學習歐盟法背後的基本概念是不可或缺的，而在此時本書將會為讀者帶來很大的助力。

　　擔任翻譯這本貴重書籍之責的藍元駿教授，任職於中國文化大學法律系，專攻行政法與租稅法。我是一名在日本從事過國際稅法、公司法與企

----------
[*]　日本律師
　　國際財政協會亞太地區委員會前任主席

業併購方面工作的律師，在2018年於國際財政協會台北分會舉辦的亞太區域會議時，有幸認識了藍元駿教授。當時藍元駿教授在會議中的模擬法庭擔任訴訟代理人，獲得了與會的眾多國際稅法學者與相關從業人員的好評。因此，藍元駿教授與許多國家的法律學者及法律從業者進行了許多交流，而在此獲得的經驗也在本書的翻譯過程中得以活用。

從事國際法律工作的人在研究與實務上皆不可避免的要面對外語，但若能以母語來閱讀重要的文獻的話則可以說是十分幸運的。因為有許多議題必須思考，而時間又十分有限。本書以易於閱讀而簡明的方式提供品質良好的內容分析，對於在台灣學習歐盟法的學生提供了研究上的助益。相信與閱讀外語版本相比，本書能替讀者節省大量的時間與精力，並將大大的促進台灣學生對歐盟法的學習狀況與討論。

（蔡承翰　校譯）

# 歐陽弘[*]

藍元駿教授著作等身，但仍不斷翻譯重要的外國法專書，使我國處理涉外案件的律師可以有基礎資料參考，貢獻卓著。所以我樂於為序。

目前在涉外的商務案件中，除了併購案件以外，最可能涉及各國不同法律規管的領域，就是國際貨物銷售的經銷契約或代理商契約。一旦有提前終止契約的情形，就必須格外謹慎。一般來說，美國法並不會提供有關代理商或經銷商在法律上的特別保障（但美國法典第15編第1221條到第1225條有關1956年汽車交易商法（Automobile Dealers Act of 1956）及少數州法，仍有例外規定）。而歐洲各國則可能會有保護代理商或經銷商的制度，尤其是涉及到契約終止一事。若涉外律師了解歐盟法的規範，可協助客戶避免不少法律風險。

例如，歐盟理事會第86/653指令（Directive 86/653 on Commercial Agents, 1986 O.J. (L 382) 17）就規範契約終止時，代理商有在代理合約終止後的補償請求權或損害賠償請求權。其概要為：

(1) 有關補償請求權，其範圍包括「代理商為授權方帶來新的客戶或就現有客戶顯著提升營業額度，使授權方從中獲得顯著之利潤」，實質上考量的就是代理商因契約終止會損失的佣金。

(2) 損害賠償的部分，若代理合約的終止「剝奪代理商適當履行代理合約以其活動為授權方帶來顯著利益時所能取得之的佣金」時，或是契約的終止「致使代理商無法攤還其依授權方指示履行代理合約時所生之成本及支出者」，均視為有損害之發生，而使代理商得行使損害賠償請求權。

--------

[*] 群勝國際法律事務所所長

(3) 補償請求權與損害賠償請求權消滅時效為代理合約終止後一年間不行
　　使而消滅。

　　因此，我國廠商若委有歐洲的代理商進行銷售，卻未留意到上述歐盟
保護代理商的框架性規定時，恐遭鉅額求償而蒙受重大損失，不可不慎。
此次藍教授翻譯歐盟法要義，使我們一般較少研究的歐盟法領域，多了一
本系統性介紹且淺顯易懂的專書可用，重要性可見一般。期許藍教授日後
能為我們翻譯甚至親自撰寫更多重量級著作，讓我們涉外律師能有更多可
供參考的基礎資料。

# 蔡朝安[*]

# 了解歐盟法最佳敲門磚

　　歐盟自1970年代的歐洲經濟共同體演變至今，已逾半個世紀，成員國從六個國家伊始，目前已增至27國，在這段不算短的期間，歐盟經歷了不少的變化，本書的譯成，恰可作為中文世界了解歐盟法律的發展及演變最佳敲門磚。

　　在不存在歐盟及歐盟法之前，歐洲各國間人員的往來，無論是旅遊或移民，都難免受制於各國不同的法令與政策，存在諸多的困難；而歐洲各國間貿易的往來以及貨品的流通，在關稅方面的課徵，亦各有其規範，不利自由貿易；煤、鋼等天然資源的競爭，更不時引發歐盟間國家的衝突。自從歐盟與歐盟法問世伊始，歐洲各國國界得以開放，歐盟的成員國間，其人員得以自由往來，產品規格得以統一，關稅壁壘得以去除，經貿制度在一定程度上得以歸於一致，成員國間不再分別行動，得以就重要議題群聚商議，採取共同行動；影響所及，諸多嶄新的政策得以有效推行，綠色歐洲、數位歐洲等政策即其犖犖大者。

　　這本由專研歐盟與全球政策的Robert Schütze教授所著《歐盟法要義》，以條理分明的風格，輔以諸多的圖表，將歐盟的組織、架構、運作及歷史的變化，清晰地加以介紹；舉凡歐盟法目前的重要機構、歐盟權限、立法程序、基本權利、內國訴訟與歐盟訴訟、貨品自由、人員流動、競爭法等規範，均有完整的說明，甚至對於英國加入歐盟、脫離歐盟以及

-------------
[*]　普華商務法律事務所主持律師

英國的未來，也都作有闡述及分析，其涵蓋的層面甚為完整。

　　法律著作的譯事艱辛，為吾人所深知。譯者藍元駿教授從事法律研究及教學多年，學術基底甚深，在公忙之餘，願意投身在這本歐盟法的翻譯工作，殊值吾人敬佩，藉助藍教授優秀的英文造詣，也著實為這本歐盟法增色甚多。是樂為之書序。

# Hans van den Hurk

　　歐盟在國際法中具有非常特殊的地位。它創造了一個在世界上非常獨特的法律秩序。它不像一個邦聯（往往會分崩離析，如前蘇聯），也不是一個聯邦（如美國）。它的法律秩序主要是由27個國家在各個領域的共同努力，其中部分規則由歐盟控制，其他部分由成員國自己控制。

　　曾經，歐盟被稱為歐洲經濟共同體。在那些日子裡，它的重點只著重在跨境的經濟貿易。然而，自本世紀第一個十年以來，歐盟也逐漸成長為一個政治聯盟，並且這種發展還在繼續著。儘管如此，歐盟法律最成功的部分乃涉及所謂的四項自由，這些自由源自於舊的歐洲經濟共同體，其目的旨在創造一個內部市場，使在該內部市場的公司，可以像在自己國家一樣地運作。

　　一個使歐盟獨特的因素是，歐盟存在一個完全獨立的法院，其級別高於成員國的最高法院。歐盟法院是唯一被允許解釋歐盟法律的法院，而且它必須在不損害任何利益的情況下進行解釋。當在對歐盟法律解釋不明確的情況下，成員國的國內法院可以將案件提交至歐盟法院。更甚者，成員國的最高法院存有此方面的提交義務。而另一個使歐盟獨特的因素是，一項原則：歐盟法律優先於國家法律，並且國家法律不能限制歐盟法律的效力。

　　在過去的幾年裡，我們看到了幾個奇特的發展。

　　首先，於此以三個國家為討論。一個主要的例子是英國脫歐。英國離開了歐盟，而且幾乎是從歐盟獨立出來。現在英國可以制定自己的法規和法律，而不必考慮歐盟。他們奪回了控制權。但這並不意味著這一切都是

---------------
*　荷蘭馬斯垂克大學（Maastricht University, The Netherlands）教授

正向的結果，因為他們也因此使許多使英國公司無法適用在歐盟運營的規則。同樣，瑞士也有相關之事情正在發生。這個國家雖然位於歐盟中部，但它並不非歐盟的成員國。雖然瑞士和歐盟之間有一項重要的雙邊條約，為條約雙方的民眾提供了在歐盟內的部分權利。歐盟執行委員會希望重新談判這項雙邊條約，但瑞士對此非常不滿。還有與其他國家的合作，如歐盟與挪威、列支敦斯登和冰島之間的歐洲經濟區協定（EEA）。最後，歐盟與幾個國家（例如土耳其）締結了幾項所謂的歐盟聯合協定（AA），使這些國家實際上降低了與歐盟做生意的門檻。

其次，另一項發展涉及歐盟執行委員會為增加其在公共衛生、國防、環境和稅收方面的權力而採取的舉措。然而並非所有的舉措都會取得成功。因為各國傾向於保持主權，他們認為歐盟執行委員會的倡議並沒有履行輔助原則（在書中討論過），又或者說各國只是不想放棄自己的權力而已。雖然這些論調經常發生，但這同時也表明，歐盟還不適合像一些歐洲政客所希望的那樣，將這種特殊合作轉變為國家聯邦。

是以僅僅是因為27個成員國之間存在巨大的文化差異，成員國之間的信任並沒有真正達到歐盟成為聯邦所需的水準，這個可能會出現的聯邦，預計將保留在個願望清單上幾十年。而在未來幾年，我們將看到真正的視角是什麼？一個更加擴大的歐盟，在制定和決定新法律時，會因為27個成員國彼此信任度不高而遇到更多困難，還是將試圖努力優化其多方的合作呢？

我想，時間將會證明一切！


（陳美娘　校譯）

# 作者中譯本序

It is an enormous honour to finally see the translation of my "Introduction to European Law" (Oxford University Press, 2020) into Chinese; and I would sincerely like to thank my translator, Professor Yuan-Chun, for his interest and enthusiasm in the work. Translating a law book is never easy; yet to understand another legal culture and its constitutional structures is essential in building bridges, whether they be trade bridges or political bridges. I hope this book will bring the European Union closer to all those interested in it.

Robert Schütze

# 作者誌謝

感謝哈特出版社、庫爾國際法律、劍橋大學出版社以及斯維特和麥克斯維爾出版社慨允本書納入先前發表作品的部分內容。特別是第四章是R. Schuetze, 'Three "Bill of Rights" for the European Union' (2011) 30 Yearbook of European Law 131. 一文的濃縮版。圖1.2則取自'A new push for European democracy' ©European Union, 2019。EUR-Lex的節錄部分則經聯盟同意，遵照創用CC姓名標示4.0國際版。出版前均已竭盡所能地追蹤與接洽著作權人；力有未逮之處，出版社會在接獲通知後盡速補正缺漏。

拙稿撰寫過程當中，受惠諸多同事與工作夥伴，特別是Sinead Moloney, Valerie Appleby和Amy Chard，分別就本書第一、二、三版提供優質而專業的協助。本書獻給一位我在歐洲大學學院這段歲月的優秀友人：Boris Rotenberg，英年早逝。

# 序言

　　聯盟的概念與歐洲主權國家的概念一樣歷史悠久。[1]只是後者的勃興將前者的光芒掩蓋了好幾個世紀。然而，20世紀時兩次毀滅性的世界大戰以及全球化的社會變遷，使得主權國家的概念迭受挑戰。（孤立主義式）國家的式微，表現在內國合作的擴張。二戰之後歐洲合作的各式努力某種程度將共存式的國際法轉變為一種合作式的國際法。[2]不過，歐洲的「統合」（integration）終將超出傳統形式的國際「合作」甚多。

　　歐洲聯盟於1952年誕生，隨著歐洲煤鋼共同體（ECSC）之創設而來。其創始成員為六個歐洲國家：比利時，法國，德國，義大利，盧森堡與荷蘭。共同體的創設意在整合一項產業區塊；而所謂「統合」，意謂締約國「突破國際條約與組織等一般形式」的想法。[3]1957年簽訂的羅馬條約創設了兩個新的共同體：歐洲原子能共同體（the European Atomic Energy Community）與歐洲（經濟）共同體（the European (Economic) Community）。這三個共同體在1967年進行部分的合併[4]，但依然保持相當程度的獨立。條約首次大修改在1987年，透過單一歐洲法（Single European Act）為之；不過更大規模的組織變革是在1992年的馬斯垂克條約，將三個共同體整併成為歐洲聯盟。

---

1　R. H. Foerster, Die Idee Europa 1300-1946, *Quellen zur Geschichte der politischen Einigung* (Deutscher Taschenbuchverlag, 1963).

2　W. G. Friedmann, *The Changing Structure of International Law* (Stevens, 1964).

3　有關簽署歐洲煤鋼共同體條約之談判的詳細討論，見H. Mosler, 'Der Vertrag über die Europäische Gemeinschaft für Kohle und Stahl' (1951/2) 14 Zeitschrift für ausländisches öffentliches Recht und Völkerrecht 24（作者譯文）。

4　1965年《合併條約》實現之（見歐洲共同體單一理事會及單一委員會條約）。

表0.1　歐盟條約：Chronology

| 簽署 | 名稱 | 公布 | 生效 |
|---|---|---|---|
| 1951 | 創建《歐洲煤炭和鋼鐵共同體條約》 | 創始條約[5] | 1952 |
| 1957 | 創建《歐洲（經濟）共同體條約》 | 創始條約[6] | 1958 |
| 1957 | 創建《歐洲原子能共同體條約》 | 創始條約 | 1958 |
| 1965 | 創建《單一理事會及單一委員會條約》 | [1967] OJ 152 | 1967 |
| 1986 | 《單一歐洲法》 | [1987] OJ L169 | 1987 |
| 1992 | 《歐盟條約》 | [1992] OJ C191[7] | 1993 |
| 1997 | 《阿姆斯特丹條約》 | [1997] OJ C340 | 1999 |
| 2001 | 《尼斯條約》 | [2001] OJ C80 | 2003 |
| 2004 | 創建《歐洲憲法條約》 | [2004] OJ C310 | 失敗 |
| 2007 | 《里斯本條約》修訂《歐盟條約》及《歐洲共同體條約》 | [2007] OJ C306 | 2009 |

　　此後十年，此一聯洲聯盟持續進行體制上的變革（表0.1）。條約修訂不完！為了避免頻繁的小規模修訂，一項歐洲公約被設置用來籌備大規模的改正工作，此即日後的「憲政條約」。2004年的憲政條約催生了歐盟史上最大規模的結構改變。然而，憲政條約因荷蘭與法國公投失敗而宣告失敗；此後又耗時將近十年才將上次的心血挽救成為2007的（里斯本）改革條約。里斯本條約沿襲了將近九成的（失敗）憲政條約，並於2009年12月1日生效。儘管名稱上略顯低調，但里斯本條約增設了歐盟史上頗為激進的一個章節。因為，儘管它在形式上建立在最初「創始條約」其一以及1992年的歐盟條約，但它還是「合併」了原有的「共同體」法

---

5　該條約於2002年失效。

6　創建歐洲共同體條約的綜合版本，見[2002] OJ C325。

7　歐盟條約之綜合版本，同上。

秩序以及原本的「聯盟」法秩序。「新」歐盟的規範基礎，確實與過去2007年改革條約的內容截然不同。

那麼，現存的歐盟結構為何？其建置基礎有二：即「歐洲聯盟條約」（the Treaty on European Union, TEU）與「歐洲聯盟運作條約」（the Treaty on the Functioning of the European Union, TFEU）。前者（歐盟條約）界定歐盟的一般性規定；而後者（運作條約）則針對聯盟機構與政策進行具體規範。條約會依內容多寡在體例上再細分成「部分」（Parts）、「編」（Titles）、「章」（Chapters）、「節」（Sections）及「條」（Articles）。此外還有各式「議定書」（Protocols）以及「基本權利憲章」（Charter of Fundamental Rights）的加入。根據聯盟條約第51條，條約議定書「應構成條約整體之一部」；而最佳的理解方式是將它們視為對條約特定條文或章節具有法律上拘束力的「註釋」（footnotes）。對之，（權利）憲章則「外於」（external）條約；然而它具有「與條約相同的法律價值」。[8]條約的結構如表0.2所示。

儘管文字量驚人，但聯盟條約僅意在作為「架構條約」。這些條約內容主要為制度性規範，作為次級法源的「架構」之用。因此，聯盟得以置喙的政策領域規定在TFEU第三與第五部分。前者訂出24個「內部」政策[9]，後者則列出一張零星的聯盟行動外部領域清單。上述政策領域之中要能立法，聯盟必須有立法權限。一般而言，這些權限均能在TFEU第三或第五部分的個別政策標題中找到。這些條文構成了歐盟法子領域的主要立法依據。

這本歐盟法的書在架構如何安排？本書分為三部分，分別對應三個主題：即歐盟法的「建置」、「執行」與「實體」。

---

8　TEU第6條第1項（新）。
9　見第三章表3.1。

表0.2　TEU與TFEU的結構

| 歐盟 | |
|---|---|
| 歐盟條約 | 歐盟運作條約 |
| 第Ⅰ編　共同條款 | 第一部分　原則 |
| 第Ⅱ編　民主原則 | 第二部分　公民身分（非歧視性） |
| 第Ⅲ編　機構 | 第三部分　聯盟（內部）政策 |
| 第Ⅳ編　加強合作 | 第四部分　海外協會 |
| 第Ⅴ編　對外行動和共同外交及安全 | 第五部分　對外行動 |
| 　　　　政策（CFSP） | 第六部分　機構和財政 |
| 第Ⅵ編　最後條款 | 第七部分　一般條款及最後條款 |
| 議定書（37） | |
| 基本權利憲章 | |

圖0.1　本書架構

　　第一部分將聯盟視為一個制度性的「產物」，也是將（次級）歐盟法的創設納入討論。本部分第一章首先綜覽四個主要機構：歐洲議會、歐盟理事會、執委會以及歐洲法院。第二章探討這些機構如何在立法過程中合作，畢竟聯盟無法就社會生活的所有面向進行立法；而第三章與第四章則針對聯盟立法的兩個憲法界限。依照授權原則，聯盟必須在成員國的授權內行使其權限。這些權限的範圍及其性質於第三章詳述。本部分最後一章分析第二個憲法界限；此即歐洲基本權利。這些權利首先以聯盟法一般原

則的形式出現，如今則成文化為聯盟的基本權利憲章。

　　第二部分聚焦在法院對歐盟法的執行。我們會見到歐盟法創設各種對個人直接產生影響之權利與義務。歐盟法對內國法秩序的直接效力於第五章討論。在歐盟規範具有直接效力之處，同時也「優位」於成員國法。歐盟法的「優位性」為第六章的主題。不過個人如何行使其「優位的」歐盟權利？第七章與第八章探討歐盟法秩序的雙軌執行機制。個人一般是在內國法院行使其歐盟權利。因此，歐盟法秩序要求成員國法院提供歐盟權利的有效救濟管道；而為協助成員國法院關於歐盟法的解釋與適用，聯盟「設想」了一個預先移送程序。成員國法院間接執行歐盟法的部分，詳見第七章。歐盟法的執行另有歐洲法院的直接執行作為補充，此部分於第八章詳述。

　　第三部分探討歐盟法的實體內容，即：內部市場法與歐盟競爭法。歐盟自始以來的核心經濟任務便是創造「共同市場」。因此，羅馬條約的規範不僅限於共同市場中的貨品；它同樣要求排除人員、服務與資本之自由流通的阻礙。從而，歐盟「內部市場」包含了四種不同的基本自由。本書依序討論其中兩種。貨品的流通自由是聯盟中的「典型」自由；而第九與第十章分別探討此脈絡下的兩種市場統合策略。接著第十一章則探討人員的自由流通。最後一章則透過TFEU第101條簡介歐盟競爭法。因此，歐盟競爭法傳統上被認為具有補充內部市場的功能。主要是在保護內部市場免受私人權力的干預。

　　就歐盟法書籍而言，本書在篇幅上（相對）單薄。不過言貴簡約；而為求精簡，若干取捨之下不免有所偏重。不過，這本「歐盟法要義」談及這個複雜領域的各個主要面向。而所謂「主要」，本書旨在協助讀者避免「見樹不見林」。由於這些歐盟的樹是以倍數增長，是以不少學子會迷失在法律的下層叢林之中！本書如有第二個期待，那便是使讀者「求知若

渴」。不過此種渴求，將因更大部頭的一般教科書[10]，或歐盟法分支領域的專門教科書[11]，而得到緩解。

---

10 傳統的英文教科書有三：D. Chalmers et al., *European Union Law* (Cambridge University Press, 2014), P. Craig and G. de Búrca, *EU Law: Text, Cases, and Materials* (Oxford University Press, 2011), and A. *Dashwood et al., European Union Law* (Hart, 2011)。如今則有此本拙著（Cambridge University Press, 2015）的加入。

11 歐盟法傳統上有三個主要分支：歐洲憲法（European *constitutional* law），詳 T. Hartley, The Foundations of European Union Law, OUP 2014; R. Schuetze, European Constitutional Law, CUP, 2012）；歐洲內部市場法（European *internal market law*），詳C. Barnard, *The Substantive Law of the EU*, OUP, 2013; F. Weiss and C. Kaupa, *European Union Internal Market Law*, CUP, 2014；以及歐洲競爭法（European *competition law*），詳J. Goyder and A. Albors-Llorens, *EC Competition Law*, OUP, 2009; A. Jones and B. Sufrin, *EU Competition Law*, OUP, 2014。在此三個主要分支之外，晚近有諸多分支的興起，如歐洲對外關係法（European *external relations* law）詳P. Eeckhout, *EU External Relations Law*, OUP, 2011; P. Koutrakos, EU *International Relations* Law, Hart, 2006；以及歐洲環境法（European *environmental law*）詳J. H. Jans and H. Vedder, *European Environmental Law*, Europa Law Publishing, 2001; L. Krämer, *EC Environmental Law*, Sweet et Maxwell, 2012。

# 第一部分
# 歐盟法之結構

　　此部分的分析將聯盟視為一個制度性的「產物」，同時也將歐盟（次級）法的創設納入。第一章先概述聯盟主要的四個機構：歐州議會、歐盟理事會、執委會以及歐盟法院。第二章則探究這些機構如何在聯盟立法過程之中協調合作。聯盟無法就社會生活的一切面向立法；第三、四章分別討論聯盟立法的兩個憲法界限。基於授權原則，聯盟的行動必須以成員國的授權範圍為限。這些權能以及其性質將於第三章探討。最後第四章分析聯盟權能在行使上的第二個憲法界限：歐盟基本權利。這些權利首先以聯盟法一般原則的形式呈現，但如今已成文化納入聯盟的基本權利憲章之中。

# 第一章　聯盟機構

摘要

1. 歐洲議會

    (a) 歐洲議會的組成：歐洲議會選舉

    (b) 歐洲議會的權力

        (i)  立法權

        (ii) 預算權

        (iii)監督權

        (iv) 選舉權

2. 部長理事會

    (a) 人員與組織型態

    (b) 內部架構與機關

    (c) 決策與表決

    (d) 職務與權限

3. 執委會

    (a) 組成與選任

    (b) 執委會主席及其委員會

    (c) 職務與權限

4. 歐盟法院

    (a) 司法部門的組織架構：歐盟法院系統

    (b) 管轄權及司法審判權

小結

## 摘要

　　所有憲法的首要任務在於創設政府機構（institutions）。每個政治體都需要各種不同的機構來治理其社會，因為每個社會都需要共同的規則，以及一套制定規則、執行規則和依規則進行裁決的方法。歐盟基礎條約（The European Treaties, TEU）創設數個歐盟機構，以制定、執行歐盟法，並依歐盟法進行裁決。聯盟機構及其核心任務規定於TEU第III編，其中以該條約第13條最為重要：

> 　　聯盟應型態其組織架構，致力於提倡歐盟之價值、促進其目標之實現、為歐盟本身、其公民及其成員國之利益服務，並且確保其政策及行動之一致性、有效性和持續性。
>
> 　　聯盟之機構應有：
>
> 　－歐洲議會（the European Parliament）。
>
> 　－歐洲高峰會（the European Council）。
>
> 　－理事會（the Council）。
>
> 　－歐洲執委會（the European Commission，下稱「執委會」）。
>
> 　－歐盟法院（the Court of Justice of the European Union）。
>
> 　－歐洲中央銀行（the European Central Bank）。
>
> 　－歐洲審計院（the European Court of Auditors）。[1]

　　上述條文列舉了七個歐盟機構，各該機構在聯盟法秩序中扮演舉足輕重的核心角色。[2]若我們稍加留意，首先可能注意到的是機構的數量：與

---

[1]　TEU第13條第1項。第2項補充：「各機構應在條約賦予之權力範圍內行事，並且遵守條約規定之程序、要件和目標。各機構應實踐相互真誠合作（mutual sincere cooperation）。」

[2]　基礎條約在此建立七個「機構」的同時仍承認其他「機關」（bodies）的存在。首先，根據TEU第13條第4項，歐洲議會、理事會和執委會「應由經濟暨社會委員

傳統上三權分立之組織架構不同的是，聯盟機構的數量為其兩倍以上。在一般國家法秩序架構下，通常設有議會和法院；因而，乍看之下，與一般「國家」政府組織似乎未能直接相對應的是（歐盟）理事會和執委會。其中「理事會」名稱突顯了歐盟作為「國際」組織的性質，不過這樣的機構其實也能在聯邦制國家的政府體制中找到；而「執委會」名稱則甚少見於一般國家政府架構，因為行使行政權的機關通常係以「政府」稱之。至於中央銀行和審計法院，同樣也存在於許多內國法秩序的架構下。

哪些基礎條約定義了聯盟機構？涉及聯盟機構的條文散見於TEU與TFEU當中（參表1.1）。

表1.1 涉及歐盟各機構的基礎條約條文

| TEU－第III編 | | TFEU－第六部分第I編第一章 | |
|---|---|---|---|
| 第13條 | 組織架構 | 第1節 | 歐洲議會（第223-234條） |
| 第14條 | 歐洲議會 | 第2節 | 歐洲高峰會（第235-236條） |
| 第15條 | 歐洲高峰會 | 第3節 | 理事會（第237-243條） |
| 第16條 | 理事會 | 第4節 | 執委會（第244-250條） |
| 第17條 | 執委會 | 第5節 | 歐盟法院（第251-281條） |
| 第18條 | 歐盟外交暨安全政策高級代表 | 第6節 | 歐洲中央銀行（第282-284條） |
| 第19條 | 歐盟法院 | 第7節 | 歐洲審計院（第285-287條） |
| 第3號議定書：歐盟法院之地位 | | | |
| 第4號議定書：歐洲中央銀行體系及歐洲中央銀行之地位 | | | |
| 第6號議定書：歐盟各機構總部之位址 | | | |

---

會和區域委員會作為諮詢顧問協助之」。「經濟暨社會委員會」（Economic and Social Committee）的組成與權力規定在TFEU第301條至第304條。「區域委員會」（Committee of the Regions）的組成與權力則是規定在同法第305條至第307條。除了聯盟的「諮詢機關」之外，歐盟基礎條約也承認「歐洲投資銀行」（European Investment Bank）的存在（同法第308條和第309條）。

　　本章的四節將集中介紹四個具有代表性的歐盟機構：歐洲議會、理事會、執委會以及歐盟法院。[3]

## 1. 歐洲議會

　　歐洲議會雖然在基礎條約中有其正式地位，卻從來不是聯盟「首要」機構，長期以來位階落於理事會和執委會之後。歐洲議會最初權力十分有限，主要任務是以附屬機關之姿協助歐盟內雙頭共治的理事會和執委會。不過自1970年代起，它的地位逐漸獲得提升。如今歐洲議會已成為聯盟兩院制立法機構的議院之一，與理事會共同行使立法權。

　　歐洲議會的成員係由歐洲公民直接選出，[4]故歐洲議會不只是聯盟最具民主正當性的機構，同時也因其經由選舉「任命」成員的方式，而成為歐盟最具超國家性的機構。

　　本節將討論歐洲議會的兩個面向，首先探討歐洲議會透過歐盟選舉選出成員的組成方式，其次簡要介紹歐洲議會在聯盟各種政府職能中享有的不同權力。

### (a)歐洲議會的組成：歐洲議會選舉

　　在歐盟誕生之初，歐盟基礎條約設想其議會係由「成員國人民之代表」組成的機構。[5]這個特徵描述十分貼切，因為歐洲議會在當時並非透過直接選舉產生，而是「由成員國分別依內國程序，自其國會成員中選出之代表組成」。[6]因此，當時的歐盟議員實際上是受委任的成員國議員，而這種組成方式使歐洲議會如同一個（成員國）「大會」（assembly）。

---

3　關於其他三個聯盟機構的分析，詳R. Schütze, European Union Law (Cambridge University Press, 2018)，第五章和第六章。
4　TEU第10條第2項：「聯盟公民在聯盟層級由歐洲議會直接代表之。」
5　EEC第137條（舊）。
6　EEC第138條（舊）。

但最初奠定的歐盟基礎條約至少在兩方面與傳統國際法邏輯相違背。首先，各成員國可以選派的國會代表人數不等，悖離了成員國間主權平等的原則；[7]其次，也是更重要的一點，基礎條約早已設想歐洲議會將來應「由各成員國依統一之程序，透過直接普選產生」。[8]

那麼，自何時起，歐洲議會才由各成員國國會議員組成的大會，轉變為直接選舉產生的議會呢？這個轉變大約歷經二十年的時間，直至1976年歐盟通過的「選舉法」之際才得以實現。[9]自1979年的首次歐洲議會選舉後，歐洲議會就再也不是由「成員國人民之代表」，而是由所有歐洲公民之代表組成。基礎條約嗣後才姍姍來遲地承認這個巨大的憲政變革，將歐洲議會定位為「由歐洲公民之代表組成」的機構。[10]

歐洲議會的規模和組成為何？歐洲議會選舉又如何進行？基礎條約針對歐洲議會的規模和組成明文規定如下：

> 歐洲議會應由歐洲公民之代表組成，議會席次以750人為上限，另設有主席1名。各成員國分配之議席應按人口比例遞減，惟各成員國應至少有6席代表，且各成員國代表至多不得超過96席。
>
> 歐洲高峰會應依歐洲議會之提案並取得其同意，採一致決確認歐洲議會之組成，且應符合前段之規定。[11]

---

7　EEC條約原先個別賦予了德國、法國和義大利36席代表席次；比利時和荷蘭14席代表席次；盧森堡6席代表席次。

8　EEC第138條第3項（舊）。

9　歐洲議會代表直接選舉法（Act concerning the Election of the Members of the European Parliament by direct universal Suffrage）。該法案於1976年通過（[1976] OJ L278/5）。

10　TEU第14條第2項。

11　Ibid..

承上所述，歐洲議會席次數最多為751席，雖然規模相對大於美國的眾議院，但卻與德國國會相去不遠。[12]不過，決定歐洲議會確切規模及組成的並非基礎條約本身，而是歐洲高峰會。[13]儘管如此，成員國間議席分配仍須「按人口比例遞減」，至少應有6席，至多不得超過96席。針對2019-2024年的議會任期，歐洲高峰會近期已對成員國席次之「配額」多寡及其分配作成正式決定。[14]在英國脫歐之後，[15]歐洲議會代表縮減至705名，成員國間議席分配的具體情況可參考表1.2。

此處所謂的「按人口比例遞減」是什麼意思呢？成員國的議席數額分配實際上是在民主原則和聯邦制運作邏輯之間取得妥協。一方面，在民主原則的要求之下，所有歐洲公民應享有平等之投票權（即「一人一

表1.2 歐洲議會成員國席次分配情形

| 成員國席次數，總計705席 | | |
|---|---|---|
| 比利時（21） | 法國（79） | 荷蘭（29） |
| 保加利亞（17） | 愛爾蘭（13） | 奧地利（19） |
| 克羅埃西亞（12） | 義大利（76） | 波蘭（52） |
| 捷克（21） | 賽普勒斯（6） | 葡萄牙（21） |
| 丹麥（14） | 拉脫維亞（8） | 羅馬尼亞（33） |
| 德國（96） | 立陶宛（11） | 斯洛維尼亞（8） |
| 愛沙尼亞（7） | 盧森堡（6） | 斯洛伐克（14） |
| 希臘（21） | 匈牙利（21） | 芬蘭（14） |
| 西班牙（59） | 馬爾他（6） | 瑞典（21） |

------

[12] 對照歐洲議會：美國眾議院有435席次，而德國國會目前則是逾700席。

[13] 在2007年里斯本條約帶來改革之前，此情形有所不同。

[14] European Council Decision 2018/937 establishing the composition of the European Parliament, [2018] OJ L165 1/1.

[15] 關於英國脫歐（Brexit）的簡要介紹，詳書末新增的終章。

票」）；另一方面，聯邦主義則強調國家存在的重要性。二者折衷的結果
是，放棄完全依人口比例分配，以避免某些成員國完全無法取得席次，而
改採「遞減比例」的制度進行分配；但這種分配方式不啻意謂，如盧森堡
公民的選票權重，可能是法國或德國公民的十倍以上。

　　至於歐洲議會的個別代表又是如何選出的？基礎條約僅規定一般性
的原則，「歐洲議會之議員應以自由與祕密投票之方式，經直接普選產
生，任期為五年」。[16]（修正後的）1976年選舉法對於議員選舉方式有更
為詳細的規範，依該法第1條規定，歐洲議會議員之選舉應採「比例代表
制」（proportional representation），[17]因而英國傳統上採行的簡單多數決
（first-past-the-post）不再可行。[18]然而，具體選舉程序主要仍留給成員國
各自決定；[19]這使得歐洲議會議員的選舉仍未合於「由各成員國依統一之
程序進行選舉」的要求，只是「由各成員國依共同的原則」進行選舉。[20]

　　儘管如此，基礎條約仍強調一項共同的憲法原則：「所有居住在非其
本國之歐盟成員國的歐洲公民，應於其所居住之歐盟成員國，基於與該國
國民同等之條件，享有選舉及被選舉權。」[21]

### (b)歐洲議會的權力

　　當1951年ECSC條約設立歐洲議會時，其唯一的功能是行使「監督

----

[16] TEU第14條第3項。

[17] 1976年選舉法（註9）第1條第1項、第3項。

[18] 原本1976年選舉法並沒有該規定，而是隨後在2002年修正案當中所增訂。該修正被
認為是必要的，因為在此之前，依據英國採行的簡單多數決制度，「僅憑一己之力
就能夠完全地改變歐洲議會內部的政治平衡結構」（F. Jacobs et al., The European
Parliament (Harper Publishing, 2005), 17）。關於該扭曲效果的最佳例子是1979年
的歐洲議會選舉，該次選舉英國保守黨僅獲得50%選票，卻贏得78席次中的60席次
（Ibid.）。

[19] 1976年選舉法第8條：「在不違反本法之情形，選舉程序應依各成員國之內國法規
定。」因此，根據該法規定，成員國可自行決定是否就歐洲議會選舉劃分全國性或地
方性選區（同法第2條），或是設定分配席次的最低門檻（同法第3條）。

[20] 兩種方案皆規定在TFEU第223條第1項。

[21] TFEU第22條第2項。

權」，[22]換言之，當時議會僅扮演消極監督共同體決策程序的角色。1957年EEC條約將議會的權力擴張至「諮詢和監督」，[23]肯認議會在理事會通過執委會的提案前，有接受理事會諮詢的積極權能。[24]在歷經逾六十年左右的演變和歷次修正後，現今TEU條約於第14條規範歐洲議會的權限如下：

> 「歐洲議會應與理事會共同行使立法權及預算權。其應依基礎條約之規定行使監督及諮詢之權力。其應選出執委會主席。」[25]

這個定義區別四種權力：立法權、預算權、監督權、選舉權。

### (i) 立法權

歐洲議會的首要權能在於制定歐盟法律，近年歐洲議會已逐漸發展成為「立法引擎」（legislative powerhouse）。[26]

故而，歐洲議會可能在兩個時點參與立法程序。首先，歐洲議會得非正式地提出新法案；[27]然而，與許多內國國會不同的是，歐洲議會並不享有正式的提案權，除了少數例外情形，提案權原則上由執委會所獨占。[28]

因此，歐洲議會主要參與立法程序的時點，是在執委會向歐盟立法機構正式提交法案之後。如同其他法體系，歐盟法秩序承認若干不同的立法程序。現行基礎條約在條文中區別「通常」立法程序和數個「特別」立法程序。前者指的是「由歐洲議會和理事會共同通過」執委會提交的法

---

[22] ECSC第20條（舊）。

[23] EEC第137條（舊）。

[24] Roquette Frères v Council (Isoglucose), Case 138/79 [1980] ECR 3333.

[25] TEU第14條第1項。

[26] M. Kohler, 'European Governance and the European Parliament: From Talking Shop to Legislative Powerhouse' (2014) 52 Journal of Common Market Studies 600.

[27] TFEU第225條：「歐洲議會得依其成員多數決定，要求執委會提交任何其認為實施條約所必要之法案。若執委會未提交，則應向歐洲議會說明理由。」

[28] 關於提案權的說明，詳第二章第1(a)節。

案；[29]特別立法程序則是涵蓋了各種程度不一的議會參與，更重要的是，歐洲議會的「立法」權限範圍可能延伸至歐盟對外關係，本書第二章將進一步討論這些不同的立法程序。

### (ii)預算權

國會傳統上向來會參與國家的預算審議，因為國會的參與被視為賦予籌措財源的正當性，如同美國殖民者所言：「無代表，不納稅。」不過，歐盟的情況似乎相反；由於聯盟的財源係由成員國決定，[30]歐洲議會行使預算權主要集中在支出面，而非收入面，因而其預算權被形容為「與國會傳統行使之權力正好相反」。[31]

### (iii) 監督權

歐洲議會的第三個權力是追究行政責任。國會的監督權一般包含辯論權、質詢權和調查權。

國會較為柔性的權力是辯論權。為此，歐洲議會有權向執委會收取「聯盟施政總報告」，[32]並「應於公開議程中對其進行討論」。[33]此外，條約同時也規定歐洲高峰會主席「在每次會議結束後，應向歐洲議會提交報告」。[34]

歐洲議會對於歐盟行政部門的質詢權，依條約規定僅能對執委會行使：「執委會應就歐洲議會或其成員之質詢以口頭或書面予以答覆。」[35]不過，歐洲高峰會和理事會皆表示願意接受議會的質詢；[36]歐洲議會因而

---

[29] TFEU第289條第1項。

[30] 關於「聯盟自有財源」（Union's own resources），詳TFEU第311條。

[31] D. Judge and D. Earnshaw, The European Parliament (Palgrave, 2008), 198.

[32] TFEU第249條第2項。

[33] TFEU第233條。

[34] TEU第15條第6項第d款。

[35] TFEU第230條第2段。

[36] 理事會在1973年接受該項政治上義務：詳Jacobs et al., The European Parliament (n. 18), 284。

參考英國國會的程序，創設了「質詢時間」（Question Time）的制度。[37]

歐洲議會還享有正式的調查權。依基礎條約規定，歐洲議會有權成立臨時性的調查委員會（Committees of Inquiry），以調查行政部門實施歐盟法是否有違法或不當之虞。[38]這些（臨時性的）委員會的作用是在補充歐洲議會常設委員會之不足，過去歐洲議會曾設立臨時性調查委員會，調查狂牛症危機的（不當）處理。

最後，歐洲公民還享有向歐洲議會「請願」的一般性權利。[39]又依據北歐的憲政傳統，歐洲議會應選出「監察使」（Ombudsman），歐洲監察使「有權接受任何公民或聯盟居民有關聯盟機構、組織或機關之不當行為的申訴」，監察使應就直接向其提出或間接經由歐洲議會議員提出的申訴「進行調查」。[40]

### (iv) 選舉權

近代憲政主義有「總統制」和「內閣制」之分。在總統制之下，行政權獨立於國會；而在內閣制之下，行政首長係由國會選出。歐盟的憲政體制可說是介於二者之間。長期以來，歐盟行政首長的選任不須國會參與；但在執委會成員的任命程序，歐洲議會的參與程度越益提高。如今，TEU第17條針對歐洲議會參與執委會成員任命規範如下：

> 歐洲高峰會應於考量歐洲議會之選舉結果，並進行充分商議後，經條件多數決，向歐洲議會提名執委會主席之候選人。該候選人須經

---

[37] 關於執委會接受該項義務，詳歐洲議會與執委會關係架構協議（Framework Agreement on Relations between the European Parliament and the European Commission, [2010] OJ L304/47, para. 46）。

[38] TFEU第226條第1項。要了解關於調查委員會的歷史，詳M. Shackleton, 'The European Parliament's New Committees of Inquiry: Tiger or Paper Tiger?' (1998) 36 Journal of Common Market Studies 115。

[39] 依據TFEU第227條，任何聯盟公民或居民皆有權「就聯盟執行活動範圍內並且受其直接影響的所有事項」，向歐洲議會請願。同時參見同法第20條第2項第d款。

[40] TFEU第228條。

> 歐洲議會之絕對多數同意後選出理事會，與當選之執委會主席應於取得一致同意後，提出執委會其他成員之名單。該執委會成員之提名應以各成員國推薦之人選為基礎執委會主席、歐盟外交暨安全政策高級代表（High Representative of the Union for High Representative of the Union for Foreign Affairs and Security Policy）以及執委會其他成員應作為一個整體，共同於歐洲議會進行表決同意。各該人員經歐洲議會同意後，應由歐洲高峰會經條件多數決通過後任命之。[41]

由此可知，歐盟行政首長的任命需要雙重的國會同意。首先，歐洲議會須「選出」執委會主席；其次，歐洲議會必須同意執委會人選的全體（只是這並不意謂著歐洲議會對個別執委會成員有同意權）。[42]有鑑於歐洲議會享有的選舉權，我們可以將聯盟定位為「半議會制民主政體」。[43]

執委會一經任命就須持續「對歐洲議會負責」。[44]若歐洲議會對執委會失去信任，得進行不信任投票；一旦不信任投票通過，執委會必須全體辭職。不信任投票的機制反映了歐洲議會的任命權，也突顯出聚焦的對象是執委會整體；這個直截了當的「終極手段」（nuclear option）至今尚未被動用過。[45]然而，與任命權不同的是，歐洲議會往往可以透過與執委會的政治協議，來靈活操作不信任投票的影響力；據此，若歐洲議會表示對於執委會某個別成員失去信任，執委會主席「應要求該成員辭職」，或經

---

[41] TEU第17條。

[42] 不過，歐洲議會仍得要求每位執委會成員被提名人，出席議會並且說明其對特定事務的意見。該做法接近於「任命同意聽證會」（confirmation hearing）（Judge and Earnshaw, The European Parliament (n. 31), 205）。

[43] P. Dann, 'European Parliament and Executive Federalism: Approaching a Parliament in a SemiParliamentary Democracy' (2003) 9 European Law Journal 549.

[44] TEU第17條第8項。

[45] 歐洲議會在1999年曾一度要發動該項權力推翻當時以Santer為首的執委會。不過，該執委會最終仍選擇集體請辭。

「慎重」考量後，向歐洲議會說明拒絕理由。[46]

　　另外，歐洲議會亦參與其他歐盟官員的任命程序，包含歐洲審計院、[47]歐洲中央銀行，[48]以及歐洲監察使；[49]惟歐洲議會並不參與歐盟法院法官的任命。

## 2. 部長理事會

　　EEC條約原賦予理事會「確保條約所規範之目的得以實現」的任務，[50]其中包含立法權及行政權的行使。其他機構雖然也參與這些權限的行使，但理事會定位上是作為最核心的機構。

　　但隨著時間經過，這個情況因其他兩個歐盟機構的興起而產生重大改變。一方面，歐洲議會逐漸攀升的地位限縮了理事會在聯盟扮演的立法權角色；另一方面，歐洲高峰會的崛起則限縮了理事會的行政權（在此必須強調的是，歐洲高峰會與理事會並不相同；前者係由成員國國家元首或行政首長組成的獨立聯盟機構）。[51]如今的理事會，不妨理解為聯盟立法機構中「聯邦」層級的議院，各國政府在此會面並且進行交流。

　　那麼，這個屬於歐盟成員國的議院，其組成及內部架構如何？理事會如何進行決議——經由一致決或條件多數決？理事會享有哪些權力？以下四個小節將分別討論之。

---

[46] 架構協議（註37），para. 5。然而，理事會對於該程序的合法性有所爭論；詳Council Statement concerning the Framework Agreement on Relations between the European Parliament and the Commission, [2010] OJ C287/1。

[47] TFEU第286條第2項。

[48] TFEU第283條第2項。

[49] TFEU第228條。

[50] EEC第145條。

[51] TEU第15條第2項。關於歐洲高峰會的分析，詳Schütze, European Union Law (n. 3)，第五章第3節。

### (a)人員與組織型態

在歐盟的框架下，理事會是代表各個成員國的機構，其政府間的特質顯現在人員組成上。歐洲聯盟條約就理事會的人員組成規範如下：

> 理事會應由各成員國之政府部會層級首長組成，代表所屬成員國政府行使投票權。[52]

因而，在理事會內，各成員國部長代表各自國家的利益，這些利益可能因理事會處理的議題而有所不同；而因應所涉及的議題，理事會也有不同組織型態，[53]在不同型態中，則由相應的成員國部長代表其國家參與。因此，在法律上僅有一個理事會，但在制度運作上其實存在著十個不同的理事會。理事會現有的型態可參照表1.3。

那麼，各個理事會的職責為何？基礎條約僅就前兩個理事會予以界定。[54]一般事務理事會負責「確保不同理事會型態之行動的一致性」，[55]而外交理事會則應「根據歐洲高峰會訂定之策略方針，擬定聯盟對外行動之內容，並確保聯盟整體行動之一致」。[56]至於理事會其他型態的事務範圍與職責則保留開放，由這些型態處理落入其事務範圍的議題。

### (b)內部架構與機關

理事會之內設有委員會以協助其執行任務。一直以來，委員會就是由各成員國代表組成，給予理事會協助；[57]1957年EEC條約將該委員會訂為常設機關，這個「常駐代表委員會」（Committee of Permanent

---

52 TEU第16條第2項。
53 TEU第16條第6項：「理事會應以不同組織型態舉行會議，該組合之清單應按TFEU第236條之規定通過之。」
54 TEU第16條第6項。
55 Ibid..
56 Ibid..
57 該委員會隸屬於歐洲煤鋼共同體（ECSC）理事會之時期，稱為「Commission de Coordination du Conseil des Ministres (Cocor)」。當時其成員並非常駐於布魯塞爾。

表1.3　理事會組織型態

| 理事會組織型態 |
| --- |
| 1. 一般事務理事會（General Affairs） |
| 2. 外交理事會（Foreign Affairs） |
| 3. 經濟暨財務理事會（Economic and Financial Affairs） |
| 4. 司法暨內政理事會（Justice and Home Affairs） |
| 5. 就業、社會政策、健康暨消費者理事會（Employment, Social Policy, Health and Consumer Affairs） |
| 6. 競爭力理事會（內部市場、產業、研究和太空）（Competitiveness (Internal Market, Industry, Research and Space)） |
| 7. 運輸、電信暨能源理事會（Transport, Telecommunications and Energy） |
| 8. 農漁業理事會（Agriculture and Fisheries） |
| 9. 環境理事會（Environment） |
| 10. 教育、青年、文化暨體育理事會（Education, Youth, Culture and Sport） |

Representatives）一般常以其法文名稱縮寫「COREPER」稱之。其常駐代表為各成員國駐歐盟使節，隸屬各國的「常駐歐盟代表團」（Permanent Representation to the European Union）。常駐代表委員會分為二個部分，與一般直覺相反，第二委員會會議（Coreper II）才係由大使組成，而第一委員會會議（Coreper I）則是由副大使組成。二者均對應不同的理事會型態，第二委員會協助前四個型態（涉及的是比較重要的政治決策）的準備工作，而第一委員會則協助其餘較為技術性事務的準備工作。

　　基礎條約僅粗略地定義常駐代表委員會：「由成員國政府常駐歐盟使節所組成之委員會應負責理事會會議之準備工作。」[58]這個抽象的定義嗣

---

[58] TEU第16條第7項和TFEU第240條第1項。同時參見理事會議事規則（Council Rules of Procedure）第19條。

後經具體化為：「理事會會議之議程上的所有事項，除常駐代表委員會另為決定之情形外，應由該委員會事先審議。常駐代表委員會應致力於委員會層級就各該事項達成協議，以提交理事會通過。」[59] 為達成上述目的，常駐代表委員會之下設有「工作小組」（這些工作小組係由成員國公務員組成，依各國政府部長之指示辦事）。當常駐代表委員會就某事項達成協議，則該事項會被歸為「A類」，理事會將直接通過；若委員會無法事先達成協議，則該事項會被歸為「B類」，由各國部長於理事會中進行討論。但必須注意的是，即便是「A類」事項，依規定常駐代表委員會本身並無決定權限，而只是進行「準備」工作以促進理事會的正式決策。

### (c) 決策與表決

理事會成員會在布魯塞爾舉行實體會議以進行相關決策工作。其會議分成二部分，一部分處理立法事項，另一部分則為其他非立法事項。當理事會討論立法事項時，會議必須公開進行，[60] 執委會也要參與會議，[61] 惟執委會並非理事會正式成員，因此不得參與表決。進行表決的最低法定人數門檻不高，也就是有理事會成員過半數的出席才能進行表決。[62]

理事會的決策方式主要有兩種：一致決和多數決。一致決要求全體理事會成員一致同意，此為基礎條約用以處理敏感政治議題的決議方式。[63] 不過，多數決的形式才是憲政的基本原則，基礎條約在此區分簡單多數決和條件多數決。「當理事會之決議應以簡單多數決進行時，須經理事會成員過半數之同意」，[64] 但這個表決方式並不常見，[65] 條件多數決才是基礎

---

59 理事會議事規則第19條第2項。
60 TEU第16條第8項。
61 不過，依據理事會議事規則第5條第2項，理事會得決定排除執委會參與會議。
62 Ibid.，第11條第4項。
63 需要一致決同意的政治敏感議題主要有外交事務（詳TEU第31條），以及「涉及營業稅、消費稅和其他間接稅的立法調和」（詳TFEU第113條）。
64 TFEU第238條第1項。
65 例如：TFEU第150條。以簡單多數決決議者，大多為（內部）程序或組織事項。

條約預設的決議方式，「除條約另有規定，理事會決議應以條件多數決為之」。[66]

那麼在理事會，何謂成員國之條件多數？這個問題始終是歐盟最具爭議性的憲政問題之一。最初，基礎條約採取加權表決制（weighted votes），因而成員國在理事會並不是「主權對等」（sovereign equals），而是依其人口多寡享有特定表決票數。此種過去曾使用但目前已廢止的加權表決制可參照表1.4。

### 表1.4 理事會的加權表決制度

| 成員國及其表決權數 | |
| --- | --- |
| 德國、法國、義大利、英國 | 29 |
| 西班牙、波蘭 | 27 |
| 羅馬尼亞 | 14 |
| 荷蘭 | 13 |
| 比利時、捷克、希臘、匈牙利、葡萄牙 | 12 |
| 奧地利、保加利亞、瑞典 | 10 |
| 克羅埃西亞、丹麥、愛爾蘭、立陶宛、斯洛伐克、芬蘭 | 7 |
| 賽普勒斯、愛沙尼亞、拉脫維亞、盧森堡、斯洛維尼亞 | 4 |
| 馬爾他 | 3 |
| 條件多數：260/352 | |

表決權之加權某程度上是呈現「遞減比例」。最大國家相對於最小國家的表決權比例是十比一，近似於歐洲議會的遞減比例制度類似。無論如何，這樣的表決制度意謂著某種象徵性的妥協。比方說，最大的四個國家

---

66 TEU第16條第3項。

的票數相同,但德國的人口規模其實遠大於其他三者。[67]

　　過去,加權表決制同時受到小國和大國兩方的批評。人口規模較小的成員國認為此制度對較大的成員國有利,因而主張這260張票數應由過半數／多數成員國所投下;對之,大國則認為加權表決制對小國反而有利,故主張理事會決議時投下的260張票數應有代表62%的聯盟總人口,以作為政治上的安全機制。在這兩個考量之下,「舊」理事會表決制度要求的是三重多數決——由過半數／多數成員國投下代表過半數／多數聯盟人口的過半數／多數加權表決票數。

　　三重多數決制度主導聯盟的決策方式直到2014年11月1日為止,在此之後,理事會採用另一個全新的表決制度,這個重大的變革規定於TEU第16條第4項:

> 　　自2014年11月1日起,條件多數之標準為至少有55%的理事會成員,其中至少包含15名理事會成員,且代表至少65%的聯盟人口。少數否決門檻(blocking minority)須包含至少4名理事會成員,否則將視為已達到條件多數。[68]

　　這個由里斯本條約採行的新表決制度廢止了原有的加權表決制度,讓每個成員國各有一票;在歐盟27個成員國中,55%的理事會成員等同於15個國家。然而,此多數決又再從兩方面加諸了條件:一方面,大國堅持成員國多數背後應代表著人口數多數,因此65%的門檻就意謂著前四大國中

---

[67] 德國人口數比聯盟人口數第二多的法國多出1,500萬人。

[68] 不過條約承認一項明文的例外,規定於TFEU第238條第2項,條文如下:「自2014年11月1日起,作為TEU第16條第4項之除外規定,在不違反過渡條款議定書(Protocol on transitional provisions)之規定下,若理事會決議之法案非由執委會或歐盟外交暨安全政策高級代表提交,條件多數之標準為至少有72%理事會成員,且代表至少65%的聯盟人口。」

的任何三國便足以阻擋理事會決議通過（參照表1.5）；另一方面，小國則要求應對人口多數的條件加以限制，若反對理事會決議的成員國少於四國，「視為已達」條件多數。

表1.5　成員國人口規模

| 成員國 | 人口數（×1000） | | |
|---|---|---|---|
| 德國 | 80,523.7 | | |
| 法國 | 65,633.2 | （潛在的） | |
| 義大利 | 59,685.2 | 少數否決門檻 | |
| 西班牙 | 46,704.3 | | （潛在的） |
| 波蘭 | 38,533.3 | | 人口數多數 |
| 羅馬尼亞 | 20,057.5 | | |
| 荷蘭 | 16,779.6 | | |
| 比利時 | 11,161.6 | | |
| 歐盟（65%） | 287,197.6 | | |
| 歐盟（35%） | 154,644.8 | | |

里斯本條約的條件多數決制旨在以較簡單的雙重多數決取代複雜的三重多數決。不過，成員國始終對於突然的改變感到擔憂，因而同意些許憲政上的妥協方案以減緩制度的衝擊，其中最重要的當屬「約阿尼納協議」（Ioannina Compromise），[69]該協議內容原先見於「關於第16條第4項聲明」，[70]而今已然成文化為理事會決定。[71]依照該協議，即便理事會決議

--------

[69] 該協議是由各成員國的外交部長在希臘的約阿尼納（Ioannina）談判而成，故以此為名。協議原本的目的是使聯盟從原來的12名成員國順利的過渡到15名成員國。
[70] 第16條第4項聲明附帶於基礎條約，且其中載有理事會決定之草案。
[71] 理事會在2007年正式的通過該決定（詳Decision 2009/857, [2009] OJ L314/73）。

已達TEU第16條第4項要求的雙重多數，若有四分之一的國家反對，或有代表聯盟人口五分之一的國家反對，理事會便有義務繼續進行商議。[72]就此，理事會的程序義務是在合理時間內，「於其權限範圍內竭盡全力」獲致「令人滿意的解決方案」，以緩解反對國的疑慮。[73]

### (d)職務與權限

基礎條約將部長理事會的職務及權力概括如下：

> 理事會應與歐洲議會共同行使立法權及預算權。其應依基礎條約之規定執行決策及協調之權能。[74]

在此我們分別檢視理事會的四個職權。第一，理事會傳統上是歐盟立法權的核心；在歐洲議會崛起前，理事會確實曾為歐盟的唯一「立法者」，而如今只能說是「共同立法者」（co-legislator），亦即歐盟兩院制立法機構之一，[75]且與歐洲議會同樣應公開議事。[76]第二，理事會和歐洲議會亦共同行使預算權。至於決策權，作為第三個職權，歐洲高峰會已超越理事會。如今歐洲高峰會決定歐盟的一般政策方向，而理事會的職權則限縮至執行各該一般政策方向的具體政策決定。第四，理事會於歐盟內享有廣泛的協調職權。因而，就一般經濟政策而言，成員國必須「將其經濟政策視為涉及共同利益之事項，且應就各該政策在理事會內進行協調」。[77]這個「開放式協調機制」（open method of coordination）的概念在過去十年間又復興了起來。[78]

---

[72] Ibid.，第4條。

[73] Ibid.，第5條。

[74] TEU第16條第1項。

[75] 詳第二章第1(a)節。

[76] TEU第16條第8項。

[77] TFEU第121條第1項。

[78] 關於「開放式協調機制」，詳 G. de Búrca, 'The Constitutional Challenge of New Governance in the European Union' (2003) 28 European Law Review 814。

## 3. 執委會

早期歐盟的技術官僚性格（technocratic）顯現於其第三個機構——執委會。最初執委會曾是歐洲煤鋼共同體的核心，其任務在於「確保條約規定之目標得以達成」。[79] 然而，在歐盟內部，執委會的角色因歐洲議會和部長理事會而趨於「邊緣化」；由於聯盟的立法權由該二機構行使，如今執委會的角色被定位在行政機構。作為領導歐盟的機構，執委會某程度上可說是聯盟的「政府」。本節首先將分析執委會的組成，接著探討執委會主席與其團隊的關係，最後則討論執委會的職務與權力。

### (a)組成與選任

執委會由每個成員國各派一位國民組成，[80] 執委會成員的遴選應基於其「一般能力及對於歐盟的信念，且超然獨立不容置疑者」。[81] 執委會委員任期為五年，[82] 在該任期內委員必須保持全然的獨立性，「既不得尋求、亦不得聽從來自任何政府、其他機構、組織、處室或實體之指示」，[83] 並且成員國亦有義務尊重各委員所享有的獨立性。[84] 若委員違反其獨立性義務，將面臨「強制解職」（compulsorily retired）。[85]

------------

[79] ECSC第8條（舊）。

[80] TEU第17條第4項。里斯本條約在條文上限縮了該原則適用的期間，理論上，本項規定只會從2014年10月31日里斯本條約生效之日起開始適用，然而，同條第5項又規定：「自2014年11月1日起，除歐洲高峰會經一致決變更人數之外，執委會組成之人數包含主席和歐盟外交暨安全政策高級代表，應為成員國數之三分之二。」該項條文是里斯本條約最重要的修正之一，意在透過減少執委會的成員數來提升運作效率。然而，里斯本條約在第一次愛爾蘭公投遭遇失敗後，歐洲高峰會決定摒棄這項憲政改革，以取得愛爾蘭選民的同意。詳Presidency Conclusions of 11-12 December 2008 (Doc. 17271/1/08 Rev 1)。

[81] TEU第17條第3項。

[82] Ibid..

[83] Ibid..

[84] TFEU第245條第1段。

[85] TFEU第245條第2段。同時參見同法第247條：「若執委會成員不再符合履行職責之條件或為嚴重不當之行為，歐盟法院得依據理事會以簡單多數決通過之請求或執委會之請求，強制解除該成員之職務。」

　　那麼，執委會成員是如何選出的呢？最初，執委會是「指派」而來，但嗣後指派方式改為選舉。執委會選舉程序包含兩階段，第一階段選出執委會主席；執委會主席是由歐洲高峰會「考量歐洲議會之選舉結果」——即歐洲議會的政治組成後提名，[86]接著，被提名的執委會主席候選人理論上應是最大政黨的「第一候選人」（lead candidate），必須由歐洲議會投票「選出」，假如該候選人無法取得歐洲議會的同意，則歐洲高峰會必須另外再提名其他候選人。[87]現今的歐洲執委會主席可見圖1.1。

圖1.1　歐洲執委會主席：烏蘇拉・馮德萊恩（Ursula von der Leyen）

　　在選出執委會主席後，就進入第二階段的執委會成員選舉。部長理事會應與當選的執委會主席取得一致意見後，以成員國所推薦人選為基礎，提出執委會委員名單；[88]待名單確認後，經提名的執委會將「作為一個整體交付歐洲議會表決同意」，接著歐洲高峰會應依投票結果任命之。[89]藉由如此繁雜的遴選程序，執委會方得以分別自成員國以及歐洲議會取得部分的民主正當性。

---

86　執委會任期與議會任期同時併行。
87　TEU第17條第7項第1段。
88　TEU第17條第7項第2段。
89　TFEU第17條第7項第3段〔編譯者註：此處應為TEU〕。

### (b)執委會主席及其執行團隊

執委會主席協助遴選執委會成員，其居於團隊之「首」的地位明定於基礎條約之中。[90]執委會成員必須執行主席授權交辦的任務。[91]有鑑於執委會主席的政治權威，執委會乃依主席的姓名命名。[92]

執委會主席的權限明定於TEU第17條第6項：

執委會主席應：

(a) 訂定執委會執行職務之指導準則；

(b) 決定執委會內部組織之建制，以確保其行為之一致性、效率性，以及作為合議制機構之定位；

(c) 自執委會成員中指派未出任歐盟外交暨安全政策高級代表者為副主席。

執委會成員應依執委會主席之要求請辭。歐盟外交暨安全政策高級代表應依執委會主席之要求依本條約第18條第1項規定之程序請辭。

上述執委會主席享有的三項權力均十分強大。首先，主席得依指導準則訂定執委會的政策方向。其次，主席有權決定執委會內部的任務型態，[93]若用基礎條約文字來說：「執委會的職責應由主席決定並分配於各

---

[90] N. Nugent, The European Commission (Palgrave, 2000), 68：「過去，執委會主席被認為是在執委會之中居於平等地位之首（primus inter pares）。然而，如今其無疑是居於首要地位（primus）。」

[91] TFEU第248條（強調後加）。

[92] 例如：前執委會被稱作「榮克執委會」（Juncker Commission），而當前執委會則被稱作「馮德萊恩執委會」（von der Leyen Commission）。

[93] 由於聯盟高級代表（High Representative of the Union）在憲政上的雙重角色，有時須另適用特別規定。因此，雖基礎條約規定高級代表為執委會成員，然而執委會主席不得片面請求高級代表請辭。詳TEU第18條第4項：「高級代表應擔任執委會副主席之一；應確保聯盟外部行動之一致性；應在執委會內負責對外關係和協調聯盟其他對外行動。」關於高級代表的角色定位，詳Schütze, European Union Law (n. 3)，第五章第4(b)(cc)節。

個成員。」主席還有權「於執委會任期內重新分配職責」，[94]甚至得要求特定委員請辭。第三，執委會主席得從執委會成員之中指定副主席。最後還有TEU第17條第6項並未明定的第四種權力，也就是「主席應代表執委會」。[95]

那麼，現今執委會架構下「部會層級」的職責有哪些？基於一成員國一名委員的原則，「馮德萊恩執委會」將歐盟事務分為26（！）個「職務」（portfolios），這些職務反映了現任主席的優先考量，詳圖1.2。

從而，每個委員均就各自所任職務負責，並有顧問團（cabinet）協助職務執行。[96]不過，自2014年起，執委會採納了創新的「計畫團隊」（project groups）組織模式——將數個不同部會職務結合在一起，由一位執委會副主席來領導。組成計畫團隊的目的似乎是希望一開始便設定政策優先順序，並使各部會職務的合作更為緊密。[97]

### (c) 職務與權限

執委會在歐盟治理的架構下其職務以及相應的權限為何？TEU第17條就執委會的職權做了簡要的基本規定：

> 執委會應致力於增進聯盟全體利益，並提出適當方案以達成該目的；執委會應確保基礎條約以及聯盟機構據以採行之措施得以落實；

---

[94] TEU第248條。

[95] 執委會議事規則（Commission Rules of Procedure）第3條第5項。

[96] 執委會議事規則第19條第1項：「執委會成員應有各自之幕僚，以協助其職務執行和起草執委會之決定。關於其幕僚組成及運作之規範應由主席訂定。」

[97] 目前提出的「計畫團隊」（Project Groups）有：「綠色歐洲」（European Green Deal）、「歐洲生活模式」（Promoting our European Way of Life）、「數位歐洲」（A Europe Fit for the Digital Age）、「人民經濟」（An Economy that Works for People）、「歐洲民主新動力」（A New Push for European Democracy）和「強盛歐洲」（A Stronger Europe in the World）。有關於此的精闢分析，詳R. Böttner, 'The Size and Structure of the European Commission: Legal Issues Surrounding Project Teams and a (future) reduced College' (2018) 14 European Constitutional Law Review 37。

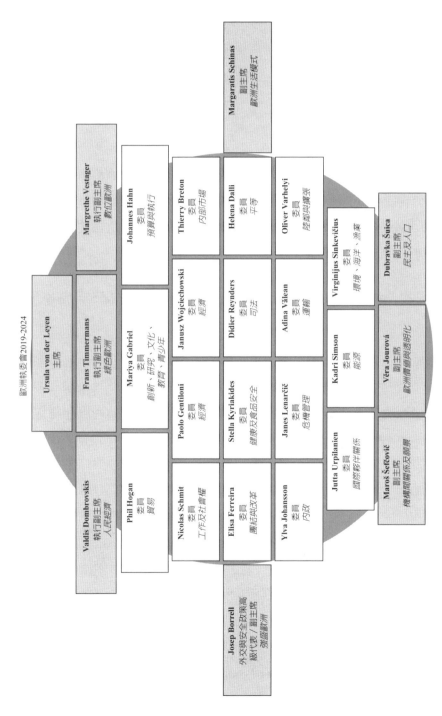

歐洲執委會 2019-2024

**Ursula von der Leyen**
主席

**Margrethe Vestager**
執行副主席
數位歐洲

**Margaratis Schinas**
副主席
歐洲生活模式

**Valdis Dombrovskis**
執行副主席
人民經濟

**Frans Timmermans**
執行副主席
綠色歐洲

**Johannes Hahn**
委員
預算與執行

**Mariya Gabriel**
委員
創新、研究、文化、
教育、青少年

**Phil Hogan**
委員
貿易

**Thierry Breton**
委員
內部市場

**Janusz Wojciechowski**
委員
經濟

**Helena Dalli**
委員
平等

**Paolo Gentiloni**
委員
經濟

**Didier Reynders**
委員
司法

**Oliver Varhelyi**
委員
陸鄰與擴張

**Stella Kyriakides**
委員
健康及食品安全

**Adina Vălean**
委員
運輸

**Virginijus Sinkevičius**
委員
環境、海洋、漁業

**Nicolas Schmit**
委員
工作及社會權

**Janes Lenarčič**
委員
危機管理

**Dubravka Šuica**
副主席
民主及人口

**Elisa Ferreira**
委員
團結與改革

**Kadri Simson**
委員
能源

**Věra Jourová**
副主席
歐洲價值與透明化

**Ylva Johansson**
委員
內政

**Jutta Urpilanien**
委員
國際夥伴關係

**Maroš Šefčovič**
副主席
機構間關係及願景

**Josep Borrell**
外交與安全政策高
級代表/副主席
強盛歐洲

**圖1.2 執委會──人員及職務**

執委會應在歐盟法院的司法控制之下監督歐盟法律之適用；執委會應執行預算並管理計畫；執委會應依基礎條約之規範執行協調、行政及管理之職務。除涉及共同外交暨安全政策或基礎條約另有規定外，執委會應對外代表聯盟。執委會應擬定單一年度及跨年度計畫，並達成聯盟機構間之合意。[98]

上開條文實際上區分了六項職能，前三項為執委會的核心職能。

第一，執委會的任務是透過提案「增進聯盟全體利益」，可以說是歐洲統合的「發動機」。為了發揮這個治理職能，執委會享有在性質上（近乎）排他的正式立法提案權：

除基礎條約另有規定外，聯盟法案應僅以執委會之提案為基礎通過之。[99]

執委會的立法提案特權是歐盟憲政秩序的重要特徵。此提案權更延伸至歐盟單一年度及跨年度的計畫案，[100]甚至包含法律改革的提案權。[101]

執委會的第二個職能是「確保基礎條約得以落實」，這個職能涉及多項立法與行政權限。就前者而言，執委會有權透過委任立法的方式來適用

---

[98] TEU第17條第1項。

[99] TEU第17條第2項。不過，歐洲議會仍得非正式地向執委會提交法案；甚或是歐洲公民亦有可能向執委會提交法案。關於所謂的「歐洲公民倡議」（European Citizens' Initiative）之分析，詳A. Karatzia, 'The European Citizens' Initiative and the EU Institutional Balance: On Realism and the Possibilities of Affecting EU Lawmaking' (2017) 54 Common Market Law Review 177。

[100] 根據TFEU第314條第2項，執委會有權提交預算案：「執委會應在預算執行年度前一年9月1日前分別向歐洲議會和理事會提交預算案之議案。」

[101] 通常會透過「白皮書」（White Papers）或「綠皮書」（Green Papers）的方式。著名的「白皮書」，詳EU Commission, Completing the Internal Market: White Paper from the Commission to the European Council (COM(85) 310)。著名的「綠皮書」，詳EU Commission, Damages Actions for Breach of the EC Antitrust Rules (COM(2005) 672)。

基礎條約；此類立法可以直接依據基礎條約制定通過[102]，也可以經聯盟立法機構的授權，轉由執委會通過。[103]而就後者而言，在某些領域，也可以授權執委會直接適用基礎條約本身；歐盟競爭法的規範便是一個好例子[104]，其中執委會對於違法者——不論對私人或對公家機關——均享有廣泛的裁罰權限。這些裁處違法行為的規定，是針對制裁不予適用歐盟法的違法者所設。

執委會的第三個職能是作為聯盟的守護者，為此必須「監督歐盟法律之適用」。基礎條約確實賦予執委會類似歐盟「警察」或「檢察官」的巨大權限，而歐盟法秩序的維持則有賴這些權限來監控和調查違反歐盟法的行為。這些權限的最佳示例，同樣是歐盟競爭法；[105]當執委會發現違法行為時，得將案件移送至歐盟法院，因而，基礎條約賦予了執委會針對成員國[106]及聯盟其他機構[107]就違法行為提告的權力。

## 4. 歐盟法院

「幽居在盧森堡公國仙境」、[108]坐落在其「宮殿」裡的，是作為聯盟司法機構的歐盟法院。嚴格來說，歐盟法院並非「真正的」法院，而是

---

[102]詳TFEU第106條第3項：「執委會應確保本條之規定得以落實，並且必要時，應向成員國發布適當之指令或決定。」

[103]關於授權立法（delegated legislation）的說明，詳Schütze, European Union Law (n. 3)，第九章第2節。

[104]詳TFEU第105條第1項：「執委會應確保第101條和第102條規定之原則得以落實。執委會應依據成員國請求或主動地，與成員國權責機關合作，調查涉嫌違反該原則之案件。若發現確有違反之情形，執委會應提出適當之措施予以排除。」

[105]詳Regulation 1/2003 on the implementation of the rules on competition laid down in Articles [101] and [102] of the Treaty, [2003] OJ L1/1, Chapter V: 'Powers of Investigation'。

[106]TFEU第258條。進一步討論，詳第八章第1節。

[107]詳第八章第2節至第4節。

[108]E. Stein, 'Lawyers, Judges, and the Making of a Transnational Constitution' (1981) 75 American Journal of International Law 1.

一個由許多法院組成的機構，統稱為「歐盟法院」。這個統稱之下涵蓋了
「歐洲法院」（Court of Justice）、「歐盟普通法院」（General Court），
和任何歐盟法體系下設立的「專門法院」（specialized courts）。[109]至於
歐盟法院的任務則是「確保基礎條約被合法地解釋與適用」。[110]

　　本節首先將分析聯盟司法部門的組織架構，接著再探討歐盟法院享有
的司法權。

### (a)司法部門的組織架構：歐盟法院系統

　　在歐盟誕生之初，其司法部門僅有單一法院——「歐洲法院」，當
時該法院可說是「一站式服務」（one-stop shop），所有聯盟的司法案件
均須交由其處理。

　　隨著案件量逐漸難以負荷，法院要求成員國提供司法「幫手」，嗣後
成員國於單一歐洲法中同意設立第二個法院。該法授權理事會「在歐洲法
院下增設一具有初步審判權限的法院」，且「該法院之裁判得作為上訴至
歐盟法院之標的」。[111]拜上述的定義所賜，新成立的法院被稱為「第一
審法院」（Court of First Instance），[112]後來隨著里斯本條約生效又改稱
「普通法院」，改名是因為受理案件不再侷限於第一審案件，也包括「不
服專門法院裁判之案件」。[113]

　　歐盟的「專門法院」又是什麼呢？聯盟曾有一專門法庭——歐盟公務
員法庭，[114]該法庭存在約十年左右，不過近期遭廢除。儘管目前歐盟法

-------------------

[109]TEU第19條第1項。

[110]Ibid..

[111]單一歐洲法第11條第1項。

[112]該法院的建立依據是Council Decision 88/591 establishing a Court of First Instance of the European Communities, [1988] OJ L319/1。

[113]TFEU第256條第2項。

[114]Council Decision 2004/752 establishing the European Union Civil Service Tribunal, [2004] OJ L333/7.同時參見N. Lavranos, 'The New Specialised Courts within the European Judicial System' (2005) 30 European Law Review 261。

院未設有任何專門法院，但在形式上仍是三個層級的法院系統。[115]歐盟司法機構的架構可見圖1.3。

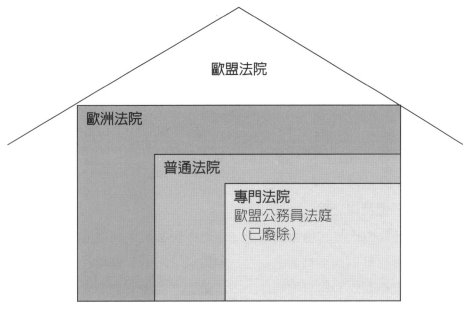

**圖1.3　歐盟法院架構**

位於法院系統頂端且最具重要性的無疑是「歐洲法院」（European Court of Justice, ECJ）。該法院由各成員國各派1名法官組成，惟法官並非代表所屬的成員國，且必須具備完全的獨立性。歐洲法院的法官任期為六年，就法官職務而言相對較短，但可以連任。

歐洲法院作為一正式機構，其決議方式如同設有主席的合議組織。理論上，合議制原則是指法院只能在全體出席的場合議決，即由全體法官出席的「全院庭審」（full court）。然而，打從一開始，歐洲法院便有權

---

[115]歐盟的裁判彙編中，在案號前有三種不同的前綴。歐洲法院的案件為C案件；普通法院的案件為T案件（因普通法院在法國稱為「Tribunal」）；歐盟公務員法庭案件則為F案件（源自於法文中的公務員「fonction publique」）。

設立「審判庭」（chambers），這個組織設計使法院得以「化分」為許多「小型」法庭，也都享有與全院庭審相同的權力。法院分庭使歐洲法院得以分散其案件負擔。

此外，歐洲法院的法官常由「佐審官」（Advocate General）予以協助。[116]佐審官雖被指派為法院的公務員，不過其職責不在「審判」。基礎條約對佐審官的職責定義如下：「佐審官之責任是基於完全中立性及獨立性，在公開審理程序中提供法律意見。」[117]但依照這個定義，佐審官不「輔佐」也不「審判」，而是獨立的法律諮詢顧問，向法院提供不具拘束力的「法律見解」。[118]佐審官的意見是在提供法院不同處理方式，所以更像是學術上的「法庭之友」。

### (b)管轄權及司法權

現代社會中法院的角色基本上是作為兩造當事人利益間的裁決者，其管轄權可能具備或不具備強制性。但歐盟法院的管轄權「在基礎條約賦予的權限範圍內」具有強制性；[119]故歐盟法院雖有強制管轄權，其管轄權仍有所侷限。根據授權原則（principles of conferral），歐盟法院不具備「固有」管轄權。[120]TEU第19條第3項將歐盟法院的職能和權限分類如下：

> 歐盟法院應依據基礎條約：
>
> (a) 對成員國、機構、自然人或法人提起之訴訟作出裁決；
>
> (b) 在成員國法院或法庭之請求下，針對聯盟法之解釋或聯盟機構所通

---

[116]TEU第19條第2項。

[117]TFEU第252條第2項。

[118]法院與佐審官意見相左的著名案例有：Van Gend en Loos v Netherlands Inland Revenue Administration, Case 26/62 [1963] ECR 1; Unión de Pequeños Agricultores (UPA) v Council, Case C50/00P [2002] ECR I6677。

[119]TEU第13條第2項。

[120]關於授權原則的說明，詳第三章。

　　過法律之有效性，作出先決裁決（preliminary rulings）；

(c) 就基礎條約規定之其他案件類型作出裁決。

　　上開規定將歐盟法院的司法事務以直接和間接訴訟作區分：前者直接向歐盟法院提起，後者則是從成員國法院提起，經由先決程序間接提交至歐盟法院。歐盟法院在先決提交程序中享有的權限僅規定於一個條文之中；[121] 相較之下，歐洲聯盟運作條約中規定的直接訴訟類型則有數種，分別為：由執委會或成員國提起的強制執行之訴（enforcement actions）、[122] 針對聯盟機構作為或不作為的司法審查程序、[123] 針對聯盟契約上（或非契約）責任的損害賠償之訴（damages actions），[124] 以及其他次要的司法管轄案件類型。[125]

　　有鑑於歐盟法院廣泛的審判權，可以說歐盟法院同時是「憲法」法院、「行政」法院、「國際」法院以及「勞動法庭」（industrial tribunal）。歐盟法院的審判權範圍包含公私法領域案件，每年案件數量均極為龐大。

## 小結

　　本章分析了歐盟的治理架構。聯盟共有七個「機構」，本章針對其中四個進行較為詳盡的討論，即歐洲議會、部長理事會、執委會，以及歐盟法院。每個機構均有其獨特的組成和決策方式。值得留意的是，聯盟機構間雖然不是建立在嚴格的職能劃分之上，但還是保持了權力分立當中彼此

---

[121] TFEU第267條。關於該條文的分析，詳第七章第3節和第4節。
[122] TFEU第258條至第260條。關於這些條文的分析，詳第八章第1節。
[123] TFEU第263條至第266條。關於這些條文的分析，詳第八章第2節和第3節。
[124] TFEU第268條和第340條。關於這些條文的分析，詳第八章第4節。
[125] TFEU第269條至第274條。

的制衡關係，[126]這意謂著數個聯盟機構共同行使各種政府職能。此種機構之間權限共享的特徵，在立法權的行使上特別明顯；關於這點我們將在下一章討論。

---

[126]關於這點的討論，詳R. Schütze, European Union Law (n. 3)，第五章第1節。

# 第二章　聯盟立法

摘要

1. 「通常」立法程序

   (a) 憲政理論：正式規定

   (b) 憲政實踐：非正式三方會談

2. 「特別」立法程序

3. 輔助性原則

   (a) 輔助性原則作為政治保障機制

   (b) 輔助性原則作為司法保障機制

4. 旁論：「一般」締約程序

   (a) 發動與談判

   (b) 簽署與締結

   (c) 修訂與中止（終止）

   (d) 聯盟繼受成員國協議

小結

## 摘要

　　每個社會的運作皆有賴一套共同的規則和機制。在此立法（legislation）是指制定法律（legis），但究竟何謂立法？美國憲政主義將立法定義為「國會」通過的法案，在此兩院制的立法部門背後有一套連結眾議院和參議院的立法程序。德國的憲政主義也用這種程序觀點定義立法權。然而，與許多內國法秩序不同的是，歐盟基礎條約明白區分成兩種立法程序：通常立法程序與特別立法程序。TFEU第289條規定：

> 1. 通常立法程序應由執委會提出規則、指令或決定之草案，再由歐洲議會與理事會共同通過。該程序明定於第294條。
> 2. 如遇基礎條約規定之特別情形，規則、指令或決定應由歐洲議會在理事會參與之下通過，或由後者在歐洲議會參與之下通過，此為特別立法程序。[1]

　　因而，歐盟的「立法」在形式上，是指經由聯盟兩院制立法部門——歐洲議會和理事會——通過的法案。在通常立法程序中，歐洲議會和理事會為共同立法者，享有對等的程序權。在此，歐盟立法可以說是這兩個機構「共同通過」的產物。

　　不過，基礎條約也規定有特別立法程序（參圖2.1）。這些特別程序的特徵在於歐洲議會和理事會並非處於平等地位。準此，TFEU第289條第2項規定兩種不同的情形，第一種情形是，歐洲議會作為主要立法者，理事會僅以「同意」的形式「參與」；[2]第二種情形則恰好相反，由理事

---

1　TFEU第289條第1項、第2項。
2　詳TFEU第223條第2項、第226條和第228條。聯盟預算案的批准程序規定在同法第314條，在此不予討論。

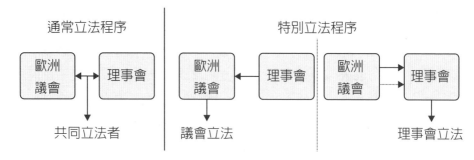

圖2.1　聯盟立法架構

會主導立法程序，而歐洲議會僅以「同意」[3]或「諮詢」[4]的形式參與。

　　第一章介紹了不同的聯盟機構，本章將討論各該機構於歐盟（次級）法創設程序中的互動。第1節和第2節分別深入探討一般和特別立法程序，第3節介紹輔助性原則（principle of subsidiarity），該原則旨在避免聯盟立法者於成員國已能自行達成理想社會目標，卻仍介入行使權力的情形。在聯盟法秩序中，該原則主要被視為程序上的安全機制，於通過法案前將內國立法者間接納入程序。最後，第4節討論國際之間締結協議的程序；這些協議雖非依循通常立法程序締結，但仍構成歐盟次級立法的重要（外部）法源。

## 1.「通常」立法程序

### (a)憲政理論：正式規定

　　通常立法程序包含七個階段。TFEU第294條規定了其中五個階段（參圖2.2），另外二個則規定在第297條。

---

3　詳TFEU第19條第1項、第25條、第86條第1項、第223條第1項、第311條、第312條和第352條。

4　詳TFEU第21條第3項、第22條第1項、第2項、第23條、第64條第3項、第77條第3項、第81條第3項、第87條第3項、第89條、第113條、第115條、第118條、第126條、第127條第6項、第153條第2項、第182條第4項、第192條第2項、第203條、第262條、第308條、第311條和第349條。

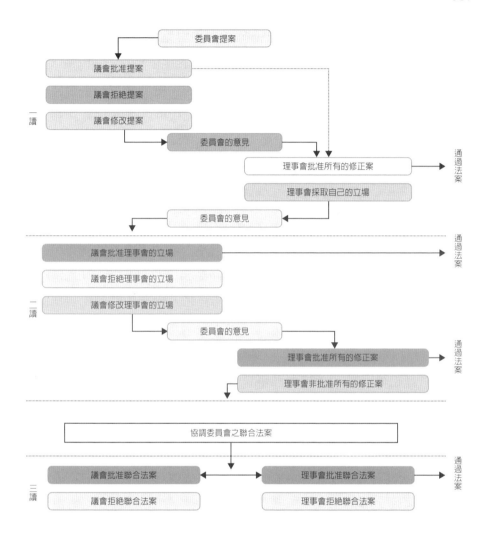

圖2.2　TFEU第294條通常立法程序

　　提案階段：在通常立法程序中，除了少數例外，執委會享有排他性的立法提案權，[5]這個（行政上的）特權，確保了執委會擁有設定議題的重

---

要權力。基礎條約也在一定程度上保障上開權力免受「外部」干預，規定任何法案的修正均須經過理事會的一致決，並設定極高的決議門檻。[6]

一讀階段：執委會的提案會送至歐洲議會，歐洲議會是依投票數的多數[7]——也就是出席數的多數——而行動。議會可以否決提案、[8]批准提案，又或者採取中庸之道修正提案。接著，議會再將法案送至理事會，理事會須依其成員數的條件多數來行動。[9]若理事會同意歐洲議會的決議，法案便於一讀通過；若理事會不同意，則須至歐洲議會說明立場及其理由。

二讀階段：（修正過的）法案第二次進入歐洲議會，而議會對該法案的處理仍是三個選項——以投票數的多數再次批准理事會的決議，[10]或以議會成員數的多數否決該決議；[11]換言之，批准的門檻比否決的門檻低（這個傾向因基礎條約關於「消極不表決視為批准」的規定而被強化）。[12]歐洲議會第三個選項：以議會成員數的多數，提案修正理事會的決議；[13]修正後的法案將送至理事會（以及執委會，因執委會必須就修正案表示意見）。法案因而又重新回到理事會，此時理事會有兩種處理方式——若理事會同意歐洲議會的所有（！）修正內容，該法案便會通

---

[6]　TFEU第293條第1項。

[7]　TFEU第294條第3項並未規定歐洲議會內部表決方法，因而就此應適用同法第231條：「除基礎條約另有規定外，歐洲議會應依投票數之多數行動。議事規則應訂定表決之法定人數門檻。」

[8]　TFEU第294條第3項並未明確承認這個選項，不過歐洲議會議事規則（Parliament's Rules of Procedure）第60條間接承認該選項。

[9]　TFEU第294條第4項、第5項亦未規定理事會內部表決方法，因而就此應適用TEU第16條第4項：「除基礎條約另有規定外，理事會應依條件多數行動。」

[10]　TFEU第294條第7項第a款。

[11]　TFEU第294條第7項第b款。

[12]　依據TFEU第294條第7項第a款的第二個方案，若議會未於三個月內行動，「理事會提議之法案版本視為通過」。

[13]　TFEU第294條第7項第c款。

過，[14]就此理事會須以條件多數決行之（除非執委會對理事會或歐洲議會提議的任何一項修正表示不同意）；[15]若理事會無法同意歐洲議會的全部修正內容，法案將進入協調階段。[16]

　　協調階段：這個階段是挽救法案的最後機會。由於在「正式」的立法機制已難以達成共識，聯盟法秩序於是「授權」一個所謂的「協調委員會」[17]來草擬一份「聯合法案」（joint text）。該委員會的權限範圍限於「以歐洲議會和理事會於法案二讀之主張為基礎」促成協議。[18]委員會成員由理事會代表[19]和人數相等的歐洲議會代表[20]組成（執委會亦參與協調委員會，但並非委員會之一員，其功能只作為促成協調的催化劑）。[21]因而，協調委員會形同一個「小型立法機構」，而且也如同其背後的憲政運作機制，委員會的決議須以理事會代表數的條件多數，與歐洲議會代表數的多數來共同決定。若協調委員會無法通過聯合法案，則法案便胎死腹中；相反地，若委員會成功批准聯合法案，該法案將回到聯盟「正式」的立法機制逕行三讀。

----

[14] TFEU第294條第8項第a款。

[15] TFEU第294條第9項。

[16] TFEU第294條第8項第b款。

[17] 協調委員會並非常設委員會，而是臨時，「依據個別立法提案之協調需求而成立」（European Parliament, 'Codecision and Conciliation' at www.europa.eu/code/information/guide_en.pdf, 15）。

[18] TFEU第294條第10項。不過，歐盟法院對此採取較寬鬆的態度，並且允許協調委員會所作成的聯合法案逾越雙方於二讀階段的共同主張（詳The Queen on the Application of International Air Transport Association et al. v Department of Transport, Case C-344/04 [2006] ECR I-403）。

[19] 通常會由常駐代表（Permanent Representative）或其副手來代表理事會之部長參與。

[20] 歐洲議會的代表團必須反映正式議會的政治組成。一般來說，該代表團會包括負責協商的3位副主席、報告人（Rapporteur）和主管事務的議會委員會主席〔譯按：歐洲議會依照不同事務領域設立了各種委員會，目前有二十個常設委員會、三個委員會小組、三個特別委員會以及一個調查委員會，詳https://www.europarl.europa.eu/committees/en/about/list-of-committees〕。

[21] TFEU第294條第11項。通常會由負責與法案相關議題的執委會委員參與之。

三讀階段：聯盟「正式」的立法機構必須批准前述聯合法案（且不具有修正的權力），歐洲議會之通過門檻為投票數之多數，理事會則須以條件多數加以確認。若其中一機構不同意所提出的法案，則至此法案亦宣告夭折；若此二機構均批准該法案，法案隨即通過，留待後續「簽署」和「公布」。

簽署和公布階段：法案通過成為法律前的最後二個階段，規定在TFEU第297條：「經由通常立法程序通過的法案須經歐洲議會主席與理事會主席簽署。」其後應「公布於歐盟官方公報」。[22]公布法規是現代法治社會的基本要求，只有經「公布於眾」的法案始有法律效力。同時，聯盟法秩序要求所有法案「必須敘明所依據之立法理由，並應參考依基礎條約所規定之提案、提議、建議、請求或意見等任何相關之文件」。[23]這種正式「說明義務」是司法審查的對象，象徵立法的合理性。

### (b)憲政實踐：非正式三方會談

憲法條文通常僅勾勒出機構間的制式關係，進一步的描繪與調整則有賴憲法實踐。規範歐盟通常立法程序的憲法條文尤其如此；而憲法作為框架性規範的特質也確實體現在基礎條約本身。[24]

機構間的非正式協議主要見於被稱為「三方會談」的三方會議之中。該會議將參與立法程序的三個機構（歐洲議會、理事會和執委會）的代表們集合在一起，以進行「非正式」的協商。

機構間三方會談的任務為何？三方會談制度的目的是在正式的共同決議程序中，建立非正式的橋梁，以「開啟一讀與二讀階段達成協議的可能

---

[22] TFEU第297條第1項。歐盟官方公報中立法屬於「L」系列。

[23] TFEU第296條第2段。

[24] TFEU第295條規定：「歐洲議會、理事會和執委會三方應互相協商，並經一致同意就合作方式作成安排。為前述之目的，得在不違反基礎條約之情形下，締結具拘束力之機構間合作協議。」

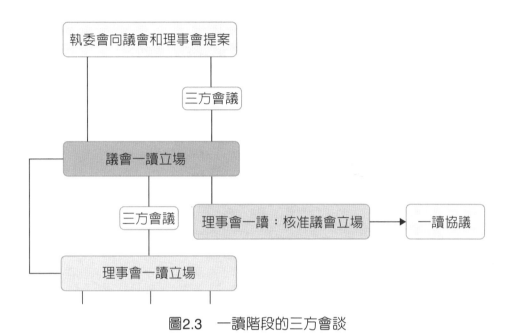

圖2.3　一讀階段的三方會談

性，並協助協調委員會之準備工作」。[25]因此，三方會談可能在「通常立法程序的任一階段」舉行，但又以在一讀階段最為重要也最容易成功（參圖2.3）。[26]

事實證明三方會談的做法極為成功，確實使得通常立法程序「事實上成為只進行朗讀的立法程序」。[27]然而，這也帶來嚴重的憲政問題，因為非正式的三方會談不應成為規避正式立法程序的捷徑，否則在相當程度為代議制的歐洲議會內進行的民主審議，將被上述三個機構由少數成員主導的非正式決策機制取代（參圖2.4）。換言之，代議民主為了追求效率而

---

[25] Joint Declaration on Practical Arrangements for the Codecision Procedure, [2007] OJ C145/5, para. 7.

[26] Ibid., para. 8.

[27] C. Roederer-Rynning and J. Greenwood, 'The Culture of Trilogues' (2015) 22 Journal of European Public Policy 1148.上一屆議會有超過五分之四的法案都在一讀階段達成一致協議，僅有不到5%的法案進入三讀階段。

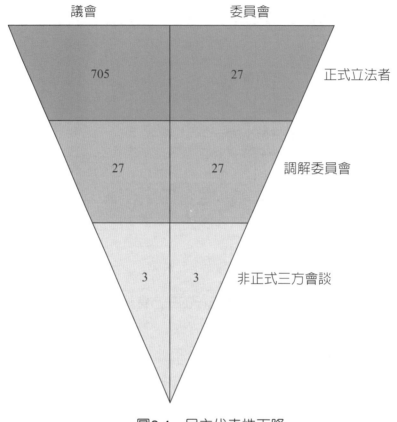

議會　　　　委員會

705　　　　27　　　正式立法者

27　　　27　　　調解委員會

3　　　3　　　非正式三方會談

圖2.4　民主代表性下降

在此作出的大幅退讓，使得聯盟民主的代表性因而不足，其原因不在正式的立法機制，而在非正式的旁門左道。

## 2.「特別」立法程序

基礎條約關於程序的章節並無規定「特別」立法程序的具體內容，因此乃在不同的立法領域中分別明定。基礎條約共規定了三種特別立法程序。與通常立法程序不同的是，在特別立法程序中，聯盟立法並非由歐洲議會和理事會「共同通過」，而是只由其中一個機構通過。依TFEU第

289條第2項規定的第一種情形，通過立法的機構為歐洲議會，不過基礎條約一般會要求經理事會「同意」；第二種情形則是理事會單獨立法，但須經歐洲議會的「同意」或「諮詢」後行之。因而，前二種特別程序可界定為「同意程序」，第三種特別程序則可稱為「諮詢程序」。

那麼上述「同意程序」以及「諮詢程序」分別有何特點？前者要求一機構同意另一機構的立法案，同意程序的門檻較共同決議低，主導的機構可單獨決定法案的實質內容，另一機構只能「接受」或「否決」。不過，這個否決權仍（遠）比單純的諮詢要強得多，原因在於，儘管法院肯認諮詢乃是「達成基礎條約尋求之機構間權力平衡的重要因素」，[28]但此舉僅止於「行禮如儀」而已。[29]

這種形式上的義務並不表示通過法案的機構必須採納另一機構的實質觀點，[30]而是僅須「聽取」後者的意見，如此而已。

## 3. 輔助性原則

輔助性（Subsidiarity）── 也就是具備「輔助」（subsidiary）的性質 ── 源於「subsidium」一詞。這個拉丁字來自軍事用語，意謂後勤的「幫助」或「支援」。打個比方就是，一個實體居於輔助地位，其所提供的就是「輔助」── 也就是間接或次要的幫助。在政治哲學中，輔助性原則指的是「中央的權限只居於輔助地位，僅在次級或地方層級權限無法有

---

[28] Roquette Frères v Council (Isoglucose), Case 138/79 [1980] ECR 3333, para. 33.

[29] 不過，該「形式上」的程序仍要求理事會必須等待歐洲議會提供其意見，始符合諮詢程序的義務（Ibid., para. 34）：「就此而言，必須指出的是，遵守該程序要求意謂著歐洲議會已表示其意見。因此，難以認為僅憑理事會有向議會尋求意見，就算是滿足了程序要求。」關於這點，同時參見Parliament v Council, Case C-65/93 [1995] ECR I-643：儘管如此，本案法院同時也為歐洲議會這項專屬權力確立了隱含的限制（Ibid., paras 27-28）。

[30] 此為判決所肯認，Parliament v Council, Case C-417/93 [1995] ECR I-1185，尤指paras 10 and 11。

效執行任務時才得以行使」。[31]因而,這個原則包含積極面與消極面;[32]積極的是鼓勵「大組織」於小組織有需要時予以協助;消極的是避免「將次級小組織能夠執行的任務分派給高層的大組織」。也正是此種雙面特質賦予此原則「雅努斯神」的矛盾性格。[33]

輔助性原則何時成為聯盟的一項憲政原則?此原則首見於1975年,[34]但正式名稱要一直到1986年單一歐洲法之後才在聯盟環境政策當中出現;[35]到了1992年,馬斯垂克條約才終於將輔助性原則地位提升至超出環境政策的範圍。此後,該原則便成為歐盟憲政的一般原則。如今歐洲聯盟條約將該原則定義在第5條第3項:

> 依輔助性原則,於非專屬權限之領域,設若成員國於中央、區域和地方層級無法充分達成擬採取行動之目標,且考量該行動之規模及影響已至聯盟層級更適於執行的程度時,聯盟至此始得採取行動。

依據這個定義,我們可知輔助性原則僅適用在聯盟的非專屬權限領域,此部分我們將於第三章討論。[36]

基礎條約對於輔助性的定義包含兩個檢驗標準。第一個檢驗標準是「成員國無法充分達成目標」,即聯盟僅在特定行動目標無法由成員國

---

[31] 詳牛津英語詞典(Oxford English Dictionary):「subsidiary」和「subsidiarity」。

[32] C. Calliess, Subsidiaritäts-und Solidaritätsprinzip in der Europäischen Union (Nomos, 1999), 26.

[33] V. Constantinesco, 'Who's Afraid of Subsidiarity?' (1991) 11 Yearbook of European Law 33 at 35.

[34] 關於歐盟法秩序中輔助性原則在條文上的詳盡發展史,詳R. Schütze, From Dual to Cooperative Federalism: The Changing Structure of European Law (Oxford University Press, 2009), 247以及其後。

[35] 當時新增的EEC第130條第4項(舊)將共同體的環境政策領域的立法權限縮至惟當行動「由共同體層級實行比起由個別成員國層級實行更能達成目的」之情形。

[36] 關於歐盟享有的不同權限類別,詳第三章第4節。

（之中央或地方）充分達成時，始得介入採取行動，此一標準看似為絕對。反之，第二個檢驗標準為「聯盟處理相對較有效率」，即歐盟只有在其比成員國更能完善達成行動目標時才可出手。此一標準貌似為相對標準。這裡會產生的問題是，綜合上述兩個檢驗標準，是否意謂：如果聯盟在相對意義上更適合處理某個社會問題，但成員國卻在絕對意義上能夠達成目標，那聯盟是否就因此不能夠採取行動呢？

　　上述問題並非第5條第3項的唯一問題。關於「設若」（if）和「至此」（in so far）的條文用語，解釋上可能產生兩種版本的輔助性原則。第一種是強調「設若」，重在判斷是否行動，被認為是狹義的輔助性原則。第二種則強調「至此」，判斷如何行動，是廣義的輔助性原則。[37]

　　由此可見，TEU第5條第3項的條文可說是一大敗筆，只能說過多的政治調料反而壞了法律的原味。過去三十年間所發展出來的兩種互不交集的解釋方式，造就出輔助性原則的如此內涵：第一個解釋方式著重該原則在政治上以及程序上的面向，第二個解釋方式則強調其作為實體內容判斷的司法面向。

### (a)輔助性原則作為政治保障機制

　　儘管文獻已多有討論，[38]但輔助性原則在歐盟憲政主義下還是未受重視，原因在於其概念輪廓一直未能明確界定。試想輔助性的涵義倘若眾說紛紜莫衷一是，聯盟要如何適用此原則？

　　為了降低文義的不確定性，成員國試圖將輔助性原則「程序化」。在

---

[37] K. Lenaerts, 'The Principle of Subsidiarity and the Environment in the European Union: Keeping the Balance of Federalism' (1994) 17 Fordham International Law Journal 846 at 875.

[38] 關於輔助性原則豐富的文獻資料，詳G. Berman, 'Taking Subsidiarity Seriously: Federalism in the European Community and the United States' (1994) 94 Columbia Law Review 331; D. Z. Cass, 'The Word that Saves Maastricht? The Principle of Subsidiarity and the Division of Powers within the European Community' (1992) 29 Common Market Law Review 1107; Constantinesco, 'Who's Afraid' (n. 33).

第2號議定書「關於輔助性原則及比例原則之適用」中可以看出，成員國嘗試將輔助性轉化為聯邦主義的一種政治防護機制。值得注意的是，該議定書僅適用於「立法草案」[39]，也就是仍有待通常或特別立法程序的通過。

第2號議定書旨在建立輔助性原則在適用上的「監控機制」，所有聯盟機構都要確保落實這項原則，[40]在此特指聯盟機構須將立法草案交給成員國國會，[41]並且要就為何符合輔助性原則（以及比例原則）「說明理由」。[42]此種程序上的說明義務，定義如下：

> 立法草案應有詳細說明，以便用以評估其是否合於輔助性原則及比例原則；說明內容應評估對系爭提案對財政之影響；倘若涉及指令，則應評估對成員國擬定具體施行規則之影響，必要時應包含對區域性立法之影響。關於聯盟較成員國更能達成目標之理由，須有質性與量化指標作為支持。立法草案應考量是否真有必要對聯盟、成員國政府、區域或地方行政機關、經營者及公民加諸負擔，無論是財政負擔或行政負擔，以盡可能降低負擔，並與所欲追求之政策目標合乎比例。[43]

此一義務應如何執行？解決方案之一是交給歐盟法院，[44]但議定書又發展出第二個解決方案：讓內國國會積極參與歐盟的立法程序，[45]並期待

------------

39 第2號議定書第3條。
40 Ibid.，第1條。
41 Ibid.，第4條。
42 Ibid.，第5條。
43 Ibid..
44 Ibid.，第8條：「歐盟法院對於成員國以立法違反輔助性原則為由，而依歐洲聯盟運作條約第263條提起之訴訟，或依成員國國內之規定代表國會或議院之一發出通知之訴訟，具有管轄權。」關於法院遵從的立場，詳下文第3(b)節。
45 這項職能在TEU第12條第b款中受到認可，其中條文請求各成員國議會協助聯盟順利

這個方式能一石二鳥，也就是透過成員國國會在程序上的參與，同時強化歐盟內部對聯邦制度與民主制度二者的保障。

但如果成員國國會的角色是作為聯盟「輔助性原則的守門員」，[46]則各成員國國會是享有否決權（硬性的立法解決方案）還是僅有監督的權限（柔性的立法解決方案）？依據前述議定書，各成員國國會得在八週內提出附理由意見書，說明其何以認為系爭聯盟立法草案未合於輔助性原則。[47]接著，各國國會享有兩個表決權，[48]若反對票數達總票數的三分之一，則該歐盟草案「必須重新審查」。這個機制被稱為「黃牌」機制，因聯盟立法機構「可以決定維持、修正或撤回草案」。[49]

「黃牌」機制用在通常立法程序中門檻較高，也就是反對票數要占總票數的多數。[50]在這種「橘牌」機制下，執委會維持原立法草案的理由以及成員國國會附理由意見書將被併送至聯盟立法部門，由其判斷是否符合輔助性原則。若聯盟的立法兩院之一認定違反輔助性原則，則該提案即遭到否決。[51]

- - - - - - - - - - - -

運作，「為此，其應確保依據輔助性原則及比例原則之適用，議定書當中規定之程序進行立法，俾使輔助性原則獲得遵守」。

[46] I. Cooper, 'The Watchdogs of Subsidiarity: National Parliaments and the Logic of Arguing in the EU' (2006) 44 Journal of Common Market Studies 281.

[47] Art. 6 Protocol (No. 2) 'On the Application of the Principles of Subsidiarity and Proportionality'.

[48] Ibid.，第7條第1項。

[49] Ibid.，第7條第2項。關於首次發動黃牌機制的分析，詳F. Fabbrini and K. Granat, '"Yellow Card, but no Foul": The Role of the National Parliaments under the Subsidiarity Protocol and the Commission Proposal for an EU Regulation on the Right to Strike' (2013) 50 Common Market Law Review 115.

[50] Ibid.，第7條第3項。

[51] Ibid.，第7條第3項第b款：「若理事會以其成員之55％多數或歐洲議會以投票之多數，認為系爭草案不合於輔助性原則，該立法草案應停止進一步審議。」

　　黃牌機制實際運作成效如何？由於該機制至今僅啟動過三次，批評者指出現行程序有諸多不足，進而要求建立一「紅牌」機制。[52]這個訴求看似吸引人，實則不宜採行，因為「賦予內國國會相當於法案否決權的權限，將與執委會受到憲政保障的獨立性扞格不入」；[53]再者，「成員國國會享有法案否決權，歐盟讓渡過多控制權給國家的結果，將會破壞歐盟龐雜而有序的超國家治理系統中權責配置的理想狀態」。[54]就此看來，拒斥所謂的「紅牌」方案應屬合理，而「黃牌」機制確實更能促使成員國國會將監督力道導向其獨擅勝場之處：成員國各自的政府部門。

### (b)輔助性原則作為司法保障機制

　　在歷經第一次政治層面的輔助性審查之後，第二次審查輪到歐盟司法部門負責。歐洲法院最重要的工作在於檢視聯盟立法部門是否遵循TEU第5條第3項所列的實體要件。那麼，歐洲法院如何界定「成員國無法充分達成目標」與「聯盟處理相對有效率」這兩個檢驗標準之間的關係？歐盟法院對此是傾向嚴格還是寬鬆解釋輔助性的涵義呢？

　　法院在判決中解釋輔助性原則的案例意外地少。以United Kingdom v Council (Working Time Directive) 一案為例，[55]原告英國請求廢止工時指令，其主張如下：

　　〔聯盟〕立法部門既未充分考量、亦未充分闡明是否有成員國措

---

52 其中最著名的即是，在英國舉行脫歐公投前，大衛・卡麥隆（David Cameron）與歐盟重新談判會員協議時提倡建立該紅牌機制。關於此的簡要分析，詳http://blogs.lse.ac.uk/europpblog/2016/06/13/how-the-red-card-system-could-increase-thepower-of-national-parliaments-within-the-eu/.

53 A. Dashwood, 'The Relationship between the Member States and the European Union/Community' (2004) 41 Common Market Law Review 355 at 369.

54 S. Weatherill, 'Using National Parliaments to Improve Scrutiny of the Limits of EU Action' (2003) 28 European Law Review 909 at 912.

55 United Kingdom v Council, Case C-84/94 [1996] ECR I-5755.

施不足以妥善規範的超國家面向；該等內國措施是否牴觸〔基礎條約〕規定或嚴重侵害成員國之權利；以及最後一點，由〔歐盟〕層級處理，相較於在內國層級，是否顯然更有效益。鑑於各成員國對工時的立法在程度和性質上存在著極大的差異，〔輔助性原則〕不會容許通過諸如系爭指令此類寬泛卻具規範效力的條款。[56]

歐盟法院對此如何回應呢？法院針對輔助性的內涵提出解釋，從此確立司法對此原則的基本立場：

　　一旦〔聯盟立法部門〕認為有必要提升既有勞工健康及安全保障水準，並在所作改善的前提下調和此領域的相關條件，達成該目標要求之最低標準勢必要以〔聯盟〕層級行動為前提；否則如同本案，毋寧委由各成員國自行訂定具體實施辦法。至於〔聯盟立法部門〕是否如本案成員國所主張，無法妥適採行合於指令本旨之一般性強制措施，則有待以下關於比例原則之審查。[57]

這段判決文字包含兩個影響重大的選擇。首先，法院認為，當聯盟立法部門決定「調和」各成員國的內國法時，此目標已預設了由聯盟立法來達成。但這個觀點是以謬誤的套套邏輯來回應「成員國無法充分達成目標」的檢驗：只有聯盟能夠調和內國法，因此成員國註定通過不了輔助性原則的第一道檢驗！

假定前述「設若」為聯盟層級行動的檢驗已經通過，則聯盟是否「至此」就得以行動了呢？這是法院的第二個關鍵選擇。法院在此決定不接受廣義的輔助性原則；因為其未依據TEU第5條第3項去分析歐盟法的介入程度，而是選擇依TEU第5條第4項的比例原則進行審查。而在操作比例原則

---

56 Ibid., para. 46.
57 Ibid., para. 47.

之際，法院做了第三個重要選擇，其認為「在需要立法者作出社會政策選擇，並進行複雜評估的領域，如同本案，〔聯盟〕應享有廣泛的形成空間」。因此，司法審查應限於「系爭立法是否因明顯錯誤或權力濫用，或相關機構顯然逾越裁量權行使的範圍等而失其效力的情形」。[58]換言之，法院只採用低度的司法審查標準。

上述的第一個和第三個選擇受到其後司法實務的支持。由於法院將重點放在「成員國無法充分達成目標」的檢驗，規避了「聯盟處理相對有效率」的檢驗標準。[59]法院並未追求聯盟在法質性或量化的效益，[60]而是緊守「明顯錯誤」的檢驗標準——此無異將輔助性原則留在聯邦主義的政治保障機制之中，反映出法院對此採用寬鬆審查標準的態度。[61]相對地，對於第二個選擇，法院立場始終不明確。在某些案件中，法院將歐盟法的介入程度納入輔助性原則的審查標準，[62]在其他案件，則澈底切割輔助性原則與比例原則的審查。[63]

---------------

[58] Ibid., para. 58（強調後加）。

[59] 詳The Queen v Secretary of State for Health, ex parte British American Tobacco (Investments) Ltd and Imperial Tobacco Ltd, Case C-491/01 [2002] ECR I-11453, paras 181-183：「該指令的目的是消除因各成員國關於菸草產品生產、外觀和銷售的法律、命令和執行規定上仍存在差異而造成的阻礙，同時依據〔TFEU第114條第3項〕確保健康受到高度保護。這樣的目的無法透過個別成員國充分達成，而需要〔歐盟層級〕採取行動，本案中各個內國法分歧的發展便顯現了這樣的問題。」

[60] Art. 5 Protocol (No. 2) 'On the Application of the Principles of Subsidiarity and Propor-tionality'.

[61] 詳Netherlands v Parliament, Case C-377/98 [2001] ECR I-7079, para. 33：「指令前言（preamble）第5、6和7段說明必然隱含對於輔助性原則的遵循，其中說道，在欠缺〔歐盟〕層級行為時，成員國各自發展內國法律和措施將妨礙內部市場的健全運作。因此，就這個問題指令似乎已有充分的說明。」

[62] The Queen v Secretary of State for Health, Case C-491/01 (n. 59)案中法院是以輔助性原則而非比例原則來認定「聯盟採取措施的介入程度」（ibid., para. 184）。對於此種廣義輔助的接納也可以在Arcor v Germany, Case C-55/06 [2008] ECR I-2931案中看到，該案法院指出在輔助性原則下「成員國保有在系爭領域建立特定規範的可能性」（ibid., para. 144）。

[63] United Kingdom v Council (Working Time Directive), Case C-84/94 (n. 55).

究竟何種處理方式較好？過去一直有主張認為輔助性應採取「廣義」定義，[64]因為要將輔助性的內涵限縮至聯盟「是否」應行使某項權限的問題，確實有其困難。實則，「權限」與「輔助性」之間的區別——也就是TEU第5條第2項授權原則與第5條第3項輔助性原則之間的區別，只有將聯盟「是否」行使權限的問題放在特定措施中討論才有實益。只是，「是否」與「如何」採行特定措施的問題，在本質上是相連的。因此，輔助性原則要問的問題是，聯盟立法者是否已經非必要地限制了成員國的自主性。

## 4. 旁論：「一般」締約程序

每當聯盟進行立法，同時也在為其法秩序納入新的規則。然而，在現今這個全球化的世界，許多法規範源於國際協議或國際組織，而由聯盟締結的國際協議也確實構成歐盟法的重要來源。

不過，國際協議是如何締結的呢？「一般」締約程序規定於TFEU第218條（參圖2.5），[65]在該程序中最重要的機構是理事會——不僅是與歐洲議會相較於同等地位之首（primus inter pares），更是唯一的重要機構（primus）。TFEU第218條肯認理事會在締約程序所有階段作為核心角色的地位：

> 理事會應授權談判開啟、訂定談判指導原則、授權協議簽署及締結協議。[66]

----

64 Schütze, From Dual to Cooperative Federalism (n. 34), 263以及其後。
65 兩種特別程序則分別規定在TFEU第207條和第219條。前者處理涉及聯盟共同商業政策的貿易協議；後者為「通常」程序的除外規定，處理「涉及歐元對第三國貨幣的匯率制度協議」（詳第219條第1項）。
66 TFEU第218條第2項。

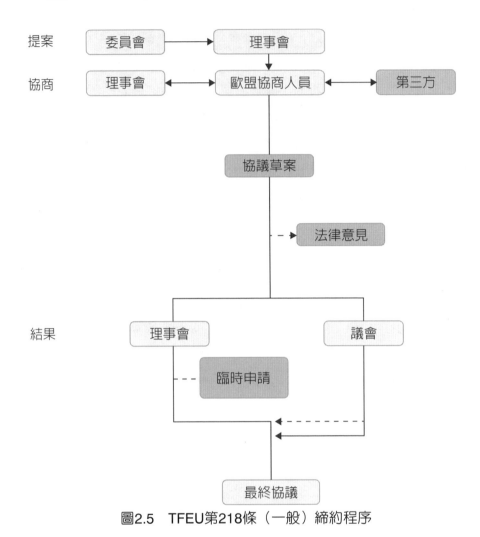

圖2.5　TFEU第218條（一般）締約程序

　　理事會在此應以條件多數決行之，但下列四種情形除外，必須取得所有成員國部長的同意：涉及須經一致決事項的協議、所有的聯繫協議（association agreements）、入盟候選國簽訂的所有經濟合作協議，以及聯盟加入歐洲人權公約的協議。[67]

--------

[67] TFEU第218條 第8項。

在確定理事會的主要角色之後，TFEU第218條接著界定聯盟其他機構在締約各個階段扮演的輔助角色。該條文區分了「開啟」與「談判」階段、「簽署」與「締結」階段，並針對條約的修訂和中止作特別規定。在特殊情形下，聯盟甚至可以不經締約直接成為國際協議的一方，這種罕見情況會出現在聯盟依「功能繼受原則」自成員國「繼受」國際協議的時候。

### (a)發動與談判

哪個機構可以提案要求聯盟締結國際協議呢？依TFEU第218條第3項，執委會對於主要涉及歐盟共同外交暨安全政策（CFSP）以外事務的協議，享有專屬的提案權。反之，主要或完全屬於共同外交暨安全政策事務的協議，則須由歐盟外交暨安全政策高級代表向理事會提出建議；部分屬於共同外交暨安全政策事務的協議，得由二者「共同提案」。[68]

理事會可以根據提案決定開啟談判程序，並「視協議涉及之事務性質」指定聯盟的談判代表。[69]這個說法很模糊，自文義上觀之，理事會有選擇的自由，其得——但非必然——指定執委會擔任聯盟協議的談判代表；依此解讀方式，執委會並不必然享有擔任聯盟談判代表的特權。然而，若採體系解釋，將得出另一種解讀方式；因為如果考量執委會與歐盟外交暨安全政策高級代表在提案階段的權限劃分，根據基礎條約的設計，「主要或完全」屬於歐洲聯盟運作條約範疇的所有協議，理應由執委會擔任聯盟的談判代表。[70]

屆時，理事會將能向聯盟的談判代表下達指示，使其權力的行使必須咨詢一特別委員會。因而，若是執委會擔任談判代表，除須有理事會的「授權」外，尚須在理事會的監督之下進行談判；在此，執委會權限的性

---

[68] 詳TEU第22條第2項以及第30條第1項。

[69] TFEU第218條第3項。

[70] 就此觀點，另請參見P. Eeckhout, EU External Relations Law (Oxford University Press, 2011), 196。

質在此是介於「自主」和「委任」之間,這種低度的機構自主性因第三方的參與而得到正當性(因嗣後如理事會拒絕協議草案,可能產生「對外」的負面影響)。另一方面,理事會特別委員會的監督也讓談判代表可以說是「腹背受敵」,不僅須對外與第三方進行談判,對內也須應付理事會。

歐洲議會在此過程中扮演什麼角色?歐洲議會並未被正式納入談判的程序當中,然而,第218條第10項卻明文規定議會於程序中各階段有接受通知的權利。此權利有可能成為非正式的政治保障機制,以掌握歐洲議會於談判階段的意向。[71]

最後,在締約之前,任何聯盟機構或成員國均得挑戰草案的「合憲性」。這個司法保障機制見於第218條第11項,當中規定歐盟法院得據以表示「意見」。[72]若此「意見」認為談判的協議違反基礎條約,則該協議將無法生效,除非去修正基礎條約本身。[73]對於協議草案的事先「審查」制與法院一般的事後審查制,在原則上有所出入[74],惟這個例外同樣因為牽涉國際法上享有的第三方權利而被正當化。確實,國際法有一原則為,一旦協議已依國際法有效締結,締約方通常不得嗣後援引內國憲法問題來否定其拘束力。[75]準此,法院嗣後審查排除國際協議的外部效力,顯然緩不濟急。

---

[71] 詳Framework Agreement on Relations between the European Parliament and the European Commission, [2010] OJ L304/47,特別是附件三(Annex III)。根據該附件para. 3:「執委會應適當考量歐洲議會於協商程序中提出的意見。」

[72] TFEU第218條第11項。

[73] 此情形曾發生於1996年涉及歐洲人權公約加入問題;詳Opinion 2/94 (Accession to the ECHR I) [1996] ECR I-1759 [1996] ECR I-1759。因此在里斯本條約之前,加入歐洲人權公約是違反當時的歐洲共同體條約,直到里斯本條約修正了原來的條約規定,現今TEU第6條第2項明文規定加入歐洲人權公約的權限。

[74] 關於聯盟法體系中的事後司法審查制度,詳第八章第3節。

[75] 詳維也納條約法公約第46條:「(1)一國不得援引其同意承受條約拘束之表示為違反該國國內法關於締約權限之一項規定之事實以撤銷其同意,但違反之情事顯明且涉及其具有基本重要性之國內法之一項規則者,不在此限。(2)違反情事倘由對此事依通常慣例並秉善意處理之任何國家客觀視之為顯然可見者,即係顯明違反。」

### (b)簽署與締結

理事會須依聯盟談判代表提案的內容進行協議簽署與締結。[76]

不過重要的是，在協議正式締結之前，必須確保有歐洲議會的積極參與（除非協議完全屬於共同外交暨安全政策事務範圍）。第218條第6項在此區分兩種歐洲議會參與締結程序的主要形式——「諮詢」和「同意」。前者是針對未經列舉的事務領域，適用於不需經過同意的所有協議。從而，理事會必須取得歐洲議會同意的協議類型，限於第218條第6項第a款條列舉的五種：(i)聯繫協議；(ii)聯盟加入歐洲人權公約的協議；(iii)創設特定機構組織架構的協議；(iv)對歐盟預算造成重大影響的協議；(v)協議涉及的事務領域適用通常立法程序，或須歐洲議會同意的特別立法程序。

前三種類型可以用憲政民主理念下的「政治協約」來理解；[77]也就是說，此類重大的政治決定，須由代表歐洲公民的歐洲議會來賦予其民主正當性。第四種類型可謂憲政民主理念的貫徹，確保的是歐洲議會參與聯盟預算編制程序的特別地位。[78]第五種類型強化了程序對應（procedural parallelism）的意義，依第218條第6項第a款第v目規定，若「協議涉及之事務領域」在聯盟內部須經議會共同決議或同意者，歐洲議會有權否決之。

然而，這個內外程序的對應並不完全；實際上，歐洲議會在適用通常立法程序的領域並不享有共同締約權，其原本在歐盟內部享有的共同決議權，在此被限縮成單純的同意權，對業經談判的國際協議，只能表示同意與否。這種締約程序在結構上的「民主缺陷」也非歐盟所獨有，在其他

---

[76] TFEU第218條第5項、第6項。協議締結通常是以理事會決定作成。

[77] R. Jennings and S. Watts (eds), Oppenheim's International Law (Oxford University Press, 2008), 211.

[78] 關於此類型的進一步討論，詳Parliament v Council (Mauritania Fisheries Agreement), Case 189/97 [1999] ECR I-4741。

憲政秩序也同樣存在，[79]正當化上述缺陷的理由往往是考量外交事務「多變」而又「隱密」的「特殊」性質。

### (c) 修訂與中止（終止）

第218條第7項規範的是已締結之國際協議的修訂。理事會得「在協議訂有簡化程序或設有專門組織通過修訂事宜之情況下，授權談判者代表歐盟批准協議之修訂」。若簡化程序欠缺此種特別授權，則須回頭適用通常締約程序。此為反向適用（actus contrarius）的憲政原則，即為了修改特定法律或國際協議，必須依循最初締結協議時適用的程序。

第218條第9項規範的是國際協議的中止。該條規定執委會（或高級代表）得向理事會提出中止協議；雖然本條未如第218條第3項規範提案階段那樣，將二者管轄明確區分，但我們在此理應比照適用。另外，本條亦未提及歐洲議會，故理事會僅須將其決定通知議會。這個簡略的程序使聯盟得以迅速就特定協議的（暫時）中止作出決定。然而，這個欠缺議會同意的「行政」決定，在某程度上破壞了聯盟機構間在外交事務領域的權力制衡。

聯盟協議如何終止？TFEU第218條並未明確規範相關的程序機制。對此有兩種觀點是可行的，第一種觀點是再次依循反向適用原則，適用締結協議時適用的程序；此種程序對應主義因違背成員國的共同憲政傳統而受到質疑——後者原則上是交由行政權決定是否終止協議。[80]而第二種觀點，便是比照中止程序的處理方式。

---

79 例如美國。關於歐盟與美國在此方面的比較，詳R. Schütze, 'The "Treaty Power" and Parliamentary Democracy: Comparative Perspectives' in Foreign A airs and the EU Constitution (Cambridge University Press, 2014), ch. 11。

80 C. Tomuschat, 'Artikel 300 EG' in H. von der Groeben and J. Schwarze (eds), Kommentar zum Vertrag über die Europäische Union und zur Gründung der Europäischen Gemeinschaft (Nomos, 2004), Vol. IV, para. 61.

### (d)聯盟繼受成員國協議

聯盟未正式締結的協議可否對其產生拘束力？出乎一般人的意料，答案是「可以」：在歐盟法下，聯盟於其繼受之成員國協議範圍內受其拘束。[81]

因而，聯盟繼受成員國國際協議的原則乃是依循功能繼受原則而來，[82]根據的不是領土的移轉，而是權能的移轉。歐洲法院在涉及關稅暨貿易總協定的International Fruit一案中，[83]宣示了上述原則。表面上，聯盟並非此國際條約的締約方，但法院仍認為：

> 凡〔聯盟〕依〔基礎條約〕在總協定規範領域承受成員國先前所行使之權力者，該協定之條款即對〔聯盟〕有拘束力。[84]

功能繼受也具有聯盟權限的排他特性；聯盟既然獨占了成員國先前在此領域行使的這些「功能」，便也有資格和義務去承擔成員國原本的國際義務。

International Fruit一案後，繼受原則沉寂了很長一段時間，惟近十年來該原則再度成為憲法學上的討論焦點，法院因此更能清楚界定此原則的輪廓，使其在歐盟法有了三個適用的基本原則。第一，繼受原則要能操作，必須所有聯盟成員國均成為條約的締約方；[85]第二，何時締結條約在

---

81 相關概述，詳R. Schütze, 'The "Succession Doctrine" and the European Union' in Foreign A airs and the EU Constitution (n. 79), ch. 3。
82 詳P. Pescatore, L'ordre juridique des Communautés Européennes (Presse universitaire de Liège, 1975), 147-8（作者英譯）：「依據基礎條約，聯盟在接管成員國先前所行使的特定權限與權力的同時，必須也承擔規範系爭權限與權力行使的相關國際義務。」
83 International Fruit Company NV v Produktschap voor Groenten en Fruit, Joined Cases 21-4/72 [1972] ECR 1219.
84 Ibid., paras 14-18（強調後加）。
85 Commune de Mesquer v Total, Case C-188/07 [2008] ECR I-4501.

所不論，故條約究竟是締結於歐洲共同體1958年成立之前或之後，無關宏旨；[86]第三，繼受的發生，僅限於「原先成員國所行使權力完整移轉」之情形，[87]故歐盟並不是承受所有成員國過去締結的所有國際協議，只有其中具排他性權限的部分。

那麼，繼受原則的適用是否只限於憲政層級的專屬權？還是依TFEU第3條第2項所定立法層級的專屬權也有適用？[88]法院傾向採取包含專屬性立法的版本。在Bogiatzi一案中，[89]法院確實認為當聯盟立法將成員國完全排除於國際條約實質範圍以外時，即屬「權力完全移轉」的情形。

## 小結

誰是聯盟的立法者呢？聯盟立法者是一個複合的立法組織，藉由一個程序結合各種機構。在聯盟法體系中，有一個「通常」立法程序和三個「特別」立法程序，這四個程序均結合了歐洲議會和理事會，不過僅有在通常立法程序中，二者才享有對等的權利。

通常立法須依循繁複的形式程序，最極端的情況需要歷經三讀。過去聯盟曾嘗試於一讀後即通過立法；為此，聯盟採納由歐洲議會、理事會和執委會組成的三方會談機制；該機制的運作十分成功，但寓有規避通常立法程序民主代表性的危機。

聯盟立法者通常居於輔助立法的地位，因為其非專屬權限的行使受到輔助性原則的約束。此原則在制度設計上賦予內國立法優勢的地位；為了確保這個優勢地位，聯盟運用了兩種保障機制，第一種（政治）輔助性原

---

[86] Intertanko and others v Secretary of State for Transport, Case 308/06 [2008] ECR I-4057.

[87] Ibid., para. 4（強調後加）。

[88] 關於此處所謂的立法排他性，詳第三章第4(a)節。

[89] Bogiatzi v Deutscher Luftpool and others, Case C-301/08 [2009] ECR I-10185.

則著重在程序上將成員國立法機關納入參與，第二種（法律）輔助性原則強調其作為司法上的界限。

　　本章最後一節探討（通常）締約程序。國際條約的談判由執委會（和高級代表）主導，締結則屬理事會的任務。大多數條約的締結均須取得歐洲議會的同意，不過如先所述，歐洲議會此種對外權力的行使，較其對內權力受到更多限制。

# 第三章　聯盟權限

## 摘要

　　一個主權國家的國會在立法時，並不需要「正當化」其立法行為，因為我們推定其享有採取任何行動的權限。[1]這種「無所不能」的概念被認為是植基於「主權」國家而來。然而，歐盟既無「主權」也非「國家」，其權力並非與生俱來，而須由成員國透過基礎條約的授權；這種憲政原則稱為「授權原則」，歐洲聯盟條約如此定義之：

> 　　在授權原則之下，聯盟行動應以成員國為達基礎條約所訂目標而於條約中授予之權限範圍為限。未經基礎條約授予聯盟之權限，仍屬成員國所有。[2]

　　基礎條約在許多條文中均使用權限（competence）這個概念，可惜的是，條約並未就此概念加以定義。那麼，究竟何謂立法權限？最理想的定義可能是：立法權責機關的事務領域（material field）。

　　聯盟有權進行立法的事務領域為何？基礎條約並未將聯盟的立法權限條列在一張清單之中，而是將聯盟各種行動的立法權限，規定在各該行動所對應的章節之中；從而每個政策領域均有一個或多個可作為立法依據的條文。各種「聯盟政策和內部行動」見於TFEU第III編（參表3.1）。[3]

　　基礎條約在此呈現的是不同政策領域有各自的事務權限；然而，如此理解或許有些失真。過去曾有三個法律發展嚴重撼動了授權原則，引發外界廣泛質疑聯盟權限已然「毫無限制」。這些發展為何？第一個是目的解

---

[1] 關於英國的法秩序傳統，詳A. V. Dicey, Introduction to the Study of the Law of the Constitution (Liberty Fund, 1982), 37-8：「議會主權原則的涵義不多不少，即為依據英國憲法，議會享有制定和廢除任何法律的權利，且更甚於此，英國法律不承認任何個人或組織有權凌駕或擱置議會之立法。」

[2] TEU第5條第2項。

[3] 不過仍有些立法權限的法律依據存在於TFEU第III編之外，例如歐盟最著名的立法依據：TFEU第352條。

表3.1　聯盟政策和內部行動

| TFEU第三部分 —— 聯盟政策和內部行動 | | | |
|---|---|---|---|
| 第I編 | 內部市場 | 第XIII編 | 文化 |
| 第II編 | 貨品自由流通 | 第XIV編 | 公共衛生 |
| 第III編 | 農業和漁業 | 第XV編 | 消費者保護 |
| 第IV編 | 人員、服務和資本自由流通 | 第XVI編 | 跨歐盟網路 |
| | | 第XVII編 | 產業 |
| 第V編 | 自由、安全和司法領域 | 第XVIII編 | 經濟、社會和領土凝聚力 |
| 第VI編 | 運輸 | | |
| 第VII編 | 競爭、稅收和法律相關之共同規則 | 第XIX編 | 研究和技術發展及太空 |
| 第VIII編 | 經濟和貨幣政策 | 第XX編 | 環境 |
| 第IX編 | 僱傭 | 第XXI編 | 能源 |
| 第X編 | 社會福利 | 第XXII編 | 旅遊 |
| 第XI編 | 歐洲社會基金 | 第XXIII編 | 民事保護 |
| 第XII編 | 教育、職業培訓、青年和體育 | 第XXIV編 | 行政互助 |

| 第192條 |
|---|
| 歐洲議會和理事會，按照通常立法程序行事……應決定聯盟採取何種行動以實現第191條所述的目標。 |

| 第XX編 —— 環境 | |
|---|---|
| 第191條 | 目的與目標 |
| 第192條 | 立法權限 |
| 第193條 | 成員國的權力 |

釋的興起；我們將在第1節加以討論，依據該解釋方法，聯盟的權限有可能「外溢」至其他政策領域，這種「外溢」效應在第二個發展 —— 也就是聯盟一般權限的擴大 —— 特別明顯。除了特定領域的立法權限外，聯盟還享有另外兩種一般立法權限，這些一般性權限橫跨基礎條約規範的各個政策領域，分別規定在TFEU第114條和第352條，我們將於第2節討論。最後，第三個發展是隱含的對外權限理論，其大幅限縮了授權原則，我們將於第3節分析討論之。

　　要特別注意的是，聯盟各個權限允許的行動程度不盡相同：依照權限類型的不同，聯盟可能有權也可能無權干預成員國的決定。基礎條約規定的權限類型有哪些？這些類別最初是由歐盟法院「發現」，如今則明文規定於基礎條約之中。我們將在第4節討論這些權限類型。

## 1. 歐盟權限：目的解釋

　　聯盟行動應以「成員國授予之權限範圍為限」，[4]這是否意謂成員國得以決定聯盟權限的範圍為何？狹義的授權原則確實不容認聯盟自行解釋其權限範圍。不過，這種解釋方式勢必會面臨嚴重的現實問題：假如聯盟所有的立法案都必須取得所有成員國國會的同意，聯盟將如何運作？典型國際組織面臨這種理論與實務間的兩難，解決方法是強調解釋國際條約必須探求成員國的真意。[5]如此一來，聯盟權限將被限縮解釋。限縮解釋的目的，在於藉由確保基礎條約的歷史原義，來確保成員國的主權。

　　相對地，廣義的授權原則容許對聯盟權限進行目的解釋。目的解釋探求規範的終極目的，而非制定者當初的原義；換句話說，這種解釋方式不拘泥於表面法條文字，而是就立法者起草當時未能預見的社會問題，尋求解決之道。因此，目的解釋被看成是對原本規範進行「微調」，可說是一種漸進式的發展，與條約少有的「大規模」修正所帶來的質變式發展，互為補充。

　　聯盟能否自行解釋其權限範圍？如果能，如何為之？在短暫經歷遵循國際法原理的時期之後，[6]聯盟改採了目的解釋的憲法解釋方法。此種方

---

4　TEU第5條第2項（強調後加）。
5　此原則在國際法中被稱為「疑義從輕解釋原則」（in dubio mitius）。解釋有疑義時，應採取較「溫和」的解釋方式。
6　詳Federation Charbonnière de Belgique v High Authority of the European Coal and Steel Community, Case 8/55 [19546] ECR 245。

法見於解釋聯盟權限，也見於解釋聯盟立法。

第一種情況，著名的例子是當時通過（第一）工時指令的爭議。[7]該指令依據TFEU第X編「社會政策」的一個條文通過，內容准許聯盟「促進勞工健康及安全之改善，尤其是工作環境」。[8]聯盟是否得以根據這項權限針對一般性的工時安排進行立法？[9]英國極力反對如此的目的解釋，其主張工時與健康及安全之間不存在關聯性，因此認為聯盟立法者的行為逾越權限。不過，歐盟法院支持歐盟立法者，其目的解釋論理如下：

> 在無其他線索的情況下，單就〔TFEU第153條〕文義並無法推論出條文使用之「工作環境」、「安全」、「健康」等概念應作限縮解釋，從而不包含所有工作環境中足以影響勞工健康及安全的生理或其他因素，特別是若干關於工作時間安排之面向。[10]

撇開一個著名特例不談，[11]歐盟法院在過去確實幾乎全盤接受歐盟立法者對聯盟權限所作的目的解釋。

---

[7] United Kingdom of Great Britain and Northern Ireland v Council, Case C-84/94 [1996] ECR I-5755.

[8] EEC第118a條第1項（舊法）。這項權限如今規定在TFEU第153條第1項第a款，條文准許聯盟為了改善工作環境等條件以保護勞工「健康與安全」，而介入支援和補充成員國的行動。

[9] 第93/104號指令第2節規範關於最低休息時數標準。成員國有義務制定相關內國法律以確保所有勞工每24小時有權享有連續休息11小時的每日最低休息時數（同指令第3條），工作時間超過6小時應有中間休息時間（同指令第4條）。指令第5條規定勞工在每七日享有連續24小時的最低休息時數，又規定該最低休息時間應包含星期日。指令第6條則規定每週最高工作時數為48小時；最後，指令規定勞工應享有四週的有薪年假（同指令第7條）。

[10] United Kingdom v Council, Case C-84/94 (n. 7), para. 15.

[11] Germany v Parliament and Council (Tobacco Advertising), Case C-376/98 [2000] ECR I-8419.此一特例將於第2(a)節討論。

不僅如此，法院本身亦傾向以目的解釋方法來解釋聯盟立法，經典案例為Casagrande案[12]。為了促進內部市場的人員流通自由，聯盟通過立法禁止對其他成員國之勞工雇用、薪資和其他工作條件上有所差別；[13]而為促進勞工及其家庭融入所在國家，此立法包含以下條文：

> 目前或曾經在其他成員國境內就業之成員國國民，若其子女同居於該國境內，應依與該國國民相同之條件，接受該國之基本教育、見習和職業訓練課程。成員國應盡力促使各該孩童在盡可能最佳條件下參與上開課程或訓練。[14]

依照這個規定，在德國就業的義大利勞工，子女是否能領取助學金唸書呢？依照文義解釋，上述條文只保障勞工子女得於所在國教育體系就學；然而，法院選擇目的解釋方法，以極大化此一聯盟立法的「效益」。既然該規定的目的在於確保勞工子女平等接受教育或訓練，應可推導出條文指涉不僅止於有關就學的規定，也包含其他促進就學的一般性措施。[15]因此，即便（當時的）基礎條約未明確授予聯盟關於教育事務的權限，法院仍認為國家助學金的發放應屬聯盟立法的權限範圍之內。從而，目的解釋使得聯盟的立法權限「外溢」到成員國認為屬於其專屬權限的領域。

## 2. 聯盟的一般權限

原則上，基礎條約在各個政策領域均授予特定的立法權限，例如，我們可以在環境專章中找到聯盟關於環境保護的權限（參照表3.1）。不過，在這些專門權限之外，聯盟立法者還享有兩項一般性權限。這些權

---

[12] Casagrande v Landeshauptstadt München, Case 9/74 [1974] ECR 773.

[13] 第1612/68號規則關於勞工於歐洲共同體內的流動自由，[1968] OJ (Special English Edition) 475。

[14] Ibid.，第12條（強調後加）。

[15] Casagrande v Landeshauptstadt München, Case 9/74 (n. 12) paras 8-9（強調後加）。

限的行使不受限在特定政策領域，而是水平貫穿聯盟所有領域，甚至用來——有人認為是濫用——發展基礎條約所未明定的政策。這裡所說的兩個「狠角色」分別是TFEU第114條及第352條，前者規範聯盟的「內部市場權限」，後者為聯盟的「剩餘權限」。

### (a)內部市場權限：第114條

依據TFEU第114條，歐洲聯盟得採取措施使各成員國「以實現內部市場之建立和運作為目的」的內國法趨於一致。

第114條的範圍為何？歐盟立法者過去曾對此項一般權限作出極為廣義的解釋，從Spain v Council一案[16]可以清楚看到這個近乎沒有限制的範圍，法院在此准許歐盟立法者基於內部市場權限採取行動，「以防各成員國法律發展分殊」。[17]這個目的解釋使聯盟能夠調和各成員國法律，避免日後可能發生的貿易障礙或內部市場分裂。

從而，長期以來聯盟的內部市場權限看似沒有憲法上的界限可言，不過著名的Germany v Parliament and Council (Tobacco Advertising)[18]一案卻肯認其憲法界限的存在。該案的核心爭議涉及一項禁止菸品廣告和贊助的歐盟指令，[19]聯盟可否基於內部市場權限而採取此種限制性或禁止性的措施呢？德國提出反對意見，認為聯盟的共同市場權限只能用於促進內部市場的貿易，但本案情況並非如此，聯盟指令是限制——禁止菸品廣告——而非促進貿易。[20]出乎意料的是，法院接受德國的主張，並且首次以逾越聯盟的共同市場權限為由宣告聯盟立法失效。法院強調，TFEU第114條無

---

[16] Spain v Council, Case C-350/92 [1995] ECR I-1985.

[17] Ibid., para. 35（強調後加）。

[18] Germany v Parliament and Council (Tobacco Advertising), Case C-376/98 (n. 11).

[19] Directive 98/43/EC on the approximation of the laws, regulations and administrative provisions of the Member States relating to the advertising and sponsorship of tobacco products, [1998] OJ L213/9.

[20] 本案中德國指出該指令唯一允許的廣告形式是在銷售據點的廣告，然此種形式的廣告僅占菸草產業廣告支出的2%（Tobacco Advertising (n. 11), para. 24）。

法賦予聯盟漫無限制的內部市場規範權限：

> 　　若將該條文理解為賦予〔聯盟〕立法機關廣泛的內部市場規範權限，不僅與前述規定的明白文義不符，亦與〔TEU第5條〕規定的原則有違，即〔聯盟〕之權限應以經具體授予者為限。再者，依據〔TFEU〕〔第114條〕採行的措施，必須確實以改善內部市場建立及運作條件為目的。倘若只是發現成員國法律之間歧異有阻礙基本自由或扭曲競爭的抽象危險，就得以正當化立法機關以第114條作為立法依據的話，適法性的司法審查機制將形同虛設。[21]

　　法院在Tobacco Advertising一案的論述，可謂逐字逐句地說明制度設計對於聯盟行使內部市場權限的三個限制。首先，聯盟法必須調和成員國法；因此聯盟立法若「對既存相異的各成員國法未作更動，則無法視為其目標在促使成員國法趨於一致」。[22]其次，成員國法規間的單純歧異尚不足以啟動此項一般權限，該歧視必須對貿易構成阻礙或明顯導致競爭扭曲；因此，第114條雖可用於「調和」成員國法日後的歧異，但前提是成員國法的分殊發展要「有可能」對貿易構成阻礙。[23]最後，聯盟立法必須確實有助於消除貿易自由阻礙或競爭扭曲。[24]

　　憲法對於聯盟「內部市場」權限的這三個限制在理論上獲得肯認，[25]但後續的判例卻引起新的質疑，認為第114條還是讓聯盟實際上享有（近乎）不受限制的權限。在近期，該權限就被用來禁止收取手機的國際漫遊

---

[21] Ibid., paras 83-84.

[22] Parliament and Council, Case C-436/03 [2006] ECR I-3733, para. 44.

[23] Germany v Parliament and Council (Tobacco Advertising), Case C-376/98 (n. 11), para. 86.

[24] British American Tobacco, Case C-491/01 [2002] ECR I-11453, para. 60.

[25] 詳Germany v Parliament and Council (Tobacco Advertising II), Case C-380/03 [2006] ECR I-11573.

費用，也曾被援引要求菸草製造商須將菸盒外包裝65%的面積用於標示健康警示。[26]

**(b)剩餘權限：第352條**

TFEU第352條規定了歐盟基礎條約中範圍最為寬泛的權限，條文如下：

> 　若能證明聯盟行動是在基礎條約政策架構下達成基礎條約所定目標之必要舉措，且基礎條約並未授予達成該目標所必要之權力時，理事會應以一致決通過執委會提案，再經議會同意後，採取適當措施。

TFEU第352條規定的立法權限適用於兩種情形。第一，該權限適用於聯盟已享有專門權限的政策領域，只是就特定目標的達成而言，該權限仍有所不足。第二，剩餘權限可用於發展基礎條約個別章節所未規範的政策領域（參圖3.1）。

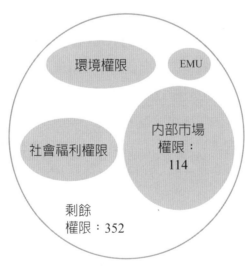

圖3.1　一般和特別權限

---

[26] 系爭指令在Philip Morris Brands and others v Secretary of State for Health, Case C-547/14, EU:C:2016:325一案中受到了挑戰，但未獲成功。

　　第二種情形也是第352條比較危險的運用方式，本書說明所舉的例子是聯盟一項環境政策在其（透過單一歐洲法）明文化為聯盟權限之前的發展。1972年執委會和理事會因為受到「創設」環境政策的政治風氣刺激，於基礎條約實際欠缺政策領域專章的情況下發展該項環境政策。當時成員國亦請求聯盟機構盡其所能地擴張適用條約所有條文，尤其是在第352條。[27]此後的數年，聯盟在環境領域的權限出現令人印象深刻的間接發展，[28]直到1987年在聯盟終於獲得明文的環境事務權限後，第352條才算退居二線。

　　第352條是否有概念上的界限？該條文明文設有兩個限制。首先，「基礎條約在有排除調和成員國法之情形下，依本條規定採取之措施便不得對成員國之法律或命令進行調和」。[29]準此，在聯盟對成員國行動僅具「補充」權限的政策領域，剩餘權限無法適用。[30]其次，第352條「不得作為達成共同外交與安全政策相關目標的依據」。[31]這個規定實際上是過去判例的成文法化，[32]目的在確保歐洲聯盟條約和歐洲聯盟運作條約之間的憲政疆界。[33]

　　聯盟的剩餘權限除了上述兩個明文的界限外，歐盟法院另外還承認一

---

[27] European Council, First Summit Conference of the Enlarged Community; Bulletin of the European Communities, EC 10-1972, 9 at 23.

[28] 單一歐洲法（Single European Act, SEA）生效以前有大量與環境相關的措施以第115條和第352條為法源依據通過，從而「為〔聯盟〕的具體環境政策奠定了基礎」（詳F. Tschofen, 'Article 235 of the Treaty Establishing the European Economic Community: Potential Conflicts between the Dynamics of Lawmaking in the Community and National Constitutional Principles' (1991) 12 Michigan Journal of International Law 471 at 477）。

[29] TFEU第352條第3項。

[30] 關於歐盟法體系排除任何調和行為的「補充」權限，見本章第4(d)節。

[31] TFEU第352條第4項。

[32] 詳Kadi v Council and Commission, Case C-402/05P [2008] ECR I-6351, paras 198-199。

[33] TEU第40條第2段。

個默示限制。儘管法院肯認第352條可用來「微幅」修正基礎條約，但也強調該條規定不得用以產生「內容的質變」，致使聯盟的基本立場有所改變。[34] 這個見解經第2/94號意見肯認。[35] 歐盟法院曾被要求先行審查聯盟是否有加入歐洲人權公約的權限，因為當時的基礎條約對此並無相關權限的明文規定，[36] 法院在此將剩餘權限與授權原則之間的關係如此定性：

> 第〔352〕條旨在填補條約缺乏具體明示或默示授權規定的空白，使〔聯盟〕機構在採取行動以達成條約目標卻欠缺執行職務不可或缺的權力時，得有行動的法源依據。該條款雖為授權原則建制體系的一環，但不得據此擴張〔聯盟〕權力，超出基礎條約整體條款所定基本架構，尤其是用於界定〔聯盟〕任務和活動的條款。無論如何，第352條都不得用來規避原本所應遵循的程序，逕行通過實質上具有修正條約內容效力的規定。[37]

在此，聯盟條約的基本架構被定性為聯盟立法活動必須發生的外在界限。接著在判決理由的第二部分，法院認為歐盟加入歐洲人權公約一事「對〔聯盟〕及成員國的基本架構有所影響」，鑑於此事「具憲法上重要性」，已然「超出第352條文範圍」。[38]

儘管有這些明文或默示的概念界限，第352條在過去（幾乎是）無遠弗屆。有了歐盟法院賦予聯盟立法部門對此權限範圍（近乎）絕對的解釋自由，第352條「真正」的限制似乎只剩下政治保障機制即理事會的一致

---

[34] A. Tizzano, 'The Powers of the Community' in Commission (ed.), Thirty Years of Community Law (Office for Official Publications of the EC, 1981), 43.

[35] Opinion 2/94 (Accession to the ECHR I) [1996] ECR I-1759.

[36] 里斯本條約之後，歐盟才被賦予明文的權限加入歐洲人權公約（見TEU第6條第2項）。詳第四章第4節。

[37] Opinion 2/94, paras 29-30（強調後加）。

[38] Ibid., para. 35.

決門檻。不過，這道門檻也漸漸變得不敷使用。有些成員國擔心其部會首長在布魯塞爾進行表決時「投奔自由」，特別針對第352條的適用，另外設置了國會的事前授權機制。

## 3. 默示（對外）權限原則

歐盟基礎條約確實承認聯盟的國際法人格，[39]此意謂聯盟得參與締結各種國際協議。但聯盟的締約權限具體為何？聯盟享有的權力為列舉的權力；根據1957年EEC條約，聯盟的締約權原只限於兩個領域。[40]當初授予聯盟有限的締約權限，目的在維持當時現狀，使成員國在國際關係場域得以維持主導地位；不過，這個情況在1958年後有了重大改變。在過去的六十年裡，歐盟法院發動改革，成功擴大了聯盟的條約締結權限。[41]

### (a) ERTA案與平行權限理論

聯盟對外權限的爭議始於歐洲道路運輸協定案。[42]歐洲道路運輸協定（European Road Transport Agreement, ERTA）的制定旨在調和國際道路運輸的若干社會面向，不少成員國都是潛在的簽署國，但談判過程中聯盟並未正式參與。執委會認為自己作為歐洲對外談判代表卻遭排除在外，終而向歐盟法院表示不服，主張聯盟在運輸政策領域的權限包含對外締約權（且該權限在歐盟立法通過之後已具有排他性）。[43]

關於聯盟的對外權限範圍，執委會特別指出TFEU第91條「授予〔聯盟〕廣泛權限，目的在於落實共同運輸政策，以利政策適用於對外關係

---

[39] TEU第47條：「聯盟應具有法人格（legal personality）。」

[40] 即今天的TFEU第207條和第217條。

[41] R. Schütze, 'Parallel External Powers in the European Union: From "Cubist" Perspectives Towards "Naturalist" Constitutional Principles?' in Foreign Affairs and the EU Constitution (Cambridge University Press, 2014), ch. 7.

[42] Commission v Council (ERTA), Case 22/70 [1971] ECR 263.

[43] 關於這點的討論，詳第4(a)節。

如同適用於對內措施」。[44]對歐盟運輸政策權限採取此種擴張性的目的解釋，正當性在於「倘若上述條文授予之權限，特別是第1項第d款關於制定『任何適當規定』者，無法適用於與第三國締結條約，將有損該條文之完整效力。」[45]理事會反對上開目的解釋，認為「第91條僅涉及聯盟對內措施，不應解釋為賦予聯盟締結國際協議的權限」，「在欠缺基礎條約明確規範的情況下，不應推定」聯盟具有與第三方國家締結協議的權限。[46]

歐盟法院在這個著名判決中採取與執委會相同的廣義解釋立場：

> 要在個案中判斷〔聯盟〕的締約權限，相較於規定的具體內容，條約整體架構的重要性亦不遑多讓。此權限不僅源自基礎條約的明文授權——如〔第207條〕關於關稅貿易協定之規定以及〔第217條〕關於聯繫協議之規定——同時亦可能來自於條約其他條文及聯盟機構依據這些條文所採取的措施……。
>
> 依〔第90條〕規定，條約關於運輸領域之目標應在共同政策的框架下落實。準此，〔第91條第1項〕乃指示理事會制定共同規則，以及「其他任何適當規定」。根據同條第a款的規定，共同規則的適用及於「以成員國領域為起點或終點或是跨越一個或數個成員國領域之國際運輸」。以第三國為起點或終點之運輸，途經聯盟領域之部分地同樣有本規定的適用。從而〔聯盟〕的權限勢必延伸至國際法上，而有就系爭領域與相關第三國訂定協議之必要。[47]

這段論述用的是目的解釋的語言：鑑於聯盟條約的整體架構，聯盟制定「任何適當規定」以實現聯盟運輸政策目標的權限，在解釋上應包含締

---

[44] ERTA (n. 42), para. 6.
[45] Ibid., para. 7.
[46] Ibid., paras 9-10（強調後加）。
[47] Ibid., paras 15-16 and 23-27.

結國際協議的法律權力。[48]

　　這個見解隨後在第1/76號意見獲得肯認，法院認為「當聯盟立法是為聯盟機構創設對內權限以達成特定目標時，〔聯盟〕便有權締結達成該目標所必要之國際協議，無須明文」。[49]法院單就聯盟享有對內權限此事，便預設了聯盟對其內部權限範疇內之所有事務都享有對外締約的權限。法院的論理基礎是認定對外締約權與聯盟對內立法權彼此平行。歐盟法院在此所肯認的原則是「締約權與其對內權限互為表裡」，因而「及於內部權限的所有事務領域」。[50]

### (b)第216條：ERTA案成文法化？

　　里斯本條約曾嘗試將默示對外權限理論成文法化於TFEU第216條，該條文內容如下：

　　　聯盟得與一個或數個第三國或國際組織締結協議，惟僅限基礎條約有此規定，或協議之締結為在政策框架下達成基礎條約目標所必要者，或依據已具法律拘束力之聯盟立法為之，或可能影響共同規則或變更其範圍等情形。[51]

　　此條文承認聯盟享有歐盟基礎條約明文授予的締約權限，同時還賦予聯盟剩餘權限得在三種情況下締結國際協議。

　　TFEU第216條規定的第一個例外授予聯盟締約權的情形是「協議之締結為在政策框架下達成基礎條約目標所必要者」；如此條文結構十分近

---

48　以ERTA一案中法院的話來說：「關於條約的實施，聯盟內部的措施制度不能因而與外部關係的制度脫離。」

49　Opinion 1/76 (Laying-up Fund) [1977] ECR 741, para. 3.

50　E. Stein, 'External Relations of the European Community: Structure and Process' in Collected Courses of the Academy of European Law (Martinus Nijho , 1990), Vol. I-1, 115 at 146.

51　TFEU第216條第1項。

似於第352條關於聯盟一般權限的規定。從文字上來看，上開權限的內容比案例法中的平行對外權限更為廣泛。這是因為過去的原則強調默示對外權限必須源自對內權限——因此並未授予締約權去追求任何對內目標的實現。[52]不過，法院已澄清這只是條文用語疊床架屋，TFEU第216條單純只是將ERTA判決的平行權限理論成文法化而已。[53]

第216條還提及另外兩種情形，即在「依據已具法律拘束力之聯盟立法為之，或可能影響共同規則或變更其範圍」的情形，聯盟也享有締約權限。這兩種情形使得對外權限的存在取決於聯盟次級法的存在。不過，這種觀點可能要面對兩項質疑。首先是理論上難以接受聯盟不修正基礎條約，逕依聯盟對內立法來擴權；其次是在實際操作上，殊難想像此兩者有超出第一種例外授權的情形。

## 4. 聯盟權限的類型

制度設計上，不同的權限類型，會決定兩個權責機構在實質政策領域中權力的相對等級。這種個別差異取決於彼此關係的差異——例如專屬權限會「排除」成員國在相同政策領域中權力的行使，而非專屬權限則容許成員國與聯盟的權限共存。重要的是，為了使垂直的權力劃分清楚明確，理想的狀況是每個政策領域都只對應到一種權限類型。

那麼，歐盟法秩序發展出哪些權限類型？最早出現的是專屬與非專屬權限之間的區分。[54]如今基礎條約則區分了各種不同歐盟權限類型，規範在TFEU第2條，該條規定如下：

---

[52] 根據第1/76號意見的定義，典型的默示外部權限理論認為外部權限的建立是「隱含於條約所創設的內部權限」（Opinion 1/76 (Laying-up Fund) [1977] ECR 741, para. 4（強調後加））。

[53] Opinion 1/13 (Hague Convention), EU: C:2014:2303, para. 67.

[54] 詳R. Schütze, 'Dual Federalism Constitutionalised: The Emergence of Exclusive Competences in the EC Legal Order' (2007) 32 European Law Review 3。

1. 基礎條約就特定事務領域授予聯盟專屬權限，代表僅聯盟得於該領域進行立法並通過具法律拘束力之法案，成員國僅在聯盟授權或落實聯盟立法時，始得為之。

2. 基礎條約就特定事務領域授予聯盟與成員國共享權限，代表聯盟與成員國均得於該領域進行立法並通過具法律拘束力之法案。成員國應於聯盟尚未行使其權限之範圍內行使權限，並應於聯盟決定停止行使其權限之範圍內再度行使權限。

3. 成員國間應在本條約所作安排下協調彼此之經濟與就業政策，聯盟對此有權予以規範。

4. 聯盟有權依歐洲聯盟條約之規定，明定並落實一共同外交暨安全政策，其中包含逐步擬定一共同防衛政策。

5. 在特定領域及基礎條約設定之條件下，聯盟有權採取行動以支援、協調或補充成員國之行動，但不因此取代成員國於該等領域之權限。聯盟依據基礎條約於各該領域規定通過具法律拘束力之法案，不得調和各成員國之法律或命令。

因此，除共同外交暨安全政策外，[55]基礎條約明確承認四種基本權限類型：即專屬權限、共享權限、協調權限以及補充權限。TFEU第3條至第6條將不同的聯盟政策對應至特定權限類型；圖3.2呈現了在四種權限類型下，聯盟（灰色）與成員國（白色）之間權限分配的四種方式。

### (a)專屬權限：第3條

專屬權限乃是受到憲法層級保障的獨占權，僅聯盟能自主行使。從而專屬權限的作用是雙向的，積極作用是使聯盟有權採取行動，消極作用則

---

[55] 關於此種特殊權限類別的分析，詳R. Schütze, European Union Law (Cambridge University Press, 2018)，第八章第2(a)節。

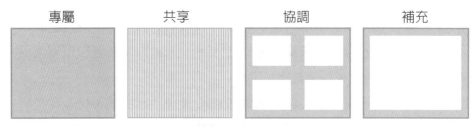

| 專屬 | 共享 | 協調 | 補充 |

圖3.2　權限分類

是將成員國「排除」於權限行使範圍之外。歐盟法秩序將專屬權限界定為「僅聯盟得進行立法並通過具法律拘束力之法案」的事務領域，成員國「僅在聯盟授權或為落實聯盟立法時」，始得在該領域行動。[56]

　　哪些政策領域在制度設計上具有專屬性？過去歐盟法院肯認不少此種類型的權限。首個專屬權限領域見於共同商業政策（Common Commercial Policy, CCP）；在第1/75號意見[57]中，法院認為該領域若為共享權限，將會「難以有效捍衛〔聯盟〕的共同利益」。[58]

　　海洋生物資源保育在不久之後成為第二個專屬權限領域。在Commission v United Kingdom一案[59]中，法院裁決成員國「對其領海範圍不再有權行使任何保育措施相關權限」。[60]

　　如今TFEU第3條第1項明文列出五項政策領域：(a)關稅同盟；(b)訂定維持內部市場運作必要的競爭規則；(c)使用歐元之成員國的貨幣政策；(d)共同漁業政策下的海洋生物資源保育；(e)共同商業政策。而就目前的案例法而言，上述列舉的領域在定義上有些許難題。[61]

--- --- --- --- --- --- --- --- --- ---

56　TFEU第2條第1項。
57　Opinion 1/75 (Draft Understanding on a Local Cost Standard) [1975] ECR 1355.
58　Ibid., para. 13.
59　Commission v United Kingdom, Case 804/79 [1981] ECR 1045.
60　Ibid., para. 18.
61　Schütz e, 'Dual Federalism Constitutionalised' (n. 54).

不過，在制度上產生更大疑慮的是源於TFEU第3條第2項的規定：

> 國際協議之締結如係規定於聯盟立法，或為聯盟行使其對內權限所必要，或締約會影響共同規則或變更其範圍者，聯盟亦享有專屬權限。

換言之，除了第3條第1項明定的專屬權限外，歐盟法秩序也認許其專屬權限在對外領域動態擴增的可能。依第3條第2項規定，若符合條文所列三種情形之一，聯盟將於嗣後取得專屬的締約權限。這三種情形被認為是三個著名司法原則的成文法化，這些原則都是源自於里斯本條約前的歐盟法院判決。[62]

第一種情形是當國際協議之締結「係規定於聯盟立法」時，歐盟將於嗣後取得專屬的締約權限。此規定與所謂的「WTO理論」不謀而合。第1/94號意見論及世界貿易組織協定（WTO Agreement）與歐盟基礎條約的相容性，[63]法院在此指出：「只要〔聯盟〕在對內立法中訂定有關非成員國公民待遇之條文，或明確授予聯盟機構與非成員國談判之權限，就該立法範圍內，聯盟便取得專屬的對外權限。」[64]TFEU第3條第2項便是將此司法原則成文法化，然而，成文法的規定較為限縮，因為適用範圍排除了法院意見中的第一個選項（「關於非成員國公民待遇之條文」）。

第3條第2項授予聯盟專屬權限的第二種情形為協議之締結「為聯盟行使對內權限所必要」。這個規定看似是「第1/76號意見理論」的成文法化[65]，但相對寬鬆許多。法院曾在其判例中將這第二種專屬授權情況限

---

62 關於這三個理論，詳Schütze, 'Parallel External Powers' (n. 41)。

63 Opinion 1/94 (WTO Agreement) [1994] ECR I-5267.

64 Ibid., para. 95.

65 Opinion 1/76 (Laying-Up Fund) [1977] ECR 741.關於第1/76號意見理論的演變，詳Schütze, 'Parallel External Powers' (n. 41), 258以及其後。

縮在「締約為達成聯盟條約目標所必要，卻無法透過內部規範達成」[66]，且該內部目標之達成與對外領域「密不可分」。[67]這些限制完全未出現在第3條第2項規範的第二種情形當中。由於這種不設限的開放性，使得第二種情形近似於聯盟「剩餘」權限──TFEU第352條──的規範用語。此外，TFEU第3條第2項和第216條的文字幾乎完全相同，似乎暗示「默示共享權限將會消失」；但這種看法可謂「案例法毫不樂見的發展方向」。[68]

最後，第3條第2項規範的第三種情形，似乎是以法院所謂的「ERTA理論」為基礎。根據該原則，[69]若成員國行使其締約權將影響聯盟內部法秩序，成員國就此部分的權限將被剝奪。每當聯盟「通過條文建立共同規則時，無論其形式為何，成員國即不得以個別或集體方式向第三國承擔足以影響共同規則之義務」。[70]ERTA理論的專屬性，旨在避免成員國締結的國際協議損及「〔聯盟〕規則適用之統一與一致，及其建制體系之妥善運作」。[71]第3條第2項是否妥善地將這第三種嗣後專屬權的案例法予以成文法化呢？第3條第2項規範的第三種情形，令人不解地切斷了成員國協議與聯盟內部法律之間的連結，取而代之的是去分析聯盟協議對歐盟規則的影響。不過，這應當只是「編輯疏漏」，法院已澄清「舊的」ERTA案例法在此完全適用。[72]

---

[66] Opinion 2/92 (Third Revised Decision of the OECD on National Treatment) [1995] ECR I-521, Part V, para. 4（強調後加）。

[67] Commission v Germany (Open Skies), Case C-476/98 [2002] ECR I-9855, para. 87.

[68] M. Cremona, 'A Constitutional Basis for Effective External Action? An Assessment of the Provisions on EU External Action in the Constitutional Treaty', EUI Working Paper 2006/30, 10.

[69] Commission v Council (ERTA) (n. 42).

[70] Ibid., para. 18（強調後加）。

[71] Opinion 1/03 (Lugano Convention) [2006] ECR I-1145, para. 133.

[72] Commission v Council, Case C-114/12, EU:C:2014:2151, esp. para. 66.

### (b)共享權限：第4條

共享權限是歐洲聯盟的「通常」權限，除非基礎條約另有明定，否則聯盟權限原則上是共享的。[73]共享權限之內，「聯盟與成員國均得立法」[74]，不過依據TFEU第2條第2項，二者似乎不可同時行動：

> 成員國應於聯盟尚未行使其權限之範圍內行使權限。

這個規範方式猶如將事務領域作幾何圖形式的切割：成員國僅得於聯盟尚未涉入的部分進行立法。在一個特定領域中，歐盟與成員國二者只有其一能夠行使其共享權限。[75]

若回顧過去的憲政時空背景，共享權限的概念其實令人困惑。因為過去六十年間，共享權限原則上容許聯盟和成員國於相同領域中同時採取行動，唯一的例外是在聯盟預先排除（pre-empted）成員國的情形。[76]遺憾的是，TFEU第2條第2項是以該例外情形作為基礎，形同要求「聯盟行使權限之處排除成員國行動」。[77]如此一來，聯盟的最低限度調和要求——容許成員國採取高於聯盟標準的內國標準——是否因此受到威脅呢？這倒

---

[73] TFEU第4條載明，「在條約授予歐盟之權限非涉及第3條及第6條所規範之領域，該權限應為共享權限」，即非屬專屬權限或補充權限之領域。

[74] TFEU第2條第2項。

[75] 不過，歐盟可能選擇「停止行使其權限」。當主管之歐盟機構決定廢止一項立法，特別是在為了確保遵循輔助性原則和比例原則時，立法空間就會重新開放。詳Declaration No. 18 'In Relation to the Delimitation of Competences'。

[76] 關於不同的排除類型，見Schütze, European Union Law (n. 55)，第四章第3節。

[77] P. Craig, 'Competence: Clarity, Conferral, Containment and Consideration' (2004) 29 European Law Review 323, 334。不過，基礎條約明確指出領域排除僅限於系爭立法所涉範圍（詳關於共享權限之行使議定書（第25號議定書）：「關於歐洲聯盟運作條約第2條共享權限之規定，當歐盟就特定領域採取行動，其權限行使範圍僅涵蓋系爭歐盟措施規範之部分，因而並不涵蓋全部權限領域。」）。

不太可能，因為歐盟基礎條約已明確將最低限度之調和權限定位為共享權限。[78]

上述的預先排除問題不僅僅只是文義問題，TFEU第4條第3項、第4項還承認一種共享權限的特殊類型，將研究、科技發展、太空、發展合作、人道救助等政策領域，與「一般」共享權限加以區隔。這些領域有何特別之處？依第3項及第4項的規定，「該權限之行使並不影響成員國權限之行使」。不過如此定性，還是有損於TFEU第2條第2項所定「共享」權限的本質內涵，因此上述這些政策領域實不應該放在第4條。此種共享權限的特殊類型，在過去被形容是平行權限（parallel competence）。

### (c) 協調權限：第5條

協調權限規定在TFEU第2條第3項，另外第5條也將「經濟政策」、「就業政策」與「社會政策」納入此種權限類型之中。這個權限類型源於2004年起草歐洲憲法條約（里斯本條約的前身）之際，當時成員國之間無法達成政治共識，一部分成員國欲將經濟及就業事務的協調事宜歸於共享權限，持反對意見者則欲將其歸入補充權限。制憲會議主席團於是發現「協調成員國經濟及就業政策一事有其特殊性，有必要單獨加以規範」。[79]

協調權限在制度設計上的定位始終不甚明確。從TFEU第2條和第5條，我們僅能推知歐盟有權訂定各項「安排」，以確保成員國透過協調來行使各自的權限。歐盟的協調手段可能包含通過各項「指導方針」或「確保協調順暢的提案」等。有些意見認為，在規範的光譜上，應將此種帶有

---

[78] 關於共享的環境領域權限，詳TFEU第4條第2項第e款。

[79] Presidium CONV 724/03 (Annex 2), 68.有鑑於TFEU第2條第6項之規定，或許，增訂新的權限類別是不必要的。該條文規定如下：「行使歐盟權限之範圍及方式應由條約中涉及各該領域之條文規範之。」

政治考量的權限類型置於共享權限和補充權限之間。[80]如果採納這種體系解釋，協調權限的規範效力將在補充權限之上。

### (d)補充權限：第6條

TFEU第2條第5項並未使用「補充權限」一詞，但此用語卻最能涵蓋「支援、協調或補充成員國之行動」的各種行動。[81]第6條列出七項領域：(1)人類健康保護與增進；(2)產業；(3)文化；(4)觀光；(5)教育；(6)職業訓練；(7)青少年及體育、公民保護以及行政合作。這是否為窮盡列舉？如考量共享權限的補漏特性，答案應為肯定。

補充權限的適例是保護人類健康，其規範如下：

> 聯盟行動應補充成員國內國政策，以促進公共衛生、預防生理及心理疾病、排除危害身心健康之來源等為目標……聯盟應鼓勵成員國間於本條提及之領域相互合作，並在必要時針對成員國之行動給予支援。聯盟尤應鼓勵成員國間合作以促進跨國界區域醫療服務之互補性。[82]

案例法對於補充權限的具體內涵甚少著墨。然而，在里斯本條約的改革過後，補充權限的特徵似乎在於「不涉及調和成員國的法律或命令」。[83]

但是，禁止「調和」究竟是什麼意思？現有兩種觀點。第一種觀點認為，禁止調和意謂聯盟立法不得變更既存或未來的成員國立法；依照這種嚴格解釋方式，禁止調和形同否認任何聯盟立法之預先排除效果。[84]第二

---

80 Craig, 'Competence' (n. 77), 338.

81 TFEU第2條第5項。

82 TFEU第168條第1項、第2項（強調後加）。

83 TFEU第2條第5項2段（強調後加）。

84 A. Bardenhewer-Rating and F. Niggermeier, 'Artikel 152', para. 20, in H. von der Groeben and J. Schwarze (eds), Kommentar zum Vertrag über die EU (Nomos, 2003).

種觀點比較寬鬆，認為只是對聯盟立法權稍作限縮，以免造成在法律上調和成員國立法的效果。[85]兩種觀點可能都有問題。由於成員國的立法者通過立法的速度還是較歐盟立法者為快；因此，如果成員國想要阻止聯盟在特定領域採取行動，最理想的方式可能是在該領域通過國會立法。

## 小結

聯盟不是一個主權國家，並無「與生俱來」的權限，其權限是經歐盟基礎條約「授予」的「列舉」權限。絕大多數的聯盟權限散見於TFEU第III編。一般而言，聯盟在各個政策領域會被賦予特定的權限，其範圍則以各該事務領域為限。不過，如前所述，聯盟立法者一直透過目的解釋來擴張其權限的行使範圍。

另外，聯盟在過去也廣泛運用其一般權限。TFEU第114條及第352條賦予聯盟兩項適用（幾乎）所有政策領域的權限，甚至允許聯盟發展基礎條約未明文規定的政策。在對外關係領域，聯盟發展出默示平行對外權限理論，此理論經TFEU第216條成文法化──如今十分接近TFEU第352條。

不過重要的是，聯盟各項權限的效力不盡相同。聯盟法秩序規定了數種權限類型，基礎條約區分為專屬權限、共享權限、協調權限以及補充權限，每種權限類型在制度設計上決定聯盟與成員國之間的權力分配。聯盟於其專屬權限領域中獨享立法權限，但在非專屬權限中，則與成員國共享立法權限。

---

[85] Lenaerts認為，獎勵性措施（incentive measures）可以規則、指令、決定或者非典型之立法措施通過之，因而為歐盟之一般立法。獎勵性措施可能具有間接整合效果之事實不必然代表與整合禁止之規定相牴觸（K. Lenaerts, 'Subsidiarity and Community Competence in the Field of Education' (1994-5) 1 Columbia Journal of European Law 1 at 13 and 15）。

# 第四章　基本權利

# 摘要

　　保障人權是許多現代憲法的核心任務。[1]基本權利在此旨在提供保障機制，限制政府權力的行使。這項保障任務原則上交由司法執行，其中涉及政府行為的司法審查。[2]人權保障可能專指對行政權的司法審查，[3]但廣義而言，也包含對國會立法的審查。[4]

　　歐盟遵循的是這個廣義的憲法傳統，[5]認為其係「建立在尊重人性尊嚴、自由、民主、平等、法治以及尊重人權等價值之上」。[6]因而，人權被賦予一種「根本」地位，在制度設計上用以限制所有聯盟權限的行使──包含立法權限。

　　那麼，聯盟法秩序下的人權來源為何？最初的基礎條約並無「權利清單」，歐盟基本權利的三個淵源是之後才逐漸發展出來。先是歐盟法院開始從成員國的憲法傳統中推導出基本權利保障的一般原則，此一不成文的權利清單靈感借鑑自第二份權利清單：歐洲人權公約，而這份外部權利清單後來又被用來對照專為歐盟量身訂做的第三份成文權利清單：歐盟基本權利憲章。如今這三者以相反的順序明文規定於TEU第6條：

> 1. 聯盟肯認2000年12月7日通過，2007年12月12日於史特拉斯堡修訂之歐盟基本權利憲章所規定之權利、自由及原則，其在適用時具有與

---

[1] 關於人權作為憲法權利，詳A. Sajó, Limiting Government (Central European University Press, 1999), ch. 8。

[2] M. Cappelletti, Judicial Review in the Contemporary World (Bobbs-Merrill, 1971).

[3] 關於英國傳統上的議會主權原則，詳A. V. Dicey, Introduction to the Study of the Law of the Constitution (Liberty Fund, 1982)。

[4] 典型的例子為美國，因美國法院得宣告國會立法無效。

[5] 詳Parti Écologiste 'Les Verts' v European Parliament, Case 294/83 [1986] ECR 1339, para. 23：「〔聯盟〕基於法治建立，因為不論是其成員國或其機構採行的措施皆無法免於司法審查檢驗是否合於基礎憲章，亦即歐盟條約。」關於歐盟法體系中的司法審查制度，詳第八章第3節。

[6] TEU第2條第1項。

> 基礎條約相同之法律效力。
>
> 2. 聯盟應加入歐洲人權與基本自由保障公約，其加入不應影響基礎條約規定之聯盟權限。
>
> 3. 基本權利為歐洲人權與基本自由保障公約所保障，並源於成員國之共同憲政傳統，應構成聯盟法之一般原則。

　　這些基本權利來源的性質和效力各自為何？可以限制聯盟行使權限至何種程度？本章將進一步探討聯盟的三份權利清單。首先，第1節著眼於作為聯盟法一般原則的「不成文」權利清單。接著，第2節討論歐盟基本人權作為聯合國憲章衍生的國際義務，可能受到的架構限制。第3節分析作為聯盟「成文」權利清單的基本權利憲章。最後，第4節探討作為聯盟外部權利清單的歐洲人權公約。

## 1. 歐盟基本權利的誕生

　　歐盟基礎條約最初並未明白提及人權，[7] 而歐盟基本權利也非一夕之間誕生。早在1958年，歐盟法院便曾被要求審查一項涉及基本權利的聯盟立法。在Stork一案中，[8] 原告主張執委會的一項決定侵害德國法上的基本權利。由於欠缺一份歐盟的權利清單，該主張引用所謂的「擔保理論」（mortgage theory）。依照該理論，成員國賦予聯盟的權力附帶著對人權的「擔保」義務。從而，拘束各成員國的內國基本權利也同樣拘束歐盟；因為各成員國無法創設一個權力比自己更大的組織。[9] 因此，當成員國將

---

[7] 對於此規範空白的原因揣測，詳 P. Pescatore, 'The Context and Significance of Fundamental Rights in the Law of the European Communities' (1981) 2 Human Rights Journal 295。

[8] Stork v High Authority of the European Coal and Steel Community, Case 1/58 [1958] ECR (English Special Edition) 17.

[9] 拉丁文有句法律格言明確說道：「不能給予自己未所有的東西（Nemo dat quod non habet）。」

其權力授予聯盟之時，該移轉行為應受到各成員國本身「憲法傳統」的約束。然而，這個主張遭到歐盟法院──正確地──拒絕了。[10]聯盟機構的任務在於適用歐盟法，「不須考慮於其成員國之內國法下之效力為何」。[11]換言之，成員國的基本權利不可能成為歐盟人權的直接依據。

聯盟對於成員國內國基本權利的這個立場未曾改變，然而，歐盟法院關於默示歐盟基本權利存否的立場則歷經重大變化。歐盟法院最初認為，歐盟法之「任何一般原則均未以明示或其他方式保證既得權利的維持」，[12]但之後卻又發現「歐盟法一般原則所欲保障的基本人權」。[13]

歐盟法院在Internationale Handelsgesellschaft一案中闡明這個新的立場。[14]在該案中，法院重申成員國基本權利不適用歐盟法，然而，法院同時也承認歐盟法中存在「類似的保障」。以下引述該判決廣為人知的段落：

> 源於條約的歐盟法為一獨立法源，除非剝奪其〔歐盟〕法的屬性且〔歐盟〕本身之法律基礎亦受到質疑，否則無論何種內國法規範，均不得因為此種屬性而凌駕於歐盟法之上。因此，〔聯盟〕措施的有

- - - - - - - - - -

10 對於「擔保理論」的批評，詳H. G. Schermers, 'The European Communities Bound by Fundamental Rights' (1980) 27 Common Market Law Review 249 at 251。

11 Stork v High Authority, Case 1/58 (n. 8), 26：「根據〔ECSC〕第8條，〔執委會〕僅需適用共同體法，適用成員國內國法不在其權限範圍之內。同樣地，根據同法第31條，法院僅需確保條約之解釋和適用，及其實施規定符合條約的規範，通常並不要求依據內國法為裁判。因此〔執委會〕無權審視以其通過之決定違反德國憲法原則為由的相關控訴（具體為德國基本法第2條和第12條）。」

12 Geitling Ruhrkohlen-Verkaufsgesellschaft mbH, Mausegatt Ruhrkohlen-Verkaufsgesellschaft mbH and I. Nold KG v High Authority of the European Coal and Steel Community, Joined Cases 36, 37, 38 and 40/59 [1959] ECR (English Special Edition) 423 at 439（強調後加）。

13 Stauder v City of Ulm, Case 29/69 [1969] ECR 419, para. 7.

14 Internationale Handelsgesellschaft mbH v Einfuhr-und Vorratsstelle für Getreide und Futtermittel, Case 11/70 [1979] ECR 1125.

效性及其在成員國內的效力，不會因為與內國憲法規範之基本權利或內國憲法架構之原則可能產生衝突而受到影響，但應確認是否有任何歐盟法上的類似保障受到忽略。實則，對基本權利的尊重與歐盟法院保障的一般法律原則不可分割。儘管基本權利深受成員國間共同憲法傳統影響，但其保障仍須在〔聯盟〕架構與目標之框架下進行。[15]

自此之後，基本權利就被視為歐盟法一般原則中不可分割的一部。但這些基本權利從何而來？最耳熟能詳的回答是，聯盟的（不成文）權利清單是「受到成員國共同憲法傳統的啟發」。[16]因此，成員國憲法權利雖非聯盟基本權利的直接來源，但仍構成間接來源。

不過，成員國基本權利與歐盟基本權利之間的這種間接關係，其本質究竟為何？前者又如何影響後者？歐盟法院在Nold一案中有所闡明。[17]法院立基於其先前判決，認為：

基本權利構成歐盟法院所維護之一般法律原則的一部。為保障各該基本權利，歐盟法院有義務借鑑成員國的共同憲法傳統，因而，牴觸成員國憲法所承認及保障之基本權利的措施，法院自不得予以維持。同樣地，成員國加入或簽署之國際人權保障公約，可作為〔聯盟〕法體系所應遵循的指導方針。[18]

因此，為了探尋歐盟法一般法律原則中蘊含的基本權利，歐盟法院得從成員國共同的憲法傳統中汲取「靈感」，而要在各成員國憲法傳統中找出「共識」，一個聰明的方式便是借助各成員國所簽署的國際協議。當時

---

[15] Ibid., paras 3-4（強調後加）。

[16] Ibid.（強調後加）。

[17] Nold v Commission, Case 4/73 [1974] ECR 491.

[18] Ibid., para. 13（強調後加）。

就有這麼一份國際協議，此即歐洲人權公約。由於所有成員國均已批准，且其內容專以人權為題，[19]此公約隨即在歐盟基本權利的確認過程取得「特殊重要性」。[20]只是上述種種，都還不能明確界定歐盟人權、成員國人權以及歐洲人權公約之間的法律關係。

因而，在分析限制歐盟基本人權的憲政原則之前，我們將先探討歐盟人權的標準。

### (a)歐盟標準：一種「獨立」標準

人權彰顯一個社會的基本價值。每個社會都有其所欲特別保護的價值，並且給予這些價值特別程度的保障。[21]並非每個社會都會因此保障憲法上的「工作權」，[22]但大多數自由社會均會保障「自由」；只是自由受到保障的程度有所不同。[23]

歐盟有哪些基本權利？其所提供的保障程度為何？打從一開始，歐盟法院就不認為可以完全自創不成文的權利清單，而是如同Nold一案判決

---

19　1958年E(E)C生效之際，已有五個成員國於1950年11月4日在羅馬簽署了歐洲人權公約。自從1974年法國批准並且加入公約後，所有成員國皆同時為公約體系的一員。關於早期歐盟法院援引歐洲人權公約的判決，詳Rutili v Ministre de l'intérieur, Case 36/75 [1975] ECR 1219, para. 32。

20　詳Höchst v Commission, Joined Cases 46/87 and 227/88 [1989] ECR 2859, para. 13：「法院一貫見解認為基本權利構成一般法律原則不可分割之一部，法院根據成員國共同的憲法傳統以及成員國加入或簽署的國際條約確保這些原則受到遵守。就此而言，1950年11月4日簽署的歐洲人權及基本自由保障公約（以下稱歐洲人權公約）具有特殊重要性。」

21　「憲法不單純只是複製普世價值，它還反映民眾的特殊價值選擇和偏好，同時也是國家價值體系在法律上最高的體現。」詳B. de Witte, 'Community Law and National Constitutional Values' (1991/2) 2 Legal Issues of Economic Integration 1 at 7。

22　義大利憲法第4條載明：「共和國承認全體公民均享有工作權，並創造條件促進本條權利有效實現。」

23　這點可以一則有名的笑話說明：「在德國，所有事情是禁止的，除非有特別允許；在英國，所有事情都是允許的，除非有特別禁止。」（笑話接著繼續說道：「在法國，所有事情都是允許的，即便它被禁止；在義大利，所有事情都是允許的，尤其是當它被禁止。」）

的名言，法院「有義務借鑑成員國的共同憲法傳統」。[24]然而，該義務的拘束力有多強？歐盟法院可否承認存有並非所有成員國都承認的內國基本權利？而當人權的「範圍和適用標準不同」時，法院是否有義務就該權利採取特定的標準？[25]

聯盟標準與各種成員國標準之間的關係為何，並非一個容易回答的問題。首先，借鑑成員國共同憲法傳統的義務，難道不就是指出一個共同的最低人權標準？但這個觀點在實踐上窒礙難行，因為如果聯盟一律採取最低共同標準來評估其行為的合法性，外界不免質疑歐盟法院不甚重視人權。那麼，聯盟是否應當採取成員國之間的最高標準，[26]畢竟「最寬鬆的解釋應最為優先」？[27]這個觀點在理論上捉襟見肘，因為最高標準的方法預設法院總是在平衡個人權利與公共利益，但這並非實情，[28]而且最高標準無論如何都免不了共同體主義者的批評，因為其堅持公共利益也應該受到正視。[29]歐盟法院最終並未採取上述兩種方案。[30]

------------

[24] Nold (n. 17), para. 13（強調後加）。

[25] AM & S Europe Ltd v Commission, Case 155/79 [1982] ECR 1575, para. 19.

[26] 關於支持最高標準的見解，詳L. Besselink, 'Entrapped by the Maximum Standard: On Fundamental Rights, Pluralism and Subsidiarity in the European Union' (1998) 35 Common Market Law Review 629。

[27] 這種「德沃金式」（Dworkinian）的語言出自於Stauder一案（註13），para. 4。

[28] Society for the Protection of Unborn Children Ireland Ltd v Stephen Grogan and others, Case C-159/90 [1991] ECR I-4685一案中，歐盟法院即面臨了權利間的衝突，不過最後法院惡名昭著地以欠缺管轄權為由拒為裁決。

[29] J. Weiler, 'Fundamental Rights and Fundamental Boundaries: On Standards and Values in the Protection of Human Rights' in N. Neuwahl and A. Rosas (eds), The European Union and Human Rights (Brill, 1995), 51 at 61：「若歐洲法院採取最高標準的見解，那麼對於歐盟而言，各個領域的天秤將倒向個人權利，而使大眾普遍利益受到嚴格的限縮。最高標準的方法將導致最低限度的〔聯盟〕政府。」

[30] 關於歐盟法院早期對最低標準方法的（含蓄）駁斥，詳Hauer v Land Rheinland-Pfalz, Case 44/79 [1979] ECR 3727, para. 32——判決間接表明基本權利僅需在「數個成員國受到保障」（強調後加）。

　　歐洲人權公約作為歐盟的共同人權標準如何？究竟歐洲人權公約在聯盟法秩序中的地位為何？聯盟與歐洲人權公約之間的關係始終不明確（見圖4.1）。歐盟法院從未認定歐洲人權公約對歐盟有形式上的拘束力，也從不認為其事實上受到歐洲人權法院關於歐洲人權公約的解釋拘束。這種解釋上的自由創造了聯盟獨特標準出現的可能性；但這也同時意謂歐洲人權公約在史特拉斯堡與盧森堡兩地容有解釋上的歧異。[31]

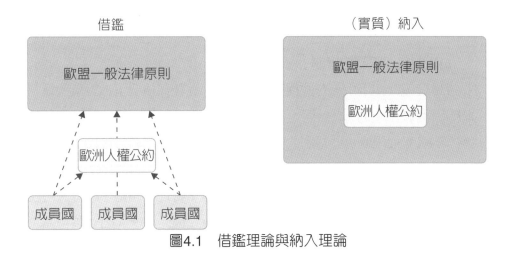

圖4.1　借鑑理論與納入理論

　　現今情況如何呢？2007年里斯本條約是否改變了上述不明確的關係？如今，我們確實在條文上有更堅實的理由肯認歐洲人權公約實質上對歐盟有拘束力。依據（新的）TEU第6條第3項，歐洲人權公約保障的基本權利「應構成聯盟法之一般法律原則」。[32]這是否意謂歐洲人權公約保障

---

[31] 關於這點的精闢分析，詳R. Lawson, 'Confusion and Conflict? Diverging Interpretations of the Europe Convention on Human Rights in Strasbourg and Luxembourg' in R. Lawson and M. de Blois (eds), The Dynamics of the Protection of the Rights in Europe (Martinus Nijhoff, 1994), Vol. III, 219 and esp. 234-50。
[32] TEU第6條第3項（強調後加）。

的所有基本權利均被納入歐盟法的一般法律原則之中呢？答案如果是肯定的，表示此後歐洲人權公約的標準將直接成為聯盟標準。但倘若如此，歐洲人權公約可能只是聯盟一般法律原則的最低標準。

綜上所述，聯盟保障基本權利的標準是一個獨立的標準。即便借鑑成員國共同憲法傳統以及歐洲人權公約，歐盟法院至今仍不認為其受到特定內國或國際標準直接拘束。因此，歐盟法院依然得以自由提出並保障聯盟多數人民認同的價值理念，進而透過論理協助建構歐洲人民認同的身分。[33]

### (b)限制與「限制的限制」

在歐陸憲政傳統中，有些權利是絕對權，在任何情況下，對這些權利的限制都是被禁止的。[34]然而，大多數的基本權利為相對權，可以基於公共利益的考量而限制這些權利的行使。因此，如果公共利益可以作為正當理由，私有財產便可課稅，個人自由便可進行限制。

聯盟法秩序是否承認此種對人權的限制呢？打從一開始，歐盟法院就明確表示人權「並非完全不受限制的特權」，[35]因此可能「因公共利益之考量而受到限制」。[36]然而，倘若為了追求公共利益而允許毫無節制地限制人權，自由社會將不再自由。因此，許多法律體系均肯認公益作為限制有其限制，而且這些對基本權利之「限制的限制」，性質上可能是相對，也可能絕對的。

- - - - - - - - - - - - -

[33] T. Tridimas, 'Judicial Federalism and the European Court of Justice' in J. Fedtke and B. S. Markesinis (eds), Patterns of Federalism and Regionalism: Lessons for the UK (Hart, 2006), 149 at 150——論及司法上的進程如何促進「單一歐洲公民（a European demos）概念的出現」。

[34] 歐洲法院依循該憲法傳統，並於下列案件確認絕對權的存在，Schmidberger v Austria, Case C-112/00 [2003] ECR I-5659, para. 80：「生命權和免於酷刑及其他不人道或侮辱待遇或處罰的權利，不得予以任何限制。」

[35] Nold v Commission, Case 4/73 (n. 17), para. 14.

[36] Ibid..

　　根據比例原則，任何對基本權利的限制都必須與所欲追求的公共利益合乎「比例」。[37]由此可知，比例原則為一相對原則，旨在追求各種利益之間的平衡：要保護的公共利益越重大，對基本權利的限制就可以越強大。為了限縮這樣的相對性，要用到第二個原則。根據「核心領域」理論，[38]任何對人權的限制——即便合於比例——仍不得侵害基本權利的核心內涵。透過界定出基本權利「不可侵犯」的核心領域，此原則為所有政府行為設下一道絕對的防線。基本權利、（合比例的）公益限制以及該權利（不可侵犯）的核心領域，三者之間的關係如圖4.2所示。

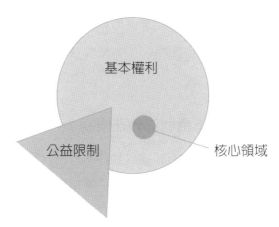

圖4.2　權利限制：相對與絕對限制

　　雖然比例原則在歐盟法院的判決中幾乎無所不在，[39]然而，「核心領域」理論的存否，卻長期處於不明確的狀態。歐盟法院確實用了與核心

---

[37] Hauer, Case 44/79 (n. 30), para. 23。關於歐盟法秩序中的比例原則，見第八章第3(b)(ii)節。

[38] 關於該德國憲政秩序，詳德國基本法第19條第2項：「基本權之本質絕對不得侵犯。」

[39] 詳T. Tridimas, The General Principles of EU Law (Oxford University Press, 2007), chs 3-5。

領域理論十分近似的用語，惟該理論與比例原則的關係一直以來都模糊不清。

不過，歐盟法院在Zambrano一案中終於確認了「核心領域」理論的存在。[40]在該案中，兩名哥倫比亞父母主張，比利時政府拒絕給予其居留許可的決定侵害其子女的基本權利，理由為其子女出生於比利時，應具有比利時──因此也享有歐盟──的公民身分。[41]慮及未成年子女無可避免必須與家長共同生活，於是問題出現：將後者驅逐出境的決定是否侵害子女作為歐洲公民的身分。歐盟法院認定比利時的做法違反基礎條約，因為此舉「將剝奪歐洲公民因其身分所自然享有之權利的實質內容」。[42]法院在此承認基本權利的「實質內容」不可侵犯，作用就如核心領域理論。此後，歐盟法院更肯認核心領域理論，作為所有基於公益而限制歐盟基本權利的絕對界限。[43]

## 2. 聯合國規範：歐盟基本權利的外在限制？

歐盟法秩序是一個依法而治的憲政秩序，[44]也就是說，在具備合法要件的前提之下，[45]個人必須得以其人權受侵害為理由，質疑聯盟措施的合法性。然而，這個憲法原則是否應有例外？這個問題在比較憲法學界引起

---

[40] Zambrano v Office national de l'emploi, Case C-34/09 [2001] ECR I-1177.然而，不可否認的是該過度簡短的判決也引發了許多問題（詳'Editorial: Seven Questions for Seven Paragraphs' (2011) 36 European Law Review 161）。

[41] 根據TFEU第20條第1項：「本條在此確立歐洲公民身分。任何具有一成員國國籍之人應同時為歐洲公民。歐洲公民並存於，而不取代國家公民身分。」

[42] Zambrano (n. 40), para. 42（強調後加）；詳para. 44：「以上情形，將導致歐洲公民無法充分行使因公民身分所享有之權利的本質內容。」

[43] 詳K. Lenaerts, 'Limits on Limitations: The Essence of Fundamental Rights in the EU' (2019) 20 German Law Journal 779。

[44] 詳Parti Écologiste, Case 294/83 (n. 5)。

[45] 關於私人主體於歐盟法體系下之訴訟當事人資格，詳第八章第3(c)節。

熱烈討論；而在歐盟的脈絡下，爭議的焦點特別集中於此一提問：歐盟基本權利是否受到源於聯合國憲章的國際義務所拘束？

對此問題的傳統見解可見於Bosphorus一案。[46]該案涉及歐盟執行聯合國對南斯拉夫社會主義聯邦共和國之禁運令的相關立法。原告主張其財產權因系爭歐盟立法而受到侵害，歐盟法院也毫不猶豫地對系爭立法予以審查──即便是用較寬鬆的審查標準。[47]在此，傳統見解的立場已十分明確：當成員國欲透過歐盟立法來履行來自聯合國的國際義務時，必須遵守歐盟法秩序的基本原則，尤其是歐盟人權的相關規定。

這個傳統見解在2005年的Kadi一案中受到歐盟普通法院的挑戰。[48]在該案中，聲請人為塔利班恐佈分子嫌疑人，其資產因一項取自聯合國安全理事會決議的歐盟立法而遭凍結。Kadi主張其所享有的正當法律程序權及財產權受到侵害。歐盟機構參與了審理程序並且出人意料地主張「聯合國憲章應優先於其他國際、〔歐盟〕或內國層級的義務」，因此本案應無適用歐盟人權的餘地。[49]

令歐盟憲法學者大感意外甚至震驚的是，[50]歐盟普通法院竟然接受這個論點。法院是如何得出這個結論的呢？法院訴諸某種形式的「繼受原

-  -  -  -  -  -  -  -  -  -  -  -  -  -

[46] Bosphorus Hava Yollari Turizm ve Ticaret AS v Minister for Transport, Energy and Communications and others, Case C-84/95 [1996] ECR I-3953.

[47] 關於此處審查標準的評論，詳I. Canor, '"Can Two Walk Together, Except They Be Agreed?" The Relationship between International Law and European Law: The Incorporation of United Nations Sanctions against Yugoslavia into European Community Law through the Perspective of the European Court of Justice' (1998) 35 Common Market Law Review 137 at 162。

[48] Kadi v Council and Commission, Case T-315/01 [2005] ECR II-3649.

[49] Ibid., paras 156 and 177.

[50] P. Eeckhout, Does Europe's Constitution Stop at the Water's Edge? Law and Policy in the EU's External Relations (Europa Law Publishing, 2005); R. Schütze, 'On "Middle Ground": The European Community and Public International Law', EUI Working Paper 2007/13.

則」，據以認為聯盟受成員國國際義務的拘束。[51]此一結論本身已具有高度爭議，但真正的危險是其可能導致的後果，因為歐盟普通法院承認「國際法得以對歐盟法院司法審查權限造成結構性的限制」。[52]法院認為：

> 　　任何對於系爭規定的內部合法性審查，特別是涉及〔歐盟〕保障基本權利的法規或一般法律原則者，意謂法院將間接審查〔聯合國〕決議的合法性。在此假定情況下，原告主張之違法侵害，來源應為實施禁運制裁的聯合國安全理事會決議，而非系爭規定的通過。特別是，倘若法院當真認定系爭規定侵害原告受歐盟法秩序保障的基本權利，而依原告主張予以撤銷，無異間接表示聯合國安理會決議本身侵害歐盟法保障的基本權利，儘管系爭規定實乃自國際法而來。[53]

　　因此，歐盟普通法院推辭了對系爭歐盟立法進行司法審查的管轄權，因為這將導致對聯合國決議的間接審查，而法院自認並無審理權限，理由在於聯合國規範對所有聯盟機構都有拘束力，包含歐盟法院。

　　從憲法角度觀之，上述論理犯了不少嚴重錯誤。[54]在上訴審判決中，[55]歐盟法院修正這些錯誤，並安然返回Bosphorus一案的傳統見解。法院認為：

> 　　源於國際協議的義務不得損害〔歐盟基礎條約〕的根本原則，其中之一便是所有〔聯盟〕行為均應維護基本權利，維護與否構成各該

---

[51] 關於該原則，詳第二章第4(d)節。

[52] Kadi, Case T-315/01 (n. 48), para. 212.

[53] Ibid., paras 215-216（出處略）。

[54] 關於此觀點，詳R. Schütze, 'On "Middle Ground": The European Union and Public International Law' (n. 50), 19以及其後。

[55] Kadi and Al Barakaat International Foundation v Council and Commission, Case C-402/05P [2008] ECR I-6351.

行為的合法性要件，歐盟法院得在〔基礎〕條約建立之法律救濟體系當中進行審查。[56]

　　雖然聯合國憲章在歐盟法秩序中具有特殊重要性，[57]惟就此點而言，其與其他國際協議並無不同。的確，如同「一般的」國際協議，聯合國憲章（假設其具有實質上的拘束力）地位優於歐盟立法，但「這種優位性在〔歐盟〕法位階當中並不及於歐盟基本法，特別是基本權利構成其中一部的一般法律原則」。[58]因此，歐盟人權並不受到聯合國國際義務加諸的外在結構限制。[59]聯盟有著堅實的法治基礎，而這意謂著所有的聯盟立法——無論源於內國或是國際——均應合乎基本人權的保障。[60]

## 3. 基本權利憲章

　　制定歐盟成文權利清單的訴求首次出現於1970年代末期，當時的討論傾向加入歐洲人權公約，[61]而另一種方案——制定歐盟專屬的成文權利清單——則在20世紀末期逐漸成為重要主張。「基本權利憲章」的提案來自歐洲高峰會。[62]這個由聯盟內部編纂權利清單的發想，旨在「透過憲章使

--- --- --- --- --- --- --- --- --- --- --- ---

[56] Ibid., para. 285.

[57] Ibid., para. 29（「特殊重要性」）。

[58] Ibid., para. 308.

[59] Ibid., para. 327.

[60] 事實上，法院認定原告的防禦權受到侵害，特別是聽審權（Ibid., para. 353），財產權亦受到不當侵害（Ibid., para. 370）。

[61] Commission, Memorandum on the Accession of the European Communities to the European Convention for the Protection of Human Rights and Fundamental Freedoms, [1979] Bulletin of the European Communities Supplement 2/79, eps. 11 以及其後。

[62] 關於憲章的起草過程，詳G. de Búrca, 'The Drafting of the European Union Charter of Fundamental Rights' (2001) 26 European Law Review 126。

基本權利更為清晰明確」，從而強化歐洲的人權保障。[63]其後憲章於2000年公布，但尚未具有法律上的拘束力，地位類似於歐洲人權公約，提供重要借鑑，但不構成聯盟機構的正式義務。[64]這個不明確的地位很快便成為憲政問題，但卻等了將近十年，里斯本條約才於2009年承認憲章具有「與基礎條約相同的法律效力」。

經憲章「再次確認」的基本權利，「特指」源於成員國共同憲法傳統、歐洲人權公約以及歐盟法一般原則的權利。[65]這意謂著兩件事：其一，基本權利憲章之目的在於將既存的基本權利法典化，無意創設「新的」基本權利；其二，編入法典的基本權利，其源頭並不限於歐盟基礎條約的一般法律原則。為了方便辨識憲章個別條文的來源，成員國決定專為基本權利憲章提供註解；嚴格來說，這些「說明」（Explanations）並無法律拘束力，但在解釋憲章時仍必須「充分考量」。[66]

憲章的架構如表4.1所示。憲章將歐盟的基本權利分為六大類別，傳統的自由權規定在第I編至第III編以及第VI編；具爭議的第IV編涉及勞工權利，但也同時保障家庭以及醫療照護的權利；[67]第V編涉及的是「公民權利」，也就是一個政治共同體賦予其成員的專屬權利，其中包含投票權和被選舉權。[68]

--------

63 憲章，前言第4段。
64 詳Parliament v Council, Case C-540/03 [2006] ECR I-5769, para. 38：「憲章為非具法律拘束力之文件。」
65 憲章，前言第5段。
66 TEU第6條第1項和憲章第52條第7項：「為本憲章之解釋提供指引的諸多說明應被歐盟和成員國之法院予以適當的考量。」這些「解釋說明」公布於[2007] OJ C303/17。
67 分別參見憲章第33條和35條。
68 憲章第39條。

表4.1 基本權利憲章架構

| 基本權利憲章 |
|---|
| 前言 |
| **第Ⅰ編 人性尊嚴** |
| **第Ⅱ編 自由權** |
| **第Ⅲ編 平等** |
| **第Ⅳ編 團結** |
| **第Ⅴ編 公民權** |
| **第Ⅵ編 司法** |
| **第Ⅶ編 通則** |
|     第51條 適用範圍 |
|     第52條 權利和原則之保障範圍及其解釋 |
|     第53條 保護層級 |
|     第54條 權利濫用之禁止 |
| 第30號議定書關於波蘭及英國 |
| 說明 |

　　最後，解釋和適用憲章的一般原則規定於第Ⅶ編。這些一般性規定建立了四個基本原則。首先，憲章適用對象為聯盟本身，僅於例外情形始適用於成員國；[69]其次，並非所有條文都是「權利」（rights），即直接賦予個人的各種權利；[70]第三，憲章中的權利在一定限度內受到聯盟立法的限制；[71]第四，憲章盡力與基礎條約、歐洲人權公約以及成員國共同憲法傳統建立和諧的關係。[72]本節特就第二及第三項原則討論。

---------------

[69] 憲章第51條。關於成員國適用憲章問題，詳R. Schütze, 'European Fundamental Rights and the Member States: From "Selective" to "Total" Incorporation?' (2011/12) 14 Cambridge Yearbook of European Legal Studies 337。

[70] 憲章第51條第1項和第52條第5項。

[71] 憲章第52條第1項。

[72] 憲章第52條第2項到第4項以及第52條第6項。同時參見同法第53條「保護層級」（Level of Protection）。

### (a)（硬）權利和（軟）原則

值得留意的是，基本權利憲章區分（硬）「權利」和（軟）「原則」。權利和原則的區分，乍看之下似乎與歐盟法院認定基本權利為歐盟基礎條約之一般原則的案例法互相矛盾。然而，憲章在此意指的是，只有具直接效力——也就是可在法院審理時主張——的條款，才算是「權利」。而在憲章中，並非所有條款都是此種嚴格定義下的權利，在第VII編中便明白承認「原則」的存在。[73]

憲章中的這些原則為何？效力又是如何？憲章的「解釋說明」為我們提供了答案。例如，憲章第37條涉及「環境保護」，其規定：「高標準之環境保護及環境品質改善，必須納入歐盟之政策並符合永續發展原則。」[74]此條文的論述方式與傳統上賦予權利的條文大相逕庭；此條文與其說是對政府行為加諸的限制，更多是設定政府行為的目標。確實，原則比較像是基本價值的決定，「並非直接請求聯盟機構積極行動」；[75]換言之，原則並非主觀個人的權利，而是客觀規範的指導方針。依照憲章的用語：

> 本憲章所規定之原則得由聯盟機構透過立法或行政行為予以落實，其僅在涉及前述立法或行政行為之解釋或其合法性之裁決時，法院始得審理。[76]

---

[73] 憲章第51條第1項和第52條第5項。關於這些條文以及相關判例的進一步的討論，詳 J. Krommendijk, 'Principled Silence or Mere Silence on Principles? The Role of the EU Charter's Principles in the Case Law of the European Court of Justice' (2015) 11 European Constitutional Law Review 321。

[74] 強調後加。

[75] 「說明」（註66），35。

[76] 憲章第52條第5項。

　　因此，權利與原則的區別在於司法上請求的力度。例如，個人不享有請求提供高標準環境保護的（獨立）權利；但為了符合法律原則的基本要求，[77]法院在解釋聯盟法律時，必須以聯盟原則作為「借鑑」的來源。

　　但是，「原則」應如何與「權利」區分呢？很可惜，憲章並未提供一張原則的清單，也未將這些原則統一置於各個實體編章的特定章節，甚至，單看條文的論述方式也未必能斷定條文究竟是權利規定或原則規定。而最複雜的狀況是，一個條文「可能為兼具權利和原則的性質」。[78]此事如何可能？最好的理解方式是，權利和原則並非全然互斥，而是相互交集的兩種法律結構。「權利」是在特定情況下具體化的原則，因此可說是衍生自原則。進一步說明可參考圖4.3以及憲章第33條關於家庭地位和其職業生活的關係。

1. 家庭應享有法律、經濟及社會
   層面之保障。

2. 為平衡家庭及職業生活，每個
   人皆應享有不因懷孕而遭解
   僱、請求帶薪產假，以及因子
   女出生或領養子女而請求育嬰
   假的權利。

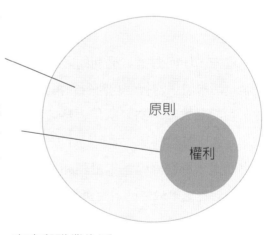

原則

權利

圖4.3　家庭與職業生活

---------------

[77] R. Dworkin, Taking Rights Seriously (Duckworth, 1996).
[78] 「說明」（註66），35。

### (b)限制與「限制的限制」

任何保障基本權利的法律體系均肯認，為了維護公共利益，得以對某些權利予以限制。就成文權利清單而言，這些限制通常針對不同基本權利分別規定。憲章在部分條文中也依循此種規定方式；[79]不過，憲章有另一條文用以界定適用於所有基本權利的合理限制為何。這些「限制的限制」規定於憲章第52條，其內容如下：

> 對本憲章所承認之權利與自由之行使施加任何限制，須以法律定之並尊重此等權利與自由之核心本質。限制必須符合比例原則，僅於具備必要性，且確實符合聯盟肯認之公益目標或保障他人權利與自由之需求時，始得為之。[80]

依該條文，對歐盟憲章權利施加的所有限制，都應遵循三項憲政原則。

首先，任何對基本權利的限制必須「依法」規定。這個要求似乎斷然禁止因聯盟不當行使自身行政權所造成的人權侵害。[81]而問題癥結仍在於，對於基本權利的限制是否基於聯盟立法的（民主）正當性？換句話說，是否所有限制基本權利的「法律」均須經「立法程序」通過？[82]此種觀點將大大影響保障基本權利和追求聯盟公共利益二者之間的平衡。因此，倘若憲章第52條的規定排除所有造成基本權限制的授權行政行為，那

---

79 憲章第17條第1項（財產權）規定：「除非基於公共利益，符合法律規定之要件及情況，並於合理期間內適當補償損失，不得剝奪個人財產。法律得於符合公共利益之情況管制個人財產之使用。」

80 憲章第52條第1項（強調後加）。

81 Knauf Gips v Commission, Case C-407/08P [2010] ECR I-6371.

82 肯定見解，詳D. Triantafyllou, 'The European Charter of Fundamental Rights and the "Rule of Law": Restricting Fundamental Rights by Reference' (2002) 39 Common Market Law Review 53-64 at 61：「憲章中提及『法律』一詞，將因此意謂著需要歐洲議會參與進行共同決定。」

麼多數聯盟政府機構的運作將因此停擺。為了避免造成行政部門的僵化，歐盟法院傾向實質意義的「法律」。[83]

憲章第52條第1項還提到另外兩項權利限制的限制。最重要的是，如今此條規定要求任何對基本權利的限制均應尊重該項權利的「核心本質」，肯認聯盟干預基本權利有其獨立的絕對限制。將「核心領域」理論法典化納入憲章是被接受的，且其獨立於比例原則的地位也一再獲得肯認。[84]最後一個限制，根據比例原則，所有對基本權利的限制，自然必須基於追求聯盟公共利益或保障他人權利所必要。此種限制課予聯盟機構憲法上的一般性義務，須在個案所涉及的各種權利與利益之間取得平衡。

## 4.「外部」權利清單：歐洲人權公約

列出不成文權利清單以及創設專屬的成文權利清單可說是聯盟的「內部」成就，但這些成就「並未使聯盟機構受到任何形式的外部審查」。[85]由於偏好自己內部的人權標準甚於其他外部的國際標準，歐盟法院曾被批評為「盲目的愛國主義」與「本位主義」。[86]

不過一提到歐洲人權公約，這個蒼白的景象就會略為增色，因為這項國際人權公約一直是聯盟的外部人權標準。自一開始，歐盟法院便嚴肅看

---

[83] 對於「以法律定之」的措辭採取實質解釋的見解在Schecke & Eifert v Land Hessen, Joined Cases C-92 and 93/09 [2010] ECR I-11063一案中受到肯認。

[84] Digital Rights Ireland Ltd v Minister for Communications, Marine and Natural Resources et al., Joined Cases C-293 and 594/12 [2014] ECR I-238.該案法院清楚地區分違反核心領域理論（見該判決paras 39-40）和違反比例原則（見該判決paras 45-69）之間的差別。其中最嚴格區分者，參見Schrems, Case C-362/14, EU:C:2015:650, paras 94-95。

[85] I. de Jesús Butler and O. de Schutter, 'Binding the EU to International Human Rights Law' (2008) 27 Yearbook of European Law 277 at 278.然而，這種說法只有在直接外部審查的情況下是對的。

[86] G. de Búrca, 'The European Court of Justice and the International Legal Order After Kadi' (2010) 51 Harvard International Law Journal 1 at 4.

待歐洲人權公約，[87]有時甚至是嚴肅過頭。[88]聯盟確實有很長一段時間表現得有如受到歐洲人權公約所拘束；該公約組織甚至發展出某種對聯盟行為的外部審查機制。然而，只要聯盟不是正式受此外部清單所拘束，其與公約的關係仍是錯綜複雜，存在許多不足。在這個小節中，我們將探討在聯盟最終加入之前和之後，歐洲人權公約如何作為外部的標準。

### (a)加入前：對歐盟法的間接審查

歐盟至今仍未正式加入歐洲人權公約。成員國可否因決策權讓渡予歐盟而免除歐洲人權公約的國際義務呢？為了避免此一規範上的漏洞，歐洲人權公約組織發展出一套對聯盟法案的間接司法審查機制。

這個間接審查機制是根據成員國對聯盟法案應負（有限）責任的原則而來。這個複雜的理論是建構在人權擔保的概念之上，亦即：正式加入歐洲人權公約的成員國不能因權力讓渡予歐盟，而完全或一定程度上，不受公約的拘束。在M & Co. v Germany一案中，[89]歐洲人權委員會（European Commission of Human Rights）認為，雖然「公約並未禁止成員國讓渡權力予其他國際組織」，「惟讓渡權力並不必然完全免除成員國對於該權力行使時所應遵守之公約義務」。[90]然而，這並非要求成員國對聯盟的所有法案負責，因為「課予成員國審查國際組織個別法案〔可能侵害人權情形〕的義務，有違權力讓渡概念本身」。[91]

那麼，對聯盟法案進行間接審查的要件為何？歐洲人權公約組織不看具體的聯盟法案，而是關注成員國讓渡權力予歐盟的決定，與其著重國家

---

[87] 詳S. Douglas-Scott, 'A Tale of Two Courts: Luxembourg, Strasbourg and the Growing European Human Rights Acquis' (2006) 43 Common Market Law Review 629。

[88] Spain v United Kingdom, Case C-145/04 [2006] ECR I-7917.

[89] M & Co. v Federal Republic of Germany (1990) 64 DR 138.

[90] Ibid., 145（強調後加）。

[91] Ibid., 146.

責任的立場一致。「若基本權利在該組織可以獲得同等保障」，則此種權力讓渡便可視為「不悖於歐洲人權公約」。[92]

　　上述見解在Bosphorus一案中得到肯認。[93]若聯盟給予人權「等同」於歐洲人權公約的保障，歐洲人權法院便會「推定」成員國並未因讓渡權力予歐盟而違反公約規範。此種推定可理解為對聯盟通過法案採取寬鬆審查標準，因為只有聯盟關於人權的實際保障措施「顯有不足」（manifestly deficient）時，才能推翻上述「同等保障」的推定。[94]這個寬鬆的審查標準可謂兩種極端的折衷；一種是完全不審查，因為聯盟不是公約成員國；另一種是全面審查，即便在成員國僅作為聯盟代理人的情況亦同。如此的妥協可說是「歐洲人權法院為了尊重歐盟作為獨立法秩序的自主性，同時又能在某種程度控制歐盟所付出的代價」。[95]

### (b)加入後：前提及後果

　　歐盟執委會很久以前便提議加入歐洲人權公約，但依最初的基礎條約，歐盟並無締結人權條約的明文權力。於是，執委會一開始建議使用TFEU第352條的一般權限；但眾所周知，歐盟法院拒絕了該方案。在第2/94號意見中，歐盟法院表示，聯盟加入歐洲人權公約將「對制度產生重大影響」，僅有透過嗣後修正條約才能賦予聯盟該項權力。[96]

　　如今，聯盟已獲得這項權限。根據TEU第6條第2項，歐盟「應加入歐洲人權公約以保障人權與基本自由」。條文使用「應」（shall）一字，代表聯盟在憲法上甚至有加入此一國際組織的義務。儘管如此，聯盟加入歐

---

[92] Ibid., 145（強調後加）。

[93] Bosphorus Hava v Minister, Case 84/95 (n. 46).

[94] Ibid., paras 156-157.詳J. Callewaert, 'The European Convention on Human Rights and European Union Law: A Long Way to Harmony' [2009] European Human Rights Law Review 768 at 773：從Bosphorus推定及其對「非明顯」不足抱持的寬容態度，顯見對於歐盟法保障基本權利的監督較歐洲人權公約保障的監督更為寬鬆。

[95] Douglas-Scott, 'A Tale of Two Courts' (n. 87), 639.

[96] 詳第三章第2(b)節。

洲人權公約須特別考量「聯盟及聯盟法律之特性」。[97]

在第2/13號意見（加入歐洲人權公約II）中，歐盟法院針對這些「特性」作出頗具爭議的解釋。近年來大概沒有其他法院意見引發更多負面評論了！[98]對歐盟法院而言主要問題為何？法院重申歐盟並非國家，其法秩序是「一種新的法秩序型態」，性質上既非國際，亦非國家。[99]聯盟的特性，最明顯見於成員國之間的水平關係，明白體現了相互信任與相互承認的原則；[100]相互承認原則要求成員國必須基本上接受其他成員國的決定，如同是自身所採納的決定一樣。法院認為，這個原則不得因加入歐洲人權公約而受到破壞：

> 一旦歐洲人權公約要求歐盟與成員國一同視為締約方，不僅在其與非歐盟成員國締約方之間關係如此，在其彼此之間關係亦是如此，包括受歐盟法規範者，此時儘管成員國依歐盟法負有相互信任義務，歐洲人權公約仍會要求成員國檢視其他成員國是否保障基本權利，加入公約便有可能動搖歐盟之基本平衡，破壞歐盟法之自主性。[101]

然而，假設上述憲法前提條件能夠滿足，聯盟應透過何種程序加入歐洲人權公約？就聯盟而言，加入與否主要取決於各成員國：

> 理事會應……一致同意聯盟加入歐洲保障人權暨基本自由公約；同意之決定應經成員國依各自憲法規定批准後，始生效力。[102]

---

[97] Protocol No. 8 relating to Art. 6(2) of the Treaty on European Union on the Accession of the Union to the ECHR.

[98] P. Gragl, 'The Reasonableness of Jealousy: Opinion 2/13 and EU Accession to the ECHR' (2015) 15 European Yearbook on Human Rights 27.

[99] Protocol No. 8 (n. 97), paras 156-158.

[100] 關於相互承認原則（mutual recognition）的討論，詳第九章和第十一章。

[101] Protocol No. 8 (n. 97), paras 194（強調後加）。

[102] TFEU第218條第8項2段。

　　換句話說，理事會必須先取得歐洲議會同意，再於理事會取得一致同意，[103]而與聯盟締結通常國際協議不同的是，聯盟加入公約之同意必須待所有成員國批准後才發生效力。因此，成員國有兩個時點得以阻擋聯盟加入：第一次在理事會，第二次在理事會之外。嚴格來說，成員國作為理事會成員，於憲法上有義務同意加入公約，但在第二個時點則否，因為TEU第6條第2項所規定應加入歐洲人權公約的義務，僅拘束歐盟本身及其機構，並不拘束成員國。

　　倘若聯盟當真加入公約，前述聯盟原則上符合歐洲人權公約規範的推定是否因此消失？看起來Bosphorus推定的確很有可能在聯盟加入公約後停止適用，因為「一旦加入公約，歐盟便必須同意其法律制度受到公約人權標準的檢視」，從而「不再享有特殊待遇」。[104]直接審查取代間接審查也將──至少理論上──導致原先有限審查變為全面審查。不過，法律的生命並非總是依循邏輯，歐洲人權法院也有可能借鑑過去經驗，仍對加入公約後的歐盟適用低度的審查標準。邏輯是否戰勝經驗，我們必須拭目以待。

## 小結

　　基本權利構成聯盟所有立法及行政行為的重要憲法限制，主要是由司法權透過司法審查予以落實。

　　雖然聯盟最初並未為人權保障保留一席之地，但卻因此發展出三項權利清單。不成文權利清單源於歐盟法的一般法律原則，這是歐盟法院間接從成員國的憲法傳統發展出來的歐盟基本權利。基本權利憲章則為聯盟增添一成文權利清單。不過，此成文權利清單與源於歐盟基礎條約的不成文

-------------

[103] TFEU第218條第6項第a款第ii目。
[104] T. Lock, 'EU Accession to the ECHR: Implications for Judicial Review in Strasbourg' (2010) 35 European Law Review 777 at 798.

權利清單之間關係，仍是未臻明確。而這兩個聯盟內部權利清單與歐洲人權公約之間的關係也是如此。歐洲人權公約長期以來作為聯盟外部權利清單，但該公約在聯盟法秩序中的地位及其對歐盟基本權利實質內容的影響尚無定論。因此，個案應優先適用哪個基本權利來源，亟待釐清。

　　無論如何，可以確定的是，多數歐盟基本權利並非絕對權利，可以基於公共利益考量加以限制。惟以公共利益為由的基本權利限制仍受到比例原則以及基本權利核心領域不得侵犯的理論約束。

# 第二部分
## 歐盟法之執行

　　此部分關注聯盟法在法院的「執行」。我們看到歐盟法制定了直接影響個人的權利和義務。第五章探討歐盟法在成員國法秩序中的直接效力。歐盟規範一旦具有直接效力，便「優越於」成員國法，歐盟法的「優位性」是第六章的主題。個人要如何行使他們「優越」的聯盟權利呢？第七章和第八章探討聯盟法秩序內的雙重執行機制。個人一般是在內國法院行使他們的聯盟權利，聯盟法秩序在此要求內國法院提供關於聯盟權利有效的救濟管道；而為協助內國法院解釋和適用歐盟法，聯盟設想了一套先決裁決程序。第七章先討論歐盟法透過內國法院的間接執行，其後第八章則探討歐盟法在歐盟法院的直接執行。

# 第五章 直接效力

## 摘要

古典國際法認為各國可以自行決定其「國內法」與「國際法」之間的關係，從而有了兩種憲法理論：一元論和二元論。一元論國家將國際法視為國內法秩序的一部分，在國際法的直接適用，與國內法無異。[1]相較之下，二元論國家則認為國際法與國內法乃截然區分，國際法被視為國與國之間的法律，國內法則是國家內部的法律。因此，儘管國際條約在外對國家有拘束力，但在國家內部則否，國際法在此需要「轉置」或「納入」國內法，只能透過內國法的媒介產生間接效力。關於這兩種理論的說明，見圖5.1。

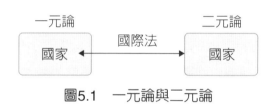

圖5.1　一元論與二元論

　　歐洲聯盟是否讓成員國自己選擇採取一元論或二元論？第1節會仔細探討這個問題，我們將看到聯盟堅持歐盟法與成員國法之間為一元論關係，這特別意謂著，聯盟將自行決定其法律在成員國法秩序中的效力。本章的其餘部分探討歐盟法的直接效力理論。第2節從基礎條約的直接效力談起。然而，基礎條約為框架規範；也就是說：其主要是通過歐盟次級法作用，特別是歐盟立法。這些次級法形式不一，規定在TFEU條約第288條。此條定義了各種聯盟法律的形式，說明如下：

---

1　美國憲法第6條第2項（粗體強調後加）：「以美國權力所締結或將締結之條約，均為全國之最高法律，縱與任何州之憲法或法律有所牴觸，各州法院之法官，均應遵守而受其約束。」

1. 為行使聯盟權限，聯盟機構應通過規則、指令、決定、建議和意見。
2. 規則具普遍適用性，其整體皆具拘束力並直接適用於所有成員國。
3. 指令就其所欲達成之結果，對其下達之成員國具拘束力，但其形式和方法應由各成員國當局擇定。
4. 決定之整體皆具拘束力，但其相對人經特定者，僅拘束該相對人。
5. 建議和意見不具拘束力。

此條承認三種具有拘束力的形式——規則、指令和決定，以及兩種不具拘束力的形式。為何需要三種具拘束力的形式？答案似乎取決於它們各自在成員國法秩序中的具體——直接或間接——效力。規則和決定被認為是聯盟法律，是直接有效的法規範；但指令似乎不具備這種地位，因此有關歐盟次級法直接效力的憲法討論，大多集中在指令的直接效力上，第3節將專門討論這些問題。最後，第4節分析聯盟法秩序中的間接效力理論。

## 1. 直接適用與直接效力

聯盟法秩序是否允許成員國對歐盟法採取二元論的立場？基礎條約有若干贊成這種寬鬆做法的跡象，[2] 不過，當中也有強烈信號顯示反對從「一般的」國際角度解讀歐盟法，因為聯盟不僅有權通過「直接適用於所有成員國境內」的法案，[3] 而且從一開始，基礎條約還建立了一套憲法機制，預設由成員國法院直接適用歐盟法。[4]

---

2　例如：曾有具「國際」執行機制的形式要件是向法院提起侵權訴訟。關於這點，詳第八章第1節。
3　TFEU第288條第2項。
4　TFEU第267條。關於該條文，詳第七章第3節及第4節。

但無論創始成員國是否打算採取一元論觀點，歐盟法院在歐盟法最重要的判例之一摒棄了任何二元論傾向，此即：Van Gend en Loos案。[5]法院在此明確切斷了與古典國際法的臍帶，堅持聯盟法秩序是「新的法秩序」。法院這段著名的說法是這樣的：

〔歐盟〕條約的目標是旨在建立共同市場，其運作直接涉及到〔聯盟〕相關各方，這意謂此條約不僅只是**在締約國之間建立相互義務的一項協議**。此觀點在條約的序言得到肯認，其對象不僅提及政府，也提及了人民。而創設各種機構並賦予其影響各成員國及其公民之統治權限，更具體肯認此點。再者，還必須指出，〔聯盟〕各國也被要求透過議會和經濟暨社會委員會，在〔聯盟〕運作之下合作。

〔第267條〕除指派給法院任務外，亦在確保成員國之法院和法庭對條約的解釋統一；可知成員國承認〔歐盟〕法可以作為其國民在國內法院和法庭中援引的依據。由此得出的結論是，〔聯盟〕**構成了一個全新的國際法秩序**，各國為此必須限制其統治權限（儘管只是在有限領域中），而且此法秩序之主體不僅包括成員國，亦包括其國民。因此，〔歐盟〕法**在成員國立法之外**，不僅課予個人義務，同時也欲賦予其權利，使之成為其法律傳統之一部分。[6]

這裡為了證明歐盟法一元論正當性所提出的法律論證均值得斟酌再三。[7]但法院大筆一揮，確認了歐盟法秩序有別於古典國際法的獨立性。不同於一般國際法，基礎條約不僅是在國家之間建立相互義務的協議而

---

[5]　Van Gend en Loos v Netherlands Inland Revenue Administration, Case 26/62 [1963] ECR (Special English Edition) 1.

[6]　Ibid., 12（強調斜體後加）。

[7]　相關批評，詳T. Arnull, The European Union and its Court of Justice (Oxford University Press, 2006), 168 et seq。

已；歐盟法是要在成員國法院執行的（儘管同時也存在另一個國際執行機制）。[8]個人是歐盟法的主體，因此個人的權利和義務可以**直接**來自歐盟法。

重要的是，**所有的**歐盟法都可以直接適用，因此歐盟**本身**可以決定歐盟法在成員國法秩序內的效力和性質。歐盟法的直接適用性甚至讓歐盟**從中央**發展出歐盟法秩序的兩個基礎原則理論：直接效力原則以及最高（或優位）理論。本章分析直接效力原則理論；第六章討論優位原則理論。

什麼是直接效力原則？直接效力是指一項規範可以直接執行；也就是說不需立法機關進一步落實，便可由行政部門或法院直接適用。並非所有法規範都有這種性質。舉例而言，假若一項聯盟規範要求成員國設置公共基金，以確保償還破產私營公司的欠薪，但給予成員國很大的裁量權去決定如何實現這個目的，那麼這項規範就是無意對具體情況發生直接效力。[9]儘管此規範對內國立法者有拘束力，但其並非自動執行。因此讀者必須明白，法院支持聯盟和成員國法秩序之間一元論關係的決定，並不意謂所有歐盟法都將具直接效力。因為直接適用的概念比直接效力的概念更為廣泛，前者是指歐盟規範在成員國法秩序中的內部效力，而後者是指這些規範在具體案件中的可執行效力。因此，直接效力關乎行政和司法部門，而非立法部門（圖5.2）。

------------

8　Van Gend en Loos, Case 26/62 (n. 5), 13：「此外，向法院提交意見的三國政府在聲明中根據〔TFEU〕條約〔第258條〕和〔第259條〕提出的論據也不正確。條約的這些條款使執委會和成員國有權將未履行義務的國家送交法院，但這並不意謂著個人不能在必要時向內國法院要求履行這些義務，正如條約提供執委會多種辦法確保條約賦予這些對象的義務能夠得到遵守，從而排除個人向內國法院申訴違反這些義務的可能。若將防止成員國違反〔原〕〔EEC〕條約第12條的保證限制在〔第258條和第259條〕項下的程式，其國民將會失去個人權利的一切直接法律保護。若在實施違反條約條款的內國決定之後訴諸這些條款項下的程序，可能就會無效。除了〔第258條和第259條〕規定執委會與成員國必須進行的監督之外，個人對於自身權利保護的警覺，也不失為一有效的監督。」

9　此例當然就是來自Francovich案——第七章第2節討論的著名案例。

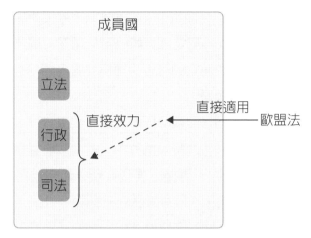

**圖5.2　直接適用與直接效力**

## 2. 基本法的直接效力

　　基礎條約為框架條約，作用在確立歐洲聯盟的目標，並賦予實現這些目標的權限。因此，TFEU第三部分的許多歐盟政策僅僅是在規定日後聯盟立法的權限和程序。基礎條約作為歐盟的基本法，在此僅是提供憲法骨架。但是這個憲法「骨架」本身能否具有直接效力？基礎條約是否有足夠精確的規定可在成員國法院執行？

　　歐盟法院在Van Gend en Loos案肯定地回答了這個問題。[10]該案涉及歐洲聯盟的一個核心目標：內部市場。根據基礎條約的這個核心要旨，聯盟要在成員國間建立一個關稅同盟。關稅同盟內，貨物可以自由流動，跨越邊境不需徵收任何關稅或其他金錢費用。基礎條約選擇逐步建立關稅同盟；為此，原EEC第12條規定了一項不得增加現有關稅的義務：「成員國不得從彼此間的進出口貿易新徵任何關稅或任何具有同等效果之費用，亦

---

[10] Van Gend en Loos, Case 26/62 (n. 5).

不得增加彼此貿易業已適用之關稅。」[11]荷蘭似乎違反此項規定；荷蘭一家進口公司Van Gend en Loos認定確實如此，於是在荷蘭法院對其國家稅務局提起訴訟。荷蘭法院對該案的可否受理與實質內容均有所疑問，於是向歐盟法院提交若干初步問題。

私人當事人能否在內國法院執行國際條約？如果可以，這是內國法還是歐盟法的問題？在歐盟法院的訴訟過程中，荷蘭政府對個人可在內國法院對本國政府執行國際條約一事提出強烈質疑。任何被指控的侵權行為都必須由執委會或成員國根據TFEU第258條和第259條規定的「國際」侵權程序提交至歐盟法院。[12]比利時政府在加入訴訟後同樣聲稱，國際條約在內國法秩序中的效力問題「完全屬於荷蘭法院的管轄範圍」。[13]反觀執委會卻反駁，「條約對成員國法的效力不能由各成員國實際的內國法律來決定，而是要由條約本身決定」。[14]由於原EEC第12條規定「明確而完整」，因此是「能被成員國法院有效適用的法律原則」。[15]此歐盟條款的對象是國家，這一事實「本身並未剝奪利害相關個人要求內國法院適用該條款的權利」。[16]

因此有兩種觀點在歐盟法院較勁。根據「二元論」觀點，私人當事人的法律權利「不能來自〔基礎條約〕或聯盟機構採取的法律措施，而〔僅〕能來自成員國制定的法律措施」。[17]但根據「一元論」觀點，歐盟法卻能直接創設個人權利。眾所周知，歐盟法院支持第二種觀點。從基礎

---

11 此條款業已經廢止，因此嚴格說來，指TEU第30條為其繼受條款並不正確，因為該條款是從EEC第13條和第16條而來。原EEC第12條的條文內容僅涉及新關稅的引入；因此沒有包括現有關稅限制的取消。

12 Van Gend en Loos, Case 26/62 (n. 5), 6.關於執委會的執行行動，詳第八章第1節。

13 Van Gend en Loos, Case 26/62 (n. 5), 6.

14 Ibid..

15 Ibid., 7.

16 Ibid..

17 此為德國政府的觀點（Ibid., 8）。

條約的「精神」來看，歐盟法不是「一般」的國際法，因此，其本身即可在成員國法秩序中直接適用。

　　但是，一項規定何時具有直接效力，使私人當事人從而有權尋求內國法院予以適用？歐盟法院在簡述基礎條約整體設計中涉及關稅的部分後，[18]便著眼於原EEC第12條的文字用語，並裁示如下：

> 　　〔原〕〔EEC〕第12條之用語有一項**明確而又不附條件的禁止規定**，此非積極性義務，而是**消極性義務**。再者，此項義務不受各國任何保留的限制，成員國不得**以內國法制定之積極**立法措施致使其實施**變成為附有條件**。此項禁止規定之本質使其非常適合在成員國及其國民之間的法律關係中產生直接效力。〔原〕〔EEC〕第12條之實施無須各國任何的立法參與。根據此條款，成員國方為消極義務之主體，但這並不意謂其國民無法從此義務中受益。[19]

　　雖然有所重複，但這裡明確指出直接效力的檢驗標準：凡基礎條約中包含「明確」而「不附條件」的「禁止規定」，都將具有直接效力。因此，構成不附條件的禁止規定，有兩個要件。第一，該聯盟條款必須是自動施行的禁止規定，也就是說：其實施不應倚賴聯盟後續的積極立法。第二，該禁止規定理論上也要是絕對的，也就是說：「不受各國任何保留的限制」。

　　這是非常嚴格的檢驗標準，但原EEC第12條確實「在理論上」滿足這三重檢驗的要求。它是一項清楚明確的禁止規定，同時也符合不附條件標準的兩個要件。然而，倘使法院堅持嚴格適用所有的三個標準，那麼基礎條約只有極為少數的條款具有直接效力。不過後來法院大大放寬了檢驗標準。

---

[18] 法院視原EEC第12條為條約關稅整體計畫中的「基本規定」（Ibid., 12）。

[19] Ibid., 13（強調粗體後加）。

### (a)直接效力：從嚴格到寬鬆的檢驗標準

在Van Gend案提出的直接效力檢驗標準有三。第一，條款必須明確。第二，條款必須不附條件，亦即要是自動施行的禁止規定。第三，此禁止規定必須具絕對性，亦即不容許保留。往後的案例法，歐盟法院便是從這三方面擴大直接效力的概念。

首先，一項禁止規定要多明確才有直接效力？在基礎條約關於貨物流通自由的編章中，我們可以找到以下這個著名的禁止規定：「成員國之間禁止採取進口數量管制及所有具同等效果的措施。」[20]雖然「數量管制」的概念可能已經相對明確，但「具同等效果的措施」所指為何？執委會意識到此一概念的漫無邊際，很早就提出一些語義上的說明。[21]儘管有種種不確定性，歐盟法院仍認定該規定具有直接效力。[22]

檢驗直接效力的第二個標準為何？禁止規定何時可算自動施行？假若基礎條約明確承認需要聯盟採取積極立法行動才能實現聯盟目標，可否算是自動施行？舉例而言，條約關於營業權一章不僅包含對成員國的禁止規定；[23]後續條文還規定為實現某一特定活動的營業自由，議會和理事會應循通常立法程序，在諮詢經濟暨社會委員會之後，依指令方式採取行動。

---

[20] TFEU第34條。

[21] Directive 70/50/EEC on the abolition of measures which have an effect equivalent to quantitative restrictions on imports and are not covered by other provisions adopted in pursuance of the EEC Treaty, [1970] OJ (English Special Edition) 17.第70/50/EEC號指令，廢除與限額具有同等效果但未被其他依EEC通過的條款涵蓋的措施，[1970] OJ (English Special Edition) 17。

[22] Iannelli & Volpi SpA v Ditta Paolo Meroni, Case 74/76 [1977] ECR 557, para. 13：「〔TFEU〕條約第34條禁止進口限額及具同等效果的措施是強制而且明確的規定，其實施不需成員國或〔聯盟〕機構的任何後續介入。因此該條款具有直接效力，並且創設了內國法院必須予以保護的個人權利〔。〕」

[23] TFEU第49條第1項規定：「除另有規定外，禁止限制成員國國民於其他成員國境內之營業設立自由。」

這難道不意謂營業自由是以立法行動作為條件嗎？法院在Reyners案[24]駁回此一論點。儘管營業自由一章的整體設計規定了一系列尋求透過後續聯盟立法實現流通自由的條文，[25]但法院仍表示歐盟的營業權具有直接效力。

最後，第三個條件呢？相對性的禁止規定若是明確，是否也有直接效力？前面討論過的進口數量管制之禁止規定存在若干正當例外，據此，這項禁令「不得排除〔國家〕以公共道德、公共政策或公共安全為由對進口、出口或過境貨物採取的禁止或限制措施」。[26]那麼，這能算是「不受各國任何保留的限制」的禁止規定嗎？法院認為可以，因為儘管這些讓步將「偏向重視成員國的利益，但也應注意到，它們涉及的是定義明確的特殊情況，不至於被擴大解釋」。[27]而且這些例外的適用「受司法控制」，成員國援引這些例外規定的權利並不妨礙一般性的禁止規定所「賦予個人可自己行使而內國法院也必須加以保護的權利」。[28]

那麼，經過這些放寬發展之後，基礎條約條款的直接效力檢驗標準又變得如何了呢？如今，這個簡易的檢驗標準簡化成：一項規定只要能被內國法院適用，它就具有直接效力。重點在於，直接效力並不仰賴歐盟規範授予主觀權利；相反地，主觀權利是規範直接有效的結果。[29]直接效力僅僅意謂一項規範可被法院「援引」並適用，而且這完全是歐盟法院說了算！如今，幾乎所有基礎條約的禁止規定都具有直接效力，即便是最一般

----------

[24] Reyners v Belgian State, Case 2/74 [1974] ECR 631.有關此問題的精彩討論，詳P. Craig, 'Once Upon a Time in the West: Direct Effect and the Federalization of EEC Law' (1992) 12 Oxford Journal of Legal Studies 453 at 463 70.

[25] Reyners, Case 2/74 (n. 24), para. 32.

[26] TFEU第36條。

[27] Salgoil v Italian Ministry of Foreign Trade, Case 13/68 [1968] ECR 453 at 463.

[28] Van Duyn v Home Office, Case 41/74 [1974] ECR 1337, para. 7.

[29] M. Ruffert, 'Rights and Remedies in European Community Law: A Comparative View' (1997) 34 Common Market Law Review 307 at 315.

性的禁止規定也是如此。事實上，依Mangold案[30]，法院就認為歐盟法中未成文而模糊不清的一般原則也可以具有直接效力。

我們應該接受這種發展嗎？應該，因為法律規則具有直接效力「應該是任何法律的正常狀態」。對聯盟法直接效力的質疑，是稚嫩階段歐盟法秩序的「新生疾病」。[31]

### (b)垂直直接效力與水平直接效力

當一項條約中的條款具有直接效力時，個人可在內國法院（或向國家行政部門）援引歐盟法，此時針對的對象通常是國家，這種情況稱為「垂直」直接效力，因為國家在規範上「高於」其主體。但若相同情況發生在兩個私人當事人之間呢？一項規範在私人當事人之間的法律效力稱為「水平」效力；垂直情況可以援引條約條款向來無庸置疑，但水平直接效力則引發過一些討論。

在對稅務局的訴訟中援引歐盟法（如Van Gend案），或在兩個私人當事人之間的民事糾紛中援引歐盟法，應否有所區別？應否允許基礎條約對個人施加義務？法院在Van Gend案接受了這種理論上的可能性。[32]事實上，法院從未質疑過條約條款的水平直接效力。[33]

關於條約條款的水平直接效力，最好的例證見於Familiapress v Bauer案[34]。該案涉及對TFEU第34條禁止無正當理由限制貨物流通自由的解釋。這是發生在維也納商業法院審理的Familiapress公司與德國競爭對手

---

30　Mangold v Helm, Case C-144/04 [2005] ECR I-9981.本章後續會討論此案。

31　P. Pescatore, 'The Doctrine of "Direct Effect": An Infant Disease of Community Law' (1983) 8 European Law Review 155.

32　Van Gend en Loos, Case 26/62 (n. 5), 12：「〔歐盟〕法因此不僅對個人施加義務〔。〕」

33　TFEU第34條的直接效力是在一宗私人當事人間的「水平」案件宣告，詳Iannelli & Volpi v Meroni, Case 74/76 (n. 22).

34　Vereinigte Familiapress Zeitungsverlags-und vertriebs GmbH v Bauer Verlag, Case C-368/95 [1997] ECR I-3689.

Bauer之間的民事糾紛，後者遭指控違反奧地利的不公平競爭法，刊登有獎填字遊戲——奧地利法律認定這是不公平的推銷手法。Bauer公司在內國法院援引TFEU第34條為自己辯護，宣稱歐盟法關於流通自由的權利具有直接效力，優先於奧地利法律。而歐盟法院後來也認定，構成不合理貿易限制的內國法律，在民事訴訟中應不予適用。從而，該基礎條約的條款具有水平直接效力。

## 3. 次級法的直接效力：指令

歐洲聯盟誕生之時，基礎條約設想了兩種具有直接效力的規範形式：規則和決定。第2節針對基本法所討論的基本法之憲法原則，同樣也適用於這兩種工具。[35]

相較之下，第三種形式——指令——似乎不具這種性質。因為根據TFEU第288條第3項，指令的定義如下：

> 指令就其所欲達成之結果，對其下達之成員國具拘束力，但其形式和方法應由各成員國當局擇定。

這種說法暗示指令是在國際之間對國家本身具有拘束力——但在國家內部則否。根據這種「二元論」的解讀，指令在成員國法秩序內並無效力。它們似乎無法直接適用，因此需要透過內國立法的「納入」或「實施」。成員國只受其須達成結果的拘束，使得這種二元論觀點更顯突出——因為結果義務在古典國際法十分常見。[36]

---

[35] 關於「規則」，詳Azienda Agricola Monte Arcosa Srl, Case C-403/98 [2001] ECR I-103. 很重要的一點是，儘管本章並未細究歐盟國際協議，但這裡討論的憲法原則同樣適用（準用）於它們（詳R. Schütze, European Union Law (Cambridge University Press, 2018), ch. 3, section 4）。

[36] 關於此觀點，詳L.-J. Constantinesco, Das Recht der Europäischen Gemeinschaften (Nomos, 1977), 614。

然而，這種間接的聯盟法律是否也能產生直接效力？法院在一連串的案例法中確認，指令在某些情況下可以具有直接效力，從而使個人有權在內國法院適用其歐盟權利。然而，法院對此判斷加上了兩個限制：一是時間限制，一是規範限制。直接效力只在成員國未能適當「執行」指令的情形出現之後才發生，而且效力僅及國家本身。第二個限制稱為「無水平直接效力法則」。儘管此原則一再受到肯認，但其本身亦有所限制的。

### (a)指令的直接效力：要件與限制

法院在Van Duyn v Home Office一案承認，指令可以直接創設個人在內國法院請求的權利。[37]

該案涉及一名荷蘭祕書，其遭英國以具有山達基教會成員身分為由拒絕入境。英國試圖引用一項基於公共政策和公共安全的明文的例外規定，來正當化這種對人員自由流動的限制。[38]然而，為使成員國維持自由流動的例外規定與聯盟法秩序的和諧，聯盟通過一項指令，規定「基於公共政策或公共安全理由採取之措施必須完全根據個人行為決定」。[39]這讓基於一般理由（例如隸屬某個不受歡迎的組織）限制自由流動的內國措施變成非法。遺憾的是，英國並未將該指令「落實」到內國法中。然而，Van Duyn案能否直接援引該指令來對抗英國當局？歐盟法院特別強調直接適用與直接效力之間有所區別，並指出這是可行的：

--------------

[37] Van Duyn, Case 41/74 (n. 28).
[38] TFEU第45條第2項及第3項。
[39] Art. 3(1) Directive 64/221 on the coordination of special measures concerning the movement and residence of foreign nationals which are justified on grounds of public policy, public security or public health, [1963 4] OJ (English Special Edition) 117.

> 根據〔第288條〕規定，規則為直接適用，因此具有直接效力的性質，但這並不意謂該條提及的其他法令永遠不會具有類似效力。若在原則上排除指令義務有被相關人士援引之可能性，即與〔第288條〕賦予指令之拘束力相互矛盾。特別是在〔聯盟〕當局透過指令課予成員國有義務採取特定行為過程的情況下，倘若是個人無法在內國法院援引指令，而內國法院也無法將之作為〔歐盟〕法下的一個要素予以考量，則此等法令之實效將被削弱。〔第267條〕授權內國法院不作區分地將〔歐盟〕機構所有法令之效力和解釋問題提交歐盟法院，更意謂個人可在內國法院援引法律。[40]

　　法院「正確地」指出直接適用和直接效力之間的區別，但卻「錯誤地」界定兩個概念之間的關係以圖證明其結論的正當性。為了排除規則直接適用而指令則否的文義解釋論點，法院錯誤地暗示直接效力可能無法直接適用。[41]接著再以三個不同的論點來證明指令的直接效力。第一，排除直接效力會與指令的「拘束力」相互矛盾。第二，倘若個人無法在內國法院援引，指令的「實效」將被削弱。第三，先決裁決程序並未排除指令，因此指令必須要能在內國法院被人援引。

　　這些論點的憲法意義為何？論點一是虛晃一招：指令在內國法中不具拘束力這點，與其在國際法下的拘束力「相互矛盾」。第二個論點很有說服力，但無關法律：透過提高拘束力來增強法規的實效是政治議題。最

---

[40] Van Duyn, Case 41/74 (n. 28), para. 12.

[41] J. Steiner的原話如下：「一項法律若未被認定已納入成員國的法律體系，個人如何能在國內予以執行？」（J. Steiner, 'Direct Applicability in EEC Law A Chameleon Concept' (1982) 98 Law Quarterly Review 229 48 at 234）。指令的直接效力是以直接適用為前提，事實上，自Van Gend en Loos案以來，所有指令都必須視為直接適用（詳S. Prechal, Directives in EC Law (Oxford University Press, 2005), 92 and 229）。

後，第三個論點只是點出問題：先決裁決程序的範圍一般及於所有「機構的法令」，但也有人說，只有具直接效力的法令才能適用。Van Duyn案的判決是對的，但可惜缺乏理由。

由於缺乏令人信服的法律論據來證明指令的直接效力，法院很快提出了第四個論點。「成員國若未在規定期限內通過指令所要求的施行措施，就不能以自身未能履行指令義務來對抗個人。」[42]這第四個理由就是著名的「禁反言論證」。由於未能履行歐盟義務的成員國「禁止」援引該義務作為辯護理由，從而個人有權主張該指令來對抗國家。第四個論點不同於原先的三個論點，它是以國家為中心。它不是將指令具有直接效力的依據放在規範形式本身的性質，而是放在國家的行為上。

此種（行為上的）論據對指令的直接效力會產生兩個重大限制。即便指令中規定「不附條件而且足夠精確」，「個人〔也僅〕在國家未能於規定期限結束前實施指令或未能正確實施指令的情況下，才能依據這些規定對國家提起訴訟」[43]。檢驗標準的指令直接效力，與一般歐盟法的檢驗標準不同，因為其中多了時間和規範的限制。在時間上，只有在國家未能實施指令時，指令才有直接效力。因此，在成員國的實施期限結束前，不會產生直接效力。再者，即使滿足了時間要件，直接效力也只能對國家發生作用。這種對指令直接效力的規範性限制稱為「無水平直接效力法則」。

### (b)無水平直接效力法則

法院在1970年代的案例法已將聯盟法的直接效力擴及至指令。國家倘若未將指令落實到內國法中，個人就能向國家請求行使其歐盟權利，這是屬於「垂直」直接效力的一種情況。個人是否也能對另一個私人當事人援引指令呢？這種「水平」直接效力存在於直接性聯盟法律；但其是否應該

---

[42] Ratti, Case 148/78 [1979] ECR 1629, para. 22.

[43] Kolpinghuis Nijmegen BV, Case 80/86 [1987] ECR 3969, para. 7（強調後加）。

擴及到指令？眾所周知，法院的答案是堅決的「不」：指令不能具有水平直接效力。

「無水平直接效力法則」一詞首見於Marshall案，[44]法院的否定結論是從一段文義解釋而來：

> 根據〔TFEU第288條〕，指令的拘束性乃是個人得在內國法院依據指令的基礎，而此拘束性只存在於「其下達之各成員國」。因此，指令本身無法對個人課予義務，也不能以指令中的規定作為對抗個人之依據。[45]

水平直接效力的不存在，後續又在Dori案[46]得到確認。一家私人公司向Dori女士兜售英語函授課程，雙方在米蘭繁忙的中央火車站簽訂契約。幾天後，女士改變心意想要解除契約。歐盟關於在營業場所外簽訂消費者契約的指令有規定解除契約的權利，[47]但義大利並未將該指令落實到內國法中。私人當事人究竟能否直接憑藉未生效的指令來對抗另一私人當事人呢？法院的態度十分堅決：

> 從Marshall案的判決可以清楚看到……有關依指令對抗國家實體之可能性的案例法是根據〔第288條〕的規定：指令只對「其下達的各成員國」具拘束力。該案例法旨在防止「國家利用自己未能遵守〔歐盟〕法的情況」……將該案例法擴張到個人之間的關係，結果將是承認〔聯盟〕有權限創設對個人的義務並使之立即生效，但限於聯盟有

---

[44] Marshall v Southampton and South-West Hampshire Area Health Authority, Case 152/84 [1986] ECR 723.

[45] Ibid., para. 48.

[46] Faccini Dori v Recreb, Case C-91/92 [1994] ECR I-3325.

[47] 85/577號指令關於消費者在營業場所外洽談契約的保護，[1985] OJ L372/31.

權通過規則的情形。因此，若不存在有規定時限內轉置指令的措施，消費者就不能從指令本身取得解除契約的權利，也無法在內國法院行使這項權利。[48]

　　這段論述中基於三個論點否定指令在水平關係的直接效力。[49]第一，文義解釋：指令對其下達的各成員國具有拘束力。但法院當初不是也用這個論點來肯認指令的直接效力嗎？第二，禁反言論點：指令的直接效力是為防止國家利用其自身未能遵守歐盟法的情況，且未能實施指令一事無法歸責於個人，所以直接效力不應擴及到他們身上。第三，體系解釋：若讓指令具有水平直接效力，指令和規則之間的區別就會消失。[50]為了支持其論理，法院在後續的案例法增加了第四個論點：法確定性。[51]由於指令不會公布，因此不能對其未下達之人課予義務。這個論點已經失去部分效力，[52]但至今仍有很大影響力。

　　這些論點都可受批評，[53]但法院仍堅持其結論：指令不能直接對個人課予施加義務，它們不具水平直接效力。不過，這個歐盟法的憲法原則依然有一個重大限制：垂直直接效力的廣泛適用範圍。

### (c)原則之限制：廣泛的定義國家（行為）

　　極小化無水平直接效力原則的一個方法，是極大化指令的垂直直接效力，法院為此對何謂「國家」及何謂「公共行為」作了極為廣泛的定義。

---

[48] Dori (n. 46), paras 225.

[49] 法院悄悄拿掉了「實效論點」，因為這會導致相反的結論。

[50] 關於這點，詳R. Schütze, 'The Morphology of Legislative Power in the European Community: Legal Instruments and Federal Division of Powers' (2006) 25 Yearbook of European Law 91.

[51] 詳The Queen on the Application of Delena Wells v Secretary of State for Transport, Local Government and the Regions, Case C-201/02 [2004] ECR 723, para. 56：「法確定性原則可防止指令對個人創設義務」。

[52] 由於TFEU第297條的要求，指令現在原則上都要公布。

[53] 關於其中主要論點的精彩介紹，詳P. Craig, 'The Legal Effect of Directives: Policy, Rules and Exceptions' (2009) 34 European Law Review 349。

哪些公家機關算是「國家」？最狹隘的定義是將此概念侷限在一國的中央機關。由於他們未能落實指令，依據禁反言論證他們應受指令的垂直拘束。然而，法院從未接受此一限制，而是支持國家的最廣泛定義。因此，法院認為具直接效力的義務「對成員國的所有機關都有拘束力」；這涵蓋「各級行政組織，包括非中央政府機關，如直轄市政府」，[54] 甚至是「憲法上的獨立」機關。[55]

Foster案[56] 為這個最廣泛的定義提供了最佳的說明方式。「英國天然氣公司」——一間專事開發和維護天然氣供應的法定機構——是英國「國家」的一部分嗎？法院認為是的。垂直直接效力適用於任何機構，「無論其法律形式如何，只要該機構是依據國家通過的措施，而在國家監督下負責提供公共服務，並為此目的享有的特殊權力，超出適用於個人之間關係的一般規範所賦予之權力者」[57] 都算在內。因此根據這個廣泛的定義，國家也包括執行公共職能的私人。

然而，這個國家的功能性定義又指出只有「公共行為」，即執行公共職能的行為，才算在內。可是，國家有時也會像私人一樣的地位來行動，它可能會簽訂私法契約和雇用私人。這些「私人行為」也受垂直直接效力原則理論涵蓋嗎？

在Marshall案，原告主張英國沒有適當落實《平等待遇指令》。但在此水平情況下，西南漢普郡地區的衛生局雇員能否援引指令的直接效力來對抗此國家機關？英國政府主張直接效力：

---

[54] Costanzo SpA v Comune di Milano, Case 103/88 [1989] ECR 1839, para. 31（斜體強調後加）。

[55] Johnston v Chief Constable of the Royal Ulster Constabulary, Case 222/84 [1986] ECR 1651, para. 49.

[56] Foster and others v British Gas, Case C-188/89 [1990] ECR I-3313.

[57] Ibid., para. 20（強調斜體後加）。關於近期對此檢驗標準的確認，詳Farrell案，Case C-413/15, EU:C:2017:745。

> 僅適用於作為公家機關的成員國，不適用於作為雇主的成員國⋯⋯作為雇主，國家與私人雇主並無區別⋯⋯因此，將國家雇用之人員置於比私人雇主雇用之人員更佳的地位並不適宜。[58]

這個論點很有道理，但法院並不同意。法院認為，個人可以憑藉指令來對抗國家，「無論後者是以雇主或公家機關的身分採取行動」。[59]

因此，垂直直接效力不僅適用於執行公共職能的私人當事人，也適用於從事私人活動的公家機關。[60]垂直直接效力原則理論的這種雙重延伸可能被人批評是對相似情況的不同處置，因為它會造成無水平直接效力原則在適用上不一致。然而，法院近已肯認這兩種延伸都是Foster原則理論的必然結果。[61]

## 4. 透過成員國法和歐盟法產生的間接效力

規範可以有直接和間接的效力。缺乏直接效力的歐盟規定仍可在成員國法秩序中產生特定的間接效力。缺乏直接效力僅意謂規範本身無法被直接援引，不過歐盟法仍可在成員國法秩序中產生間接效力，因為歐盟法院已為成員國的法院（和行政部門）創設一項一般性的義務，要求盡可能根據所有歐盟法來解釋內國法。這項統一解釋理論適用於歐盟法的所有規範形式。[62]然而，此理論主要是針對指令，因此以下許多案例都會以此種規

---

58　Marshall, Case 152/84 (n. 44), para. 43.

59　Ibid., para. 49.

60　Ibid., para. 51.

61　Farrell, Case C-413/15 (n. 57)，當時法院被問及固有的Foster定義是包含兩項累積還是兩項替代檢驗標準，法院明確澄清是後者（Ibid.，特別是para. 33）。

62　Tizzano佐審官在Mangold, Case C-144/04 (n. 30), para. 117的精彩總結：「首先必須提醒的是，統一解釋的義務是〔歐盟〕法的『結構性』效力之一，搭配直接效力較為『侵入性』的設計，能使內國法符合〔歐盟〕法的實質和意旨。由於其結構性的性質，這項義務適用於〔歐盟〕法的所有規範形式來源，不論是基本立法或次級衍生立法，不論是否體現在具有法律拘束力的法律中。即便是建議，法院也認為『內國法院

範形式為主要討論對象。

### (a)成員國法的統一解釋

統一解釋理論在Von Colson案有詳盡的定義：

> 　成員國因指令所生實現指令設想結果之義務，以及依〔TEU〕第4條第3項採取一切適當措施（無論是一般措施或特別措施）以確保該義務履行之職責，其所拘束的是所有成員國的機關，包括所管轄之法院。因此，適用內國法律，特別是專為落實〔指令〕所引進之相關規定時，內國法院必須根據指令之文字和目的來解釋內國法律，以實現〔第288條〕第3款之結果。[63]

統一解釋義務是透過間接手段來落實指令的義務。當成員國立法者未能落實指令時，這項任務將（部分）移轉到成員國司法部門身上。成員國法院此時有義務從「歐盟」觀點解釋內國法律，在司法上「實施」指令。然而，重要的是，統一解釋義務僅在指令實施期限過後才會產生。[64]

因此，無論「系爭〔內國〕規定是在指令之前還是之後通過」，統一解釋義務均有適用。[65]而盡可能依歐盟法解釋內國法的義務也延伸到所有內國法律中——無論其是否旨在落實指令。不過，如果國內法律是專門為落實指令而設，成員國法院甚至被強制推定要具有一定的行事邏輯風格，

-------------

在裁決糾紛時必須將之列入考量』。」

[63] Von Colson and Elisabeth Kamann v Land Nordrhein-Westfalen, Case 14/83 [1984] ECR 1891, para. 26. 由於這個段落在界定統一解釋上特別重要，因此有時會被稱為「Von Colson原則」。

[64] 成員國法院在實施期限到期之前（！）無須根據聯盟法解釋內國法律，詳Adeneler and others v Ellinikos Organismos Galaktos (ELOG), Case C-212/04 [2006] ECR I-6057。

[65] Marleasing v La Comercial Internacional de Alimentatión, Case C-106/89 [1990] ECR I-4135, para. 8（斜體強調後加）。

亦即「成員國在行使該條款所賦予的裁量權之際，已有意完全履行該指令所生義務」。[66]

如此一來，統一解釋的義務便可能促成指令的間接實施，因為它可能間接課予新的義務——無論是垂直還是水平方向。指令間接水平效力的實例見於Webb案。[67]該案原告Webb太太向雇主提出權利主張。雇主當初是雇用原告來替代一位休產假的懷孕同事，在開始工作兩週後她發現自己也懷孕了，因而遭到解雇。她向勞資法庭提起訴訟，指控雇主性別歧視。勞資法庭駁回此一請求，理由是解雇她的原因並非基於性別，而是她沒有能力完成雇主招聘她來完成的主要任務。此案上訴至（當時的）英國上議院，上議院肯認法院對內國法律的解釋，但對英國在《平等待遇指令》下的聯盟義務仍有疑義。在先決裁決中，歐盟法院認定確實存在前開指令所稱的性別歧視，而且原告受雇以取代另一名雇員的事實並不相關。[68]因此，在收到先決裁決後，上議院不得不改變其先前對內國法律的解釋。最後原告贏得權利，而其雇主則失去解雇她的權利。

間接效力理論在此改變了兩個私人當事人之間的水平關係；因此有人說統一解釋義務是「指令之事實上（水平）直接效力」。[69]然而，這個事實上的水平效力其實是一種間接效力，因為它是透過內國法的媒介而運作。

指令經統一解釋理論產生的間接效力是否有所限制？這項義務的要求非常嚴苛，成員國法院必須「盡可能根據指令的文字和目的」[70]解釋內國法律。但何謂「盡可能」？成員國法院應否要如內國立法機關一樣行事？

---

[66] Bernhard Pfeiffer et al. v Deutsches Rotes Kreuz, Kreisverband Walshut eV, Joined Cases C-397 403/01 [2004] ECR I-8835, para. 112.

[67] Webb v EMO Air Cargo, Case C-32/93, [1994] ECR I-3567.

[68] Ibid., paras 26-8.

[69] Prechal, Directives in EC Law (n. 41), 211.

[70] Marleasing, Case C-106/89 (n. 65), para. 8（斜體強調後加）。

這可能嚴重破壞許多成員國憲法秩序為司法部門保留的（相對）被動地位。因此聯盟法秩序只要求成員國法院「就內國法律所賦予的裁量權」，調整其對內國法律的解釋。[71]由此可見，歐盟法院接受成員國有其既定的司法解釋傳統，而允許成員國法院將自己限定在「適用內國法律認可的解釋方法」。[72]成員國法院沒有義務「創造」或「引進」新的解釋方法。[73]不過，歐盟的統一解釋理論要求提請解釋的法院，在內國法賦予司法部門的裁量權限範圍內，「應依照內國法體系進行其管轄範圍內的任何事務」。[74]

但統一解釋義務也有來自歐盟法上的限制。歐盟法院指出此一義務「受到〔歐盟〕法一般原理原則的拘束，特別是法律確定性與不溯及既往的原則」。[75]這意謂著指令的間接效力不能加重私人當事人的刑事責任，因為刑法有格外嚴格的解釋規則。[76]但更重要的是，法院承認內國規定明確而毫不含糊的文字構成對其解釋的絕對限制。[77]因此成員國法院不需對其內國法進行悖於法律的解釋。[78]統一解釋義務的界限只會存在於法條的明確文字之中。因此，在賦予聯盟法間接效力時，成員國法院無須將作為媒介的內國法過度擴張，而只需解釋文本，不是修正文本，後者依舊是內國立法部門的任務，非屬內國司法部門所管轄。

--------------

[71] Von Colson, Case 14/83 (n. 63), para. 28（斜體強調後加）。

[72] Pfeiffer, Joined Cases C-397-403/01 (n. 66), para. 116.

[73] M. Klammert, 'Judicial Implementation of Directives and Anticipatory Indirect Effect: Connecting the Dots' (2006) 43 Common Market Law Review 1251 at 1259.相反的觀點可見Prechal, Directives in EC Law (n. 41), 213。

[74] Pfeiffer, Joined Cases C-397-403/01 (n. 66), para. 118.

[75] Kolpinghuis, Case 80/86 (n. 43), para. 13.

[76] Arcaro, Case C-168/95 [1996] ECR I-4705.

[77] Kücükdeveci v Swedex, Case C-555/07 [2010] ECR I-365, para. 49.

[78] Adeneler v Ellinikos, Case C-212/04 (n. 64), para. 110：「誠然，成員國法院在解釋和適用國內法相關規定時參酌指令內容的義務受到法律一般原理原則的限制，特別是法確定性和不溯及既往的原則，而且該義務不得作為悖於違反法律解釋內國法的依據。」

因此，歐盟法透過內國法所產生的水平間接效力有其限制。是以，相較於水平直接效力原則理論，統一解釋的義務對成員國立法權的侵犯較為溫和。不過，隨著間接效力原則理論的二次發展，這個說法已受到質疑。

### (b)透過歐盟基本法產生的間接效力

歐盟法院建立了第二管道來增進指令的間接效力，它不是透過成員國法來居中斡旋，而是間接將指令內容轉化為歐盟法。這是如何做到的？法院使用的方法是利用歐盟法的一般原則，特別是——歐盟基本權利。因為後者為聯盟基本法，可以具有水平直接效力。[79]

這個新管道是在Mangold案[80]開闢的。該案涉及德國的《部分工時暨定期勞動契約法》，該法允許雇主與年滿52歲以上的勞工簽訂定期勞動契約。不過，德國的這個法律似乎違反了歐盟第2000/78號指令，此為歐盟建立就業與職業平等待遇的基本框架，用以打擊工作場所的歧視。根據該指令，成員國必須有客觀而合理的正當目的，才能以年齡為由在工作場所採取差別待遇。在本案中，一家德國律師事務所使用定期僱傭合約雇用了當時56歲的Mangold先生；Mangold主張德國法律存在了基於年齡的不平等歧視，因此違反歐盟第2000/78號指令。

這個論點大有問題，因為這是在兩個私人當事人之間的民事訴訟中提出，這點似乎就排除了該指令第6條第1項的直接水平效力。更重要的是，該指令的實施期限尚未結束，因此即使是指令的間接水平效力也無法透過對內國法進行「與聯盟一致」的解釋來實現。然而，在發現內國法確實違反聯盟指令的實質內容後，[81]法院設法創造了新的方法來審查此德國法律的合法性。它沒有直接或間接使用該指令，而是找到指令背後的一項歐盟

---

79 關於聯盟基本法的規範性質，詳前面第2節。

80 Mangold v Helm, Case C-144/04 [2005] ECR I-9981.

81 Ibid., para. 65.

基本人權，這項權利即是禁止年齡歧視原則；正是該項一般原則在成員國實施歐盟法時發揮著拘束成員國的作用。基此，法院之推理如下：

> 遵守平等待遇（特別是在年齡方面）此項一般原則本身，不得以允許成員國轉置指令制定基本框架打擊年齡歧視的期限到期作為條件⋯⋯在此情況下，內國法院於審理關於禁止年齡歧視原則的爭端時，有責任就其管轄範圍提供個人在〔歐盟〕法相關規定之法律保護，同時確保此等規定充分有效，排除任何可能與之衝突的內國法規定。準此，給予〔內國法院〕的答覆必須是，該〔歐盟〕法律，特別是第2000/78號指令第6條第1項，應解釋為排除國內法律之規定，例如在主要訴訟程序中提供無限制授權之系爭規定即是，除非其與先前同一雇主簽訂之無限期聘僱契約有密切關聯，否則只要勞工年滿52歲以上即有權簽訂定期聘僱契約。[82]

這個判決極具爭議性。經常使用歐盟基本法作為次級法的媒介是很危險的，「因為備位地適用這些原則不僅導致法確定性喪失，還會扭曲規範系統的本質，將代表性的〔聯盟〕法律變成僅具裝飾性的規則，而可被一般原則輕易取代」。[83]簡言之，如果具體指令的通過是為使一般原則更為精確，那麼怎麼可能後者具有直接效力而前者沒有呢？然而，令有些人失望的是，[84]Mangold案的判斷後來得到肯認甚且有所強化。[85]指令透過歐盟基本法產生間接效力，因此成了創造指令間接水平效力的第二種途徑（圖5.3）。

--------

[82] Ibid., paras 76-78（斜體強調後加）。

[83] Advocate General Ruiz-Jarabo Colomer in Michaeler et al. v Amt für sozialen Arbeitsschutz Bozen, Joined Cases C-55 and 56/07 [2008] ECR I-3135, para. 21.

[84] 有關丹麥憲法法院對此的反對意見，詳第六章第4(a)節。

[85] Kücükdeveci v Swedex, Case C-555/07 [2010] ECR I-365.

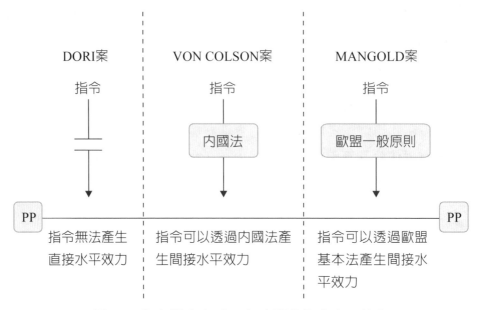

**圖5.3　私人當事人（PP）之間的指令水平效力**

## 小結

　　一項規範要成為法律上的規範，它必須是可以執行的。[86]因此，對歐盟法直接效力的質疑，可謂稚嫩階段歐盟法秩序的「新生疾病」。[87]但既然〔歐盟〕法如今已臻成熟，直接效力應被視為理所當然，這是一個先進憲法秩序的正常發展。[88]

　　本章所討論直接效力理論的演變反映了這裡所說的成熟。現今，對歐盟法直接效力的檢驗已非常寬鬆。一項規定只要「不附條件」而且「足夠清楚和精確」，就會具有直接效力，這三個條件可以檢驗一項規範可否在

---

[86] 有關（純粹的）「道德」與（可執行的）「法」規範之間的差異，詳H. L. A. Hart, The Concept of Law (Clarendon Press, 1997)。

[87] Pescatore,'The Doctrine of "Direct Effect"' (n. 31).

[88] A. Dashwood,'From Van Duyn to Mangold via Marshall: Reducing Direct Effect to Absurdity' [2006/7] 9 Cambridge Yearbook of European Legal Studies 81.

法庭上執行。歐盟法的所有規範形式都被認為能夠產生具有直接效力的法律；而且這種直接效力通常既能垂直也能水平地適用。

　　這項原則的唯一例外是「指令」。對於指令，聯盟法秩序更看重其間接效力。因此，指令代表的是一種「幕後」或是「間接」的歐盟法。[89]然而，正如我們前面所見，指令在實施期限過後才有可能出現未落實或實施錯誤的情況，也才具有直接效力。不過，這些直接效力將只具有垂直的直接效力，因為法院始終堅持歐盟指令的「無水平直接效力」原則。

------------------

[89] Gibraltar v Council, Case C-298/89 [1993] ECR I-3605, para. 16（斜體強調後加）：「通常是一種間接的監管或立法措施」。

# 第六章　法律優位

## 摘要

　　由於歐盟法可以在成員國內直接適用，因此要如同內國法，必須獲得該國機關的承認。此外，也由於歐盟法可能具有直接效力，因此在特定情況下會與內國法產生牴觸。

　　當兩種立法意志衝突時，法院需要知道如何解決這些衝突。解決此時的立法衝突有賴一套具有階層的規範。現代聯邦國家在解決聯邦立法與各邦／州立法之間的衝突時，一般以前者優先：即聯邦法高於邦／州法。[1] 這種集權化（centralized）解決方案在我們的憲法思維中根深蒂固，以致我們往往忘記分權化（decentralized）也是一種解決方案：即地方法可以高於中央法。[2] 因此，每個聯邦秩序都必須決定何種法律優先適用。最簡單的優位形式是絕對優位：一個法秩序的所有法律優於另一個法秩序的所有法律。然而，絕對優位可以賦予給大政治社體或小政治社體，而兩種極端之間存在著各式各樣的差異。

　　當聯盟誕生時，基礎條約並未明確提及歐盟法的優位性（或「至高性」）。[3] 這是否意謂優位性是由各國法秩序決定；抑或存在一個聯盟優位理論？我們將在本章看到優位問題的兩種不同觀點。根據歐洲觀點，所有聯盟法優於所有內國法；但這種「絕對」觀點並不為各成員國所認同。根據成員國觀點，歐盟法的優位性是相對的，而各國對歐盟法絕對優位的

--------

[1] 例如美國憲法第6條第2款規定：「本憲法及依本憲法所制定之合眾國法律；以及合眾國業已締結及將要締結之一切條約，皆為全國最高法律。」

[2] 有很長一段時間，「輔助性解決方案」（subsidiarity solution）建構了中世紀的盟約關係，一句古老法律諺語最能體現其中的憲政精神：「縣法破國法，國法破普通法。」因此若發生立法衝突，小政治社群的法規便享優位。

[3] 憲法條約（已遭否決）原本打算新增一明文條款（第I編第6條）：「憲法及聯盟機構行使權限通過之法律應優於各成員國之法律。」但該條款後來並未被里斯本條約採納。然而，里斯本條約新增了第17號宣言聲明：「會議重申，根據歐洲聯盟法院確立之案例法，基礎條約及聯盟基於基礎條約通過之法律在前開案例法規定之條件下，優於各成員國之法律。」

挑戰一直表現在兩種不同的脈絡。首先是若干成員國——特別是他們的最高法院——對抗聯盟法秩序的人權，他們主張，歐盟法不能侵犯內國基本權利。在此脈絡下最著名的歐盟法優位之爭，是歐洲法院與德國憲法法院之間的衝突。[4]類似論爭也發生在第二種脈絡：越權監督。成員國否認聯盟擁有決定聯盟本身權限範圍的無限權限，[5]堅持他們對歐盟權限的界限握有最終決定權。

　　本章分四步分析歐洲法秩序中的優位原則理論。首先第1節探討歐洲的絕對優位原則理論，接著第2節再論該原則理論對成員國法的影響。後面兩節則是從歐盟法優位的兩個挑戰，分析成員國觀點的優位原則理論，第3節探討國家基於基本人權主張歐盟法相對優位，第4節將本章的分析擴展到誰是歐盟權限範圍的最終仲裁者這一爭議性問題之上。

## 1. 歐洲觀點：絕對優位

　　1958年，一些成員國內部強烈的二元論傳統對聯盟法秩序的統一構成了嚴重的法律威脅。[6]在二元論國家內，歐盟法的地位被視為取決於「轉置」基礎條約的內國法。如果該內國法為國會法，則其後的任何修正都可能——明示或默示地——廢止原本被轉置的內國法。此乃源於一項悠久的議會主權原則理論：「舊」議會不得拘束「新」議會。因此，任何「新」

---

4　下一章將專門討論德國憲法法院的判例，其長期以來一直是聯盟法秩序中最咄咄逼人，或許也是最富盛名的國家法院。關於法國最高法院的反應，詳R. Mehdi, 'French Supreme Courts and European Union Law: Between Historical Compromise and Accepted Loyalty' (2011) 48 Common Market Law Review 439。關於中歐憲法法院的觀點，詳W. Sadurski, '"Solange, Chapter 3": Constitutional Courts in Central Europe Democracy European Union' (2008) 14 European Law Journal 1。

5　關於Kompetenz-Kompetenz這個奇怪的（德國）概念，詳R. Schütze, European Union Law (Cambridge University Press, 2018), ch. 2, section 2(a)。

6　C. Sasse, 'The Common Market: Between International and Municipal Law' (1965-6) 75 Yale Law Journal 696-753.

的國會法在理論上都將優於「舊」的（轉置）歐盟法。不過，歐盟法的優位性即使在一元論國家都可能受到威脅，因為在這些國家，其憲法在理論上可以高於歐盟法。

　　歐盟法秩序會堅持其法律應優於包含國家憲法在內的成員國法嗎？歐盟法院在一系列基礎案例中的確就是如此。

### (a)優於成員國內國法

　　由於懼怕優位問題之分權化解決方案，歐盟法院迅速將優位問題的集權化，變成歐盟法的一項基本原則。在Costa v ENEL一案中，[7]歐盟司法機構被問及1958年以後通過的義大利立法能否優於原來的基礎條約。該訴訟涉及Costa積欠義大利國家電力局一筆未結清的電費帳單，後者係根據1962年電力國有化法設立，原告對該法提出質疑，認為其違反1957年EEC條約。義大利的二元論傳統回應為歐盟基礎條約就如一般國際法，是藉內國立法轉置，依國際法的邏輯，可被後續的內國立法排除適用。

　　所以成員國可以單方面決定歐盟法在其內國法秩序中的地位嗎？眾所周知，歐盟法院不接受這種解讀，並與國際法理論切割：

　　　有別於一般國際條約，歐盟條約自成法律體系，在條約生效後成為成員國法律體系之一部分，成員國法院必須予以適用……將源自〔歐盟〕之法規，更一般地說就是條約之條款與精神，納入各成員國之法律，必然使得各國無法讓嗣後單方面之措施優於其他基於互惠基礎接受之法律體系。因此，該等措施不得牴觸該法律體系。〔歐盟〕法之執行力不得因為遵從嗣後之內國法而在不同成員國有所差別，如此勢必損及條約目標之實現……從上開這些意見可以看出，基礎條

---

7　Costa v ENEL, Case 6/64 [1964] ECR 585.

約為獨立之法律來源，源自於此之法律有其特殊性與固有性，不能被內國法規所推翻，無論其如何制定，都無法剝奪其作為〔歐盟〕法之特性，亦不會使〔聯盟〕本身之法律基礎受到質疑。[8]

歐盟法理應高於成員國法，因為其執行力不能因國家不同而有差異。再者，由於聯盟法的優位性不能來自於古典國際法，[9]因此法院必須宣告聯盟法秩序不受一般國際法拘束。

歐盟法的地位有多至高無上？歐盟基礎條約優於內國立法的事實，並不自然意謂所有次級法都會優於所有內國法。歐盟法院會接受針對特定成員國規範（例如內國憲法）採取「細微差別」的解決方案嗎？歐盟法院從未接受過相對優位原則理論，這在Internationale Handelsgesellschaft一案說得非常清楚。[10]德國行政法院曾經質疑歐盟立法可能會侵犯德國憲法所賦予的基本權利，並向歐盟法院提出這個問題。內國憲法包括人權在內的基本原則是否不在歐洲觀點的優位範圍之內？歐盟法院對此並不認同：

- - - - - - - - - - - - -

8　Ibid., 593-4.

9　有些學者指國際法相對於內國法具有「最高性」（詳F. Morgenstern, 'Judicial Practice and the Supremacy of International Law' (1950) 27 British Year-book of International Law 42），然而這裡使用的最高性概念並不精確。法最高性是指一種規範優於另一種規範。為此，兩種規範必然產生衝突，才有辦法構成同一法秩序的一部分。然而，古典國際法是以國家主權為基礎，這意謂其與內國法之間的二元論關係。二元論惟幕保護內國法不被天主教會或神聖羅馬帝國等「超國家」當局推翻。當一個國家對國際法開放時，這種「一元論」立場就是一種內國選擇，國際法本身從未將一元論強加於一個國家。提及國際法的「條約必須遵守」（pacta sunt servanda）原則在此毫無幫助。事實上一個國家不得援引內國法作為其違反國際義務的理由說的不是最高性。「條約必須遵守」原則的背後是法律責任的概念：一個國家無法跳脫國際義務而無法律責任。內國法與國際法的二元性因此得以維持：前者不能影響後者（正如後者不能影響前者一樣）。

10　Internationale Handelsgesellschaft mbH v Einfuhr-und Vorratsstelle für Getreide und Futter-mittel, Case 11/70 [1970] ECR 1125.

> 為判斷〔聯盟〕機構所採措施之效力而訴諸內國法之法律規定或概念，將對〔聯盟〕法之一致性與和有效性產生不利影響。此類措施之效力僅能根據〔聯盟〕法來判斷。[11]

如此一來，歐盟法的效力便能不受任何事物影響──即便是成員國內部最根本的規範。歐盟法院對歐盟法優於內國法的看法是絕對性的：「所有的〔歐盟〕法優於整體成員國法」。[12]

### (b)優於成員國間的國際條約

儘管歐洲優位理論不久即見於內國立法之中，[13]但擴展至成員國的國際協議卻緩慢許多。從一開始，基礎條約就明文承認這個歐盟法優位性的例外。根據TFEU第351條：

> 成員國於1958年1月1日以前締結條約，或新加入之成員國於其加入以前，以一個或數個成員國為一方，與一個或數個第三國為另一方締結條約，所生權利與義務不受基礎條約規定影響。[14]

第351條在此規定成員國先前的國際協議「優」於相牴觸的歐盟法。倘若兩者發生衝突，可在內國法秩序中不適用歐盟法。事實上，第351條「若不暗示〔聯盟〕機構有責任不去妨礙成員國履行先前協議所生之義

----

[11] Ibid., para. 3.

[12] R. Kovar, 'The Relationship between Community Law and National Law' in EC Commission (ed.), Thirty Years of Community Law (EC Commission, 1981), 109 at 112-13.

[13] 關於社會接受此理論的確立過程，詳K. Alter, Establishing the Supremacy of European Law: The Making of an International Rule of Law in Europe (Oxford University Press, 2001)。

[14] 第1項。條文後續指出（第2項）：「該等協議若與基礎條約牴觸，一個或數個相關成員國應採取一切適當辦法以消除經證實確有相互牴觸之處。成員國必要時應互相協助以達此一目的，並在適當情況下採取共同態度。」

務，便無法實現其目的。」[15]這是對歐盟法秩序完整性的嚴重侵害，因此必須採取限縮解釋。[16]

但是，成員國先前之國際協議的優位性是否存有內部或外部的限制？歐盟法院已清楚指出，該條款存在內部限制。第351條第1項只允許成員國履行其對第三國的義務。[17]因此，成員國不能依第351條行使其權利；也不能據以履行他們彼此互負的國際義務。

這些內部限制還有外在限制作為補充，歐盟法院在Kadi案中闡明了它們的存在。[18]儘管承認第351條可作為排除適用聯盟基本法的理由，但法院也堅持該條款「不能理解為授權排除適用TEU條約〔第2條〕所保障之任何作為聯盟存立基礎的自由、民主以及尊重人權和基本自由的原則」。[19]法院認為，「〔TFEU第351條〕不允許任何情況可對〔聯盟〕法秩序的基礎原則進行挑戰」。[20]聯盟的憲法核心也對成員國先前所締結國際條約的優位性構成了限制。

TFEU第351條有限制的適用是否應該類推到成員國於1958年以後締結的國際協議呢？此一論點背後的主要憲法依據是為確保成員國有效行使締約權，「否則，成員國締結任何國際條約都要冒著日後牴觸〔歐盟〕

---

[15] Attorney General v Burgoa, Case 812/79 [1980] ECR 2787, para. 9.這在Criminal Proceedings against Jean-Claude Levy, Case C-158/91 [1993] ECR I-4287得到確認。

[16] The Queen v Secretary of State for Home Department, ex p. Evans Medical Ltd and Macfarlan Smith Ltd, Case C-324/93 [1995] ECR I-563, para. 32.

[17] Commission v Italy, Case 10/61 [1962] ECR 1, 10 11：「〔第351條〕所稱『權利與義務』，其中『權利』是指第三國的權利，『義務』是指成員國的義務，根據國際法的原則，成員國承擔一項牴觸先前條約項下權利的新義務，事實上便是在行使新義務的必要範圍內放棄行使該等權利。」

[18] Kadi and Al Barakaat International Foundation v Council and Commission, Case C-402/05P [2008] ECR I-6351.此案件的事實在本書第四章第2節有做討論。

[19] Ibid., para. 303.

[20] Ibid., para. 304.

法的風險」。[21]這個觀點遭到批評：定性歐盟法與單邊內國法之間關係的「一般性」憲法原則，沒有理由不能適用於嗣後締結的國際協議。[22]中間派意見認為，將第351條的類推適用限縮在成員國加入後所締結的國際條約與嗣後通過的歐盟立法所生的衝突，此類情況「客觀上不可預見」，因此無法預期。[23]

歐盟法院沒有任何案例法透過類推來擴張第351條。[24]法院無條件支持歐盟法優於成員國在1958年（或其加入之日）以後締結的國際協議定。

從成員國潛在的國際責任觀點來看，此種憲法解決方案是否公平？成員國法是由單方通過或是透過與第三國的國際協議來獲得通過，是否有區別？成員國在基礎條約下的責任與違反契約的國際責任之間進退維谷，仍然有賴憲法上的解決方案。因此，聯盟的法秩序是否應該為成員國的國際協議提供一個事先授權機制？或者，聯盟是否應該分擔相關成員國違反契約的財務責任？這些都是困難的憲法問題，有待日後的憲法給予解答。

## 2. 優位性的「執行」本質：不予適用，而非宣告失效

歐盟法優於相牴觸的成員國法在法律上會有何後果？內國法院是否必須「主張這些規定與〔歐盟〕法相牴觸的部分不予適用」，或者必須「宣

---

[21] E. Pache and J. Bielitz, 'Das Verhältnis der EG zu den völkerrechtlichen Verträgen ihrer Mitgliedstaaten' (2006) 41 Europarecht 316 at 327（作者的翻譯）。

[22] E. Bülow, 'Die Anwendung des Gemeinschaftsrechts im Verhältnis zu Drittländern' in A. Clauder (ed.), Einführung in die Rechtsfragen der europäischen Integration (Europa-Union Verlag, 1972), 52 at 54.

[23] E.-U. Petersmann, 'Artikel 234' in H. von der Groeben, J. Thiesing, and C.-D. Ehlermann (eds), Kommentar zum EWG-Vertrag (Nomos, 1991), 5725 at 5731 (para. 6).

[24] Commission v Belgium & Luxembourg, Joined Cases C-176 and 177/97 [1998] ECR I-3557.

告其失效」？[25]此問題涉及優位理論在成員國的憲法效力。

關於這個問題的典型回答見於Simmenthal II案。[26]此宗內國訴訟提出的問題是這樣的：「〔聯盟〕法的規定若與成員國後來的立法規定牴觸，那麼直接適用聯盟法會產生什麼後果？」[27]在義大利法秩序中，內國立法只能由議會或憲法法院廢止，如此一來，下級內國法院是否必須一邊等待立法被廢止，但另一邊卻仍然要適用與聯盟法有違的內國法？

毫無意外，歐盟法院拒絕此種解讀。根據「〔聯盟〕的基礎條約」，內國法院有直接義務使歐盟法立即生效。歐盟法的優位性意謂「〔歐盟〕法的規定自其生效之日起，只要規定持續有效，就必須在所有成員國中完整而統一地適用」。[28]但這是否意謂內國法院必須廢止內國法？有一派觀點認為是，優位性確實意指內國法院必須宣告相牴觸的內國法失效。歐盟法能「打破」內國法。[29]不過，歐盟法院傾向於比較溫和的第二種觀點：

> 　　根據〔歐盟〕法**優位理論**，條約的規定和可直接適用之歐盟機構措施，與成員國內國法之間的關係，係此等規定和措施不僅能在生效後使現行內國法中任何牴觸規定**自動無法適用**，而且只要其一直作為各成員國領土所適用法秩序之組成部分並具有優先地位，更得以禁止相牴觸〔歐盟〕規定之新立法措施有效通過。[30]

- - - - - - - - - - - - -

[25] 這個問題出自Firma Gebrüder Luck v Hauptzollamt Köln-Rheinau, Case 34/67 [1968] ECR 245。

[26] Amministrazione delle Finanze dello Stato v Simmenthal SpA, Case 106/77 [1978] ECR 629.

[27] Ibid., para. 13.

[28] Ibid., para. 14.

[29] 這句話來自E. Grabitz一本德國專著的書名Gemeinschaftsrecht bricht nationales Recht (L. Appel, 1966)。Hallstein也持同樣觀點：「〔歐盟〕法的最高性基本上意謂兩件事：其規定不論兩個發生衝突的秩序級別為何，均為優位適用，不只如此，〔歐盟〕法不僅能使先前的內國法失效，也能限制後續的內國立法（W. Hallstein quoted in Sasse, 'The Common Market' (n. 6), 696-753 at 717（斜體強調後加））。

[30] Simmenthal, Case 106/77 (n. 26), para. 17（斜體強調後加）。

因此，當內國措施與歐盟法衝突時，歐盟法的優位性不會使其失效，只是「不予適用」而已。當歐盟法與既有的成員國法牴觸時，內國法院需要做的不是「宣告失效」而是「不予適用」。然而，在上列段落中，優位理論對未來內國立法的影響似乎更強。對此，歐盟法院表示，歐盟法的優位性將「禁止牴觸〔歐盟〕規定的新立法措施有效通過」。[31]這是否意謂內國立法者甚至沒有權限通過牴觸現行歐盟法的內國法？而這些內國法是否便自始無效？[32]

在Ministero delle Finanze v IN.CO.GE.'90一案中，[33]執委會採取了Simmenthal裁決的第2個測試理論，認為「成員國無權〔嗣後〕通過牴觸〔歐盟〕法的稅法規定，結果就是這種規定必須被視為不存在」。[34]但歐盟法院不同意這種解釋，指出Simmenthal案「並未區分既有與嗣後通過的內國法」，[35]主張嗣後通過的內國法規定牴觸歐盟法，並不具有使這些規定不存在的效果。[36]因此，內國法院只有義務不去適用相牴觸的內國法規——無論該法規制定於聯盟法之前或之後。

關於歐盟優位理論的性質，上述討論能告訴我們什麼？它告訴我們，優位理論談的是歐盟法的「執行力」。聯盟法秩序雖與各國法秩序融為一體，但並非一個「統一」的法秩序。歐盟法並未觸及成員國規範本身的

---

[31] Ibid., para. 17（斜體強調後加）。

[32] A. Barav, 'Les Effets du Droit Communautaire Directement Applicable' (1978) 14 Cahiers de Droit Européen 265 at 275 6.另詳Grabitz, *Gemeinschaftsrecht*與Hallstein, quoted in Sasse (n. 29).

[33] Ministero delle Finanze v IN.CO.GE.'90 Srl and others, Joined Cases C-10-22/97 [1998] ECR I-6307.

[34] Ibid., para. 18（斜體強調後加）。

[35] 可以說，審理Simmenthal案的法院確實沒有設想到優位性理論原則的兩種不同後果。不過para. 17（詳見前文及註30）似乎根據內國立法存在與否作出區分，判決的主體部分提到了兩種不同情況，指出內國法院應拒絕自己提出的「適用內國立法任何牴觸規定」的動議（Simmenthal, dictum）。

[36] IN.CO.GE.'90, Cases C-10-22/97 (n. 33), paras 20-21.

「有效性」；也不否定成員國的基本立法權限。因此，優位理論不針對內國立法機構，而是針對內國的行政和司法部門（儘管某些情況下，內國立法者必須去修改或廢止引起法律不確定性的內國規定，[37]但此一額外義務並非優位理論的直接結果，而是來自TEU第4條第3項）。[38]因此，歐盟法的執行力通常不影響成員國法規範的有效性。內國法院沒有義務去「打破」內國法，他們只是必須在具體案件出現內國法與歐盟法衝突的情形時，不去適用內國法。

這種相對溫和的優位理論有很多好處。第一，有些成員國法秩序可能沒有授予（下級）法院宣告國會立法失效的權限。從而，誰能使成員國法律失效的問題就留待內國法秩序處理。[39]第二，一般成員國法只在與歐盟法相衝突時才不予適用，[40]就純粹的內國事務而言，這些法律仍可以執行。第三，一旦聯盟法被廢止，成員國立法的執行力就可完全回復。[41]

## 3. 成員國的挑戰之一：基本權利

歐洲聯盟不是一個主權問題已獲解決的聯邦國家。歐洲聯盟是一個國家組成的聯邦；[42]而聯邦的特點就是政治二元論，每位公民其實都是兩個

---

[37] Commission v France, Case 167/73 [1974] ECR 359.歐盟法院現在似乎普遍認定，牴觸歐盟法之內國法規的存在，勢必將「使事態更加模糊不清，因為這會使得相關人員不確定他們能否倚賴〔歐盟〕法」；詳Commission v Italy, Case 104/86 [1988] ECR 1799, para. 12。

[38] Ibid., para. 13.

[39] Filipiak v Dyrektor Izby Skarbowej w Poznaniu, Case C-314/08 [2009] ECR I-11049, para. 82：「根據〔歐盟〕法優位原則，內國法規定與條約的直接適用規定相牴觸，應由內國法院適用〔歐盟〕法解決，必要時拒絕適用相牴觸的內國法規，而非宣告內國法規失效，政府當局、法院和法庭在此方面的權限是由各成員國決定。」

[40] B. de Witte, 'Direct Effect, Supremacy and the Nature of the Legal Order' in P. Craig and G. de Búrca (eds), The Evolution of EU Law (Oxford University Press, 1999), 177 at 190.

[41] Ibid..

[42] 有關此一區分的廣泛討論，詳R. Schütze, European Union Law (n. 5), ch. 2。

政治團體的成員，這兩個團體彼此爭奪公民的忠誠，有時「成員國公民」對某一政治問題的看法可能與「歐洲公民」對該問題的看法不一致。

倘若是成員國的政治觀點與聯邦的觀點相衝突，會發生什麼情況？聯邦法優位的爭議與（現代）聯邦制的概念一樣古老。[43]雖然前面幾節分析了歐盟對優位理論的回應，但此種絕對觀點不令人意外地難為所有成員國認同。在優位問題上，確實存在著與之牴觸的成員國觀點──更確切地說，是各種與之牴觸的成員國觀點，其中最極端者見於英國的2011年歐洲聯盟法，後者清楚指出：

> 直接適用或直接有效的歐盟法律（即1972年歐洲共同體法第2條第1項中提及之權利、權力、責任、義務、限制、救濟和程序），僅在只有根據該法或根據任何其他法律要求在法律上獲得承認和適用時，始得在英國獲得承認和適用。[44]

另一方面，比較溫和的成員國觀點能接受歐盟法優於內國立法；不過歐盟法的優位性仍然只是相對的，因為那是由內國憲法所授予而受其限制的。

歐盟法的絕對優位性在Internationale Handelsgesellschaft一案中首次遭遇成員國的挑戰。[45]因為很諷刺地，在歐盟法院提出歐盟法絕對優位的觀點之後，該案被退回德國憲法法院，德國法院就在此時確立了其對此問題的觀點。[46]成員國憲法，特別是國家基本權利，是否會影響歐盟法在內國

---------------

[43] R. Schütze, 'Federalism as Constitutional Pluralism: Letter from America' in J. Kommarek and M. Avbelj (eds), Constitutional Pluralism in the European Union and Beyond (Hart, 2012), ch. 8.

[44] European Union Act 2011, s. 18.

[45] Internationale Handelsgesellschaft, Case 11/70 (n. 10).

[46] BVerfGE 37, 271 (Solange I (Re Internationale Handelsgesellschaft)). 英文翻譯，詳 [1974] 2 CMLR 540。

法秩序中的適用？眾所周知，德國憲法法院拒絕歐盟法院的絕對觀點，取而代之的是與之恰恰相反的歐盟法相對優位理論。德國法院的理由如下：儘管德國憲法第24條明文允許將主權權力讓渡給歐盟，[47] 但這種讓渡本身受到德國國家「憲法認同」的限制。因此，憲法基本結構超越歐盟法的優位性：

> 　　憲法中有關基本權利的部分乃**德意志聯邦共和國有效憲法不可讓渡的一個基本特徵，亦為憲法結構之一部分**，憲法第24條並非毫無保留地允許其受到限制。就此而言，〔聯盟〕目前之統合狀況至關重要。〔聯盟〕現仍缺乏……特別是法典化的基本權利清單，其內容能在日後如同憲法一般地可靠與明確……。
>
> 　　只要此種法律確定性未能在〔聯盟〕進一步統合的過程中實現（並非僅由歐盟法院判決所保證，儘管此類判決有利於基本權利），**憲法第24條所衍生之保留條件即有適用**……**因此，就目前而言，倘若〔歐盟〕法與國家憲法之一部，或者更確切地說，與憲法中對基本權利之保障相牴觸，便會出現哪個法律體系優先，亦即取代另一個法律體系之問題。在此種規範衝突中，只要〔聯盟〕的權責機關未能依條約機制排除規範衝突，憲法對基本權利之保障便享有優先地位。**[48]

　　「只要」（'So long' as）歐盟法秩序還未發展出適足的基本權利標準，德國憲法法院就會「不予適用」與德國法秩序保障之基本權利相衝突的歐盟法律。歐盟法的優位性因此存在著內國限制。然而，這些內國限制也是相對的，因為它們取決於歐盟法的演變和性質。這就是「so long」公式的本質。因為一旦聯盟法秩序發展出同等的人權保障，德國憲法法院便

---

47 德國憲法第24條第1項規定：「聯邦得以立法將主權轉讓於國際組織。」後來德國憲法又新增條文明文規範歐洲聯盟事宜（詳德國憲法第23條）。

48 Solange I [1974] 2 CMLR 540 at 550-1（paras 23-24，斜體強調後加）。

不再挑戰歐盟法的優位性。

　聯盟法秩序後來確實制定了廣泛的人權法案，[49]而關於優位原則理論的爭議也在第二個著名的歐洲案例之後得到了極大的緩和，該案最後由內國法院作成判決收尾。在Wünsche Handelsgesellschaft案中，[50]德國憲法法院不僅肯認聯盟已創設出「內容相仿的」基本權利保障，更據以得出一個非常自謙的結論：

> 　鑑於這些發展可茲以認定，只要歐洲〔聯盟〕，特別是歐盟法院之案例法，普遍確保基本權利得到有效保護，使這些保護在〔聯盟〕的主權權力下與憲法要求的無條件保護大致相似，足以普遍保障基本權利之基本內容，聯邦憲法法院將不再行使其管轄權，以決定作為德意志聯邦共和國主權管轄範圍內之德國法院，或當局在任何訴訟援引作為法律依據之〔聯盟〕次級立法的可適用性，並且不再以憲法基本權利之標準審查此類立法〔。〕[51]

　此判決被稱為「So-Long II」，因為德國憲法法院在確定其與歐盟法的關係時，再次提及了這個著名的公式。但重要的是，這一次，「so long」條件顛倒了。德國法院承諾，「只要」歐盟法保障的基本權利與德國憲法承認的基本權利內容相近，就不會挑戰歐盟法的優位性。這並不是尊重歐盟法絕對優位的絕對性承諾，而是一種法院自己的相對優位原則理論獲得實踐的結果。因此，「So-Long II」只是完善了「So-Long I」中關於歐盟法有限優位的成員國觀點。

--------

49　關於這點，詳第四章。

50　BVerfGE 73, 339 (Solange II (Re Wünsche Handelsgesellschaft)). 英文翻譯，詳[1987] 3 CMLR 225。

51　Ibid., 265 (para. 48)（斜體強調後加）。

## 4. 成員國的挑戰之二：權限的界限

隨著基本權利的憲法衝突（暫時）獲得解決，第二個問題又出現了：歐洲聯盟不斷擴張的權限。誰來管控和限制歐盟法的範圍？由歐盟法院集權管控歐盟立法者就夠了嗎？還是內國憲法法院應該有權進行分權式的越權審查呢？

歐盟在這方面的觀點十分明確：內國法院不能不予適用歐盟法——遑論宣告失效。[52] 然而，毫不意外地，並非所有成員國都贊同這種絕對觀點。德國憲法法院又再次為這場學術辯論確立基調並提供詞彙。越權問題是其著名Maastricht案中判決的核心，這是我們接下來必須討論的問題。

### (a)權限的界限之一：從「Maastricht案」到「Mangold案」

德國法院在Maastricht案中提出了越權原則理論。[53] 鑑於基礎條約必須遵守授權原則，德國法院認為聯盟不應有權擴大自身權限。儘管基礎條約允許目的解釋，特別是對其一般性權限，但「在基礎條約文義之內的法律進展，與越界造法而超出條約文義範圍」[54] 之間，存在一條明確的分界線。由此得出以下結論：

> 因此，倘若歐盟機構或機關看待或推展聯盟條約，不再遵循條約規定中作為加入〔聯盟〕之規範基礎的方式，而有違加入法案之基本要求時，所據以產生的立法文件在德國主權範圍內將不具法律拘束力。德國國家機關將基於憲法理由而無法在德國境內適用此類文件。因此，聯邦憲法法院將會審查歐盟機構和機關之法律文件，以確認其是否仍在所授予主權權利範圍之內，或者已逾越了該等權利……。
>
> 儘管迄今為止支持現有基礎條約動態擴張的根據，已開放性地將

---

[52] Foto-Frost v Hauptzollamt Lübeck-Ost, Case 314/85 [1987] ECR 4199.

[53] BVerfGE 89, 155 (Maastricht Decision).英文翻譯，詳[1994] 1 CMLR 57。

[54] Ibid., 105 (para. 98).

〔TFEU第352條〕整體視為「一完善條約的一項權限」，並且處及關於〔聯盟〕「默示權力」之各種思考，以及允許最大限度利用〔聯盟〕權力之條約解釋（「有效原則」）；但今後〔聯盟〕機構和機關對於授權條款之解釋，仍須注意聯盟條約原則上還是區分了僅為特別目的所授予主權權力之行使與條約之修正二者，因此條約的解釋不能產生等同於擴張條約效果。此種對授權規則的解釋不會對德國產生任何拘束力。[55]

德國憲法法院因此威脅不予適用其認為是越權通過的歐盟法律。

此一內國審查權後來得到肯認；不過，該理論也在Honeywell案中受到了限制和修正。[56]該案緣於歐盟法院在Mangold案的裁決所引起的憲法疑義，[57]原告主張，歐盟法院在基礎條約中加進了自己的理解，才「發現」了禁止年齡歧視的歐盟法原則，從而此種「發現」實屬越權。在該案判決中，德國憲法法院確立其相對優位原則理論，宣稱有權不予適用其認為不在授權原則範圍內的歐盟法律，優位原則因此並非毫無限制。[58]然而，法院想到其在So-Long II案中所給予的司法尊重，接受了聯盟通常會在其權限範圍內行事的推定效果：

倘若每個成員國均主張能夠透過自身法院來決定聯盟法律行為的效力，那麼在實踐上便有可能規避適用優位，聯盟法之統一適用便會

---

[55] Ibid., 105 (para. 99).

[56] 2 BvR 2661/06 (Re Honeywell). 英文翻譯，詳[2011] 1 CMLR 1067。關於此案的討論，詳M. Paydandeh, 'Constitutional Review of EU Law after Honeywell: Contextualizing the Relationship between the German Constitutional Court and the EU Court of Justice' (2011) 48 Common Market Law Review 9。

[57] 關於Mangold案的討論，詳第五章第4(b)節。

[58] Honeywell [2011] 1 CMLR 1067 at 1084：「不像德國法律體系基本法第31條規定的聯邦法優位先適用，聯盟法無法全面優先位適用。」（諷刺的是，此言出自德國聯邦（！）憲法法院）。

遭受到威脅。但從另一方面來說，倘若成員國完全放棄越權審查，條約基礎的支配權將會轉由聯盟機構單方掌控，儘管其對法律之理解在實際上將造成條約修正或權限擴張的結果。在可能存在聯盟機構越權問題之案件中——憑藉聯盟法在制度和程序上的預防措施，此種情況應該不常見——可見在〔內國〕憲法和聯盟法觀點不全然一致的情況，是因為歐洲聯盟的成員國仍然是基礎條約的主人所致……。

　　再者，聯邦憲法法院之越權審查**只有在歐盟主體機關和機構的行為明顯逾越授權權限範圍時才得考慮**。只有當歐盟機關和機構**以具體違反授權原則之方式逾越其權限的範圍時**，始為明顯違反授權原則，換句話說，如此才稱得上是違反權限。這意謂著，聯盟當局的行為必須**明顯違反權限**，而且受質疑的行為，從授權原則以及法治原則下法規具有拘束力之本質的觀點而言，受質疑的行為在對成員國與聯盟彼此的權限關係中具有高度重要性。[59]

　　這將成員國對歐盟法的審查限縮在「具體」且「明顯」違反授權原則的情況。

　　因此才有聯盟通常會在其權限範圍內行事的推定；而且只有清楚顯著的違反行為，德國憲法法院才會挑戰歐盟法的優位性。

　　然而，即使德國法院的行為又是「只吠不咬」，[60]另一個最高法院最近似乎終於咬了一口，公開拒絕適用聯盟法律；丹麥最高法院同樣反對Mangold判決，大膽表示無法接受歐盟法中不成文之一般原則具有直接效力的主張。其在Dansk Industri (Ajos)案[61]如此表示：

--------

[59] Ibid., 1085-6 (paras 42 and 46)（斜體強調後加）。

[60] C. U. Schmid, 'All Bark and No Bite: Notes on the Federal Constitutional Court's "Banana Decision"' (2001) 7 European Law Journal 95.

[61] Dansk Industri, acting on behalf of Ajos v Estate of A, Case 15/14. 非官方英文翻譯，詳該書專屬網站。

依循歐盟法院對Mangold案（C-144/04, EU:C:2005:709）、Kücükdeveci案（C-555/07, EU:C:2010:21）以及本案的判決，我們發現禁止年齡歧視的原則為歐盟法之一般原則，根據歐盟法院的說法，該原則見於各種國際文件以及成員國共通的憲法傳統。歐盟法院並未提到加入法案所涵蓋之條約條款即為該原則之依據。

儘管該原則係從基礎條約以外的法律來源推論而來，但顯然前開三項判決必須被解為涉及一項適用於條約層級的不成文原則。然而，這些判決並未表明有一具體條約規定可以作為該原則的依據。歐盟法下條約層級的原則具有直接效力（從而產生義務），並可在私人之間的爭端中優位於相牴觸之丹麥法，但該原則卻無任何具體條約條文依據，此為加入法案始料未及的情況……由此可見，根據加入法案，基於TEU第6條第3項所衍生或確立之原則無法在丹麥直接適用。[62]

丹麥最高法院因此認為，歐盟法所未明文的一般原則不得在丹麥境內直接發生效力，因為丹麥的加入法根本沒有涵蓋歐盟法院的Mangold案例法。這個判決美其名是創新，但被人批評為歐盟法院與丹麥最高法院之間「相互消權」和「相互信任的破裂」。[63]

### (b)權限的界限之二：內國憲法認同

Solange和ultra virus的案例法都為歐洲統合設定了相對限制：只要聯盟承認基本權利並尊重基礎條約規定的權限限制，歐盟法就能優於相衝突的內國法。

---

[62] Ibid., pp. 45 and 47（斜體強調後加）。

[63] 關於Ajos判決的廣泛討論，詳M. Madsen, H. Olsen, and U. Šadl, 'Competing Supremacies and Clashing Institutional Rationalities: the Danish Supreme Court's Decision in the Ajos Case and the National Limits of Judicial Cooperation' (2017) 23 European Law Journal 140。

　　然而，這種有利於統合的立場卻在後來受到來自「內國」的絕對限制，此即德國憲法法院的第三個著名判決：里斯本判決。[64]此判決中，法院宣稱即使德國議會同意進一步將權限讓渡給聯盟，這種（民主）選擇也受到德國國家「憲法認同」的拘束。

　　這種憲法認同是什麼？為何它不能受到限制？以下是憲法法院給出的答案：

> 　　從民主原則的角度以觀，違反基本法第79條第3項所規定之憲法認同，也形同是侵犯人民之制憲權。**就此而言，制憲權並未給予人民代表和團體支配憲法認同之授權**……在基本法規定的有效憲法體制中，民主原則要求以開放和國際法之方式保障主權，但這並不意謂特定數量或某些類型的主權權利應該留在國家手中……**然而，在主權國家之條約結盟的基礎上實現歐洲統一，可能會使成員國沒有足夠的空間進行經濟、文化和社會生活條件的政治形成**……對於一個憲政國家以民主方式進行自我形塑之能力而言，特別敏感者即是：(1)關於刑事實體法和刑事程序法之決定；(2)警察對內和軍隊對外使用武力之集中管理的處置；(3)關於公共收入和公共支出（特別是出於社會政策考量者）的基本財政決定；(4)形塑福利國家生活條件的決定，以及(5)具有特殊文化意義之決定，例如家庭法、學校與教育體系以及宗教團體管理。[65]

---

[64] BVerfGE 123, 267 (Lisbon Decision).英文翻譯，詳[2010] 3 CMLR 276。有關此判決的精彩分析，詳D. Thym, 'In the Name of Sovereign Statehood: A Critical Introduction to the Lisbon Judgment of the German Constitutional Court' (2009) 46 Common Market Law Review 1795。

[65] Lisbon Decision (n. 64), 332-41（斜體強調後加）。德國憲法第79條第3項是所謂的永久條款，規定本基本法之修正案凡影響聯邦之體制、各邦共同參與立法或第1條與第20條之基本原則者，不得成立。

德國憲法法院在此援引（國家）民主理念，對歐洲統合──至少是德國憲法範圍內的歐洲統合──設定了絕對的界限。為了維持國家的「主權至上」──這在今天這個全球化時代是多麼不合時宜的概念！──內國權限必須確保其立法機構享有「足夠的空間」。而為了確保此種保障，德國法院會進行「認同審查」，未來可能導致「聯盟在德國遭宣告不予適用」。[66]

## 小結

直接效力理論要求內國法院適用歐盟法，而優位理論原則要求內國法院不予適用與歐盟法相衝突的內國法。

對於歐盟法秩序來說，歐盟法的絕對優位意謂所有歐盟法優於所有內國法。然而，優位理論的絕對性卻被成員國質疑。儘管他們普遍肯認歐盟法的優位性，但他們堅持其在內國的憲法界限。這種相對的優位性是「創新」還是「反常」呢？[67]對照美國的憲政發展經驗，這種觀點不免孤立保守也不符史實。[68]事實上，歐盟優位原則的規範性矛盾是歐洲聯邦主義本質的一部分。[69]

---

[66] Ibid., 338.

[67] 詳 N. Walker, 'The Idea of Constitutional Pluralism' (2002) 65 Modern Law Review 317 at 338.這種「歐洲中心」觀點非常糟糕地忽略了美國經驗，在美國，聯邦與各州都被視為擁有「憲法」權利，而且「聯邦」向來不是（！）從中央集權的角度構想出來的。

[68] Schütze, 'Federalism as Constitutional Pluralism' (n. 43).

[69] 關於此點，詳 R. Schütze, European Union Law (n. 5), ch. 2。

# 第七章　內國訴訟

## 摘要

　　內國法院是歐盟法主要的司法執行機構。「自*Van Gend en Loos*判決以降，歐盟法院始終主張，內國法院的任務就是保障個人依〔聯盟〕法享有權利，並充分落實〔聯盟〕法規定」。[1]確實，只要歐盟法具有直接效力，內國法院就須予以適用；而無論甚麼情況下，內國法律只要與任一歐盟規範發生衝突，所有的內國法院都必須停止適用。從而，聯盟法秩序強調，即便是國家司法體系，也不能阻止內國法院行使其作為歐洲司法秩序「守護者」的職責。[2]因而在*Simmenthal*一案，[3]歐盟法院主張，個別內國法院必須能夠停止適用內國法，儘管在傳統上內國司法系統習慣將這種權力保留給中央憲法法院，但個別內國法院仍應停止適用該內國法：

> 　　任何一個內國法院，在其所管轄之範圍內案件中，必須完整地適用〔歐盟〕法律，並確保該法據此所賦予之個人權利，從而也必須擱置任何可能與之衝突的內國法律規定，無論該規定是否先於或後於〔歐盟〕法規之存在。
>
> 　　因此，任何國家司法制度所設置的規定以及任何立法、行政或司法實務，若可能損及歐盟法之實效性，使有管轄權之內國法院無權在其適用時採取一切必要的措施，來擱置可能損及〔歐盟〕規定之完整效力的內國立法，則與〔歐盟〕法最核心本質之要求並不相容。[4]

----

[1]　S. Prechal, 'National Courts in EU Judicial Structures' (2006) 25 Yearbook of European Law 429.

[2]　Opinion 1/09 (Draft Agreement on the Creation of European and Community Patent Court) [2011] ECR I-1137, para. 66.

[3]　Amministrazione delle Finanze dello Stato v Simmenthal, Case 106/77 [1978] ECR 629.

[4]　Ibid., paras 21–22.

　　就功能方面來說，歐盟法的直接效力（與優位性）將各內國法院轉型成一個「歐洲」法院。這種分權制不同於美國的司法系統；在美國，聯邦法原則上保留給「聯邦」法院適用，因此**聯邦**法院適用**聯邦**法，而**州**法院則適用**州**法。相較之下，歐洲系統建基於合作式聯邦主義理念，所有內國法院均有權並有義務在解決爭端時適用歐盟法。歐盟司法系統選擇由各國法院執行司法的分權模式，因而更接近德國的司法聯邦主義；不過不同的是，各國法院沒有階級式的從屬關係。實際上並不存在一套從內國提交歐盟法院的強制上訴程序，而且內國法院與歐盟法院之間是一種**自願**合作的關係。結論上來說，內國法院僅僅只是止於功能上的，而非制度上的歐盟法院。圖7.1顯示三種不同的司法聯邦主義模型。

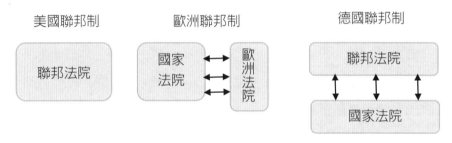

**圖7.1　比較法觀點下的司法聯邦制**

　　那麼，聯盟是否應完全接受國家法院原本的規制？歐盟在傳統上確實承認成員國司法機關的「程序自主性」：

> 　　若是內國權責機關負責執行〔歐盟法規範〕之規範內，則須承認此類執行原則上應尊重內國法律之形式與程序。[5]

---

5　Norddeutsches Vieh- und Fleischkontor GmbH v Hauptzollamt Hamburg-St.
　　Annen, Case 39/70 [1971].

　　此種規定也就是所謂的「內國程序自主」（national procedural autonomy）原則。[6] 這其實意謂歐盟是「依附」內國司法系統來落實歐盟法的執行。[7] 不過，這種依附方式的危險在於，某些情況下，**歐盟法**雖設有權利保障設計，在內國卻沒有相應的**內國救濟程序**來加以落實。無法救濟的權利正如「想像中的蛋糕」：看得到吃不到。每一種權利都應該有其救濟的方式；[8] 基此，內國執法程序的自主性並非如此絕對。聯盟確實對內國法院施加了一些義務，其中，內國法院分權執行歐盟法的核心義務便是源於TEU第4條第3項的「真誠合作」義務。[9] 如今又有第19條第1項作為補充，該條規定：「成員國應該提供適足救濟措施，以確保歐盟法所涵蓋之領域內獲得有效法律保護。」

　　這意謂著什麼？對成員國的程序自主性又會限制到何種程度？正是本章所要探討的問題。本文從真誠合作原則所課予法院之一般性義務導出的兩個具體憲法原則——對等原則與實效原則——開始談起。這兩項原則都有助於內國程序法上重要的**司法調和**，本章第1節分析兩者的發展。接著，第2節中討論對成員國程序自主性的第二種更具破壞性的侵害：國家責任原則。如果說，對等原則與實效原則最終有賴於落實歐盟法之內國救濟管道的存在；那麼此原則就是建置了**歐盟**層級的救濟管道。準此，個人在符合一定條件下可以請求因違反歐盟法所生的損害賠償。

- - - - - - - - - - - - -

6　有關此概念的批評，詳C. N. Kakouris, 'Do the Member States Possess Judicial Procedural "Autonomy"?' (1997) 34 Common Market Law Review 1389.

7　K. Lenaerts et al., EU Procedural Law (Oxford University Press, 2014), 107.

8　救濟方式大致上可分為兩大類。事前救濟（Ex ante remedies）是為了防止對權利的侵害（如臨時救濟、禁制令），而事後救濟（ex post remedies）則是用來「補救」已經發生的侵害（如損害賠償責任）。關於「救濟」的多種涵義，詳P. Birks, 'Rights, Wrongs, and Remedies' (2000) 20 Oxford Journal of Legal Studies 1 at 9 et seq.

9　TEU第4條第3項：「根據真誠合作原則，聯盟與成員國應在充分相互尊重之基礎上，相互協助彼此，共同執行基礎條約所規定之任務。成員國應採取任何一般性或特定之適當措施，以確保履行由基礎條約或因歐盟機構行為所生的義務。成員國應促使完成聯盟任務之達成，並避免採取任何可能損害聯盟目標實現之措施。」

最後，本文還要討論如何橋接內國法院與歐盟法院程序。因為歐盟法院與內國法院之間要是欠缺「制度」連結的情況下，聯盟法秩序如何能在歐盟分權式的司法執行模式下，確保一定程度的一致性呢？從一開始，基礎條約就規定了協助內國法院解釋的機制：提交先決程序。第3節與第4節分別討論該程序的一般與特別面向。其中，歐盟法院在此可以說只是**間接**參與內國法院作成判決，它不能「判」案，因為主要的行為還是「內國行為」。

## 1. 內國救濟：對等與實效

內國法院分權執行歐盟法的一般性義務，規範在TEU第4條第3項。這種「真誠合作」的義務在傳統上對成員國的程序自主性施加了兩個限制：對等原則與實效原則。這兩個限制的經典說明可以參考*Rewe*判決：

> 關於此主題之〔歐盟〕規則有所欠缺時，應由各成員國之國內法律制度指定具管轄權之法院，並決定提起訴訟之程序要件，以確保公民依〔歐盟〕法之直接效力所生之權利受到保護；可想而知，該等要件不能遜於國內類似訴訟之相關要件……在欠缺此種協調統一之措施時，〔歐盟〕法賦予之權利〔因而〕必須在內國法院前依內國法所規範之要件行使。除非〔內國法規〕在實際操作上會使內國法院有義務保護之權利無法實現，否則此一立場不會改變。[10]

因此，成員國的程序自主性是**相對的**。首先，內國程序規則不能使歐盟權利的執行遜於內國相類似權利的執行。這種訴訟程序上差別待遇的禁止就是對等原則。其次，即便不存在差別待遇，內國之訴訟規則仍不應使

---

[10] Rewe, Case 33/76 [1976] ECR 1989, para. 5. For the modern version, see Peterbroeck, Van Campenhout & Cie v Belgian State, Case C-312/93 [1995] ECR I-4599.

歐盟權利的執行「無法實現」，這也是所謂的實效原則。兩個原則都造成內國程序法中的**司法調和**，本節即在分析二者的演變。

**(a)對等原則**

對等原則背後所蘊含的想法很明確簡單：作為執行歐盟權利的內國訴訟程序及救濟措施「不能遜於內國類似訴訟之相關要件」。[11]當適用歐盟法律時，內國法院必須**如同**適用國內法律一般地處置。內國訴訟程序與救濟措施也不得在內國權利與歐洲權利之間區別對待。對等原則並不因此影響內國救濟的本質，而只是要求這些救濟措施正式延伸至歐盟法上「相似」或「相同」的訴訟之中。

然而，何謂「相同」或「相似」的訴訟？魔鬼總是藏在細節中，關於對等原則的案例法多半就集中在尋找魔鬼這個問題上。在*Edis*一案中，[12]一間公司被要求繳交註冊費用。原告認為這項費用違反歐盟法而向國家申請退款，卻遭義大利法院以退款期限已過為由拒絕。然而，義大利法律承認各式時效期限，具體取決於該項退款應由公部門或私部門來支付。由於公部門退款的期限短於私部門，於是產生這樣的問題：內國法院是否有權將違反歐盟法之收費單純比照公部門退款程序辦理；或應適用更有利的私部門退款？歐盟法院回答如下：

> 對等原則之遵守，就其本身而言，意謂系爭程序規則之適用，在涉及相同種類之收費要求或應付款項義務時，不能因該訴訟是基於主張違反〔歐盟〕法或是違反內國法而有區別。不過，**該原則不得解讀為成員國有義務將其內國法中最有利之徵收規則，擴張適用至所有主**

---

[11] Rewe, Case 33/76 (n. 10), para. 5.

[12] Edilizia Industriale Siderurgica Srl (Edis) v Ministero delle Finanze, Case C-231/96 [1998] ECR I-4951.

> 張違反〔歐盟〕法律之償還訴訟上。因此，〔歐盟〕法律並不禁止成員國以立法方式，在適用私人請求屆期未償費用之一般時效規定之外，制定較為不利之特別規則；而其作為反駁費用及其他課徵形式之請求權與法律程序，均較前者為不利，且除非此等細則被單獨適用在依〔歐盟〕法律所提起之費用或其他課徵形式之返還訴訟，否則這個立場不會改變。[13]

　　因此，在本案中，「對等」的訴訟程序應依針對**公部門**退款所設的內國救濟程序。是否存在一個更為有利的私部門退款時效規定則與此無關；因為對等原則只要求對相類似者予以相類似的待遇。本案中「相類似」的部分是公部門所適用的退款程序。因而內國程序規範並未違反對等原則。

　　不過，有些事情可能並非如此直截了當。[14] 為符合對等原則，內國法院被要求判斷「系爭訴訟行為在目的、訴訟原因以及主要特徵是否相類似」。[15] 而且，這種目的論式的相似性檢驗標準，所要求內國法院審查的範圍，可能超出一項國家權利的特定程序。

### (b)實效原則

　　實效原則對內國程序自主原則的干預力量，在過去曾經非常強大。但歐盟法院案例法對此原則的立場仍有待確認。分析案例法最好的方式，便是整體性的歷史分期，以及特定主題的時間線。[16] 準此，實效原則的相關學術文獻通常區分成三個進程，依時間順序分別為：**節制**期（period of *restraint*）、**干預**期（period of *intervention*）、**調和**期（period

---

[13] Ibid., paras 36-37（強調後加）。

[14] Levez v Jennings (Harlow Pools) Ltd, Case C-326/96 [1998] ECR I-7835.

[15] Preston et al. v Wolverhampton Healthcare NHS Trust and Others, Case C-78/98 [2000] ECR I-3201, para. 57.

[16] 有關此方法（出色且必要）的說明，詳 M. Dougan, *National Remedies before the Court of Justice: Issues of Harmonisation and Differentiation* (Hart, 2004), chs 5 and 6.

of *balance*）。[17]

　　每個時期都分別對應一個特定的實效性標準。歐盟法院是從最低度標準開始發展實效原則。只有當內國法院有義務保障的權利**無法**透過該國之救濟程序落實之時，該內國救濟措施才會被認為無效。[18]然而，隨著時間推移，越來越多歐盟法院的判決轉而採取堅持歐盟法「充分有效」的最高度標準。[19]最後，在第三個時期，這個最高度標準則被中度標準所取代。這三個標準以及其與內國程序自主原則之間的消長關係請參見圖7.2。

　　以下則快速回顧每個歷史階段。在第一個時期，歐盟法院對成員國的程序自主性，展現極大的節制與尊重。歐盟法院確實奉行了司法極簡主義的政策。[20]「有效救濟」的標準很低，而且僅僅要求內國程序不能使歐盟權利（在具體實踐上）無法實現。*Rewe*案就是這種極簡主義的例子。[21]

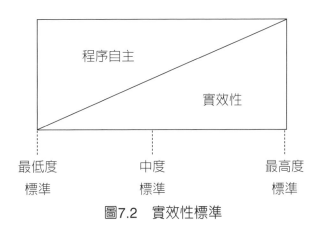

**圖7.2　實效性標準**

---

[17] A. Arnull, *The European Union and its Court of Justice* (Oxford University Press, 2006), 268; Dougan, *National Remedies* (n. 16), 227.

[18] *Rewe*, Case 33/76 (n. 10), para. 5（強調後加）。

[19] *The Queen v Secretary of State for Transport, ex parte Factortame Ltd and others*, Case C-213/89 [1990] ECR I-2433, para. 21.

[20] A. Ward, *Judicial Review and the Rights of Private Parties in EC Law* (Oxford University Press, 2007), 87.

[21] Rewe, Case 33/76 (n. 10).

　　然而，歐盟法院卻在隨後的案例法中，制定了更為嚴格的「實效」標準。在*Von Colson*案中，[22]兩名女性求職者在應徵一所男子監獄的監獄管理員職位時遭到拒絕。毫無疑問，國家監獄所為的差別待遇就是基於她們的女性身分。她們在歐盟法上受平等待遇的權利因此遭到侵害，並且衍生出如何根據內國法律來救濟的問題。根據德國法所規定的救濟措施，原告的交通費用不能包括在這個損害賠償的主張之中。這是執行她們歐盟權利的有效救濟措施嗎？歐盟法院於此際清楚地說明，實效原則要求內國救濟措施「必須確保真正而有效的司法保護」。[23]救濟措施必須「對於雇主產生真正的嚇阻作用」，而在損害賠償之訴的案件中，這就意謂「在任何情況下，對於所遭受之損害都應該**充分**賠償」。[24]

　　不過在第二個時期，對成員國程序自主性最著名的干預為一個英國案件：*Factortame*案。[25]本案涉及因對漁船增設英國國籍的要求，從而違反歐盟的內部市場法。此案上訴至當時的英國上議院。上議院雖然知道已具備准許暫時保護措施的條件，卻認為：「這種保護措施的准許得就普通法原則所排除，該普通法原則規定不得對皇室（在此意指政府）實行臨時性禁制令，且在法院就法律一致性作出判決之前一律推定如此；並據以推定，若國會法案符合〔歐盟〕法律一項與歐盟法相符的法案，屆時將可依據該法案作出兼容的決定。」[26]上議院不確定此普通法原則是否違反歐盟法的實效原則，便將案件移交至盧森堡的歐盟法院。歐盟法院回應如下：

- - - - - - - - - - - - - - -

[22] *Von Colson and Elisabeth Kamann v Land Nordrhein-Westfalen*, Case 14/83 [1984] ECR 1891.

[23] Ibid., para. 23.

[24] Ibid.（強調後加）。

[25] *The Queen v Secretary of State for Transport, ex parte Factortame Ltd and others*, Case C-213/89 (n. 19)。

[26] Ibid., para. 13.

　　任何國家司法制度所設置的規範以及任何立法、行政或司法實務，若可能損及〔歐盟〕法之實效性，使有管轄權適用該法之內國法院無權在適用該法時採取一切必要措施擱置可能妨礙（即使只是暫時妨礙）〔歐盟〕規定全面生效之內國立法，便無法相容於〔歐盟〕法最核心之要求。必須補充的是，如果一條內國法律可以阻止有權處理〔歐盟〕法爭議之法院無法准予臨時保護措施，而該救濟是為了確保當事人依〔歐盟〕法律所主張之權利存在之判斷充分有效，則〔歐盟〕法之**充分有效性**將同樣受到損害。由此得出的結論是，有權准予臨時救濟之法院，在這些情形中，若非出於內國法律規定而無法為之時，法院即有義務擱置該內國規定。[27]

　　儘管沒有創造出新的救濟措施，但這已經非常接近實效性的最高度標準。不過，法院很快便退出這種高度干預的立場，轉而進入實效原則演變的第三個時期。在第三個時期中，歐盟法院嘗試——至今依舊——在最低度與最高度的實效標準之間找到平衡。[28]

　　在*Steenhorst-Neerings*一案中，[29]可看出歐盟法院從高度干預的第二個時期撤守，將內國程序規定區分為其作用旨在完全**阻止**個人落實歐盟權利，以及該等程序僅**限制**個人救濟兩類。[30]在*Presto*一案中，[31]歐盟法院必須處理英國平等支付法第2條第4項之規定，該條規定不受理未在終止僱

---

[27] Ibid., paras 20-21（強調後加）。

[28] F. G. Jacobs, 'Enforcing Community Rights and Obligations in National Courts: Striking the Balance' in A. Biondi and J. Lonbay (eds), *Remedies for Breach of EC Law* (Wiley, 1996).

[29] *Steenhorst-Neerings v Bestuur van de Bedrijfsvereniging voor Detailhandel, Ambachten en Huisvrouwen*, Case C-338/91 [1993] ECR I-5475.

[30] On the distinction, see Ward, *Judicial Review* (n. 20), 131. 此區別的詳細說明可參見 *Johnson v Chief Adjudication Officer*, Case C-31/90 [1991] ECR I-3723。

[31] *Preston v Wolverhampton*, Case C-78/98 (n. 15).

備後六個月內提出的主張。法院並未關注內國救濟措施是否「充分有效」或是「充足」,反而指出「如此的時效期限並不會使得〔歐盟〕法規所賦予之權利無從實現或執行過於困難,也因此該等限制不可能對該等權利造成實質損害」。[32]法院在此訴諸一個(更強烈的)手段來取代(最低度的)難以實現之標準:如果內國程序會使歐盟權利的行使「過於困難」,那麼該程序同樣會違反實效原則。這個中度標準則介於最低度與最高度標準之間。[33]

## 2. 國家責任:Francovich原則

儘管歐盟法院在歐盟法的分權執行中透過對等原則與實效原則來推動一定程度的一致性,但究諸實際,只是擴大內國救濟措施的範圍或本旨而已。倘若缺乏內國救濟措施,該怎麼辦?缺乏一個不存在的內國救濟措施難道不會構成對歐盟法執行的絕對障礙嗎?歐盟法院似乎一直堅持「除內國法業已規定的措施外,基礎條約並無意在內國法院創設新救濟措施來確保〔聯盟〕法律之落實」。[34]

歐盟法院的見解在*Francovich*一案中,[35]發生戲劇化的轉變:其放棄先前立場,並表示存在針對違反歐盟法行為時**歐盟層級**救濟措施。法院在此認為成員國有責任賠償因其違反歐盟法所造成的損失。本節首先將檢視國家責任原則的產生,其次分析其要件。

---

[32] Ibid., para. 34(強調後加)。

[33] 何時會違反實效性的中度基準?法院並未提出嚴格的標準,而是傾向採取首次於*Peterbroeck*案提出的脈絡化檢驗法(a contextual test),Case C-312/93 (n. 10)。為了探究內國訴訟程序是否會導致歐盟權利之執行「過於困難」,法院「在參照內國實例之前,會先參考該條款在程序中之角色、作用以及特殊功能,對於個案進行整體分析」(ibid., para. 14)。

[34] *Rewe Handelsgesellschaft et al. v Hauptzollamt Kiel (Butter-Cruises)*, Case 158/80 [1981] ECR 1805.

[35] *Francovich and Bonifaci et al. v Italy*, Joined Cases C-6 and 9/90 [1991] ECR I-5357.

### (a)Francovich原則的產生

對洞察力強的觀察者來說，「毫無疑問，歐盟法院遲早有一天會被要求對〔歐盟〕法律是否能在內國法院要求進行損害賠償救濟一事直接表態」。[36]1990年1月8日，這一天終於到來。法院在這天收到一系列針對 *Francovich and others v Italy* 一案[37]的先行裁決問題。

本案事實相當令人遺憾。[38]義大利公然蔑視條約賦予的義務，因其未能執行雇主破產時應對雇員提供保護的歐盟指令。[39]該指令要求成員國必須以內國立法的方式來確保積欠工資的受償。Francovich先生曾在一家義大利公司工作，但他幾乎沒有領到任何薪資。他對其雇主提起訴訟，不過該名雇主卻宣告破產；於是他便對義大利政府提起另一個訴訟，要求國家賠償其損失。在第二個訴訟過程中，內國法院就國家本身是否有義務賠償雇員損失一事詢問歐盟法院。歐盟法院認為，該歐盟指令賦予成員國「廣泛的裁量來權決定擔保機制的組織、運作及財務」，因此指令不具直接效力，[40]從而，「本案有關人士不得以國家未於規定期間內無任何措施為由，而於內國法院要求國家強制實現其權利。」[41]

然而，故事還沒結束！儘管對於因缺乏直接效力而導致的負面結果不滿意，法院仍繼續陳述道：

------------

[36] A. Barav, 'Damages in the Domestic Courts for Breach of Community Law by National Public Authorities' in H. G. Schermers et al. (eds), *Non-Contractual Liability of the European Communities* (Nijhoff, 1988), 149 at 165.

[37] *Francovich and Bonifaci*, Joined Cases C-6 and 9/90 (n. 35).

[38] Mischo佐審官的意見（ibid., para. 1）：「歐盟法院很少被要求審理像我們眼前這個因為不執行歐盟指令導致對個人產生不利結果的驚人案件。」

[39] 歐盟法院已經在*Commission v Italian Republic*, Case 22/87 [1989] ECR 143一案中明白地譴責義大利的不作為。

[40] *Francovich and Bonifaci*, Joined Cases C-6 and 9/90 (n. 35), para. 25.

[41] Ibid., para. 27.

〔歐盟〕條約體制下固有的原則即是，國家應對於因其違反歐盟法之責任而對個人所造成之損失與損害負責。〔歐盟〕條約第4條第3項為成員國賠償此類損失與損害之義務提供進一步依據，該條項規定，成員國被要求必須採取一切一般或特定之適當措施，以確保履行其依據〔歐盟〕法律所承擔之義務。其中一項義務便是使違反〔歐盟〕法律之不法結果無效。上述所有內容可以得出，國家有義務賠償因其違反所承擔之〔歐盟〕法責任，而對個人造成之損失與損害，此為〔歐盟〕法律承認之原則。[42]

於此，歐盟法院在救濟層面上有了質的躍進。至此，要說內國程序自主原則排除歐盟層次救濟措施的創設仍有待商榷，因為對等原則與實效原則僅要求違反歐盟法行為的**內國**救濟程序擴張到違反歐盟法的情形，因此，要說內國程序自主原則無法排除創設歐盟層次之救濟措施容有議論空間。藉由*Francovich*一案，法院也一併澄清表示，就此類違法行為要求賠償的權利乃「直接源於〔歐盟〕法律之權利」。[43]因此，國家責任訴訟應為在內國法院提起的**歐盟層級**救濟措施。

法院如何正當化這種「革命性」的結果？其訴諸的是常見的憲法疑義TFEU的本質以及TEU第4條第3項所規定的一般性義務。其在後來的判決又加了一個更細緻的理由，在*Brasserie du Pêcheur*一案中[44]法院認為：

由於條約本身並沒有任何明確且具體地規範成員國違反歐盟法之後果，因此〔歐盟〕法院應根據〔歐盟〕條約〔第19條〕所賦

---

[42] Ibid., paras 33-37.

[43] Ibid., para. 41.

[44] *Brasserie du Pêcheur SA v Bundesrepublik Deutschland and The Queen v Secretary of State for Transport, ex parte Factortame Ltd and others*, Joined Cases C-46 and 48/93 [1996] ECR I-1029.

予確保依法解釋與適用條約之任務，在解釋與適用條約時應確保遵守法律；法院應依普通接受之解釋方法對此類問題裁決，尤需參考〔聯盟〕法律制度之基本原則，並於必要時考量成員國法律制度中共通之一般性原則，作為〔聯盟〕機構及其雇員執行職務時所造成之非契約損害責任之基礎。由TFEU〔第340條〕明確規定之非契約損害原則，僅單純表述成員國法律制度常見之一般原則，即一個違法作為或不作為將導致損害補償的義務。該條項亦反映出公部門於履行職務時造成損害之賠償義務。[45]

因此，國家責任原則乃源於成員國共通的憲法傳統，而違反歐盟法所生的**聯盟**責任原則也同樣予以肯認。[46]準此，在公部門侵權行為上，**國家**責任與**聯盟**責任必然具有相似性。而此種相似性對於違反歐盟法所生國家責任的要件產生決定性的影響。

### (b)國家責任的三個要件

*Francovich* 案的審理法院為國家行為創設了責任原則，更提出達成該原則所需滿足的三個要件：

> 其中這些條件的第一要件為指令所規定之結果應賦予個人權利。第二要件為應有根據指令規定，確定權利內容。第三個要件為違反國家義務與受害方所遭受損失和損害之間存在因果關係。這些要件足以使個人享有一項直接基於〔歐盟〕法之權利，使個人獲得賠償。[47]

一開始的檢驗標準是這樣的：歐盟法規範旨在必須出於個人權利之授

---

[45] Ibid., paras 27-29.

[46] 關於這點，詳第八章第4節。

[47] *Francovich and Bonifaci*, Joined Cases C-6 and 9/90 (n. 35) paras 40-41.

予，而且該等權利——儘管缺乏直接效力——必須是可得識別的。[48]在此前提下，若某成員國因未保障這些權利而違反歐盟法，則個人可對該違反行為所造成的任何損失提出主張。[49]表面上，這個檢驗標準似乎已完備，屬於一種**嚴格**責任：任何違反某項可得識別之歐盟權利都將導致國家責任。然而，法院卻在之後澄清情況**並非**如此。*Francovich*檢驗標準僅適用於公然不執行歐盟指令的特定情形。

　　法院根據過去的**聯盟**責任之案例法，在*Brasserie du Pêcheur* 一案中導入更具限制性的國家責任原則。[50]法院在此說明，國家責任僅限於「足夠嚴重」（sufficiently serious）的違反行為。為掩蓋其在*Francovich* 檢驗標準中隱含增加「第四個」要件一事，法院以新要件代替了「原」檢驗標準的第二要件。新的責任檢驗標準將能夠繼續保持三個必要而且充分的要件，現在內容如下：

> 〔歐盟〕法在滿足三要件之情況下承認有賠償權：被違反之法令規則（the rule of law）必須旨在授予個人權利；而該違反情節必須足夠嚴重；以及違反國家義務與受害方所遭受損害之間必須存在直接因果關係。[51]

　　法院引據成員國可享有的廣泛裁量權（特別是在行使立法權時），來正當化其將國家責任限縮至違反情節有「足夠嚴重」的情況。此種立法機

---

[48] 關於此要件之分析，詳*Dougan, National Remedies* (n. 16)，238 et seq. 關於歐洲法院認定某項指令並未授予權利的案件，詳參*Paul et al. v Germany*, Case C-222/02 [2004] ECR I-9425.

[49] 關於此條件的分析，詳*Brinkmann Tabakfabriken GmbH v Skatteministeriet*, Case C-319/96 [1998] ECR I-5255。

[50] *Brasserie du Pêcheur*, Joined Cases C-46 and 48/93 (n. 44)，para. 42：「對個人依〔歐盟〕法律所獲得之權利的保障，並不能改變其必須取決於該損害是否由某成員國國家機關或某〔歐盟〕機構負責損害賠償而有差別。」有關規範聯盟責任的憲法原則，詳第八章第4節。

[51] Ibid., para. 51.

關的「限制責任」確實是成員國共通的憲法傳統，同樣也適用於聯盟立法機關。凡涉及立法職能，成員國「必不能因預期之損害賠償訴訟而受阻礙」。[52]因此，透過議會立法所賦予的特殊民主正當性提供了一個反對因侵害私權而須承擔公共責任的論述，「除非有關機關明顯並嚴重無視行使權利的限制」。[53]而在分析違反行為在「明顯嚴重無視」的程度是否足夠嚴重時，法院會權衡多種因素，[54]例如成員國所享有的裁量範圍以及所違反的歐盟規範明確與否。

　　遺憾的是，甚少有明確的規則能決定一個違反情節是否足夠嚴重。事實上，*Brasserie*檢驗標準的第二要件就確實存在很大的不確定性。所謂明顯且嚴重的無視是否只適用在立法職能之上？法院似乎在*Hedley Lomas*一案[55]回答了這個問題，本案的情形是關於內國**行政官員**未能正確適用歐盟法的案件，法院認為：

> 　　倘若在其侵權時，系爭成員國未被要求作出任何立法選擇，且其僅有相當限縮之裁量權，甚或毫無裁量權，則單純違反〔歐盟〕法律就足以確定存在足夠嚴重之違反行為。[56]

---

52　Ibid., para. 45.

53　Ibid.. 另參見 *The Queen v H.M. Treasury, ex parte British Telecommunications*, Case C-392/93 [1996] ECR I-10631, para. 42.

54　*Brasserie du Pêcheur*, Joined Cases C-46 and 48/93 (n. 44), para. 56：「管轄法院可能考量之因素包括所違反規則之清晰與明確程度，該規則留給國家或〔聯盟〕機關裁量權的範圍，該侵權行為及其所造成之損害是否係為故意抑或非故意為之還是非自願的，法律的錯誤是可以原諒還是不能，聯盟機構所採取立場是否可能促成此一失職事實，以及採納或保留違反〔歐盟〕法律之內國措施或實踐。」

55　*The Queen v Ministry of Agriculture, Fisheries and Food, ex parte Hedley Lomas*, Case C-5/94 [1996] ECR I-2553.

56　Ibid., para. 28.

這段文字肯認了〔國家〕行政部門的潛在責任，並闡明後者所享有的裁量權越少，那國家所要承擔責任的可能性就越大。[57]法院至此似乎承認 *Brasserie*標準的第二要件範圍內有兩種可能選項──取決於國家是透過其立法或是行政機關來違反歐盟法。在*Larsy*一案中，[58]法院對於這兩種選項做了說明。法院認為：

> 在一成員國行使其立法權時，明顯且嚴重無視其權力界限之限制，則其對〔歐盟〕法律之違反情節已屬足夠嚴重，其次倘若當侵權發生時，系爭成員國僅有相當限縮之裁量權，甚至沒有裁量權時，那麼單純違反〔歐盟〕法律就足以確定存在足夠嚴重之違反行為。[59]

就一項行政失職行為，確立國家責任的門檻因此遠低於立法行為的責任門檻。儘管內國行政官員錯誤地**適用**一項明確的歐盟法規範將會產生必然的責任，但內國立法機關錯誤地執行指令時卻未必。[60]雖然如此，歐盟法院仍舊嚴格區分對於一項指令的**不正確實施**與**不予實施**。對於立法的不作為採用更嚴格之責任制度有其重大意義，因為國家的失職並不能以行使立法裁量權來辯解。法院在結論上認為，對於一項指令的不予實施本身可能就構成一項足夠嚴重的違反情節。[61]

那麼政府的第三部門：司法權呢？一般來說，「國家」會將其與立

- - - - - - - - - - - - - - - -

[57] *Haim v Kassenzahnärztliche Vereinigung Nordrhein*, Case C-424/97 [2000] ECR I-5123, para. 38.

[58] *Larsy v Institut national d'assurances sociales pour travailleurs indépendants*, Case C-118/00 [2001] ECR I-5063.

[59] Ibid., para. 38.

[60] *Denkavit et al. v Bundesamt für Finanzen*, Cases C-283 and 291–2/94 [1996] ECR I-4845.

[61] *Dillenkofer v Germany*, Case C-178/94 [1996] ECR I-4845, para. 29：「未能採取任何措施轉置指令，使其在為此目的設置之規定期間內達其所規定之結果，本身即構成嚴重違反〔歐盟〕法，因此，倘若指令規定之結果需要授予個人內容可得識別之權利，而且違反國家責任與所受損失與損害之間存在因果關係，個人便有獲得賠償之權利。」

法部門和行政部門視為同一事物。但當然，國家內部當然還少不了第三種權力：內國司法權制度。對於這個「危險最小部門」（least dangerous branch）的善意忽略是源自於兩種簡化主義的看法。首先，司法權被簡化而僅作為「法律的代言人」（mouth of the law）。其次，司法權獨立於立法與行政被誤以為是從國家獨立於出來。這兩種看法都是誤解：內國司法行使國家職能來解決私人之間紛爭，並制衡其他國家部門。而且，如同內國行政機關，司法權也可能因在內國法律秩序中錯誤適用聯盟法律而導致違反歐盟法。這種錯誤適用可能會構成違法行為，進而觸發歐盟法下的國家責任；而歐盟法院確實認為一項對歐盟法足夠嚴重的違反行為會引發 *Francovich* 責任。[62]

## 3. 先決裁決之一：總論

　　從一開始，歐盟基礎條約便規範了協助內國法院解釋的機制。若內國法院遇到涉及歐盟法解釋的問題，可將這些「先決問題」提交歐盟法院。這些問題稱為「先決」，是因為它們在內國法院適用之前所進行。而最重要的是，歐盟法院並不會因此「作成」判決。歐盟法院只是**間接**參與由內國法院作出的判斷；職是之故，先決裁決被稱為「間接訴訟」（indirect actions）。先決裁決程序構成了聯盟司法聯邦制度的基礎。這種聯邦制的本質就是**合作**：歐盟法院和內國法院合作共同審理單一個案件時相互配合。

　　TFEU第267條規定了先決裁決的程序，其內容如下：

---

[62] Case C-224/01, *Köbler v Austria* [2003] ECR I-10239. 有關此案的詳細討論，詳M. Breuer, 'State Liability for Judicial Wrongs and Community Law' (2004) 29 *European Law Review* 243.

1. 歐盟法院就以下情形有管轄權，得作成先決裁決：

   (a) 歐盟基礎條約之解釋；

   (b) 聯盟機構、組織、單位或機關其行為之合法性與解釋。

2. 此類問題在成員國法院或法庭提出時，該法院或法庭如認為有必要對該問題作出決定方能為判決，該法院或法庭可得請求歐盟法院對此作出裁決。

3. 提出此類問題所在之成員國法院或法庭，其裁判依內國法無司法救濟措施時，該法院或法庭應將此事提交歐盟法院。[63]

前開條款確立了歐盟與其成員國間在制度上的聯繫。本節著眼於先決裁決的整體面向，首先分析歐盟法院在該程序中的管轄權，然後討論先決裁決在歐盟法秩序中的性質與效力。

### (a)歐盟法院的管轄權

根據第267條第1項，歐盟法院的管轄權涵蓋所有歐盟法律——包括聯盟的國際協議[64]——不過這也僅限於歐盟法律。「在〔TFEU第267條〕的條文框架中，並沒有授權歐盟法院解釋與內國法有關的規則」。[65]從理論上，歐盟法院不能對內國規則與歐盟法之相容性作出裁決。

歐盟法院在歐盟法方面的權限會延伸到對該法的「合法性與解釋」問題，故提交先決（裁決）可針對**兩種**司法職能的行使。此類問題可以關乎歐盟法的合法性問題；而在行使司法審查職能時，歐盟法院僅針對基礎條約之下歐盟法令的合法性作出裁決。不過，內國法院也可以徵詢有關歐盟法的**解釋**，此包含各種類型的歐盟法，下從最深層的憲法基礎上至最崇高

---

63　（省略的）第4項規定：「此類問題在成員國法院或法庭審理中案件提出，並涉及被羈押之人時提出的問題，歐盟法院應盡速審理。」

64　*Haegemann*, Case 181/73 [1974] ECR 449.

65　*Hoekstra (née Unger)*, Case 75/63 [1964] ECR 177, para. 3.

的柔性法。

在理論上，歐盟法的適用並不在歐盟法院的權限之內。第267條「並未賦予法院將基礎條約適用於特定案件之管轄權」[66]但是，有時很難區分「解釋」與「適用」。法院試圖解釋如下：

> 歐盟法院於內國法院繫屬之特定訴訟中對基礎條約作出解釋時，僅限於從條約文義和精神推論〔歐盟〕法規之涵義，至於在該特定案件中適用經此解釋過後的法規，則留待內國法院處理。[67]

理論上，這應意謂著歐盟法院不能決定一項內國法實際上是否違反歐盟法。不過，歐盟法院卻經常進行此種判斷。[68]

「週日交易案」則為「解釋」與「適用」之間模糊界線的著名實例。[69]若內國禁止在週日進行交易，是否會與歐盟內部市場規範相牴觸？一些英國法院已經提交先決審理，以獲取對歐盟條約貨品流通自由的解釋。歐盟法院認為，管理營業開放時間的內國法規可能出於公益之理由而設，但其也要求提交先決的相關內國法院要「查明此類內國法規範之效果是否超出達成預先規劃目標之必要程度」[70]。然而，這種比例原則的分散適用卻在英國造成司法秩序混亂。簡單來說，就是不同內國法院作出了不同決定。因此，歐盟法院最終自行處理，並統一適用比例原則。[71]而當英

---------------

[66] *Costa v ENEL*, Case 6/64 [1964] ECR 585 at 592.

[67] *Da Costa et al. v Netherlands Inland Revenue Administration*, Joined Cases 28–30/62 [1963] ECR 31 at 38.

[68] 此類案件出色的分析，詳參T. Tridimas, 'Constitutional Review of Member State Action: The Virtues and Vices of an Incomplete Jurisdiction' (2011) 9 *International Journal of Constitutional Law* 737.

[69] 詳M. Jarvis, 'The *Sunday Trading* Episode: In Defence of the Euro-Defence' (1995) 44 *International and Comparative Law Quarterly* 451.

[70] *Torfaen Borough Council*, Case C-145/88 [1989] ECR I-3851, para. 15.

[71] *Stoke-on-Trent City Council v B&Q*, Case C-169/91 [1992] ECR I-6635.

國一表明週日交易法並未對內部市場造成不當干預的見解，歐盟法院便跨越了「解釋」與「適用」基礎條約間的那條界線。

### (b)先決裁決的法律性質

歐盟法院的先決裁決性質為何？提交先決裁決**並非**上訴，它們原則上是一種內國法院請求的裁量行為，請求歐盟法院提供解釋上的幫助。因此，提交與否完全取決於內國法院，而非系爭當事人。[72]不過一旦歐盟法院作出先決裁決，則該裁決即具有拘束力。但誰將受其拘束——向內國法院提請解決爭端的當事人抑或內國法院？

先決裁決並不拘束在內國爭執的當事人，因為歐盟法院並不會「判決」他們的案件。因此，在先決裁決的討論脈絡之中，甚至就連談及各方之間的拘束力都是一種誤導。[73]歐盟法院是以提交審理的內國法院為裁決對象；同時，法院也已清楚說明，「該裁決就系爭〔聯盟〕條款與行為之解釋對內國法院有拘束力」[74]。不過，先決裁決的拘束力是否會延伸到提交審理的內國法院之外呢？換句話說，一個先決裁決是否相當於對單一法院所作成之「裁判」；抑或歐盟法院所作的解釋對於所有內國法院均具有一般性的拘束力？

法院長期以來一直澄清，先決裁決**並非**「裁判」；實際上，它甚至不被視為歐盟機構的一個（外部）行為。[75]那麼先決裁決的性質是什麼？這個問題引發學界的激烈爭論。我們可以對比兩種相互競爭的觀點。根據普通法的觀點，先決裁決就是合法的判決先例，普遍拘束所有內國法院。歐

---

[72] *Kempter v Hauptzollamt Hamburg-Jonas*, Case C-2/06 [2008] ECR I-411, para. 41：「〔TFEU第267條〕所建構之體系是為確保〔歐盟〕法律在成員國獲得統一解釋之目的，透過完全獨立於任何當事人之提案權（any initiative the parties），在歐盟法院與內國法院之間建立直接合作。」

[73] *Contra* A. Toth, 'The Authority of Judgments of the European Court of Justice: Binding Force and Legal Effects' (1984) 4 *Yearbook of European Law* 1.

[74] *Benedetti v Munari*, Case 52/76 [1977] ECR 163, para. 26.

[75] *Wünsche Handelsgesellschaft v Germany*, Case 69/85 (Order) [1986] ECR 947, para. 16.

盟法院判決的拘束力具有對世效。[76]

　　這種精湛熟練卻錯誤的理論，其問題在於歐盟法院同意第二種憲法觀點：大陸法傳統。準此，歐盟法院的判決並不創設「新」法律規則，而僅是闡明「舊」法規。用法院的話來說：

> 在行使〔TFEU第267條〕所賦予之管轄權時，歐盟法院對一項〔歐盟〕法規所作之解釋，闡明並在必要時予以定義，該法規之涵義與範圍，如同該法規一般，無論在過去或現今，必須或理應被理解為自法規生效之日起之適用〔。〕[77]

　　換言之，歐盟法院採取了有名（惡名）的「確認理論」。判決僅在確認先前已存在的實定法而已，因而可溯及到該實定法通過之時。

　　根據歐盟法院「大陸法文明傳統」的思考脈絡，其判決**並無一般性的**拘束力。[78]司法裁判並不具有垂直或多邊效力，因為「歐盟法院的判決並非〔歐盟〕法律的**法源**，而是**權威性的佐證**」：「法院所作之解釋會成為條款不可或缺之一部，而且必定會影響所有可能因該條款獲得權利與義務之人的法律地位。」[79]聯盟的大陸法哲學是否存在憲法上的疑義？其中確實存在時間上的問題，因為先決裁決的「確認」效果，通常發生「溯及既

---

[76] 詳參A. Trabucchi, 'L'Effet "erga omnes" des Décision Préjudicielles rendus par la Cour de Justice des Communautés Européennes' (1974) 10 *Revue Trimestrielle de Droit Européen* 56.

[77] *Amministrazione delle Finanze dello Stato v Denkavit*, Case 61/79 [1980] ECR 1205, para. 16; and more recently *Kühne & Heitz v Productschap voor Pluimvee en Eieren*, Case C-453/00 [2004] ECR I-837, para. 21.

[78] 在此意義上，詳Toth, 'The Authority of Judgments' (n. 73), 60：「在所討論的案件中，歐盟法院本身從未打算像有時會被建議的那樣，賦予解釋性的先決裁決一般拘束力。」

[79] Ibid., n. 70、74（強調後加）。

往」的效力。[80]在*Kühne & Heitz*一案中，[81]法院因此認為，一項歐盟法的（新）解釋甚至應該適用於「法院對系爭解釋問題作成裁決之前就已經出現或形成之法律關係」。[82]儘管如此，法院已經認識到，其大陸法哲學必須偶爾受到法確定性與財務平衡的調和。[83]其先決裁決之時間效力因此必須例外被限縮為向後發生效力；也就是從裁決之日起發生效力。然而，法院同樣明確地指出，當一個內國的終審判決是「因參考其後歐盟法院判決基於對〔歐盟〕法之誤解而作成，而且是由於內國法院又未就該誤解依據第267條第3項向歐盟法院提出該問題進行先決裁決之請求」時，則法律確定性將無法阻止一項（新）解釋的溯及適用。[84]

## 4. 先決裁決之二：各論

第267條第2項定義了內國法院提出先決問題之權限。該條項允許「一成員國的任何法院或法庭」提出「使其能夠作出判決所必要的」歐盟法問題。不過，儘管根據第2項任何內國法院「得」向歐盟法院提出問題，但第267條第3項卻規定某些法院有（提出的）義務。第267條第3項定義這些法院為「針對其裁判依內國法欠缺司法救濟措施」的法院。

本文以下將依次探討提交先決裁決程序的個別面向。

- - - - - - - - - - - - - -

[80] 關於這點，詳G. Bebr, 'Preliminary Rulings of the Court of Justice: Their Authority and Temporal Effect' (1981) 18 *Common Market Law Review* 475, esp. 491：「法院認為，先決裁決的溯及效力乃一般性的規則。」

[81] *Kühne & Heitz*, Case C-453/00 (n. 77).

[82] Ibid., para. 22.

[83] 關於前一個理由，詳*Kempter*, Case C-2/06 (n. 72)；後一個理由，詳*Defrenne v Sabena*, Case 43/75 [1976] ECR 455.

[84] *Kempter*, Case C-2/06 (n. 72), para. 39. 對於本案的批判分析，詳A. Ward, 'Do unto Others as you would have them do unto you: "Willy Kempter" and the Duty to Raise EC Law in National Litigation' (2008) 33 *European Law Review* 739.

### (a)「人的問題」：內國法院及法庭

第267條中所稱之「法院或法庭」一詞直指司法機關。這排除了行政機關，可以說在體制上將其排除於司法合作程序的範圍之外。[85]

不過，可將問題提交於歐盟法院的「法院或法庭」所指為何？基礎條約並未提供正面定義。那麼，此概念是否就因而屬於成員國的權限範圍？不出所料，歐盟法院並不接受這種看法，並且提出這組詞彙的歐盟版定義，這個定義非常廣泛。在*Dorsch Consult*一案中，[86]法院因此主張：

> 為確定判定提起審理之主體是否為依條約第267條所定義之法院或法庭（此為〔歐盟〕法上之問題），歐盟法院考量許多因素，例如該主體是否依法設立，其是否為常設組織，其管轄權是否具有強制性，其程序是否介於各方當事人間，其規則是否適用法律規範，以及其是否獨立運作。[87]

最後一個標準通常是決定性的。因此，一個非獨立於國家行政部門外的機關，並非歐盟法意義下的法院或法庭。[88]

*Broekmeulen*一案[89]闡明這個歐盟定義的範圍仍舊寬泛。原告已自比利時取得醫學學位，並打算在荷蘭註冊為「家醫科醫生」，但因該註冊未符合荷蘭的專業資格要求而遭拒絕。原告申訴至家庭醫學申訴委員會（the Appeals Committee for General Medicine），這是一個根據私法設置

---

[85] 詳*Corbiau*, Case C-24/92 [1993] ECR I-1277.

[86] *Dorsch Consult Ingenieurgesellschaft v Bundesbaugesellschaft Berlin*, Case C-54/96 [1997] ECR I-4961.

[87] Ibid., para. 23.

[88] *Syfait et al. v GlaxoSmithKline*, Case C-53/03 [2005] ECR I-4609. 內國競爭主管部門是否應被視為TFEU第267條項下「法院或法庭」的一般性問題，詳A. Komninos, 'Article 234 EC and National Competition Authorities in the Era of Decentralisation' (2004) 29 *European Law Review* 106.

[89] *Broekmeulen v Huisarts Registratie Commissie*, Case 246/80 [1981] ECR 2311.

的專業機構。根據荷蘭法律,該委員會並非法院或法庭,但其是否為第267條第2項所稱之「法院或法庭」,並且是否從而如上所述,有權提出先決裁決?歐盟法院立論如下:

> 為解決目前TFEU〔第267條〕之適用問題,應注意成員國有義務採取必要步驟,以確保〔聯盟〕機構得以完整實施。如果,在某成員國法律體系下,將實施該法規之任務歸分配給一個受政府一定程度監督之專業機構,且如果該機構又與有關政府當局共同合作制定一套申訴程序,而可能影響〔歐盟〕法所授予權利之行使,則為確保〔歐盟〕法之適當運作,當務之急是,歐盟法院應有機會就此類程序所引起之解釋與合法性問題作出裁決。基於上述考量,以及在實務操作中缺乏向普通法院提起上訴之權利,並有權作出終局決定之申訴委員會,在涉及〔歐盟〕法律適用事項中,應被視為TFEU〔第267條〕意義下之成員國法院或法庭。[90]

　　上級內國法院能否限制下級內國法院提出先決問題的權力?歐盟法秩序迅速防杜了這個打破歐盟法院與**內國司法機構各個審級**間合作關係的可能性。因而在*Rheinmühlen*一案中,[91]歐盟法院因此認為:「使法院之法律見解受其上級法院裁決拘束之內國法原則,並不能剝奪下級法院就該等裁決向歐盟法院提出涉及此類裁決之〔歐盟〕法律解釋問題的權力。」[92]因為,倘若下級法院不能向歐盟法院提交問題,則「歐盟法院對於先決裁決之管轄與〔歐盟〕法律在成員國**各級司法系統**中的適用都會受到影響」[93]。於是,任何內國法院或法庭,不問是在國家司法體系中的任何級

---

[90] Ibid., paras 16-17.

[91] *Rheinmühlen-Düsseldorf*, Case 166/73 [1974] ECR 33.

[92] Ibid., para. 4.

[93] Ibid.(強調後加)。其確認,詳*Elchinov v Natsionalna zdravnoosiguritelnakasa*, Case C-173/09 [2010] ECR I-8889, para. 27.

別，以及處於司法程序中的任何階段，都被賦予向歐盟法院提交先決問題的權力。因此，若內國規定允許針對內國法院向歐盟法院提起先決裁決表示異議的話，將違反「TFEU〔第267條〕所賦予該提交法院的自主管轄權」。[94]故而，就德國司法制度而言，歐盟法院所創建之司法聯邦制度如圖7.3所示。

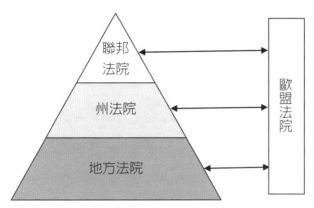

圖7.3　第267條先決裁決

### (b)「事的問題」：必要性

若內國法院有權請求先決裁決，但前提是在案件審理過程中，存在一個對於其作成判決是「有所必要」的「問題」，則有權請求先決裁決。過去，歐盟法院一直鼓勵內國法院提出先決問題，因為這些問題提供歐盟法院難得的機會來說明「真正現行」的歐盟憲法。因此，即便問題「表述不完整」，法院仍願意從中提取「正確」的問題。[95]此外，法院通常不會「批評該解釋請求的依據與目的」，[96]用一個就此爭點提出開創性見解之

---

94　*Cartesio*, Case C-210/06 [2008] ECR I-9641 para. 95.

95　*Costa v ENEL*, Case 6/64 (n. 66) 593：「法院有權從內國法院所提出表述結構不完整的問題中，提取僅涉及條約解釋的問題。」

96　Ibid..

判決的話：

> 　　有關TFEU〔第267條〕所規定內國法院與歐盟法院間之管轄權劃
> 分只有內國法院能直接了解案件事實與當事人間提出的論點，並作成
> 本案判決，故其在完全了解本案情況下，最能體察到雙方提出爭執所
> 生法律問題的相關性，以及為了作出判決而必須進行先決裁決的必要
> 性。[97]

　　話雖如此，在非常例外的情形下，歐盟法院仍可以拒絕先決裁決的請
求。在*Foglia v Novello (No. 1)* 一案中[98]就曾發生，法院堅持提交至法院的
問題必須是在「真正的」爭議中所引發。[99]倘若內國發生爭執的當事人彼
此已事先同意所可能產生的結果，歐盟法院將會拒絕受理。在此案的續案
中，法院確立此種管轄的限制：

> 　　〔第267條〕所賦予法院的職責並非就一般性或假設性的問題提供
> 諮詢意見，而是協助成員國之司法執行。因此，若該等解釋問題係在
> 當事人方所安排訴訟策略框架下提出，旨在促使法院就特定〔歐盟〕
> 法律的某些問題表示意見，由於此與爭端解決固有的客觀要求不符，
> 歐盟法院無權回答該等問題。[100]

　　歐盟法院因此對於先決裁決的請求施加了一**些**管控。為避免第267
條程序遭到濫用，法院將會「如同所有法院一般，審查其是否具有管轄

---

[97] *Pigs Marketing Board v Raymond Redmond*, Case 83/78 [1978] ECR 2347, para. 25

[98] *Foglia v Novello*, Case 104/79 [1980] ECR 745.

[99] G. Bebr, 'The Existence of a Genuine Dispute: an Indispensable Precondition for the Jurisdiction of the Court under Article 177 EEC?' (1980) 17 *Common Market Law Review* 525.

[100] *Foglia v Novello (No. 2)*, Case 244/80 [1981] ECR 3045, para. 18.

權」[101]。然而，法院向來強調，其希望「不欲以任何方式妨礙內國法院之特權」[102]。法院在此保證「盡可能信賴內國法院對其所提交問題必要性程度的評估」[103]。只有經證明該（內國）法院所尋求的〔歐盟〕法律解釋，或〔歐盟〕法律規則效力檢驗與主要訴訟的真正事實或主題無關的情形下，歐盟法院才會拒絕受理。[104]從而有了某種「相關性推定」的存在，即所請求之歐盟法問題要與當前內國法案件有關。

### (c)提交義務與行動明確原則（Acte Clair）

儘管任何內國法院或法庭「得」根據第267條第2項將問題提交歐盟法院，但在同條第3項則規定了一項義務：

> 此類問題在成員國法院或法庭審理中案件提出，而其裁判在內國法缺乏司法救濟措施時，該法院或法庭應將此事提交歐盟法院。

這項義務的範圍為何？有兩種理論選項。根據「制度論」觀點，這條規定指的是構想應提交到該國內最高層級的司法機構。這就將提交先決問題的義務限制在一個成員國的單一法院中——在荷蘭，指的便是最高法院。相較之下，「程序論」觀點則是終審法院的定義與該特定案件中的司法**程序**連結起來。這就將提交義務擴大到特定案件中判決不得上訴之每個內國法院。

歐盟法院從一開始就是支持第二種看法。[105]因而，第267條第3項的關鍵概念就是司法裁判的「可上訴性」（appealability）。重點在於當事

--------

[101] Ibid., para. 19.

[102] Ibid., para. 18.

[103] Ibid., para. 19.

[104] *Imperial Chemical Industries (ICI) v Kenneth Hall Colmer (Her Majesty's Inspector of Taxes)*, Case C-264/96 [1998] ECR I-4695, para. 15.

[105] 程序理論在*Costa v ENEL*, Case 6/64 (n. 66)一案中獲得支持，歐盟法院將義大利的一個**第一審**法院視為對此法院的判決沒有司法救濟的法院。

人向上級法院提出上訴的**能力**（因此，上級審審查上訴是否合法一事並不會剝奪當事人的這種能力）。[106]若在**程序**上有可能提起上訴，就**不適用**第267條第3項之義務。

　　除了關於什麼是「針對其判決在內國法缺乏司法救濟措施」之法院存在疑義外，第267條第3項的措辭似乎顯得相對清晰。然而，這樣的想像具有誤導人的欺騙性假象，因為歐盟法院已經透過兩種非常重要的方式在司法上對該條款作出兩個重大的「增修」。

　　第一個「修正」涉及有關歐盟法之效力的合法性。因為，儘管已有第3項的限制，歐盟法院在此仍堅持，當**所有**內國法院——即使該法院並非終審法院——只要**對一項聯盟法令之合法性存有疑義時**，均有提交義務。[107]這個擴大了第267條第3項的範圍，所根據的是聯盟司法聯邦制的架構讓宣告歐盟法無效之權限專屬歐盟法院。[108]

　　相比之下，第二個「修正」則是限制先決問題的提交義務。這樣的**限制**源於憲法上的共識。因為提出問題就隱含對於答案的不確定性。如果答案已然「明確」，可能就不需要提出問題。然而，從文義看來，第267條第3項將內國法院「視為長不大的孩子」：禁止他們解釋歐盟法律，即使答案一望即知。[109]為了反駁這點，歐盟法秩序導入一個名為「行動明確」的法國法原則。該原則意謂，只要**明確**知道如何**行動**（act）是清楚

---

[106]*Lyckeskog*, Case C-99/00 [2002] ECR I-4839, paras 16-17：「內國上訴法院所作之裁判倘若仍可在最高法院提起上訴，便非TFEU第267條所謂在內國法缺乏司法救濟措施之成員國法院或法庭裁判。須由最高法院事先審查上訴之法律依據可否採納並作出裁決之事實，並不具有剝奪當事人司法救濟的作用。」

[107]詳*The Queen on the Application of International Air Transport Association et al. v Department for Transport*, Case C-344/04 [2006] ECR I-403, para. 30.

[108]在聯盟法秩序中，廢除一項歐盟法令的權力是歐洲法院的專屬權限：*Foto-Frost v Hauptzollamt Lübeck-Ost*, Case 314/85 [1987] ECR 4199. 關於此權力，詳第八章第3節。

[109]J. C. Cohen, 'The European Preliminary Reference and U.S. Supreme Court Review of State Court Judgments: A Study in Comparative Judicial Federalism' (1996) 44 *American Journal of Comparative Law* 421 at 438.

的（clear），則內國法院就沒必要提出先決問題。

行動明確原則是從*Da Costa*一案[110]開啟它在歐盟的發展歷程，歐盟法院認為：

> 法院已依〔第267條〕提供了解釋權限，可能會從其目的造成排除義務，從而使其喪失實質作用……尤其是當所提出之問題**極大程度**等**於**相似案件中業已成為先決裁決之問題時，更是如此。[111]

法院隨後清楚闡明，這將涵蓋第二種情形。若歐盟法院已對一項歐盟法令之合法性問題給予否定答案，則另一內國法院便無須再次提出相同的問題。[112]

不過，有關在憲法上行動明確原則之範圍的一般性準則僅見於*CILFIT*一案。[113]歐盟法院在此將該原則普遍地放寬到所有情況，即「只要法院先前之裁決業已處理系爭**法律要點**」即可，無論導致此等裁決之程序性質如何，甚至系爭問題並非完全相同亦可。[114]然而，只有當歐盟法律的正確適用是「顯而易見，以致於對所欲解決的問題沒有任何合理懷疑的餘地」時，內國法院才能夠解除第267條第3項所規定的提交問題義務。[115]這是一個非常高的門檻，法院將之與許多極為（！）高度之限制性條件聯繫在一起。[116]這些*CILFIT*條件「旨在防止內國法院濫用該原

---------------

[110]*Da Costa et al. v Netherlands Inland Revenue Administration*, Joined Cases 28–30/62 [1963] ECR 31.

[111]Ibid., 38（強調後加）。

[112]*International Chemical Corporation*, Case 66/80 [1981] ECR 1191, paras 12-13.

[113]*CILFIT and others v Ministry of Health*, Case 283/81 [1982] ECR 3415.

[114]Ibid.,para. 14（強調後加）。

[115]Ibid.,para. 16.

[116]Ibid.,paras 16-20. CILFIT條件長期以來鮮為人知。在最近的一則判決中，法院熱心地進一步闡明何時構成違反第267條第3項所規定的義務，有助於增加一些清晰度。在*Ferreira da Silva e Brito and others*(Case C-160/14, EU:C:2015:565)一案中，法院說明下

則，以防他們在不欲遵循法院案例法時，用來逃避其尋求先決裁決之義務」。[117]

## 小結

　　內國法院從功能上來看就是歐盟法院；不過藉由內國法院來進行歐盟法之分權適用，即意謂將歐盟法執行的程序制度，原則性地保留給成員國決定。

　　不過，「內國程序自主」之規則有其前提條件必須符合特定要求。由歐盟法院透過司法實務發展出來的兩個結構性原則，分別是對等原則與實效原則。前者要求內國法院將現有的內國救濟制度擴大適用到相似的歐盟層級訴訟，而後者則要求這些內國救濟措施不可使歐盟法之執行「過於困難」。第三個重要的條件則是：責任原則。*Francovich*準則要求內國法院規範損害賠償訴訟，以補償因特定成員國違反歐盟法（足夠嚴重）所造成的損失。

　　為了確保歐盟法的解釋達到一定程度的一致性，歐盟基礎條約最終訂定一個「提交先決審理程序」。此非上訴程序，而是允許有意願的內國法院詢問有關歐盟法解釋的問題。這樣的自願合作安排已被作為最後手段的內國終審法院之憲法義務所取代。準此，有關歐盟法的問題，自此應統一（或至少一次）以此方式提交給歐盟法院。

---

　　級內國法院存在相互矛盾的判決並非「能夠觸發TFEU第267條第3項所規定義務之決定性因素」，因為上級法院可以提出自己認為毋庸置疑的獨特解釋（ibid., paras 41-42）。儘管**一內國法秩序內**的分歧不是決定性的觸發因素，歐盟法院仍然認為只要對「**多數內國法院和法庭**而言存在大量不確定性」，這種不確定性不僅顯示解釋的困難性，也顯示歐盟內部出現司法判決分歧的風險（ibid., para. 43）。而且，重要的是，這是歐盟法院自己非常樂意統一判決的一個問題。

[117] K. Lenaerts et al., *EU Procedural Law* (n. 7), 100.

# 第八章　歐盟訴訟

## 摘要

　　基礎條約為歐盟法打造了雙重執行機制。除了交由內國法院個別執行的分權機制外，歐盟法秩序還在歐盟法院層級設想出一套統一執行機制。TFEU關於歐盟法院的章節便列舉了歐盟法院的司法權限（表8.1）。

　　本章將討論四種司法訴訟類型。第一種通常被稱為典型的「執行之訴」（enforcement action），規定見於TFEU第258條和第259條，內容涉及成員國違反歐盟法之處理（第1節）。

　　其他三種則是反過來對聯盟自己「執行」違反基礎條約，涉及怠於執行（第2節）、司法審查（第3節）以及損害賠償（第4節）的情況。

### 表8.1　司法權限和程序

| 司法權限和程序（TFEU第258條到第281條） ||
|---|---|
| 第258條 | 委員會提起的強制行動 |
| 第259條 | 由另一成員國提起的強制行動 |
| 第260條 | 不服法院判決的訴訟 |
| 第261條 | 法規中之處罰的管轄權 |
| 第262條 | （潛在）與歐洲知識產權有關的糾紛之管轄權 |
| 第263條 | 司法審查的訴訟 |
| 第265條 | （執行）對工會不作為的訴訟 |
| 第267條 | 先決裁決 |
| 第268條 | 第340條規定的損害賠償訴訟之管轄權 |
| 第269條 | TEU第7條的管轄權 |
| 第270條 | 公務員案件的管轄權 |
| 第271條 | 涉及歐洲投資銀行和歐洲中央銀行案件的管轄權 |
| 第272條 | 仲裁條款授予的管轄權 |
| 第273條 | 成員國之間的特別協議授予的管轄權 |

| 司法權限和程序（TFEU第258條到第281條） ||
|---|---|
| 第274條 | 涉及聯盟的國家法院的管轄權 |
| 第275條 | 歐盟共同外交和安全政策的非管轄權 |
| 第276條 | 自由、安全和司法領域內的管轄權限制 |
| 第277條 | 普遍適用訴訟的附帶（司法）審查 |

## 1. 對成員國提起執行之訴

當成員國違反歐盟法時，落實歐盟條約的主要方式便是將該國提交至歐盟法院。如同圖8.1所示，這種情況並非經常發生——即便某些成員國特別容易發生！

歐盟法秩序對違法之成員國提起執行或侵權訴訟（兩個名稱經常交替使用）在程序上預設了兩種原告，即執委會（the Commission）和其他成員國。前一種情況規定在第258條；而第259條則就第二種情形規定了幾

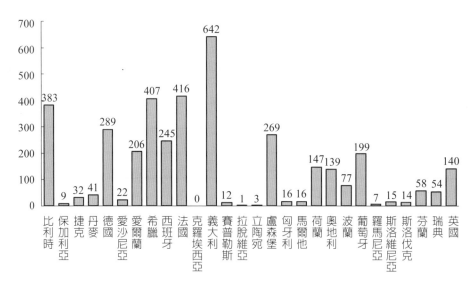

圖8.1　成員國的侵權行為

乎相同的程序。這兩種程序都是受到國際法的邏輯所啟發。原因是在該程序中，不僅個人被排除行使其權利，歐盟法院也不能廢除違反歐盟法之內國法律。其判決僅是單純「宣告」有違反歐盟法的行為發生。不過，正如我們稍後會讀到，此一宣告如今已可透過金錢制裁來落實。

### (a) 第258條之程序要件

對成員國提起執行訴訟乃是「使〔基礎〕條約所維護之〔聯盟〕利益能夠戰勝成員國怠惰與反抗的最後手段」。[1] 這種訴訟通常由執委會提起。[2] 因為執委會是為歐盟整體利益行事的機構，職責在確保成員國確實落實歐盟法律。[3]

由執委會提起執行訴訟的程序規定載於TFEU第258條，其規定：

> 執委會如認為某成員國未能踐行基礎條約所定義務，則在給予涉案成員國就此事表達意見之機會後，應給予其附理由之意見。若涉案成員國在執委會指定期限內不遵循該意見，後者可將此事提交至歐盟法院。

該條文闡明，在執委會將此事提交歐盟法院之前，必先經過一**行政**階段。此訴訟前階段之目的在於「一方面給予涉案成員國機會去履行〔歐盟〕法律規定的義務，另一方面也使其得以針對執委會提出之指控為自己辯護」。[4] 此行政階段明確要求一份「附理由之意見」，以及在之前——即使第258條未明確提及——也需一份「正式通知函」。在這份「正式通知函」中，執委會要通知其所認為違反歐盟法之成員國，並要求該國提交

---

[1] *Italy v High Authority*, Case 20/59 [1960] ECR 325 at 339.

[2] 因此，以下章節將集中討論執委會提起的訴訟。成員國鮮少對另一成員國提起訴訟：但請參見*Spain v United Kingdom*, Case C-145/04 [2006] ECR I-7917。

[3] 詳*Commission v Germany*, Case C-431/92 [1995] ECR I-2189. 關於執委會在這方面的權力，詳第一章第3(c)節。

[4] *Commission v Belgium*, Case 293/85 [1988] ECR 305, para. 13.

意見。若該成員國的解釋未能說服執委會，則執委會便會出具一份「附理由意見」；並在該第二個行政階段後，[5]將之提交到法院。

　　哪些違反歐盟法的行為可以根據侵權程序提起訴訟？除了兩個一般性的例外情形，[6]執委會可以針對任何違反歐盟法律之行為提出，包括違反聯盟的國際協議。[7]不過，違反行為必須是由「成員國」所為，這包含其立法機構、行政機構，且理論上亦包含其司法機構。成員國也可能須為其領域內自治區違反歐盟法的行為負責，[8]甚至連國民的行為也可能例外地歸由成員國承擔。[9]

　　一個成員國有哪些辯護理由可以來正當化其違反歐盟法的行為？很早以前法院就已闡明，一成員國違反歐盟法不能成為另一成員國違反歐盟法的理由。在*Commission v Luxembourg and Belgium*一案中，[10]被告辯稱，「由於國際法允許一方當事人得因他方當事人未履行其義務而使其受有損害時，不予履行自身義務，因此執委會已喪失主張條約受到侵害之權」[11]。法院並不接受這種「國際法」式的解讀，基礎條約「不僅在其所適用之自然人和法人間創設相互義務，更建立新法秩序，用以規範上述人的權限、權利和義務，以及確認與懲罰違反行為的必要程序」。[12]因此，歐盟法的拘束力相當於「框架性」規範。[13]法院同時也否認以憲法「內

---

5　法院認為必須「再」次給予成員國一個合理期限來更正其行為：詳參*Commission v Belgium*, Case 293/85 (n. 4)。

6　詳TFEU第275條和第276條。

7　*Commission v Germany (IDA)*, Case C-61/94 [1996] ECR I-3989.

8　詳*Commission v Germany*, Case C-383/00 [2002] ECR I-4219.

9　*Commission v Ireland (Buy Irish)*, Case 249/81 [1982] ECR 4005.

10　*Commission v Luxembourg and Belgium*, Joined Cases 90–91/63 [1964] ECR 625.

11　Ibid., 631.

12　Ibid..

13　P. Pescatore, *The Law of Integration: Emergence of a New Phenomenon in International Relations Based on the Experience of the European Communities* (Sijthoff, 1974), 67 and 69.

部」問題[14]或是預算限制[15]來作為正當化的理由，不過，法院過去曾接受緊急情況下之不可抗力的主張。[16]

### (b)以金錢制裁落實司法執行

歐盟法院並未被授予廢止違反歐盟法之內國法的權限，其只能宣告內國法律或其執行與歐盟法規範不符。[17]當法院認定某成員國未履行基礎條約義務時，「該國應被要求採取必要措施以遵守法院之判決」。[18]依照國際法邏輯，此處的歐盟法秩序是建立在歐盟法與內國法的規範差異之上。廢除不符歐盟法規範之內國法或其實踐一事，仍屬成員國的專屬權限。

儘管如此，歐盟法秩序仍可藉由對頑固不化的國家實施金錢制裁以「處罰」其違反行為。制裁成員國違反行為的方式規定在TFEU第260條第2項和第3項。重點是，並非每次違反歐盟法都會自然而然地遭到金錢制裁。依第260條第2項之規定，當成員國未能遵守（**歐盟**）**法院**的判決，執委會只能請求「一次性或懲罰性的金額」。[19]而且，即便有此限制，執委會仍須向法院提起第二次訴訟（！）。[20]第二次判決的要求只有一個例外。這個「例外」對應到一個不太例外的情形：成員國無法適當地將「指

--------

14 詳*Commission v Ireland*, Case C-39/88 [1990] ECR I-4271, para. 11：「一個成員國不得以內部情況作為不遵守〔歐盟〕法義務和時限之正當理由。」

15 詳*Commission v Italy*, Case 30/72 [1973] ECR 161.

16 對該案例法的精彩討論，詳L. Prete and B. Smulders, 'The Coming of Age of Infringement Proceedings' (2010) 47 *Common Market Law Review* 9 at 44.

17 *France v Commission*, Joined Cases 15 and 16/76 [1979] ECR 32.

18 TFEU第260條第1項。

19 法院認為TFEU第265條允許其同時徵收「一次性」和「懲罰性」金額。詳*Commission v France (French Fisheries II)*, Case C-304/02 [2005] ECR I-6262.

20 法院透過專門懲罰「一般性和持續性侵害」，而在某種程度上緩和了此一程序要求：詳*Commission v Ireland (Irish Waste)*, Case C-494/01 [2005] ECR I-3331.對此侵害類型的廣泛討論，詳參見P. Wennerås, 'A New Dawn for Commission Enforcement under Articles 226 and 228 EC: General and Persistent (GAP) Infringements, Lump Sums and Penalty Payments' (2006) 43 *Common Market Law Review* 31 at 33-50.

令」內國法化。[21]當成員國未能履行「告知依立法程序所通過轉換指令的措施」[22]之義務，執委會在第一次執行訴訟中即得請求金錢制裁。此項罰款必須於法院在其判決中所指定的日期生效，因此是針對違反歐盟法律的具體行為。

## 2. 對聯盟訴訟：不作為之訴

執行訴訟主要是針對未能採取（正確）作為之成員國，另一方面也可以針對聯盟機構提起侵權訴訟。據此，TFEU第265條規範了不作為訴訟，該條規定：

> 若歐洲議會、歐洲高峰會、理事會、執委會或歐洲中央銀行因違反基礎條約，而未能採取作為，則成員國和聯盟其他機構可向歐盟法院提起訴訟，以確定侵權行為。在相同情形下，本條亦可依相同條件適用於未採取作為之歐盟組織、辦事處和機關。
>
> 此類訴訟僅在涉案機構、組織、辦事處或機關已先經請求採取作為時，才得受理本訴訟。若涉案機構、組織、辦事處或機關在收到請求後兩個月內未表明其立場，可於後續兩個月內提起訴訟。
>
> 任何自然人或法人，均得依前段規定之條件，向法院控訴聯盟機構、組織、辦事處或機關未能告知非屬建議或意見之行為。

因此，除了審計法院和歐盟法院之外，不作為訴訟可以向任何一個歐盟機構或組織提出。此類訴訟也可以由其他聯盟機構或組織、其他成員國，甚至是私人提出。[23]

---

21 關於「指令」，詳第五章第3節。

22 TFEU第260條第3項。

23 然而，關於私人團體，法院似乎將「直接的和個人考量」標準納入了TFEU第265條的範圍；詳參見 *T. Port GmbH & Co. v Bundesanstalt für Landwirtschaft und Ernährung*, Case C-68/95 [1996] ECR I-6065.

這個訴訟程序的各階段為何？如同針對成員國的侵權訴訟，該程序可分為行政和司法階段。只有當有關機關被「要求採取作為」，而且未於兩個月內「表明其立場」時，司法階段才會開啟。[24]

何種「不作為」可以被挑戰？早期的案例法中，法院看似將第265條的範圍與第263條（詳後）的範圍作相同理解，[25]這意謂只有具（外部）法律效力的不作為才可能被挑戰。不過，條文文義來說，卻指向另一種解釋方式——至少對於非私人申訴人而言是如此。而此種比較廣泛的解讀在 *Parliament v Council (Comitology)* 一案中得到了肯認，[26]該案中法院認為「撤銷訴訟與不作為訴訟之間並沒有必然的連結」。[27]因此，就連「準備行為」也可以提起不作為訴訟。[28]從這方面看來，第265條的實質範圍比第263條的範圍為寬。

然而，從一個重要觀點來看，第265條的範圍卻比第263條之範圍狹窄許多，因為歐盟法院增加了一個第265條本文未規定的「不成文」限制，即堅持需有**作為義務**的存在才能認定一項作為義務之存在。倘若一個機構是「有權利，而非有義務」採取作為之行為，則無法成立不作為。[29]舉例來說，這就是執委會根據第258條之權限提起執行訴訟的情形。根據這條規定，執委會並無義務開啟本條規定之程序，但也因此對排除個人要求該機構採取特定立場之權利享有裁量權。[30]此種機構裁量權的存在排除

--------------------

[24] 關於什麼可以算是一個「已經表明定義」的立場，詳參見 *Parliament v Council*, Case 377/87 [1988] ECR 4017, and *Pesquer as Echebastar v Commission*, Case C-25/91 [1993] ECR I-1719。

[25] *Chevallery v Commission*, Case 15/70 [1970] ECR 975, para. 6：「〔第263條〕和〔第265條〕所述能夠提起訴訟之措施在概念上並無二致，因為此二條款均僅規定一種相同追索方法。」

[26] *Parliament v Council*, Case 302/87 [1988] ECR 5615.

[27] Ibid., para.1.

[28] *Parliament v Council*, Case 377/87 (n. 24).

[29] *Star Fruit Co. v Commission*, Case 247/87 [1989] ECR 291, esp. para. 12.

[30] Ibid., para.11.

了作為義務。

在*Parliament v Council (Common Transport Policy)*一案中，[31]法院進一步說明作為義務的存在有何要件。歐洲議會已對理事會提起訴訟，主張其未能為共同運輸政策制定框架性規範。理事會回應，根據第265條規定所謂的不作為「是有關機構適用於以下的情形，即當該涉案機構在採取**特定措施之情況下有一套法律義務時，並不適合用來解決在複雜立法程序框架內引入一整套措施之情形**」，故其並非合適的手段。[32]法院贊同理事會，並駁回了因未能履行制定歐盟政策的**一般性**義務而提起執行訴訟的主張。此不作為必須被「充分定義」；而且限於在缺失的歐盟行為可被「獨立辨識」的情形。[33]

在聯盟的部分，被認定為不作為有何後果？依據第266條規定，機構「其不作為業已被宣告違反基礎條約，機構應被要求採取必要措施，以遵守歐盟法院之判決」。若無明確辦理期限，法院承認機構「就此目的享有合理期限」。[34]

## 3. 撤銷之訴：司法審查

TFEU第263條規定關於歐盟法秩序的司法審查訴訟，該條文規範如下：

(1) 歐盟法院應就立法行為、理事會、執委會和歐洲中央銀行其建議與意見以外之行為，以及歐洲議會和歐洲高峰會旨在對第三方產生法

---

[31] *Parliament v Council*, Case 13/83 [1985] ECR 1513.

[32] Ibid., para.29（強調後加）。

[33] Ibid., para.37.在para.53中，法院因此認為：「未有條約要求生效之共同政策的缺少，其本身並不必然充分滿足特定之不作為，從而構成第265條規定之訴訟主體在本質上充分且特定的不作為。」

[34] Ibid., para.69.

律效力之行為，審查其合法性。

(2) 據此，歐盟法院對於成員國、歐洲議會、理事會或執委會以缺乏權限、違反基本程序要求、違反基本條約或任何與其適用之相關法律原則，或權力濫用之法治原則提起之訴訟，具有管轄權。

(3) 法院在同等條件下對於由審計法院、歐洲中央銀行和區域委員會基於保護其優先權之目的而提起之訴訟，具有管轄權。

(4) 任何自然人或法人均得根據第1項和第2項所規定之條件，針對以其為對象或與其直接且個別相關之行為或是該行為直接或間接影響到他們，而無須藉由實施措施之管制行為，提起訴訟⋯⋯

(6) 本條規定之訴訟程序應於措施公告或通知原告後兩個月內提起，否則應視具體情況自後者知悉之日起算。[35]

　　如果提起司法審查訴訟的理由充分，法院「應宣告系爭行為無效」[36]。聯盟將因而「被要求採取必要措施以遵守歐盟法院之判決」；[37]甚至可能被要求賠償因該不合法行為所造成的損害。[38]

　　司法審查訴訟的程序要求為何？第263條採用了一個複雜的結構；理解其邏輯最簡易的方法，便是將條文分解成四個以「W」開頭的組成部分。第1項涉及法院**是否**（*whether*）有權力審查特定類型聯盟行為的問題。第2項則告訴我們**為什麼**（*why*）可以進行司法審查；也就是說，可以基於何種理由質疑歐盟行為的合法性。第2到4項涉及**何人**（*who*）

---

[35] 已省略的第5項是針對聯盟代理機構和組織制定的特別規定，內容如下：「設立聯盟機構組織、辦事處和機構之法律可得制定具體條件之規範，涉及自然人或法人針對這些機構、辦事處或機構此等組機、辦事處和機關意圖對其產生法律效力之行為旨在對其產生法律效力的行為提起之訴訟。」以下章節將不涉及司法審查的這一特殊方面。

[36] TFEU第264條第1項。然而，根據TFEU第264條第2項，法院「如果其認為有必要，可以例外地，聲明其他所宣告的無效行為有哪些影響應視為確定的」。

[37] TFEU第266條。

[38] TFEU第268條及第340條。關於這點，詳請參見第4節。

可以請求司法審查，並將請求人分為三類。最後，第6項則告訴我們**何時**（*when*）必須提出訴訟，即兩個月內。

### (a)「Whether」：「可審查」行為的存在

第1項決定是否可以進行司法審查。此一問題可以從兩個方面來看。第一方面涉及**何人的**（*whose*）行為可能受到質疑；第二方面為闡明**哪些**（*which*）行為可能受到審查。

**何人的**行為可能在司法審查訴訟中受到質疑？根據第263條第1項，歐盟法院有權審查「立法行為」（legislative act）；亦即，該行為之共同發起人是歐洲議會和理事會，無論是遵循通常或特別立法程序所制定。此外，也可以審查除了審計法院以外所有聯盟機構和組織的行政行為（executive act）。相較之下，法院不能對成員國之行為進行司法審查，而且這種排除範圍除了單方內國法案，也包含成員國間的國際協議（因此，儘管基礎條約是作為歐盟法的基礎，但基礎條約不受歐盟法院的審查）。於是，即使成員國的國家立法或國際協議屬於歐盟法律之範疇，也不能被歸屬給聯盟機構，否則就逾越了歐盟法院的審查權。

聯盟機構的**哪些**（*which*）行為可能受到審查呢？第263條第1項並未正面定義，而是負面排除哪些行為不能審查。據此，「建議」和「意見」不受司法審查。理由在於，這兩種規範形式都不具有「拘束力」，[39]也因此沒有必要去挑戰其**合法性**。該條項也同樣排除非「旨在對第三方產生法律效力」的歐洲議會、歐洲高峰會及其他歐盟組織行為。這種限制背後的基本理由在於排除機構的「內部」行為。並且，儘管在文義上僅限於**某些**聯盟機構，但「外部」效力的要求已經擴展到所有聯盟行為。

因此，歐盟法院闡明，執委會或理事會的單純準備行為不能受到挑戰，因為「一項法案只有在其係明確基於執委會或理事會立場所作成之措

------

[39] TFEU 第288條 第5項。

施時才能受到審查」。[40]在涉及多個階段的立法或行政程序中，所有的準備行為從而也被視為「內部」行為，因而無法進行審查。

不過，除了這些次要的限制之外，法院對於哪些行為可予審查採取了一個廣泛的目的論定義。因而，該行為的性質變得無關緊要。在*ERTA*案中，[41]法院據以認定：

> 由於唯一被排除在成員國和機構得提起撤銷訴訟範圍外的事項是「建議或意見」——經〔TFEU第288條〕最後一項被宣告不具拘束力——〔TFEU第263條〕將機構所採取旨在具有法律強制力的措施視為可由法院進行審查的行為。本次審查的目標在於，如依〔TEU第19條〕之要求，確保基礎條約在解釋和適用條約時遵守法律。而將可受理訴訟之條件限於依〔TFEU第288條〕所提及之措施類型。予以嚴格解釋，並不符合這個目標。**因此，對於所有機構採取旨在產生法律效力之措施，無論其性質或形式如何，都可提起撤銷訴訟。**[42]

然而，歐盟法院廣泛的審查權限卻受到TFEU第275條和第276條的外在限制。[43]

### (b)「Why」：審查的正當理由

並非所有理由都具備請求司法審查的正當理由。儘管司法審查的存在是所有政治秩序受「法治原則」拘束的必要條件，但是司法審查的範圍會

---

[40] *International Business Machines (IBM) v Commission*, Case 60/81 [1981] ECR 2639, para. 10.

[41] *Commission v Council (ERTA)*, Case 22/70 [1971] ECR 263.

[42] Ibid., paras 39-42（強調後加）。

[43] 關於歐盟法院的管轄權，基礎條約承認兩個一般性限制：TFEU第275條和第276條。前者聲明，歐盟法院「對於有關共同外交和安全政策之規定或根據此等規定所採取之行為，不應具有管轄權」（TFEU第275條第1項）。而TFEU第276條則規定，歐盟法院「對於成員國之警察或其他執法部門展開之行動，或履行成員國關於維護法律和秩序與保衛內國安全之義不容辭之行動，不應具有審查其合法性與比例性之管轄權」。

因法律原則是程序或實體觀點而有不同。

英國或法國的法秩序在過去一向遵循**程序觀點**，因此法院（主要）有權審查在一項法案通過時是否遵循了相應的立法或行政程序，至於立法行為的「事實關係」或實體內容則超出法院的審查權。相形之下，美國或德國的憲法秩序傳統上採取的是實體觀點。法院在此有義務審查一立法行為的實體內容，特別是其是否違反憲法所保障的基本人權。

對於歐盟法秩序而言，TFEU第263條第2項將司法審查限於四種正當理由：「缺乏權限」、「違反基本程序要求」、「違反基礎條約或任何適用請求相關之法律原則」以及「權力濫用」。這些理由可否表明聯盟採取的是形式還是實質的法治原則？

讓我們先來關注這個一般性問題，然後再分析作為具體審查依據的比例原則。

### (i) 「形式」和「實質」正當性基礎

歐盟法秩序承認三種審查的「形式」理由。

第一，一項歐盟法案可以因為聯盟欠缺通過權限而受質疑。從而，歐盟法的越權審查因而擴張到所有次級與附屬性的歐盟法律。對前者的審查源自於授權原則。[44]由於聯盟只能行使基礎條約所賦予的權力，凡是超出這些權力的行為便是越權，因而可使之無效。

第二，如果一項歐盟法案違反了基本程序要求，則可以對其提出質疑。此審查理由，並非所有程序上的違規行為都能使一項歐盟法案無效，而是僅限於「基本的」程序要求。何時會違反「基本的」程序要求？在此管轄權下發展出來的憲法規範是「法律基礎訴訟」（legal basis litigation）幅員廣大的結果。[45]當聯盟通過一項法案卻在程序上排除有權

---

[44] 關於授權原則（the principle of conferral），詳參見第三章摘要。

[45] 關於歐盟法秩序中的「法律基礎訴訟」現象，詳參見H. Cullen and A. Worth, 'Diplomacy by Other Means: the Use of Legal Basis Litigation as a Political Strategy

參與的機構時，即是違反了一項基本的程序步驟。[46]或者，聯盟通過法案乃基於一個機構**內部**錯誤的投票形式，因此，如果理事會以一致決而非條件多數決投票，便是違反了基本的程序要求。[47]相形之下，倘聯盟法案是根據「錯誤」權限，但仍符合相同的立法程序時，不會違反任何基本的程序要求。[48]

審查的第三個形式正當性理由是在於「權力濫用」，這個概念仍然相對模糊，[49]其背後的主觀要件在於禁止追求不同於合法權限所支持的目標。[50]

最後，一項歐盟法規可以受到質疑乃因其「違反基礎條約或任何與其適用相關之任何法律原則」。此為審查之「概括性」理由。歐盟法院一直將此作為一把憲法的萬用鑰匙，用以導入一系列一般性原則，[51]其中包含最重要的比例原則。而隨著這些原則的引進，法治原則已在歐盟取得某種**實質**面向。這種實質法治理念最重要的體現，就是歐盟法院能夠審查歐盟行為是否違反歐盟基本權利。這些權利對於聯盟所有的行政權力均構成實質內容的限制；有鑑於其重要性，已先在第四章討論。

- - - - - - - - - - - - - -

by the European Parliament and Member States' (1999) 36 *Common Market Law Review* 1243.

[46] *Commission v Council (ERTA)*, Case 22/70 (n. 41)，以及*Parliament v Council (Chernobyl)*, Case C-70/88 [1990] ECR I-2041。

[47] 詳*United Kingdom v Council*, Case 68/86 [1988] ECR 855，以及*Commission v Council*, Case C-300/89 [1991] ECR I-2867。

[48] *Commission v Council*, Case 165/87 [1988] ECR 5545, para. 19：「僅憑一單純形式缺陷是無法使該措施無效」。

[49] 有關此審查理由更廣泛的討論，詳參見H. Schermers and D. Waelbroeck, *Judicial Protection in the European Union* (Kluwer, 2001), 402 et seq.。

[50] *Gutmann v Commission*, Joined Cases 18 and 35/65 [1965] ECR 103。

[51] 關於歐盟法律秩序的一般原則，詳參見T. Tridimas, *General Principles* (Oxford University Press, 2007)。

### (ii)合比例性：實質正當性

比例原則的憲法功能是保護各種自由的價值觀。[52]此原則構成了歐盟法秩序中「最古老的」一般原則之一，最初始於一項不成文的原理原則，如今已編入TEU第5條第4項：

> 根據比例原則，聯盟行動之內容與形式不得超出實現基礎條約目標所必需。[53]

比例原則被描述為「影響最深遠的審查基準」以及「公法法官的軍火庫中最強而有力的武器」。[54]

但是歐盟法院如何評估一項聯盟行為的合比例性？法院已發展出一套原則性的檢驗標準，其中最精密的形式，是採取一個由三重部分構成的檢驗架構，[55]期將分析一項聯盟行為的**適當性**、**必要性**以及（嚴格意義的）**比例性**。不過，法院並不總是區分第二和第三個子原則。在適當性審查中，法院會檢視該歐盟措施是否適合實現某特定的目標，此種做法算是相當明確。[56]而另一方面，必要性審查則比較嚴苛。聯盟必須證明所採取的行為是實現既定目標的**最小限制手段**。最後，即使是實現公共政策目標的

---

[52] 關於比例原則的起源，詳J. Schwarze, *European Administrative Law* (Sweet & Maxwell, 2006), 678-9。

[53] 該條款繼續規範道：「聯盟的機構應該適用比例原則，就如同議定書中規定的關於適當性和比例性的原則之適用規定，適用比例原則」。

[54] Tridimas, *General Principles* (n. 51), 140.

[55] 詳參見*The Queen v Minister of Agriculture, Fisheries and Food and Secretary of State for Health, ex parte Fedesa and others*, Case C-331/88 [1990] ECR I-4023, para.13：「比例原則乃〔聯盟〕法一般原則之一。根據該原則之效力，禁止一項經濟活動是否合法取決於為實現系爭立法所合法追求之目標而採取之禁止手段的適當性與必要性；當有數種適當手段可供選擇時，必須選擇最小侵害者，而且其所造成的不利條件不得與所追求之目標不相稱」。

[56] 作為一個無法滿足此檢驗的罕見案例，詳參見*Crispoltoni v Fattoria autonoma tabacchi di Città di Castello*, Case C-368/89 [1991] ECR I-3695, esp. para. 20.

最小限制手段也有可能不合比例地干涉個人權利。嚴格意義的比例原則因此要權衡所加諸之負擔對於個人是否過重。

儘管這種三步驟檢驗標準在理論上可能很難滿足，但法院對於聯盟享有裁量權的領域已經給予相當程度的尊重。一項裁量性的聯盟行為只有在「該措施顯然不適當」，才會受到影響。[57]這樣寬鬆的審查標準意謂歐盟法院很少認定一項聯盟措施因不合比例而進行干涉，如對基本權利。

我們可在Kadi案中[58]找到一個不合比例之聯盟行為的適例。為了打擊國際恐怖主義，聯盟曾經通過一項規定，凍結疑似與蓋達組織有關人員的資產。本案原告主張，該聯盟行為顯不合比例地限制其財產權。歐盟法院認為財產權並非絕對，「財產權的行使可能會受到限制，但前提是這些限制必須實際上符合〔聯盟〕所追求之公共利益目標，且相對於所追求之目標，其不構成與所達成目標不合比例且無法容忍之干涉，從而侵害所欲保障權利之核心內容」。[59]因此，這要求的是「在公共利益的需求和相關個人利益之間獲致公正之權衡」。[60]由於所獲致的公正權衡並非支持原告，因此就其相關部分，[61]該聯盟行動應予撤銷。

### (c)「何人」（Who）：歐盟法院的當事人適格

TFEU第263條的三個不同條項區分三種類型的原告。

第2項提到可以隨時提起司法審查訴訟的原告。這類「享有特權的」原告為：成員國、歐洲議會、[62]理事會和執委會。他們享有特權的原因在

---

[57] *Fedesa*, Case C-331/88 (n. 55), para. 14. 亦可參*Germany v Council (Bananas)*, Case C-122/95 [1998] ECR I-973, para. 79.

[58] *Kadi and Al Barakaat International Foundation v Council and Commission*, Case C-402P [2008] ECR I-6351.

[59] Ibid., para. 355.

[60] Ibid., para. 360.

[61] Ibid., para. 372. 不過，法院認為該聯盟行為原則上是正當的（ibid., para. 366）。

[62] 根據最初的羅馬條約，歐洲議會並非特權原告。其原因在於，它在聯盟法通過時僅是「諮詢」（consultative）機關。隨著單一歐洲法後議會參與的增加，此一立場即

於，他們依其職權理所當然地被每一項聯盟行為影響。

第3項列出具「準特權」原告。他們是審計法院、歐洲中央銀行以及區域委員會，因為他們只得在「為保護其特權」時提起審查訴訟。[63]

最後第4項提到自然人或法人的地位適格。這些人是「非特權」原告，因為他們必須證明該聯盟行為對其造成具體影響。在過去六十年左右的時間裡，這個第4項一直有高度爭議。為了合理說明法院的案例法，我們必須先就其「羅馬條約公式」的歷史分析開始，才有辦法進入本項目前所採用的「里斯本條約公式」。

### (i) 羅馬條約公式及其司法解釋

羅馬條約在原EC第230條（ex-Article 230 EC）賦予個人原告聲請司法審查的權利。該條第4項規定：

> 任何自然人或法人均得……針對以其為對象之**決定**，或形式上雖以他人為對象之法規或決定，但與前者具有**直接且個別關係**之決定，提起訴訟。[64]

這個「羅馬條約」的公式必須從兩種憲法選擇的背景下理解。首先，羅馬條約起草者希望將私人當事人的適格地位限定在對個別「決定」的質疑上，亦即：歐盟行政行為。因此，羅馬條約區分三種類型的決定：針對

---

在憲法上成為問題。歐洲議會如果無法對侵害程序性特權的行為提出質疑，如何能在立法程序中進行合作甚至共同決策？為了彌補這個憲法缺口，法院藉由給予議會一種「準特權」原告的地位，從司法上「修正」（amended）原EEC第173條（參見 *Parliament v Council (Chernobyl)*, Case 70/88 (n. 46)）。此地位後來納入馬斯垂克條約；而尼斯條約終於承認歐洲議會根據原EC第230條第2項成為完全特權原告的地位。

63 從歐洲議會在尼斯條約前，為保護其特權的努力過程來理解本詞組的定義，詳見 *Parliament v Council*, Case C-316/91 [1994] ECR I-625，以及 *Parliament v Council*, Case C-187/93 [1994] ECR I-2857。

64 原EC第230條第4項（強調後加）。

原告的決定、針對他人的決定，和「法規形式」的決定。第三種決定是一項「實質上的」決定，不過其被放在錯誤的法律形式中。[65]司法審查在此有助於避免權力濫用。

其次，由私人當事人針對決定提出的質疑不一定都會得到允許。只有與私人當事人一方具有「直接且個別關係」的決定才能受到質疑。而且，此種以原告為對象之決定，其利害關係是推定存在的，但要去質疑其他決定，則須另外舉證。因此，私人的「非特權」原告身分，具有雙重意義。他們不僅**不能**質疑所有的聯盟法律行為，而且除了針對他們所做的決定外，他們並未被推定享有質疑法案的正當利益。

這兩種憲法選擇都嚴格限制私人的當事人適格，也存在極大爭議。在里斯本條約前的歐盟法秩序，兩者受到司法界和學界大量的討論。[66]

在一則案例法的第一行中，歐盟法院藉由放棄對（行政）「決定」的文義堅持，因而成功「改寫」原EC第230條第4項。儘管法院最初對其文本抱有相當敬意，並以此拒絕私人當事人對普遍適用行為的審查請求，[67]然而法院竟放棄過去的檢驗標準，並闡明聯盟行為的法律性質在此無關。

---

[65] 關於歐盟法秩序的各種工具，詳參見第五章摘要。關於「決定」和「規則」的實質區別，詳 *Confederation nationale des producteurs de fruits et légumes and others v Council*, Joined Cases 16–17/62 [1962] ECR 471，法院認為基礎條約「明確區分了『決定』和『規則』的概念」（Ibid., 478）。規則最初被認為是歐盟唯一「普遍適用」的工具，而它們的普遍特質將之與單獨的決定區分開來。

[66] 關於學術爭論（按時間順序），詳見A. Barav, 'Direct and Individual Concern: an Almost Insurmountable Barrier to the Admissibility of Individual Appeal to the EEC Court' (1974) 11 *Common Market Law Review* 191; H. Rasmussen, 'Why is Article 173 Interpreted Against Private Plaintiffs?' (1980) 5 *European Law Review* 112; A. Arnull, 'Private Applicants and the Action for Annulment since Codorniu' (2001) 38 *Common Market Law* 8; 和A. Ward, *Judicial Review and the Rights of Private Parties in EU Law* (Oxford University Press, 2007)。

[67] 法院的傳統檢驗標準集中在關注被質疑的行為──從實質性的角度來看──是否為「真正的」規則。有關這個「檢驗標準」的詳細說明在 *Calpak v Commission*, Case 790/79 [1980] ECR 1949, paras 8-9：「根據〔TFEU第288條第2項〕之效力，區別一項規則與一個決定之標準在於，系爭措施是否普遍適用。」

在*Codorniu*案中，[68]法院認為：

> 　　儘管根據〔原EC第230條第4項〕，從其適用範圍之性質與效力來看，確實具有立法性質，因為普遍適用於相關貿易商，但這並不妨礙其與當中某些貿易商存在個別利害關係。[69]

　　這項司法「修正」斬斷了行為的「行政」性質與原EC第230條第4項間有如神話中的歌迪爾死結。自此，只要私人當事人能證明具有「直接且個別關係」，就可以質疑**任何**法律中的單一條款——甚至是普遍適用的行為如規則或指令。

　　這將我們帶到了原EC第230條第4項下的第二個著名戰場。「具直接且個別關係」這個用語意義為何？一般認為判斷是否具有直接關係的標準是指措施**本身**必須**直接**影響原告的地位。若系爭措施的執行容許任何形式的裁量空間，就不符合此處要件。若有其他行為的介入，則該措施便與原告無「直接」關係[70]（在這種情況下，聯盟法秩序要求原告去挑戰執行措施，而非「母」行為）。

　　可惜的是，判斷「個別關係」的標準並不明確。關於原EC第230條第4項下的私人當事人適格，*Plaumann*案提供了權威性的解釋。Plaumann乃一克里曼丁紅橘進口商，他對於歐盟執委會拒絕降低該水果的歐盟關稅決定提出質疑。不過，由於該決定並非針對他個人而來，而是針對其所屬

---

[68] *Codorniu v Council*, Case C-309/89 [1994] ECR I-1853.

[69] Ibid., para. 19.

[70] 詳參見*Les Verts*, Case 294/83 [1986] ECR 1339, para. 13：「系爭措施與原告協會有直接利害關係，其構成了一套完整規則，本身業為已足，不需要施行中的細則條款。」但在*Regione Siciliana v Commission*, Case C-417/04P [2006] ECR I-3881一案中，法院卻指出「直接利害關係」並不涉及形式上是否需要額外實施措施，而是僅關注行為在實質意義上是否直接決定原告之境況。因此指令可能是直接利害關係，即便在形式上指令必須由成員國實施。

之成員國：德國，因此他必須證明該決定與其具有「個別關係」。歐盟法院將標準定義如下：

> 非為一項決定直接下達對象之人，因獨有屬性、或有別於所有其他人之境況而受該項決定影響，並因此使其如同直接下達對象得以個別區分時，始得主張具有個別關係。[71]

　　這個公式被稱為「*Plaumann*標準」。如果私人原告想要質疑一項並非針對他們下達的法案，僅憑該法對他們產生的不利——絕對性的——影響是不夠的。相反地，而是他們必須證明——相較於其他人——該法的影響「僅是對他們獨有的」。此一**相對性的**標準堅持，他們必須是「有別於所有其他人」。原告必須能被單獨挑選出來，就好像他們是被特別針對一樣。本案中，法院否認存在有這種個別關係，因為Plaumann只被認為是一個克里曼丁紅橘進口商，僅具有一**般性的**利害關係，也就是說，這是任何人都能在任何時候從事的一項商業活動。[72]因此，*Plaumann* 標準相當嚴格：只要私人當事人隸屬一個「開放團體」的成員——任何人明天都能決定成為一個克里曼丁紅橘進口商——便不具有根據原EC第230條第4項所規定的法律地位。[73]必須是隸屬一個「封閉團體」的個人才有權質疑一項歐盟行為（參見圖8.2）。

　　不出所料，這種對私人當事人適格的限縮解釋遭到嚴厲批評，因為這是對個人獲得司法審查之基本權利所為之欠缺開明的限制。而法院也在特定歐盟法領域中相對軟化之立場，[74]不過其通常會拒絕對私人原告適格引

--------

71 *Plaumann v Commission*, Case 25/62 [1963] ECR 95 at 107.
72 Ibid..
73 即使假設Plaumann在決定作成當時是德國唯一的克里曼丁紅橘進口商，「克里曼丁紅橘進口商」這個類別仍是開放的：未來的德國進口商可能也會希望參與克里曼丁紅橘的貿易。
74 這曾發生在歐盟競爭法領域：詳*Metro-SB-Großmärkte v Commission*, Case 26/76 [1977] ECR 1875。

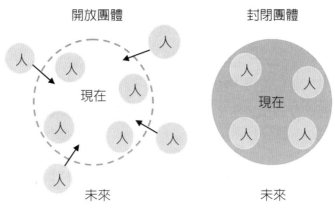

開放團體　　　　　　　封閉團體

現在　　　　　　　　　現在

未來　　　　　　　　　未來

圖8.2　*Plaumann*標準

進較開放的解釋。在*Unión de Pequeños Agricultores (UPA)*一案，[75]法院基於以下言不由衷的[76]理由，明確地拒絕推翻其判例：

> 　　無可否認，確有可能設想一套不同於創始條約規定亦未修改其原則之司法審查制度，來針對普遍適用之歐盟措施審查其合法性，但如有必要，實應由成員國根據TEU第48條針對現行有效制度予以改革。[77]

　　法院要求基礎條約進行的這一項憲法修正案是否發生了？讓我們來檢視里斯本公式中現今私人當事人的適格地位。

### (ii)里斯本條約公式及其解釋問題

　　里斯本條約已大幅度修改了羅馬條約的架構。私人當事人之適格地位現已納入TFEU第263條第4項。該條文規範如下：

---

[75] *Unión de Pequeños Agricultores (UPA) v Council*, Case C-50/00 [2002] ECR I-6677.

[76] *Plaumann* 檢驗標準是歐盟法院自己對於「個別利害關係」涵義的解釋結果，因此，法院理論上本可以「推翻」自己。這曾發生在歐盟法的其他領域：詳參見*Criminal Proceedings against Keck and Mithouard*, Joined Cases C-267 and 268/91 [1993] ECR I-6097.

[77] *Unión de Pequeños Agricultores (UPA) v Council*, Case C-50/00 (n. 75), para. 45.

> 任何自然人或法人均得……針對以其為對象或是對其有**直接且個別關係**以及與其直接相關而無須實施措施之**管制行為**，提起訴訟。[78]

這個新的第4項公式的構想在文義上肯認私人當事人適格地位應與受質疑之聯盟行為的性質脫鉤。透過*Codorniu*案成文化的過程，個人因而可以質疑任何具有法律效力的聯盟「行為」。不過，取決於行為的性質，TFEU第263條第4項仍然區分了三種情況。

第一，以原告為對象之決定可以直接提出質疑。

第二，至於「管制行為」——無論其所指為何——私人當事人必須證明存在「直接關係」，他/她還須證明該行為無須透過執行措施來落實。[79]這已引入了一個可能難以克服的形式上障礙。因為似乎任何類型行為——甚至是正式通知——無論是由聯盟或成員國來做，都可算是一項執行措施。[80]

第三，就所有其他行為而言，原告必須繼續證明具有「**直接且個別關係**」。因此，里斯本條約的修正，僅放棄要求第二類（但非第三類）行為的「個別關係」；進而，第二類和第三類之間的分界線有望成為後里斯本時代對於TFEU第263條第4項規範解釋的戰場。這條分界線是由「管制行為」的概念決定。

那麼，什麼是「管制行為」？該用語在條約中沒有定義。憲法上有兩

---

[78] TFEU第263條第4項（強調後加）。

[79] 「直接關係」理論上應意謂著不需要執行性（implementing）的法案。那麼為何TFEU第263條第4項明文重複這點？答案就在法院先前的判例中（尤其可參見先前討論的*Regione Siciliana v Commission*, Case C-417/04P (n. 70)）。從這個角度來看，TFEU第263條第4項其堅持無須執行法案，可能標示著里斯本條約的制定者希望回歸更具限制性的、形式的立場。此一結果應意謂著一項以「指令」形式通過的管制性法規不得歸入第263條第4項之第二類型中，根據定義，他們在形式上需要由成員國執行。關於「指令」的形式，詳見第五章第3節。

[80] 詳*Kyocera v Commission*, Case C-553/14P, EU:C:2015:805, para. 55.

個選項。根據第一種觀點，「管制行為」被定義為所有「普遍適用的行為」[81]。這種解讀極大放寬了私人原告的適格地位，因為第二類將涵蓋所有具普遍性的立法與行政行為。而根據第二種觀點，「管制行為」的概念應該與「立法行為」相對。管制行為於是被理解為非立法行為。[82]這種觀點將依通常或特別立法程序通過的法案置於第二類以外。結論上，形式立法的司法審查要求具備「直接且個別關係」，因而多半不會受私人當事人的質疑。

歐盟法院是如何決定的？在*Inuit I*一案中，[83]歐盟法院支持第二種更狹義的觀點。該案涉及海豹產品貿易商對於一項禁止此類產品在內部市場銷售的聯盟規則的質疑。在通常立法程序之下，（該規則）基於TFEU第114條已依循通常立法程序通過，問題在於聯盟立法可在多大程度上能受到相關私人當事人的質疑。在綜合分析了支持及反對將立法行為納入管制行為的各種論點後，歐盟法院發現這兩類法案是相互排斥的，用普通法院的話來說：

> TFEU第263條第4項而言，所謂「管制行為」的定義必須理解為涵蓋立法行為以外所有普遍適用的行為。[84]

該判決意見在上訴中得到肯認，[85]歐盟法院的看法如下：

---

81 J. Bast, 'Legal Instruments and Judicial Protection' in A. von Bogdandy and J. Bast (eds), *Principles of European Constitutional Law* (Hart, 2009), 345 at 396.

82 A. Ward, 'The Draft EU Constitution and Private Party Access to Judicial Review of EU Measures' in T. Tridimas and P. Nebbia (eds), *European Union Law for the Twenty-First Century* (Hart, 2005), 201 at 221.

83 *Inuit v Parliament & Council*, Case T-18/10 [2011] ECR II-5599.

84 Ibid., para 56（強調後加）。

85 *Inuit v Parliament & Council*, Case C-583/11P, EU:C:2013:625.

改變原EC第230條第4項規定中自然人和法人提起訴訟之權利的目的，在於使這些人在不過於嚴格之條件下，針對立法行為以外普遍適用之行為能夠提起撤銷訴訟。因此，歐盟普通法院之結論是正確的，亦即根據TFEU第263條第4項所謂的「管制行為」概念並不包括立法行為。[86]

至於私人當事人對於立法行為（以及未以原告為對象之決定）的質疑，歐盟法秩序因此繼續要求「**直接且個別關係**」的證明。於是乎，任何宣稱*Plaumann*（標準）已死的說法都不免言過其實。因為，法院在*Inuit I*一案中明確使用*Plaumann* 標準來定義TFEU第263條第4項規定的「個別關係」。法院在此拒絕里斯本條約制定者，希望使用限制性較小的「新」標準代替「舊」標準的主張，法院在此認為：

承上，可以得出TFEU第263條第4項第二句對應……原EC第230條第4項的第二句。該條項之文字沒有改變。更進一步來說，沒有任何跡象顯示里斯本條約制定者有意變更原EC第230條第4項中業已規定之可受理條件範圍……故而，在這些情況下，必須認定里斯本條約沒有變更撤銷訴訟所需具備個別關係此一條件的內容，正如同法院自*Plaumann v Commission*一案以來所建立之案例法……根據該案例法，自然人或法人只有在系爭行為其因獨有屬性或有別於所有其他人之境況而受該項行為影響，並因此等因素使其有如相對人一般而個別區分時，始滿足具備個別關係之要件。[87]

--------------------

[86] Ibid., paras 60-61.
[87] Ibid., paras 70-72.

法院因而拒絕以限制較小的「新」標準替代「舊」的*Plaumann*標準，而這種轉變是有充分理由的。對於*Plaumann*標準批評最強烈的是佐審官Jacobs。在*Unión de Pequeños Agricultores (UPA)*一案中，[88]他博學的觀點指出該檢驗標的的異常邏輯。「受影響的人數越多，獲得有效司法審查之可能性就越小」，[89]這確實是荒謬的。然而，有其他適合的替代標準嗎？「因此，唯一適宜之解決辦法是，承認當一項〔聯盟〕措施已經或可能對其利益產生**實質不利影響**時，該原告即屬與該措施具有個別關係」。[90]然而，正如我們在前一小節所看到，法院一貫地以放棄*Plaumann*（標準）就必須修改條約這樣的形式理由，拒絕此種新解釋。在圖8.3中可以看到根據TFEU第263條第4項所適用的各種檢驗標準。

## 4. 損害賠償之訴：聯盟責任

若聯盟的立法或行政行為違反了歐盟法，法院能否就所造成之損失判決賠償？在TFEU第268條中確實承認損害賠償訴訟；[91]不過，出於一個奇怪的理由；該條引用了另一個條文：TFEU第340條，該條內容規定如下：

> 聯盟之契約責任應受系爭契約所適用之法律規範。
>
> 若非契約責任的情形，聯盟應根據成員國法共通之一般原則，賠償其機構或其雇員在履行職責時所造成之任何損害。[92]

---

[88] *Unión de Pequeños Agricultores*, Case C-50/00 (n. 75).

[89] 佐審官（Advocate General）Jacobs的意見，Ibid., para. 59。

[90] Ibid., para. 102（強調後加）。

[91] TFEU第268條：「歐盟法院對於第340條第2項和第3項規定之損害賠償相關爭議具有管轄權。」

[92] TFEU第340條第1項和第2項。

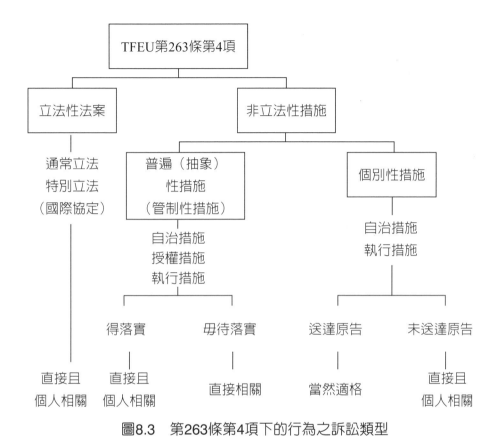

圖8.3　第263條第4項下的行為之訴訟類型

　　該條分為第1項的契約責任和第2項的非契約責任，前者受**內國**法律之規範，後者則受到**歐盟**法律規範。第2項承認，聯盟無論是以作為機構身分或是透過其雇員，[93]都可能「犯錯」，並且有義務就所造成的損害進行賠償。

　　支持聯盟非契約責任訴訟的憲法原則是什麼？第340條第2項有著豐富

---

93　關於聯盟的公務人員，只有他們的「官方行為」才能歸責於聯盟。至於他們的個人責任，TFEU第340條第4項規定：「聯盟所屬雇員之個人責任應受其各自適用之人事條例或僱傭合約條文規範。」

而多彩的憲政發展歷史，其不僅從附帶訴訟類型轉變為獨立訴訟類型，其實質要件也發生重大變化。在此這最後一節將簡要地分析聯盟責任訴訟的程序和實質要件。

### (a)程序要件：從附帶訴訟到獨立訴訟

第340條第2項規定的損害賠償訴訟在一開始時是附帶訴訟；也就是，一個訴訟將取決於另一個訴訟的成功為前提。在*Plaumann*案中——上節討論的案例——一家克里曼丁紅橘進口商對於聯盟的決定提起撤銷訴訟，同時要求金額相當於因系爭歐盟決定所須支付之關稅的賠償。然而，正如我們所見，由於第263條第4項規定的限制性資格，撤銷訴訟失敗了；法院認為，這同樣也終結損害賠償訴訟：

> 在本案中，系爭決定並未被撤銷。一項未被撤銷之行政措施，其本身並不能構成由該行政機關所為，對受其影響之人造成損害之錯誤行為。因此，後者不能以該措施為由要求損害賠償。法院不能藉由損害賠償訴訟的方式，使得前述未被撤銷之決定法律效力歸於無效。[94]

據此，提起損害賠償訴訟之前必須已有一個（成功的）撤銷訴訟。*Plaumann*之審理法院於此堅持要具有「違法性的證明」，甚至是在考慮聯盟責任的實體事實關係之前。不過，這在*Lütticke*一案[95]發生巨大改變，該案成了損害賠償訴訟的「獨立宣言」：

> 〔第340條〕乃由條約確立之獨立訴訟類型，旨在訴訟制度中達到某種特定目的，並受其行使要件之拘束，以實現其具體目標。[96]

---

[94] *Plaumann*, Case 25/62 (n. 71), 108.

[95] *Lütticke v Commission*, Case 4/69 [1971] ECR 325.

[96] Ibid., para. 6.

依照法院見解，基於其可能導致與撤銷訴訟相同的效果，而否認損害賠償訴訟的可受理性，將違反此訴訟的「獨立性」以及「由條約所創設訴訟類型的整體功效」。[97]

那麼，損害賠償訴訟的賠償要件是什麼？該訴訟之提起可以針對據所聲稱造成損害的任何聯盟之作為或不作為提起。該作為（或不作為（omission））通常必須是「官方行為」；亦即，其必須可歸責於聯盟。[98]不同於TFEU第263條，其對於原告的資格沒有限制：任何人覺得自己受到一項聯盟之作為或不作為的「錯怪」，均可依第340條第2項提起訴訟。[99]而應對何人提起？除歐洲中央銀行外，[100]該條項僅概括地將聯盟作為潛在被告。然而，法院闡明，為有效落實司法，聯盟「應代表被指控之要為該事項負責的一個或多個機構」出庭。[101]

何時必須提起訴訟？不同於撤銷訴訟之嚴格的兩個月期間限制（不變期間），損害賠償訴訟可以在五年內提起。[102]因此，損害賠償訴訟的程序要求比撤銷訴訟寬鬆許多。

### (b)實體要件：從*Schöppenstedt*到*Bergaderm*

損害賠償訴訟實體要件的基本規範可以分為兩個歷史進程。在第一階段，歐盟法院區分了「行政的」和「立法的」聯盟行為。前者的門檻相對

--------------

[97] Ibid.. 在本案中，法院處理一件根據TFEU第265條提起的不作為侵權訴訟（詳參見第2節），但相同的結果適用於撤銷訴訟：詳參見*Schöppenstedt v Council*, Case 5/71 [1971] ECR 975。

[98] 聯盟必須是行為人，這意謂著基礎條約本身——作為成員國的集體行為——不能成為損害賠償訴訟的基礎（詳參見*Compagnie Continentale France v Council*, Case 169/73 [1975] ECR 117, para. 16）。

[99] 詳*CMC Cooperativa muratori e cementisti and others v Commission*, Case 118/83 [1985] ECR 2325.

[100]TFEU第340條第3項。

[101]*Werhahn Hansamühle and others v Council*, Joined Cases 63-69/72 [1973] ECR 1229, para.7。

[102]歐盟法院規則／法院組織法第46條。

較低,聯盟要將(幾乎)所有造成損害的違法行為負責。[103] 相比之下,立法行為受到所謂「*Schöppenstedt*公式」[104]的拘束,該公式如下所述:

> 就涉及經濟政策措施之**立法**行為而言,根據條約第340條第2項規定,〔聯盟〕不對個人因該行為而需遭受之非契約性之損害賠償責任,除非發生足以公然違反保護個人之上位法律規範之情況。[105]

此公式使聯盟因為對於立法行為的究責取決於違反聯盟法律旨在授予個人權利的「上位規範」——無論其究何所指[106]——而且違反情節必須足夠嚴重。[107]

*Bergaderm*一案[108]對此檢驗標準進行了重大改革。這一改革的原因是法院希望將違反歐盟法律的責任制度,與規範成員國的責任制度一致。[109]如今,歐盟法賦予賠償權利如下:

> 若滿足三個要件:受侵害之法律規範必須旨在授予個人權利;侵害行為必須足夠嚴重;並且違反國家承擔之義務與受害方所遭受之損害間必須存在直接因果關係。[110]

---

[103] 詳參見*Adams v Commission*, Case 145/83 [1985] ECR 3539, para. 44:「由於未能善盡一切合理努力……執委會已就該損害對原告負有承擔責任。」

[104] *Schöppenstedt v Council*, Case 5/71 (n. 97).

[105] *Schöppenstedt v Council*, Case 5/71 (n. 97).

[106] *Vreugdenhil BV v Commission*, Case C-282/90 [1992] ECR I-1937.

[107] 詳*Bayerische HNL Vermehrungsbetriebe and others v Council and Commission*, Joined Cases 83 and 94/76 and 4, 15 and 40/77 [1978] ECR 1209.

[108] *Bergaderm et al. v Commission*, Case C-352/98P [2000] ECR I-5291.

[109] Ibid., para. 41. 這種啟發此靈感來自是「互相彼此的」(mutual)。因為,正如我們在第七章第2節中看到的,法院使用了TFEU第340條第2項為成員國建立責任制度的理由。

[110] Ibid., para. 40.

「*Bergaderm*公式」反映了兩個重要改變。第一，法院放棄了區別「行政」與「立法」行為。新的檢驗標準適用於所有歐盟行為，無論其性質為何。[111] 第二，法院放棄了必須違反「上位規範」的想法。自此，只須證明聯盟因違反旨在賦予個人權利的規定而造成損害，並且該違反情節足夠嚴重。而判定一個違反歐盟法律的行為情節是否足夠嚴重的決定性基準，在於聯盟是否「明顯而且嚴重無視其裁量權之界限」。[112]

## 小結

本章著眼四種可以直接向歐盟法院提起的訴訟類型，其中三種的操作相對簡單。基礎條約區分了對成員國的侵權之訴和對歐盟的不作為之訴。此外，如果聯盟要對非契約性的損害負責，也可以對之提起訴訟。

歐盟法院也被授權審查歐盟（次級）法律的合法性。因此，歐盟法秩序選擇的是強勢版本的「法治原則」，允許法院審查歐盟法律的形式和實質合法性。不過，個人原告提起司法審查訴訟的權利在過去存在相當嚴格的程序限制。儘管里斯本條約部分放寬對於「管制行為」的訴訟限制；但 *Plaumann* 標準仍持續適用在所有的立法行為之上。

---

[111] Ibid., para. 46.
[112] Ibid., para. 43. 然而，在沒有自由裁量權的情況下，「僅僅違反〔聯盟〕法律就可能足以證明存在足夠嚴重的違規行為」（Ibid., para. 44）。

# 第三部分
# 歐盟法之實體

　　此部分分析歐盟法的核心內容。聯盟建立之初，主要目標是在成員國間創立一「共同」或「內部」市場。此種內部市場要比自由貿易區或關稅同盟更進一步。它的目標是劃出一個領域，當中貨品、人員、服務與資本的流通自由毫無內部阻礙。為確保這四大基本自由，基礎條約雙管齊下：兼採消極與積極統合的策略。消極統合旨在除去內國貿易的不合法障礙；積極統合則透過聯盟立法來「調和」內國法。第九、十章探討貨品流通自由的兩種策略。第十一章分析人員的流通自由，容許歐洲公民與公司在其他成員國內工作與生活。最後第十二章是歐盟競爭法「導論」，此部分在過去的作用是補充內部市場的功能。

# 第九章　內部市場：貨品自由一

## 摘要

聯盟如何能將「多元」的內國市場變成「單一」的共同市場？為了創造內部共同市場，歐盟各基礎條約採取消極統合與積極統合雙管齊下的策略。[1]聯盟的首要任務是將共同市場從成員國對貨品貿易的不正壁壘中「解放」出來：為此，基礎條約定有多項「消除」聯盟內貿易障礙的禁止規定。這種消極整合的策略同時輔以積極整合的策略作為補充。在此，聯盟的職責為通過積極性立法以消除聯盟內部因成員國法不一致所生之歐盟內貿易障礙。為了達成這樣的目的，基礎條約授予聯盟各式立法權限，使其得以「調和」（harmonize）內部市場中的各成員國法。其中，適用最廣也最著名的條文是第114條，條文賦予歐盟有權採取「以內部市場建立與運作為目標」[2]的各種調和措施。本章探索聯盟在促進貨品自由流通脈絡下的消極統合工具，下一章則探究歐盟的調和權限。

規範貨品的「消極統合」機制為何？為了創造貨品的內部市場，聯盟堅持其內部的非法壁壘必須清除。相關機制在基礎條約的架構中，分別見於TFEU第III編部分兩處（見表9.1）。主要規定在規範貨品自由流通的第II編，並由第VII編的「租稅規範」章節為補充。上述這兩處中，我們發現有三項重要的禁止規定。本章第1節檢視關稅的禁止規定，此為當貨品跨越國家邊界時徵收的財稅規費。第2節討論第二種財稅規費：對外國貨品所徵收的歧視性租稅。第3節探究對貨品自由流通的管制性限制（Regulatory restrictions）是否合法。與財稅規費不同的是，管制性限制並非收取金錢費用。其單純透過諸如，建立產品或標示標準之類的手段，來限制外國貨品進入內國市場。最後，第4節檢視能夠正當化貨品貿易管制性限制的理由。

---

[1]　J. Pinder, 'Positive and Negative Integration: Some Problems of Economic Union in the EEC' (1968) 24 *The World Today* 88.

[2]　TFEU第114條。

表9.1　有關貨品自由流通的條約規定

| 第II編：貨品自由流通 | 第VII編：競爭、租稅、近似原則 |
|---|---|
| 第一章：關稅同盟 | 第一章：競爭規則 |
| 第30條：禁止對海關決定（CD）和具有相等效果的規費（CEE） | 第二章：稅收規定 |
| | 第110條：歧視性稅收之禁止 |
| 第31條：共同關稅 | 第111條：償還內國稅 |
| 第32條：委員會責任 | 第112條：反補貼費用 |
| 第二章：海關合作 | |
| 第三章：量化管制 | |
| 第34條：禁止對進口的數量限制和具有同等效力的措施 | 第113條：間接稅的統合 |
| 第35條：禁止對出口的數量限制和具有同等效力的措施 | |
| 第36條：正當的理由 | |
| 第37條：商業性質的國家壟斷 | 第三章：趨於原則 |

## 1. 財政壁壘一：關稅

關稅為保護主義之國家慣用的商業武器。過去其常被用來「保護」國內產品以對抗價格更低廉的進口貨品。此處關稅的運用就像「平衡」規費或稅負，一般是在國家邊境收取。但在關稅同盟內部則禁止徵收。

在歐洲聯盟中，TFEU第30條便明文規定禁止徵收關稅，該條條文規定如下：

成員國間禁止課徵進出口關稅及具同等效果之規費。前述禁止於具財政性質之關稅亦有適用。

就文字而言，上述禁止規定同時適用於進口與出口規費，並無例外。[3]過往確實已確認第30條為絕對的禁止規定，但就如之後我們將看到的，歐盟法院還是基於客觀的正當化理由，例外允許成員國加徵規費。

### (a)第30條：絕對禁止規定

關稅是什麼？在基礎條約中未有正式定義的情形下，歐盟法院因此曾以概括方式定義這個概念。關稅是：

> 任何基於貨品穿越邊界事實所加徵的任何金錢費用，無論金額多寡、名稱為何、適用方式為何。[4]

然而，基礎條約不僅沒有禁止依此嚴格意義排除關稅，第30條還將其禁止範圍延伸至「具有相等效果的規費」（Charges having equivalent effect, CEEs）；歐盟法院在*Commission v Italy*一案中將CEE定義如下：[5]

> 任何藉由改變特定出口物品價格，而對該物品的自由流通形成如同關稅般限制效果之規費。[6]

因此，收取規費的目的在所不問，因為第30條「並非根據關稅或規費之目的作為廢除與否的要件」[7]，唯一重要的是收取所造成的效果，即便此種效果再微小也滿足該廢除之要件。[8]

不過第30條是否仍要求須有**保護主義**效果，亦即保護國內產品的效

---

3　根據TFEU第28條第2項，此項禁止規定甚至也適用於「來自第三國而自由流通於成員境內之產品」。

4　*Commission v Italy (Statistical Levy)*, Case 24/68 [1969] ECR 193, para. 7.

5　*Commission v Italy (Art Treasures)*, Case 7/68 [1968] ECR 423.

6　Ibid., 429.

7　Ibid..

8　*Commission v Italy (Statistical Levy)*, Case 24/68 (n. 4), para. 14：「費率再低也無法改變其依條約原則認定之性質〔。〕」

果？儘管一度考慮與保護主義的論理若即若離，[9]但歐盟法院仍選擇了不同的標準：僅須有對貨品自由流通存在**限制性**效果，便會啟動第30條。這個基礎條約的基本決定是在*Statistical Levy*案中所作，[10]當時義大利以蒐集統計資料的目的而對離開（或進入）義大利的貨品收取費用。由於系爭費用統一適用於所有跨越內國國界的貨品，義大利主張該措施並不構成CEE，「因為任何對本國產品之保護或歧視均已被消除」。[11]歐盟法院並不同意這樣的主張：

> 取消關稅障礙的目的並非僅在消除其保護性本質，相反地，條約所欲尋求者乃是針對消除關稅與同等效果規費之規定給予普遍適用之範圍與效果，從而確保貨品自由流通。而從整體制度以及對任何適用在成員國間禁止關稅規定之一般性與絕對性觀之，可以推論出關稅之禁止並不獨立考量任何徵收之設立目的，及收入從其所獲財源的流向。[12]

*Statistical Levy*案以此表明第30條禁止的是所有限制──也包括不具保護性效果的非歧視性措施。[13]之後的案例法亦肯認此為「對任何關稅之一般性且絕對性的禁止規定」。[14]「任何因跨越邊界事實而加諸在貨品之上的金錢性規費，無論多寡，皆構成上述貨品流通的障礙」。[15]此種障礙即便「其課徵並非為了國家利益、不具歧視性或保護性效果，或者被課徵的產品並未與任何國內產品競爭」，仍然構成障礙。[16]

---

[9] *Commission v Luxembourg and Belgium*, Joined Cases 2 and 3/62 [1962] ECR (English Special Edition) 425 at 432.

[10] *Commission v Italy* (*Statistical Levy*), Case 24/68 (n. 4).

[11] Ibid., para.12.

[12] Ibid., paras 6-7.

[13] Ibid., para. 9.

[14] *Sociaal Fonds voor de Diamantarbeiders v S.A. Ch. Brachfeld & Sons and Chougol Diamond Co.*, Case 2/69 [1969] ECR 211, paras 11-14.

[15] Ibid..

[16] Ibid., paras 15-18.

第30條規定依據的理由原本來自此條的管轄權範圍。因為該禁止規定似乎僅排除課徵跨境貨品的內國措施，而這些措施從定義上顯然適用於進出口貨品。[17]

這也說明第30條規範一個重要的概念界線。因為第30條若僅適用於涵蓋**邊境**措施，那就無法涵蓋相當於內國租稅範疇的措施。於是問題來了：一項財稅規費在何時會構成「對外」關稅，何時又會構成國內租稅。在過去的案例法中，歐盟法院曾嘗試回答這個問題，他們藉由將「在國內一般稅制中以相同標準一體適用於國內與進口產品的金錢規費，而不被視為是具有同等效果之金錢規費」[18]排除在第30條的範圍之外，來回答這個問題。同樣地，國內與進口產品的相關金錢規費，也不在第30條的範圍之內。

### (b)客觀正當化理由

成員國是否得在特定情況下例外課徵關稅？關於貨品貿易的財政壁壘，並無明文的正當化理由。此種欠缺明文的情形與第36條專為關於監管障礙的明文正當理由形成對比。[19]

後者規定可否類推適用在財政壁壘的情形？在*Commission v Italy*案中，[20]被告試圖援引第36條作為對具藝術與歷史價值貨品收取出口規費的正當理由，不過法院拒絕此種論理。貨品流通自由的例外規定必須從嚴解

---

[17] 然而，第30條的這個外在限制儘管說服力十足，部分仍遭到1990年代一連串涉及成員國間非歧視性關稅的案例法推翻（參照This convincing external limit to Art.30 has, however, partly been overruled by a string of cases in the 1990s dealing with non-discriminatory customs charges within Member States (cf. Lancry SA v Direction Generale des Douanes and others, Joined Cases C-363 and 407 11/93 [1994] ECR I-3957 )）。有關此一發展的討論，詳R. Schutze, European Union Law (Cambridge University Press, 2018), 508-9。

[18] *Capolongo v Azienda Agricole*, Case 77/72 [1973] ECR 611, para. 12 （強調後加）。

[19] 詳表9.1。有關第36條的內文及其解釋，詳第4節。

[20] *Commission v Italy (Art Treasures)*, Case 7/68 (n. 5).

釋。就第36條而言，這意謂「無法將後者條文所載的例外規定適用於本章有關於消除成員國間數量管制規定以外的措施」。[21]爰此，第36條僅限適用於管制性限制，而不能擴張至**金錢**規費。而由於第30條並未特別規定正當化的理由，歐盟法院因此歸結認為該條文規範「不容許任何例外」[22]。

然而，歐盟法院之後肯認兩種**默示**（*implied*）的例外情形。第一種例外是在於金錢規費構成提供某項服務的對價情況。在*Statistical Levy*案中，[23]義大利政府主張其欲建立進出口統計資料以使個別貿易商廣受其惠，而其中的商業利益「正當化說明其支付此種公共服務付費」作為對價的行為。[24]法院雖然接受上述這個抽象概念[25]，但其判決並未偏向義大利，因為這筆規費並非使個別貿易商受益之**特定服務**的對價。上述統計資訊僅「對整體經濟有所助益」，而此利益是「如此廣泛」以致於該規費無法被認作「**特定利益**的對價」。[26]

財政規費絕對禁止規定的第二個默示正當理由在於，成員國收取費用是根據歐盟法律進行邊境檢查要求而收取的費用，以作為對邊境檢查的報酬。[27]此例外規定的理由是，成員國在此是代表聯盟行動，某種程度是在促進貨品的自由流通。

---------------

[21] Ibid., 430.

[22] *Commission v Italy* (*Statistical Levy*), Case 24/68 (n. 4), para. 10; *Sociaal Fonds voor de Diamantarbeiders v S.A. Ch. Brachfeld*, Case 2/69 (n. 14), paras 19-21.

[23] *Commission v Italy* (*Statistical Levy*), Case 24/68 (n. 4).

[24] Ibid., para. 15.

[25] Ibid., para. 11：「儘管在特定情況下，實際提供之特定服務確實有可能有為服務支付成比例費用之對價的情形，但此僅適用於無法規避條約〔第30條〕規定之特定情況。」

[26] Ibid., para. 16（強調後加）。

[27] 在*Bauhuis v The Netherlands*, Case 46/76 [1977] ECR 5一案中，歐盟法院曾要求處理一項聯盟法律，該法規定出口成員國進行獸醫檢疫與公衛檢驗，以免多次邊境檢驗的麻煩。因此，衛生檢驗並非成員國單方面的要求，而是反映〔聯盟〕之整體利益（Ibid., para. 29），就此而言，它們並不妨礙貨品貿易（Ibid., para. 30）。因此，內國就這些「聯盟」檢查收費實屬合法（Ibid., para. 31）。有關Bauhuis檢驗標準日後的成文法化，詳*Commission v Germany*, Case 18/87 [1988] ECR 5427。

## 2. 財政壁壘二：歧視性國內稅

　　就財政壁壘而言，禁止關稅與禁止保護性租稅為同一個硬幣的兩面。在聯盟法秩序下，第110條旨在防範歧視性租稅，在此則是補充TFEU第30條：

> 　　〔第110條〕補充關於廢除關稅與CEE之規範。目的在藉由消除所有適用內國稅所生的保護形式，從而確保成員國間貨品在正常競爭條件下的自由流通。[28]

　　儘管彼此目標互補，第30條和第110條的管轄權範圍仍有根本上的不同。前者針對就跨越外部（國家）疆界貨品所加徵規費的內國措施，而第110條則適用在外國貨品——但與本國貨品相同——須被課內國稅的情形。如同硬幣的兩面，第30條和第110條的禁止規定被綁在一起但範圍互斥。[29]

　　管轄範圍的不同也暗示各自的客體標準有所差異。承前所述，第30條是針對明確可資適用之措施的（絕對）標準。另一方面，第110條則是一種針對不具明顯可適用性之措施的（相對）標準，亦即對外國及本國產品皆有適用的措施。第110條如此規定：

> [1] 成員國不得直接或間接地對他成員國產品，加諸任何超過直接或間接同類國內產品的國內稅。
>
> [2] 此外，成員國亦不得對他成員國產品，加諸任何提供其他產品間接保護之內國稅。

----

[28] *Bergandi v Directeur général des impôts*, Case 252/86 [1988] ECR 1342, para. 24.

[29] *Compagnie Commerciale de l'Ouest and others v Receveur Principal des Douanes de La Pallice Port*, Case C-78/90 [1992] ECR I-1847, para. 22：「同等效果規費之規定與歧視性國內稅之規定無法同時適用，因此兩種規定之範圍必須有所界定。」

　　依據第110條的架構，該條禁止兩種內國稅。第1項指出所有對外國與本國貨品為差別待遇的國內稅法皆違反歐盟法。此處的差別待遇是給予「同類的」（similar）外國貨品不同的待遇。[30]第2項則為財稅保護主義的另一種類型。嚴格來說，此項並非基於某種禁止歧視的理由，因為它的範圍其實不限於對「同類」貨品的不同待遇之禁止。然而，藉由禁止對「其他產品間接保護」來看，第110條第2項其實比較適合解讀為對所有一般性歧視的禁止；因此，這兩項規定間的關係，解為特別法（*lex specialis*）與普通法（*lex generalis*）最為合適。[31]

　　以下我們依序來看兩種保護主義的類型。

### (a)第1項：對「同類」外國貨品的差別待遇

　　第110條第1項禁止對外國貨品課予「超過」同類本國貨品之稅，表示對國內與進口產品為差別待遇的內國稅違法。這種差別待遇可能透過直接或間接方式。直接歧視發生在內國稅法**依法**對外國貨品造成不利益的情形，比方說，對外國貨品加徵相較於國內貨品的稅率。[32]間接歧視發生在外國與本國貨品形式上皆課徵相同的內國稅，但實際上外國貨品的負擔較重。

　　第110條第1項禁止規定背後的關鍵在於「同類」（similarity）的概念。何時本國與外國產品為**同類**？早期歐盟法院曾經闡明同類的概念較「相同性」（identity）為廣[33]，而同類性涉及「可類比性」

-------------

[30] 有關TFEU第110條第1項和第2項的兩種不同檢驗標準，詳*Fink-Frucht GmbH v Hauptzollam Milnchen-Landsbergerstrasse*, Case 27 / 67 [1967] ECR 223。

[31] *Co-Frutta*, Case 193/85 [1987] ECR 2085, para. 19：「若不符合〔第110條第1項〕規定之同類要求，該第2項旨在涵蓋所有形式之間接保護，適用於不具〔第110條第1項〕所稱之同類性質，但仍存在競爭關係，甚或部分、間接或潛在競爭關係之產品。」

[32] See *Lutticke GmbH v Hauptzollamt Sarrelouis*, Case 57/65 [1966] ECR 205; as well as *Hansen & Balle v Hauptzollamt de Flensburg*, Case 148/77 [1978] ECR 1787.

[33] 詳 *Hansen & Balle v Hauptzollamt de Flensburg*, Case 148/77 (n. 32), para. 19：「該條規定之適用並非基於產品須為相同之嚴格要求，而是基於兩者同類。」

（comparability）[34]。可類比性是指兩貨品間「有類似的特質且從消費者角度觀之能滿足其相同需求」[35]但「威士忌」與「干邑白蘭地」（Cognac）是否為可類比的飲品？[36]抑或應區別前者為餐前酒（*apéritif*），後者屬用餐酒（*digestif*）？[37]案例法中，歐盟法院支持「同類性概念的擴張解釋」[38]，但該解釋仍會考量看似同類的兩個產品之間的「客觀」差異。

　　最能說明上述解釋方法的是*Humblot*案[39]。Humblot先生在法國購買了一輛（德國的）　Mercedes汽車。該車具有36稅收馬力（les chevaux fiscaux, CV），而Humblot先生需依法國租稅基本法（le code général des impost, CGI）納稅。該法區別16CV以下車輛適用年繳的累進稅，而16CV以上的車輛則適用特別的單一稅。而特別稅的稅率比一般累進稅之最高稅率高出將近五倍。由於法國國內並未生產任何16CV以上之汽車，因此產生上述特別稅是否「超過」本國產品之國內稅的問題。不過，（法國）小車與（德國）大車之間是否具有可類比性？法國政府為其國內稅制辯護，並主張：「該特別稅僅對奢華房車課徵，依〔第110條第1項〕文義，與負擔不同稅負之汽車**非屬同類**。」[40]歐盟法院並不同意。其雖認可成員國有權「對汽車等產品依照動力功率等**客觀標準**加諸累進之道路稅制」的權力[41]，但卻未妥善執行，因此對外國汽車造成間接的歧視。

　　何種「客觀」標準可在稅務上用來區分看似同類的產品？這個問

---

[34] *Commission v France (Whisky v Cognac)*, Case 168/78 [1980] ECR 347, para. 5.

[35] *Rewe-Zentrale des Lebensmittel-Großhandels GmbH v Hauptzollamt Landau/Pfalz*, Case 45/75 [1976] ECR 181.

[36] *Commission v France (Whisky v Cognac)*, Case 168/78 (n. 34).

[37] Ibid., para. 33.

[38] *John Walker v Ministeriet for Skatter og Afgifter*, Case 243/84 [1986] ECR 875, para. 11.

[39] *Humblot v Directeur des Services Fiscaux*, Case 112/84 [1985] ECR 1367.

[40] Ibid., para. 9（強調後加）。

[41] Ibid., para. 12（強調後加）。

題——使人誤導地——被稱為「客觀正當理由」（objective criteria）。[42]
這個錯誤命名背後的概念出自於以下想法：內國稅制雖然須對外國貨品保
持中立，但仍然可「基於客觀標準」對貨品為差別待遇。[43]因此，當成員
國基於區域性政策目標而為差別待遇時，此種政策目標並不會構成保護主
義式的歧視。在此，因為區分兩產品的是「客觀」標準而被「正當化」。

此邏輯見於*Commission v France (Natural Sweet Wines)*一案。[44]執委
會在該案中針對法國免除對自然產甜酒課徵較高額之烈酒消費稅提起訴
訟。法國政府為此差別待遇辯護，指出：「自然產甜酒出於雨量稀少且
土壤相對貧瘠的區域，這些區域難以種植其他作物，更意謂地方經濟高度
仰賴甜酒的生產。」[45]此一區域政策目標給予「傳統且當地原有之產出」
（traditional and customary production）相較於工業生產的同類產品而言更
為優惠的待遇。此一「客觀」標準並未對外國貨品構成歧視。[46]

### (b)第2項：反制外國「競爭性」貨品的保護措施

即便在內國稅未對本國「同類」貨品為差別待遇的情形，亦有可能
落入第110條第2項的範疇。嚴格來說，第110條第2項的規範理由確實較
歧視性租稅之禁止更廣。然而理解第110條第2項比較好的方式是將其視
為第110條第1項歧視禁止理由的延伸。由於該條文的規範對象是對**外國
貨品造成普遍不利益**（**generally disadvantage foreign goods**）之內國稅。
當此條項禁止所有「間接保護」的內國稅時，其適用的範圍自然更廣。
然而，歐盟法院卻認定上述發生在內國貨品與進口貨品**處於競爭關係**（**in**

---

[42] 此一用語出自The term is used in *Commission v Italy* (*Regenerated Oil*), Case 21/79 [1980] ECR 1, para. 16：「客觀正當化。」（objectively justified）。

[43] *John Walker v Ministeriet for Skatter og Afgifter*, Case 243/84 (n. 38), para. 23.

[44] *Commission v France* (*Natural Sweet Wines*), Case 196/85 [1987] ECR 1597.

[45] Ibid., para. 9.

[46] Ibid., para. 10.

**competition**）之時，才可採取此種間接保護。[47]第110條第2項因此要求必須滿足兩個要件，始可認定一項內國稅確實阻礙貨品流通自由。第一，該內國法律對競爭貨品的稅負有所差異；第二，此種差異間接保護了**內國貨品**，從而間接「歧視」外國貨品。

　　何種情況兩種貨品會處於競爭關係？在第110條第2項範圍內，歐盟法院一般採取較為寬鬆的認定，此從*Commission v United Kingdom (Beer & Wine*)一案[48]得見。該案中，執委會認為英國葡萄酒稅間接保護了英國啤酒，而對英國提起歐盟法的侵權訴訟。此種對葡萄酒的特別消費稅（excise tax）確實遠較啤酒為高，而英國生產的葡萄酒非常少，但生產大量啤酒，間接保護的嫌疑因此而生。英國主張啤酒與葡萄酒間並無競爭關係，自然無所謂保護主義效果。這兩種產品不僅生產與價格結構「截然不同」[49]，對消費者而言也幾乎無法相互替代[50]。歐盟法院未被上述主張打動，仍然堅守其對產品替代的動態理解：

> 　　為了決定是否有〔第110條第2項〕競爭關係，不僅必須考量系爭成員國之市場情況，亦須考量在〔聯盟〕層次貨品流通自由下的發展可能性，以及進一步因貿易強化而顯露之產品替代可能性，以完整發展成員國經濟的互補功能，使其符合〔歐盟〕條約〔第3條〕條文的目標……為了衡量替代性程度，無法僅限於單一成員國或特定區域內之消費者習慣。事實上，此等習慣之性質因時空而異，無法被認定為不

---

[47] 若非如此，第110條第2項就不適用：詳*De Danske Bilimportorer v Skatteministeriet, Toldog Skattestyrelsen*, Case C-383/01 [2003] ECR I-6065.

[48] *Commission v United Kingdom (Beer & Wine, Interim Judgment)*, Case 170/78 [1980] ECR 417.

[49] Ibid., para. 13.

[50] Ibid.：「至於消費習慣，英國政府表示，根據英國長久以來傳統，啤酒為酒吧或工作場合常見之大眾飲料；家庭消費與佐餐消費微乎其微。反觀葡萄酒消費，從社會習俗角度觀之，較為少見與特殊。」

變的規則；因此成員國的一項租稅政策不應是特定消費者習慣的具體化，用以鞏固國內因遵循所受到的優惠。[51]

歐盟法院在此處巧妙地擊破第110條第2項之雞生蛋蛋生雞的問題，因為兩種貨品現未處於競爭狀態有可能**因為**內國稅所創造的人為價差所致。英國政府主張其租稅政策只在反映該國消費啤酒是大眾的社會習慣，而飲用葡萄酒則是「菁英」的社會習慣，完全無視該社會習慣本身——至少有部分——有可能是國家此一租稅政策所造成。一旦這項政策取消，啤酒和葡萄酒即**可能**處於競爭狀態。此種對產品替代的動態理解，肯認財稅措施具有**動態**形塑消費者偏好的能力。

一旦某外國產品被認定與國內產品處於競爭狀態，歐盟法院會進一步調查內國稅制是否創造保護主義效果。前述案件中，歐盟法院確實認為葡萄酒的高稅負為國內啤酒帶來保護。[52]而在另一件「盧森堡飲料」的案件中，[53]歐盟法院認為明顯存在保護主義，因為當「國內主要產品」皆列在較優惠的稅賦類別，而其競爭產品——幾乎全部進口自其他成員國——皆須負擔較高稅負。[54]

### 3. 監管障礙：數量管制

監管障礙無法藉由支付金錢來克服，這些障礙從全面禁止對（外國）

---

[51] Ibid., paras 6 and 14.

[52] *Commission v United Kingdom* (*Beer & Wine, Final Judgment*), Case 170/78 [1983] ECR 2265, para. 27.

[53] G. Rodrigues Iglesias, 'Drinks in Luxembourg: Alcoholic Beverages and the Case Law of the European Court of Justice' in D. O'Keeffe (ed.), *Judicial Review in European Union Law: Liber Amicorum in Honour of Lord Slynn of Hadley* (Kluwer, 2000), 523.

[54] *Commission v France* (*Whisky v Cognac*), Case 168/78 (n. 34), para. 41.

產品的禁運到部分限制對特定產品的使用。[55]

　　有哪些類型被歐盟條約所禁止？歐盟條約有關監管障礙的架構規範在第II編第三章。該章禁止對進口（第34條）與出口（第35條）的數量作限制，此外也包括一條基於特定公益而正當化進口或出口限制的規定（第36條）。

　　上述基礎規範的設計有兩處特別值得注意。第一，與關稅規範架構不同的是，歐盟基礎條約明文區別兩種禁令類型：一個是對進口，另一個對出口。第二，基礎條約架構中明文納入公共政策之例外規定。本節探討第一個特點，並分就進口與出口數量限制的禁止規定進行分析。第4節則檢視對貨品流通自由之明文（與默示）之管制規定的正當化。

### (a)對進口的數量性限制：第34條

　　規範對進口監管障礙的主要條文是TFEU第34條，規定如下：

> 　　成員國間對進口數量的限制以及一切具有同等效果之措施皆應被禁止。

　　上述規定的核心部分在於「數量限制」的概念。這是將進口貨品的**數量限制在一定的數額**。[56]數量限制即為配額，而其最極端的形式就是完全禁止。[57]此處的進口配額是以「邊境措施」的形式運作。一旦某產品的配額用盡，外國貨品便不能合法進入國內市場，而被阻擋在內國邊境。

　　然而，如同第30條關於關稅的規定，第34條同樣有第二種類型，

---

[55] 此一通則見於*Iannelli & Volpi v Meroni*, Case 74/76 [1977] ECR 557, para. 9：「條約〔第30條與第110條〕所列：財稅性質或具同等效果之障礙，不在〔第34條〕所述禁止規定範圍。」

[56] 詳*Geddo v Ente Nazionale Risi*, Case 2/73 [1973] ECR 865, para. 7：「數量限制禁止規定包含全面或部分限制進口、出口或轉口貨品之措施。

[57] *R. v Henn and Darby*, Case 34/79 [1979] ECR 3795, para. 12：「禁止是最極端的限制形式。」

即「與數量限制具有同等效果之措施」（Measures having an Equivalent Effect to Quantitative Restrictions, MEEQR）。此類措施在過去半個世紀一直是司法界與學界的關注重點。

這些神祕的MEEQR是什麼？我們可在第70/50號指令（Directive 70/50）[58]中找到最早的（立法性）定義。該指令區別兩種MEEQR；其中第2條涉及**並非**「平等適用」於本國與外國產品以及「阻礙原本得以進口」的內國措施，皆被視為在「邊境」實施的MEEQR，必須被完全移除。相較之下，「平等適用」於外國與本國產品的「內國」措施一般不會視為MEEQR，[59]因為其對貨品自由流通的限制效果被當成「成員國所適用法規間差異所自然產生」。[60]而這種立法差異必須透過聯盟的調和予以去除。[61]

儘管上述指令對於早期案例法有所影響[62]，法院最後還是在*Dassonville*案中[63]發展出自己著名的定義。該案涉及比利時法規範的合法性。系爭規範要求蘇格蘭威士忌的銷售必須出具英國關務機關核發的「原產地證明」（certificate of origin）。此一證明之要求是否屬MEEQR？歐盟法院認為屬之，並給出以下著名的定義：

> 所有由成員國所制定，足以直接或間接、現實或潛在可能造成阻礙〔聯盟〕內部貿易之規定，皆應認定為與數量限制有同等效力之措施。[64]

---

[58] Commission Directive 70/50 on the abolition of measures which have an effect equivalent to quantitative restrictions on imports and are not covered by other provisions adopted in pursu- ance of the EEC Treaty, [1970] OJ L13/29.

[59] Ibid., recital 8.

[60] Ibid.（強調後加）。

[61] 關於TFEU第114條的範圍，詳第十章第1節。

[62] *Commission v Germany*, Case 12/74 [1975] ECR 181.

[63] *Procureur du Roi v Dassonville*, Case 8/74 [1974] ECR 837.

　　此一操作定義即後來所熟知的「*Dassonville*公式」。表面上看，該公式並未區分平等與非平等適用的法規範；但就如同第70/50號指令，最好將之理解為一種「邊界措施」，亦即明確適用於專門適用跨境進口貨品的措施所建立的一種絕對標準。[65]

　　那麼，實際上同時適用於對進口與國內貨品的「內國措施」（internal measures）又是如何？*Cassis de Dijon*案[66]給出了歷久不衰且為人熟知的答案。該案涉及德國將烈酒的酒精濃度定在最低百分之二十五的市場法規範。該成員內國法規範禁止法國利口酒（Cassis de Dijon）作為烈酒在德國銷售，因為這款著名的法國飲品其酒精濃度低於百分之二十。形式上，此成員國措施為對外國與本國貨品平等適用，因而屬內國措施。在此應該適用哪一種測試標準？歐盟法院答覆如下：

> 　　因成員內國法關於系爭產品銷售法規差異所生〔聯盟〕內部流通障礙，若被認定為滿足強制要件所必要，特別是與財稅監管實效、公共衛生保護、商業交易公平及消費者之保護相關者，應予被容許……
>
> 　　關於酒精性飲料所含最低酒精濃度之要求並不具備追求一般利益的目的，從而不因此優先於〔聯盟〕基本原則規範之一的貨品流通自由要求……因此，並無合理理由禁止在任一成員國合法生產與銷售之酒精飲料進入他成員國；此類飲料之銷售不得以酒精濃度低於成員國法規所定限制為由，受到法律禁止。[67]

---

[64] Ibid., para. 5.

[65] 關於*Dassonville*判決的歷史重建，詳R. Schütze, 'Re-reading *Dassonville*: Meaning and Understanding in the History of European Law' (2018) 24 *European Law Journal* 376.

[66] *Rewe-Zentral AG v Bundesmonopolverwaltung für Branntwein*, Case 120/78 [1979] ECR 649.

[67] Ibid., paras 8 and 14.

　　值得注意的是，歐盟法院在此十分低調地推翻了原本的推定，即：因為基於平等適用之「內國」法規要求的差異所生之貿易限制，並不構成MEEQR。*Cassis*案確實翻轉了合法推定，並將其倒置為不合法的推定。準此，**除非**存在維護一般利益的強制要件，否則成員國不得以其國內產品標準加諸於進口貨品之上。這種不合法推定便是日後熟知的「互相承認原則」（principle of mutual recognition）。成員國原則上必須認可對方的產品標準。

　　*Cassis*案之後，第34條似乎不再適用差別待遇的檢驗標準。且在之後的案例法中，歐盟法院開始發展一種對所有貨品貿易之管制的絕對禁止規定。此種反對管制的哲學在*Torfaen*案[68]鮮活展現。本案為「週日營業案系列」之一[69]，由托法恩郡級自治市議會（Torfaen Borough Council）所提起，主張B&Q因在週日營業而違反（英國）1950年商店法。被告主張英國對於商店營業時間的限制係屬MEEQR；該成員國法降低了銷售總額的絕對門檻，因其中部分的銷售數字來自外國貨品，因此禁止週日營業的規範便構成對進口貨品的限制。歐盟法院確實認為，「該內國規定的效果逾越所欲達成之目的所必要」，可能會構成MEEQR。[70]

　　此所傳遞的訊息其影響力銳不可擋，因為其鼓勵了貿易商用第34條去挑戰在一定程度會限制貨品銷售的所有內國法。歐盟法院也隨即了解到其過猶不及，因而於其後的*Keck*案[71]些許退讓。在該案中，一位超市主管因讓產品以造成虧損的價格出售而受到刑事告訴。在法國禁止此種

---

[68] *Torfaen Borough Council v B&Q*, Case 145/88 [1989] ECR 3851.

[69] 關於這些案件的分析，詳C. Barnard,'Sunday Trading： A Drama in Five Acts' (1994) 57 *Modern Law Review* 449.

[70] *Torfaen*, Case 145/88 (n. 68), para. 15.歐盟法院明確援引第70/50號指令（註58）作為此檢驗標準的借鑑來源。

[71] Criminal Proceedings against Keck and Mithouard, Joined Cases C-267 and 268/91 [1993] ECR I-6097.

促銷形式，但Keck主張此種禁止規定限制了歐盟內部的貨品貿易而構成MEEQR。[72]歐盟法院並不認同，判定某些措施只有在具歧視效果時才違反第34條：

全面禁止以虧本價格轉售之內國立法並非意在用於管制成員國間的貨品貿易。誠然，此種立法剝奪貿易商之促銷方式，確實可能限制銷售量，從而限制了其他成員國產品的銷售量，但問題仍然在於此種可能性是否足以將系爭立法定性為對進口貨品具有等同於數量限制效果之措施。

*Cassis de Dijon*案以來，在立法不一致之情況下，在他成員國內合法製造與行銷之貨品，對其應予遵守之法規範（如涉及名稱、形狀、大小、重量、組成、呈現、標示、包裝等）而有阻礙貨品自由流通者，即構成〔第34條〕所禁止之具有同等效果措施。此適用於所有產品之法規，除非具有優先於貨品自由流通之公益目標作為正當理由。相較之下，不同於先前案例法的是，在*Dassonville*判決意義下，對他成員國產品適用限制禁止特定銷售安排之內國條款，只要對內國領域內之相關貿易商皆有適用，並在法律上與事實上以相同方式影響國內產品與其他成員國產品的銷售時，便不至於如*Dassonville*判決所示，直接或間接、現實或潛在地構成成員國間貿易之障礙。[73]

此案成了代表性的分水嶺，透過區分「產品要求」與「銷售方式安排」[74]，*Keck*案闡明後者僅在對外國貨品銷售予以歧視時，才構成

---

[72] Ibid., para. 3.
[73] Ibid., paras 12–16（強調後加）。
[74] 此一學術上的區分出自E. White,'In Search of the Limits of Article 30 of the EEC Treaty' (1989) 26 *Common Market Law Review* 235.

MEEQR。[75]對之,產品要求無須具備歧視性[76],也可能落入第34條的範圍之內。有鑑於這兩個重要的審查標準,產品要求與銷售方式的區別在*Keck*案後的案例法中演變成了一場分類大戰。[77]

不過我們必須謹記,「產品要求」與「銷售安排方式」只是兩種可能構成MEEQR的類型。其他類型也有可能違反第34條。然而有很長一段時間,似乎所有類型的MEEQR都必須對貨品生產、貿易到銷售的生產鏈有所干預的規定,至於限制消費者對貨品使用的規定似乎就落在第34條的範圍之外。但即使是此種默示限制也在*Italian Trailers*案中被挑戰。[78]

本案涉及義大利公路法禁止於重型機車與輕型摩托車之上加裝拖車的規定,執委會認為這項規定構成MEEQR並對義大利提告。義大利反駁:「涉及與使用相關之法規範,僅在其禁止對某一產品之所有使用方式,或在該產品僅有一種用途的情形而禁止該用途,方屬〔第34條〕條文範圍之內。」相對地「若對該產品可能之用途仍有選擇空間,則其情形便不屬〔第34條〕範圍之內」。[79]本案中,歐盟法院採用此標準區別供一般使用的拖車以及專為重型機車所設計的拖車。[80]就後者,問題在於:針對在公共高速公路使用動力拖車的系爭禁止規定是否構成MEEQR?歐盟法院表示肯定:

- - - - - - - - - - - - -

[75] 關於*Keck*案最早的重要評論,詳S. Weatherill, 'After *Keck*: Some Thoughts on How to Clarify the Clarification' (1996) 33 *Common Market Law Review* 885.

[76] *Konsumentombudsmannen (KO) v Gourmet*, Case C-405/98 [2001] ECR I-1795, esp. para. 25.

[77] 詳*Familiapress v Bauer Verlag*, Case C-368/95 [1997] ECR I-3689。關於銷售安排中的常見廣告分類,詳*Hünermund and others v Landes apothekerkammer Baden-Württemberg*, Case C-292/92 [1993] ECR 6787.

[78] *Commission v Italy (Italian Trailers)*, Case C-110/05 [2009] ECR I-519.

[79] Ibid., para. 19.

[80] Ibid., paras 51 et seq.

在此應注意，成員國禁止產品在其境內之使用，此種規定會對消費者有相當程度影響，從而影響該產品進入成員國市場。消費者若知曉重型機車不被允許加裝專用拖車，實際上就不會有興趣購買此種拖車。因此，公路法第56條使上述拖車之需求無法繼續存在於市場，進而阻礙其進口。承上，公路法第56條之禁止規定，除非具有客觀正當理由，否則其以阻礙專為重型機車設計並在義大利以外其他成員國合法製造與銷售之拖車進入義大利市場，構成〔TFEU第34條〕文義中所謂與進口數量限制具有同等效果之措施。[81]

於是，第34條範圍延伸至限制消費者使用的內國措施已獲肯認。[82]歐盟法院在該案中闡明了無須證明有歧視之存在。所需考量的只有系爭法規是否完全或「嚴重」影響消費者使用此種在其他成員國所合法生產的產品，若是如此，內國措施就會對消費者帶來不利影響，從而阻礙「對外國貨品進入內國市場」。因為限制其進入市場，這些法規便違反了第34條。[83]由此看來，第34條的案例法現今共有四條脈絡，可參見圖9.1。至於對消費者的限制，則是以進入市場的判斷標準來決定。

### (b)第35條：對出口的數量限制

第35條的文字用語像極了第34條：

> 成員國間應禁止對出口貨品數量限制的規定，以及具同等效力之措施。

依照邏輯，規範出口數量限制的基本原與規範進口的原則應否相

--------------

[81] Ibid., paras 56-58.
[82] *Åklagaren v Mickelsson and Roos*, Case C-142/05 [2009] ECR I-4273.
[83] Ibid., para. 28.

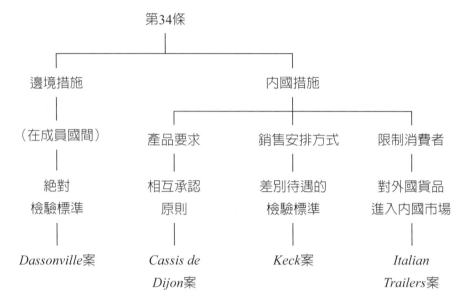

**圖9.1　第34條：四條主要的案例法脈絡**

稱？此種論述對某些措施確實如此。[84]不過重要的是並非對所有措施皆有適用。不對稱的原因在於事實上第35條的範圍間接受到第34條範圍所限制，因為若適用*Cassis de Dijon*案的相互承認原則，出口國的產品標準應被推定為合法。因此對於產品要求，歐盟法院在之後的案例法將第35條解釋為僅限於歧視出口貨品的內國法律。

　　*Cassis de Dijon*案的邏輯在*Groenveld*案中有所延伸。[85]該案源於一馬肉批發商挑戰禁止馬肉香腸（工業化）生產的荷蘭法律，該法之通過旨在保護荷蘭肉品出口，因為當時在荷蘭若干重要貿易夥伴的內國市場不允許購買馬肉。歐盟法院認定禁止馬肉香腸（工業化）生產的禁止規定並未構成出口的MEEQR：

---

[84] See *Procureur de la République de Besançon v Les Sieurs Bouhelier and others*, Case 53/76 [1977] ECR 197.

[85] *Groenveld v Produktschap voor Vee en Vlees*, Case 15/79 [1979] ECR 3409.

> 〔第35條〕涉及之內國規範係以對特定目標或具有限制出口效果或以之為目的，從而關乎成員國之內國貿易與其出口貿易間之差別待遇，以提供內國市場特殊優勢，從而犧牲他成員國之生產或貿易。本案系爭禁止規定的情形並非如此，因其係客觀適用於特定某種貨品的生產，未區分系爭貨品是否作為內國市場或出口用途。[86]

因此，平等適用的產品要求在出口貨品上便不構成MEEQR。但這是否代表第35條對平等適用的內國法將毫無適用可能？歐盟法院花了將近30年才在*Gysbrechts*案中給出決定性的答案。[87]該案涉及比利時法律禁止遠距銷售契約中，要求消費者在七個工作日內（在此期間內亦可解除契約）提供其信用卡號的法律。[88]這是否構成出口的MEEQR？歐盟法院認定系爭內國措施確實「剝奪相關貿易商預防不履行給付風險的有效工具」，從而對貿易加諸限制。但有鑑於該措施平等適用的本質，是否符合*Gysbrechts*案中所建立的公式？[89]歐盟法院的答案是肯定的，因其「在實際效果上，對離開出口成員國市場的貨品之實際影響，還是大於在該成員國內國市場銷售的貨品」。[90]因此，平等適用的措施如有間接**歧視**的情

---

[86] Ibid., para. 7.

[87] *Gysbrechts and Santurel Inter*, Case C-205/07 [2008] ECR I-9947.關於此案的分析，詳M. Szydlo,'Export Restrictions within the Structure of Free Movement of Goods. Recon- sideration of an Old Paradigm' (2010) 47 *Common Market Law Review* 753.

[88] *Gysbrechts*, Case C-205/07 (n. 87), para. 13.

[89] 歐盟法院在*Gysbrechts*, Case C-205/07 (n. 87), para. 40中明確肯認了*Groenveld*, Case 15/79 (n. 85)。

[90] Ibid., para. 43.此點見於para. 42：「從參考命令可以看出，此類禁止規定之效果在直接向消費者進行之跨境銷售中通常更為顯著，尤其是藉由國際網路進行之銷售，原因之一為在他成員國對違約消費者提起法律訴訟之障礙，尤其銷售金額相對不大時更是如此。」

形，還是會構成出口貨品的MEEQR。從而本案中歧視性銷售安排須另有正當理由。

## 4. 正當化監管障礙：第36條與強制要件

最一開始，條約便承認部分的數量限制或具同等效果之措施可以基於公共政策的理由而正當化。此種明白的承認其實反映貿易監管障礙通常是為了實現某種正當的**管制**利益，第36條列出這些正當利益，規定如下：

> 第34條和第35條不得基於公共道德、公共政策或公共安全；人類、動植物之健康與生命；保護具有藝術、歷史或考古價值的國家寶物；或保護對工商業財產等理由而預先排除對進口、出口或轉口貨品之禁止或限制規定。但此類禁止或限制規定不應作為恣意歧視或隱藏性限制成員國間貿易之工具。

本條明白列舉阻礙貨品自由流通的內國法律可得豁免的六種理由，即公共道德[91]、公共政策[92]、公共安全[93]、公共衛生[94]、國家寶物[95]以及智慧財產權的保護[96]。歐盟法院認定此清單已窮盡列舉：第36條所列例外情形「不得擴張至未經具體規定的情況」。[97]歐盟法院進一步認定因第36條「所排除適用的是成員國間貨品自由流通之所有障礙應予消除的基本原

---

[91] *R. v Henn and Darby*, Case 34/79 (n. 57).

[92] *R. v Thompson, Johnson & Woodiwiss*, Case 7/78 [1978] ECR 2247.

[93] *Campus Oil and others v Minister for Industry and Energy and others*, Case 72/83 [1984] ECR 2727.

[94] *Commission v United Kingdom*, Case 40/82 [1982] ECR 2793.

[95] 根據P. Oliver et al., *Free Movement of Goods in the European Union* (Hart, 2010), 281. 並無適用此理由的案例法。

[96] *Van Zuylen frères v Hag AG*, Case 192/73 [1974] ECR 731.

[97] *Commission v Ireland (Irish Souvenirs)*, Case 113/80 [1981] ECR 1625, para. 7.

則」，因此其「必須從嚴解釋」。[98]不過，儘管歐盟法院限制了條約明文
排除其適用的範圍，仍允許若干隱含的排除可能性。這些隱含的正當化理
由為「強制要件」（mandatory requirements）。

### (a)隱含的正當化理由：強制要件

儘管已認定第36條明文所列的例外情形已窮盡列舉，歐盟法院仍承
認有**隱含**正當化理由的存在。在*Cassis de Dijon*案中，[99]歐盟法院豁免
了構成「為滿足特別與財政監管實效、公共衛生保護、商業交易公平及
消費者保障有關的**強制要件**所必要」的貨品自由流通障礙。[100]這些額外
的正當化理由最初稱為「強制要件」，但歐盟法院漸漸以「誡命要求」
（imperative requirements）或「公益排除事由」稱之。[101]

歐盟法院接受隱含正當化理由的最佳說明是第34條範圍在*Cassis*案後
的戲劇性擴張。此後更可能用於排除非歧視性的貿易障礙。而且重要的
是，歐盟法院確實已闡明這些隱含的正當化理由可以單獨正當化「無歧視
地適用於國內與進口產品」的內國法律。[102]

因此，內國措施的本質——無論是否具歧視性——決定了成員國是否
能援引其作為正當化的理由。具歧視性的內國措施僅得援引第36條所明
文且窮盡的公益理由清單作為正當化基礎。[103]相對地，不具歧視性的內
國措施得受益於隱含「強制要件」的開放式清單。[104]此一區別尚有可議

- - - - - - - - - - - - - -

[98] *Bauhuis*, Case 46/76 (n. 27), para. 12.

[99] *Rewe-Zentral AG v Bundesmonopolverwaltung für Branntwein*, Case 120/78 (n. 66).

[100]Ibid., para. 8 （強調後加）。

[101]*Italian Trailers* (n. 78), paras 59-60.

[102]*Criminal Proceedings against Gilli and Andres*, Case 788/79 [1980] ECR 2071, para. 6.

[103]*Commission v Ireland* (*Irish Souvenirs*), Case 113/80 (n. 97), esp. para. 11.

[104]這份清單極長，其中包括消費者保護（consume protection, Commission v Germany, Case 178/84 [1987] ECR 1227）、防止不公平競爭（the prevention of unfair competition, Cassis de Dijon, Case 120/78 (n. 66)）、環境保護（the protection of the environment, Commission v Denmark, Case 302/86 [1988] ECR 4607）、工作條件改善（the improvement of working conditions, Oebel, Case155/80 [1981] ECR

之處，而法院過去有時也會透過尖銳的學理來試圖規避，或者直接模糊帶過內國措施是否具歧視性的問題。[105] 在此脈絡下便會出現一個有趣的問題：落入第34條範圍的銷售安排究竟能否以強制要件來證明其正當性。理論上來說，依照憲法邏輯不應如此。[106] 然而，歐盟法院已給出理由讓人相信在實際操作上無妨寬鬆適用。[107]

### (b)比例原則與內國標準

內國限制規定援引明文或隱含的正當化理由一事僅僅只是第一步，因為即使正當的公共利益可以正當化內國措施，對貨品自由流通的限制仍接受比例原則的審查。因此，歐盟法院堅持第36條所許可授權的內國法律「僅在具正當理由的情況下，亦即為達成本條所列目標之**必要者**，始符合基礎條約」。[108] 而此種比例原則的審查已被延伸用於所有的（隱含）誡命要求。[109]

在此之比例原則所指為何？比例原則一般指「限制或有可能限制對〔聯盟〕內部貿易的內國立法必須與其所追求目標合乎比例，並且目標之達成無法透過對此貿易限制更小的措施進行」。[110] 此處最小限制手段的標準構成比例原則的審查重點。但在這個標準背後有一重要問題：其所根據的保護標準為何？如果波蘭立法機構偏好高標準的公共道德而禁止所有情色產品的進口，那麼如果其他成員國並不偏好此一高道德標準是否會

---

1993）、媒體多元（the diversity of the press, Farniliapress v Bauer, Case C-368/95 (n. 77)）等。

[105] *Preussen Elektra v Schleswag*, Case C-379/98 [2001] ECR I-2099.

[106] 我們在前文看到，單純歧視性的銷售安排可以構成MEEQR，因此這類內國措施在理論上完全可用第36條提及的理由證明正當性。

[107] 參*Konsumentombudsmannen v De Agostini*, Case C-34/95 [1997] ECR I-3843。

[108] *Simmenthal v Ministero delle Finanze italiano*, Case 35/76 [1976] ECR 1871, para. 10 (emphasis added).

[109] *Rewe-Zentral v Bundesmonopolverwaltung für Branntwein*, Case 120/78 (n. 66).

[110] *Aher-Waggon GmbH v Germany*, Case C-389/96 [1998] ECR I-4473, para. 20.

有影響？抑或，是否允許德國堅持「啤酒純度」作為消費者的最高保護標準，而不妨礙其他成員國允許釀造啤酒摻入人工添加物？從而，比例原則的問題在本質上與選取合適的標準有關。可惜的是，歐盟法院對此問題尚未有一致的回應。[111]

我們在*Henn and Darby*案中[112]發現接受（高）內國標準的例子。本案涉及從丹麥進口的情色影片與雜誌違反英國進口貨品禁令的問題。此內國法是否可以因公共道德理由而正當化，或是「較低」的丹麥標準可以用來主張在一個對情色產品較為寬容的社會中，仍可存在有公共道德可言。歐盟法院選擇了較高的英國標準作為其底線。法院認定，原則上「各成員國可依自身價值標準以及所據以選擇之方式來決定其領域內公共道德的要件」。[113]然而，歐盟法院其後闡明「成員國的立法未禁止在其領域內對相同產品之製造或銷售，則不得以公共道德為由禁止從其他成員國進口該項產品」。[114]然而，此種限縮並不會「排除系爭成員國主管機關對上述產品，在進口之後，對其適用相同於該國內產銷的同類產品所適用的限制規定」。[115]確實，其並未減損（高）內國標準的合法性，而僅是消除導致「成員國間貿易之隱性限制」的「恣意歧視」。[116]

相較之下，歐盟法院在其他領域並未讓較高的內國標準優先。在*Commission v Germany*（啤酒純度）案中，[117]歐盟法院不認同德國主張「啤酒」界定為無人工添加物釀造飲品，是合於比例的消費者保護手

---

[111] 關於這點，詳G. de Búrca,'The Principle of Proportionality and its Application in EC Law' (1993) 13 *Yearbook of European Law* 105。

[112] *R. v Henn and Darby*, Case 34/79 (n. 57).

[113] Ibid., para. 15.

[114] *Conegate v HM Customs & Excise*, Case 121/85 [1986] ECR 1007, para. 16. 在此方面，Conegate案推翻了Henn and Darby案。

[115] Conegate v HM Customs & Excise, Case 121/85 (n. 114), para. 21.

[116] TFEU第36條第二句。

[117] Commission v Germany, Case 178/84 [1987] ECR 1227.

段。[118]法院點出其對消費者的動態理解,認為德國消費者藉由適切的產品標示要求便可受到充分的保護。[119]因而從歐盟法院的觀點,較高的內國標準因而不得「具體反映將特定消費者習慣,以求鞏固遵循之國內相關受惠產業的優勢」。[120]

歐盟法院最後並未允許德國選擇其自身之「價值標準」,而是堅持「合理謹慎消費者」的歐洲標準。[121]而對於內國法規限制貨品自由流通之必要性的判斷,往往正是依照此一歐盟法院自選的標準。

## 小結

本章旨在探討貨品自由流通脈絡下消極統合的程度。規範此「第一」基本自由的基本規範比其他三種自由更為複雜。因歐盟條約非以單一規定禁止非法的貿易壁壘,而是區分財政壁壘和監管障礙。對於財政壁壘,基礎條約進一步區分關稅和內國稅。對於關稅,歐盟法院傳統上將第30條解釋為對適用於成員國間所有規費類型的絕對禁止規定。對之,第110條對歧視性租稅的禁止規定仍須判斷差別待遇的理由。

至於成員國的監管措施,法院的判斷標準隨著時間而變化,如今第34條似乎包含了許多檢驗標準,分別適用於不同類的內國措施。此種類型化的做法也見於監管限制的正當化理由。對監管障礙的明文正當化理由規定在第36條,這些理由又有各種「誠命要求」的隱含正當化理由作為補充;然而在理論上,後者僅適用於非歧視性措施。不過歐盟法院似乎在過往也

---

[118]Ibid., para. 53:「至於德國啤酒添加物法規必然造成添加物全面禁用,其對自他成員國進口啤酒之適用違反歐盟法院案例法中規定之〔聯盟〕法要求,因為該禁止規定違反比例原則。」

[119]*Commission v Germany*, Case 178/84 (n. 117), para. 35.

[120]Ibid., para. 32.

[121]*Verein gegen Unwesen in Handel und Gewerbe Köln eV v Mars*, Case C-470/93 [1995] ECR I-1923, para. 24.

會對概念稍作變通，將其延伸至歧視性措施。但正當化內國限制的核心問題不在正當化的理由本身，而是所採取的審查標準為何。

# 第十章　内部市場：貨品自由二

## 摘要

　　將各自不同的內國市場逐步統合成為一個歐洲的「共同」或「內部」市場可以透過兩個互補機制達成。首先，基礎條約得自行「消除」（negate）阻礙聯盟內部貿易的特定內國障礙。以貨品自由流通而言，此種消極的統合方式已於前章討論。第二種基本做法為「積極統合」，在此聯盟透過積極性立法，旨在消除部分或全部內國法歧異所生的貿易障礙。TFEU第26條背後便是以這種立法方式進行統合，條文如下：

> 聯盟應依據基礎條約相關規定，通過以建立或確保內部市場運作為目標之措施。[1]

　　積極統合的立法權限通常規定在聯盟特定的政策領域之中。[2]不過，基礎條約另有許多水平調和權限，一般性地允許聯盟創造「內部市場」。這些「內部市場」權限規定在TFEU的第VII編第三章，一直以來作為聯盟積極統合計畫的基石。此處第114條和第115條提供聯盟一種立法權限，「以使成員國內法律、命令或行政行為所建立與運之內部市場的條款趨於一致（approximation）」。[3]

　　這兩種一般性的內部市場權限適用於四項基本自由[4]，並有其他更特定的內部市場權限作為補充。在財稅措施方面，第113條容許聯盟「在有確保內部市場的建立與運作以及為避免競爭扭曲之必要範圍內，針對各種間接稅形式」以立法進行調和。第116條專門針對競爭扭曲行為，而第118條則授權聯盟「在建立與運作內部市場之前提下」，「創建歐洲智慧財產

---

1　TFEU第26條第1項。
2　關於這點，詳第三章摘要。
3　TFEU第114條第1項（強調後加）。
4　根據TFEU第26條第1項：「內部市場包含區域應無內部邊界，貨物、人員、服務及資金受到基礎條約保障，可於其中自由流通。」

權之措施」。[5]以上各項權限的總覽，詳見表10.1。

表10.1　水平調和權限

| 第二章：稅收規定 | 第三章：法律趨於一致 |
|---|---|
| 第110條：歧視性徵稅<br>第111條：出口貸款<br>第112條：出口貸款核准 | 第114條：一般權限一<br>第115條：一般權限二<br>第116條：特別權限：競爭 |
| 第113條：特別權限：稅務 | 第117條：委員會協商 |
| | 第118條：特別權限：智慧財產權 |

　　本章探討貨品自由流通脈絡下，規範積極統合的基本原則與限制。第1節分析一般性內部市場權限的範圍與本質：即TFEU第114條與第115條。我們將在這裡看到聯盟具有──幾乎是──毫無限制的權限，可以調和影響內部市場建立或運作的內國法律。第2節則檢視第114條與聯盟法秩序中其他立法權限的關係。第3節探討成員國可以排除適用聯盟調和標準的程度；而最後第4節則聚焦在一個特定的聯盟調和領域：租稅。

## 1. 內部市場權限：一般議題

　　最一開始，內部市場的調和權限只有TFEU第115條與第116條。前者賦予歐洲聯盟「發布指令，使成員國內法律、命令或行政行為直接影響內部市場之建立與運作的規定趨於一致」的權限。第116條規定更具體，其允許聯盟在內國法間的歧異產生「扭曲內部市場的競爭條件」時，得以發布指令。該權限是設計作為歐盟競爭政策的積極統合平台；不過儘管有其聚焦重點，卻很快為人所遺忘。[6]

---

[5] TFEU第118條第1項。

[6] U. Everling, 'Zur Funktion der Rechtsangleichung in der Europäischen

反觀第115條在法律上就變得「毫無限制」，[7]然而該權限有一道重要的**政治**門檻：須有理事會的一致決；而此政治安全的保障機制在早期大幅限制了聯盟內部市場權限的行使。[8]不過，這情形在單一歐洲法（Single European Act）後也大有改變。該法為第115條提供了一個「好幫手」：第114條。[9]這位新加入的鄰居不僅擴張了聯盟內部市場的權限[10]；重要的是，其不再要求成員國的一致同意。如今的第114條規定：

1. 除基礎條約另有規定外，下列規定應適用於第26條所列目標之達成。歐洲議會與理事會應依通常立法程序，並經諮詢經濟暨社會委員會（Economic and Social Committee）後，透過各項措施，促使成員國內以法律、規則或行政行為旨在建立以內部市場為目標之規定趨於一致。

2. 第1項不適用於財稅規定、或涉及與人員自由流通或受雇者權利及利益之規定。

3. 執委會，就其依第1項所提出關於健康、安全、環境保護與消費者保護相關的提案時，須以採取高標準保護作為基礎，尤應考量任何根

---

Gemeinschaft: vom Abbau der Verzerrungen zur Schaffung des Binnenmarktes' in F. Capotorti et al. (eds), *Du droit international au droit de l'integration: liber amicorum Pierre Pescatore (Nomos, 1987)*, 227 at 232.

[7] P. Leleux,'Le rapprochement des législations dans la communauté economique européenne' (1968) 4 *Cahiers de Droit Européen* 129 at 138.

[8] 關於這點，詳A. Dashwood,'Hastening Slowly: The Community's Path Towards Harmo- nization' in H. Wallace, W. Wallace, and C. Webb (eds), *Policy-Making in the European Community* (Wiley & Sons Ltd, 1983), 177。

[9] D. Vignes, 'The Harmonisation of National Legislation and the EEC' (1990) 15 *European Law Review* 358 at 367.

[10] 結構設計上，TFEU第114條不再將「指令」作為調和工具，因為這在如今已然過時，也不再提及內國法對內部市場的「直接效力」。

> 據科學事實之最新發展。歐洲議會與理事會在其各自權限內亦須試圖達成此一目標。[11]

上述條文賦予聯盟立法者在其他特別規定外，仍保有一般性權限，[12]用以調和影響內部市場的內國法律。準此，成員國可在理事會中透過條件多數決來通過積極調和措施。

不過，此種違背理事會一致決的要求並不會延伸到內部市場的所有領域。確實在第114條第2項明文指出，第114條第1項「不適用於財稅規定、或涉及與人員自由流通或與受雇者權利及利益之規定」（這些政治上的「敏感」事務會落入屬於TFEU第115條的範圍，或其他相關章節下的特別法律權限）。這種對於「不符條件」之條件多數決的恐懼也導致了兩個外加限制的納入。首先，第114條第3項要求執委會將其立法性提案必須建立在對於這些利益的「高度保護標準」之上。其次，TFEU第114條第4項和第5項——條文詳後——則是聯盟史上首次容許具差別化的積極統合。[13]

儘管有上述限制，第114條還是在第352條之外，範圍最寬廣的聯盟權限。確實，其跨領域與超國家的性質已使第114條變成聯盟積極統合計畫中「最」受青睞的立法依據。本節透過分析「調和」的概念探究第114條的範圍，並檢視聯盟必須滿足的實體要件才有權啟動其「內部市場」權限。

### (a) 「趨於一致」或「調和」的概念

聯盟內部市場權限的根據，是依「趨於一致」或「調和」的概念而來。此概念是指兩個或兩個以上的內國法透過一歐盟行為而更趨接近；如

---

[11] TFEU第114條第1項至第3項。第4項與第5項的文字詳見第3節。

[12] 關於第114條的「備位」性質，詳第2節。

[13] 關於這項歷史正當理由，詳Advocate General Tesauro in *France v Commission*, Case C-41/93 [1994] ECR I-1829, para. 4。

此一來，似乎在該聯盟立法之**前**和之**後**皆須有內國法的存在。但實際上真是如此？

　　有很長一段時間，TFEU的基本思路的確是將調和的概念與內國法的**嗣後**存在緊密地連結在一起。原本的打算是將「指令」這項作為調和工具的作用成果。[14]指令要求成員國透過內國立法執行聯盟的要求。因此，指令會產生「**經過調和的**」**內國**法規範；從結果上看起來，內國法規範在**被調和之後**的存在乃是調和概念本身的一項特徵。然而這點隨著TFEU第114條的出現而有改變。該條將調和的概念與指令「脫鉤」（decoupled）。自此，聯盟就可在其內部市場權限內通過任何措施──包括作為歐盟立法工具之一的「規則」，而這不必然要求內國法的嗣後存在。

　　甚至，內國法的調和可否也能透過（執行面的）聯盟**決定**（decision）而生？在*Germany v Council*案中，[15]此一涉及基本原則的敏感議題被放在司法案牘之上。德國政府主張「調和」之權並未賦予聯盟有權通過（或拒絕）特定產品的決定，因為內國法的調和並未發生。[16]歐盟法院持不同意見：

> 　　理事會依該條款被授權採取之措施係以「建立與運作內部市場」為目標。在某些領域，特別是產品安全方面，僅一般性法律的趨於一致可能不足以確保市場之單一。因此，立法上「趨於一致之措施」的概念應被解釋為包含理事會有權就特定之產品或產品類型採取制定相

---

[14] 根據TFEU第288條第3項：「指令就其所欲達成之結果，對其下達之成員國具拘束力，但其形式和方法應由各成員國當局擇定。」關於「指令」這項聯盟工具，詳第五章第3節。

[15] *Germany v Council*, Case C-359/92 [1994] ECR I-3681.

[16] 德國在此方面的主要主張見於para. 17：「德國政府反對此一論點，主要理由為〔TFEU〕第〔114〕條以下（尤其是〔第114條第1項〕）之唯一目的在於使法律趨於一致，因此該等條款並未授予聯盟代替成員國當局適用法律之權力〔。〕」

關措施之權力，而且於必要時，甚至可及於就該等上述產品制定的單獨措施。[17]

　　因此，條文除了涉及調和之外，TFEU第114條也賦予聯盟採取在形式上未必是在調和各內國法律的具體行政決定。第114條可否作為建立由執委會所運行的集中授權許可程序，或甚至創設聯盟自己的行政架構？在其後的司法實務肯認了第114條確實有上述兩種功能，此處有個引起廣泛關注的著名案例是*United Kingdom v Parliament and Council*案。[18]該案涉及一聯盟規則的有效性，該規則試圖透過聯盟對食品許可的授權程序來確保內部市場的有效運作。[19]英國政府為此提出異議：「〔TFEU第114條〕條文所賦予之立法權限乃在**調和內國法律，而非建立〔聯盟〕機關主體或對上述機關主體交付任務，或建立核准產品許可清單之審查程序**」。[20]然而在判決中，肯認了上述權力。[21]歐盟立法者因此享有「調和方式的裁量權，可視調和事物之整體狀況與具體情形條件決定調和方式」。[22]聯盟因此有權創設歐盟機關並賦予其權力採行具拘束力的行政決定。

------------

[17] *Germany v Council*, Case C-359/92 (n. 15), paras 37-38（強調後加）。

[18] *United Kingdom v Parliament and Council*, Case C-66/04 [2005] ECR I-10553. 關於TFEU第11條欲於創見聯盟機關，詳 *United Kingdom v Parliament and Council (ENISA)*, Case C-217/04 [2006] ECR I-3771, especially para. 44：「立法機構可能認為有必要規定建立一〔聯盟〕組織，負責在以下情況協助實行調和程序：為了促進統一落實與適用基於該條款之行為，以及在適當時通過不具拘束力之支持性框架措施。」

[19] Regulation 2065/2003 on smoke flavourings used or intended for use in or on foods, [2003] OJ L309/1, Art. 9(1)(b) as well as Art. 11(1).

[20] *United Kingdom v Parliament and Council*, Case C-66/04 (n. 18), para. 18 （強調後加）。

[21] Ibid., para. 64.

[22] Ibid., para. 45. 這是肯認於*United Kingdom v Parliament and Council (ESMA)*, Case C-270/12, EU:C:2014:18。

結論上，聯盟對於調和措施的行為形式享有（幾乎是）完全的自由。此處的形式自由則與實質自由相互呼應，因為歐盟法院從未將調和的概念認作是某種存在於各種內國標準之間的「中度」監管標準，而是賦予聯盟立法者廣泛的實質裁量權限。[23]

TFEU第114條同時也要求關於內國法律必須在調和之前**先行**存在，此作為TFEU第114條的此一先決條件又是如何？這個問題乃*Spain v Council*案[24]的主題。該案源於歐盟立法者認為各成員國對於醫藥專利的保護不足，為歐洲製藥研究帶來不利益，於是其根據第114條額外創設了認證保護，可在符合與成員國之相同專利條件下授予該認證。[25]然而，此歐盟法的合法性似乎要面對兩個重要的基本門檻。首先，TFEU第114條可否用來創設**新**的財產權？或其僅得調和**現有的**權利？[26]再者，由於在該聯盟法律之時，僅有**兩個**成員國對補充認證進行立法，我們是否仍認為有內國法律的調和可言？

面對第一道門檻，法院用蠻力克服。其直接否認歐盟法能創設新的權利。[27]法院集中心力在第二個門檻，處理第114條是否要求進行歐盟調和前必須要有分歧內國法律之**先行**存在？在歐盟法院眼中，事實情形並非如此！聯盟亦可運用其內國市場權限「**預防各內國法律的異質發展**，以免導致更進一步的分歧。該進一步分歧顯有可能造成醫療產品在〔聯盟〕內自由流通的障礙，從而影響內部市場的建立與運作」。[28]聯盟因此在當下即

---

[23] 關於此論點的早期版本，詳T. Vogelaar, 'The Approximation of the Laws of the Member States under the Treaty of Rome' (1975) 12 *Common Market Law Review* 211 at 213。

[24] *Spain v Council*, Case C-350/92 [1995] ECR I-1985.

[25] Regulation 1768/92 concerning the creation of a supplementary protection certificate for medicinal products, [1992] OJ L182/1.

[26] 創建「新」權利的聯盟立法將必須根據TFEU第352條，比較Spain v Council (n. 24) para. 23（參照Opinion 1/94 [1994] ECR I-5267, para. 59）。

[27] *Spain v Council* (n. 24), para. 27.

[28] Ibid., para. 35（強調後加）。

被賦予──即便內國法律在特定時點下未有分歧──運用其調和權力預防未來所通過之分歧性內國法律，從而預防**未來**的貿易障礙。[29]

相關的司法判決在*Vodafone*案中[30]獲得確認；而該案似乎已掏空調和概念的所有內容。若第114條仍有任何概念上的限制，必須要從別處尋找。

### (b)內部市場的「建立」或「運作」

聯盟的內部市場權限是一種水平的權限，因為該權限並不侷限於單一特定政策領域（「內部市場」並非一政策領域，而是橫跨聯盟法的所有領域）。第114條確實適用於任何影響及於內部市場建立與運作的內國措施。

因此，所謂的水平範圍指涉兩種可能情形。第一種涉及內部市場的「建立」，與自由流通的障礙有關。第二種則指內部市場的「運作」，處理內國法間歧異所導致的競爭扭曲。重要的是：這兩種目標結合，意謂TFEU第114條積極統合的範圍措施較消極統合如第34條的範圍更廣。[31]

對於內部市場的「建立」或「運作」，聯盟立法可以做到什麼程度？直到20世紀末，歐盟法院的案例法一致肯認對聯盟這項一般性權限採取最寬廣的解讀：幾乎所有事情在當時都能依第114條看似無所不能，但這樣的見解到*Germany v Parliament and Council (Tobacco Advertising)*案[32]有重

---

[29] 關於內部市場中「預防性」調和的概念，詳M. Seidel, 'Präventive Rechtsangleichung im Bereich des Gemeinsamen Marktes' (2006) 41 *Europarecht* 26。

[30] *Vodafone and others v Secretary of State for Business, Enterprise and Regulatory Reform*, Case C-58/08 [2010] ECR I-4999.

[31] 這意思是說，即使內國法不在TFEU第34條的範圍內──例如Keck案之後的非歧視性銷售安排（詳第九章第3(a)節），只要這些銷售安排影響到內部市場的運作，仍可依TFEU第34條進行調和。關於TFEU第34條與第114條之間關聯（僅涉部分）的爭論介紹，詳G. Davies, 'Can Selling Arrangements be Harmonised?' (2005) 30 *European Law Review* 370。

[32] *Germany v Parliament and Council (Tobacco Advertising)*, Case C-376/98 [2000] ECR I-8419.

大改變。該著名的判決肯認第114條存在基本規範上的限制。

　　本案爭執的核心在於一項禁止廣告與贊助菸草產品的歐盟立法。[33]德國政府不認同這樣的理念，並主張對於某一產品之限制甚或禁止都不可能是基於聯盟的**內部市場**權限。第114條僅能用於「建立」貿易，而限制菸草產品貿易的聯盟立法並非屬於上述情形。[34]雖然在另一方面第114條仍可用於確保內部市場的運作，但第114條下這個第二種選項僅適用於扭曲市場達到「相當程度」（considerable）的情形。[35]

　　讓許多人驚訝的是，歐盟法院接受了上述主張，並在歷史上第一次，破天荒首度以超出內部市場權限為理由，使一歐盟立法無效。歐盟法院特別強調，第114條無法賦予聯盟管制內部市場的一般性權限：

> 　　若將該條意義解釋為賦予〔聯盟〕管制內部市場的一般性權限，不僅將違反上述所引條文之明白文義，同時也將與〔TEU第5條〕條文所體現之〔聯盟〕權力限於經具體授權者的原則不符。此外，依據〔第114條〕條文所通過之措施必須真實地以改善內部市場的建立與運作條件為目標。若僅因發現內國法規範歧異和對阻礙基本自由行使或競爭扭曲之抽象風險，便足以正當化選用〔第114條〕條文作為依據，則法律所依據之適當性司法審查將不免徒勞無功。[36]

---

[33] Directive 98/43 on the approximation of the laws, regulations and administrative provi- sions of the Member States relating to the advertising and sponsorship of tobacco products, [1998] OJ L213/9.

[34] 德國指出該指令唯一允許的廣告形式是在銷售階段之廣告，而這只占菸草產業廣告支出2%（Tobacco Advertising (n. 32), para. 24）。

[35] Ibid., para. 29.

[36] Ibid., paras 83-84（強調後加）。

　　歐盟法院從上述的原則說明中得出什麼結論？法院將其判決內容分成「建立」與「運作」兩個部分，並依序分析聯盟調和權限在這兩種不同情形下的適用。

　　關於自由流通障礙的消除，法院在*Spain v Council*案[37]給出其寬鬆的判決。雖然接受「若目標旨在防止未來因內國法錯綜發展所生之貿易障礙，得援引〔第114條〕條文作為法律基礎」；然而法院卻堅持「**上述障礙必須顯有可能出現**，且系爭措施必須是為了防止上述障礙所設計」。[38]而聯盟內部貿易未來是否顯有可能出現菸草廣告障礙？法院在媒體產品的部分確有可能，然而「就種類繁多的菸草產品廣告而言」，指令中的禁止規定「並不能基於消除廣告媒體的自由流通障礙或為廣告業提供服務自由之障礙而正當化」。[39]因此，聯盟立法機構不能因為其措施能夠消除自由流通的障礙，而得以行使其內部市場權限。

　　但該權限之援引仍可能以第114條提及的第二種情形作為正當化理由：消除競爭扭曲。在過往的案例法中，歐盟法院便已相當寬泛地解釋此一要件，容許所有「處理可能造成或維持競爭扭曲之成員國法律歧異」的調和措施。[40]這也意謂**所有**可能造成**任何**競爭扭曲內國法歧異皆可予以調和。

　　然而*Tobacco Advertising*案如今也修正了這種對內部市場權限「運作」部分的過度解讀。因歐盟法院在該案中接受了德國政府的建議：對競爭的扭曲必須到一定程度才能使聯盟有權在第114條下採取行動。因此就基本規範觀之，聯盟立法者並無法依第114條通過「旨在消除最小競爭扭曲」的立法。[41]而且由於系爭內國法對競爭僅有「遙遠且間接」的效果，

-　-　-　-　-　-　-　-　-　-　-　-　-

[37] *Spain v Council*, Case C-350/92 (n. 24).
[38] *Tobacco Advertising* (n. 32), para. 86（強調後加）。
[39] Ibid., paras 97 and 99.
[40] 比較*Commission v Council* (*Titanium dioxide*), Case C-300/89 [1991] ECR I-2867, para. 15.
[41] *Tobacco Advertising* (n. 32), para. 107.

所以內國法之間歧異並無法導致一定明顯規模程度的扭曲，[42]因此該指令也就不能正當援引第二個選項，而歐盟法院因而宣告該歐盟指令無效。

　　總而言之，歐盟法院在*Tobacco Advertising*案明白接受聯盟的內部市場權限有其基本限制。首先，單純內國法歧異在理論上不足以啟動聯盟的調和權限，系爭歧異必須造成貿易障礙或導致競爭上相當程度的扭曲才行。儘管第114條仍可用來調和內國法律在未來的分歧，系爭內國法律歧異的發展必須「顯有可能」造成貿易障礙或明顯程度可觀的競爭扭曲程度（歐盟法院偶爾會藉由將「直接效力」的標準延伸——依文義僅限於第115條——至第114條，來說明此一要件）。[43]其次，系爭歐盟措施必須實際上有助於消除貿易障礙與競爭扭曲，[44]否則就不屬積極統合措施而失其效力。

　　這兩種對聯盟「內部市場」權限的基本限制在往後的案例法中亦獲得原則性的肯認，但其具體適用還是屢屢遭指為對第114條賦予聯盟就內部市場的一般性權限。*Philip Morris*案[45]適切地說明了此一發展。歐盟法院在此案中認定聯盟對於要求健康警語必須涵蓋菸草產品外盒表面積的65%，乃是正當地根據第114條的規定。

## 2. 與「具體領域」立法權限的關係

　　TFEU第114條的文字其實語帶保留。該條看似謙遜地指出其僅適用於

---

[42] Ibid., para. 109.

[43] 詳*R. (on the application of Vodafone Ltd and Others) v Secretary of State for Business, Enter- prise and Regulatory Reform*, Case C-58/08 [2010] ECR I-4999, para. 32：「雖然僅僅發現內國法規之間存在歧異或有侵害基本自由或扭曲競爭之抽象風險，不足以正當化選擇〔TFEU第114條〕作為法律依據，但〔聯盟〕立法機關仍可引該項條文，尤其是在內國法規分歧阻礙基本自由，從而對內部市場運作造成直接影響時。」

[44] *British American Tobacco*, Case C-491/01 [2002] ECR I-11453, para. 60.

[45] *Philip Morris Brands SARL and Others v Secretary of State for Health*, Case C-547/14, EU:C:2016:325.

「基礎條約未予特別規定的情形」，實則有嚴重誤導之嫌，因為這暗示該條規定僅為備位性權限，僅在沒有具體授權規定存在時才得以適用。[46]這會產生的問題是倘若聯盟欲設立工業用機械的環境標準，何時可以使用第114條的一般性內部市場權限，理應運用聯盟其專門的環保權限，但在實際上卻適用第114條一般性的內部市場權限。

　　法院若當初在此處對第114條居於備位的性質採取嚴格解釋，就不太會有任何事物落入此範圍。然而歐盟法院拒絕這種觀點，並將第114條以「一般」立法權限的方式處理。此一看法在*Titanium Dioxide*案[47]獲得肯認。歐盟法院在此承認內部市場措施通常有雙重目的，除了內部市場目的外，還有一個特定的**實質**政策目的。[48]並且，在為決定是否適用第114條或特別法律權限規定時，法院必須依循「法律關係重心」原則（'centre of gravity' doctrine）。[49]該原則依照系爭聯盟措施**主要**處理的是內部市場抑或其他更具體的實體利益，來選擇其使用的權限。而在歐盟法律的「比重」落在內部市場那端時，即適用第114條。

　　然而上述情形有兩個要件限制。首先，第114條明確將三種事物排除在其立法範圍外，因該條第2項指出內部市場的一般性權限「不應適用於

---

[46] 這其實屬於TFEU第352條的範圍。關於這點的分析，詳R. Schütze, 'Organized Change towards an "Ever Closer Union": Article 308 EC and the Limits of the Community's Legislative Competence' (2003) 22 *Yearbook of European Law* 79 at 99 et seq.

[47] *Commission v Council (Titanium dioxide)*, Case C-300/89 (n. 40).

[48] Ibid., para. 11.

[49] 比較*Commission v Council (Waste)*, Case C-155/91 [1993] ECR I-939; as well as *Parliament v Council (Waste II)*, Case C-187/93 [1994] ECR I-2857. 關於法律依據訴訟現象（特別是有關TFEU第114條者）的學術分析，詳R. Barents, 'The Internal Market Unlimited：Some Observations on the Legal Basis of Community Legislation' (1993) 30 *Common Market Law Review* 85; as well as H. Cullen and A. Charlesworth, 'Diplomacy by Other Means：The Use of Legal Basis Litigation as a Political Strategy by the European Parliament and Member States' (1999) 36 *Common Market Law Review* 1243。

**財稅**規範、涉及**人員自由流通**或與受雇者權利與利益相關之規定」。因此，這三個領域在任何情況下皆不得基於第114條進行調和。若認為有歐盟立法的必要，則須依第115條——須一致決——為之，或透過專門規範賦稅、人員自由流通或僱傭等各自特別實體權限為之。在過去，歐盟法院對於第114條第2項所排除的領域給予較為寬鬆的解釋。[50]

　　但第114條第2項所列清單是否已然窮盡？歐盟法院在過往確實如此認為，然而成員國仍嘗試「保護」某些聯盟權限不受一般內部市場權限的吸收。怎麼說呢？成員國其作為「基礎條約的主人」（Masters of the Treaties）的身分，一直不斷在特定政策領域中明文排除各自領域內調和成員國法的條款。舉例而言，在第168條「公共衛生」權限下，聯盟可以採取健康措施但須「排除對成員國法律與規則之**任何調和措施**」。[51]

　　這些條款限制了聯盟立法者在這些權限下採取調和措施的能力，但其是否也限制了第114條的範圍？歐盟法院於*Tobacco Advertising*案中[52]表達了否定意見，德國政府在本案中一定程度質疑了使用第114條作為菸草廣告指令的基礎，其理由是該指令係「健康措施」，而應以第168條為基礎。而因第168條排除任何調和措施，該指令應為無效。

　　然而，歐盟法院完全否認上述主張。其雖然認可「受影響的內國措施相當程度是基於公共衛生政策目的」[53]，但法院也澄清第168條第5項對於調和之排除「並不意謂根據條約其他條款之調和措施無法對人類健康之保

---

50 關於TFEU第114條第2項中「財稅規定」一詞從寬解讀的目的性解釋，詳Commission v Council, Case C-338/01 [2004] ECR I-4829, para. 63：「關於『財稅規定』一詞之解釋，條約內容並未表明應該如何解釋此一概念，但有必要指出，由於其本身之一般性質，財稅規定不僅涵蓋所有賦稅領域（不分關稅或稅捐），亦涵蓋所有賦稅層面（無論實體法或程序法）。」

51 TFEU第168條第5項（強調後加）。

52 *Germany v Council (Tobacco Advertising)*, Case C-376/98 (n. 32).

53 Ibid., para. 76（強調後加）。

護產生影響」。[54]「不能因為公共衛生保障為選擇之決定性因素，而阻止〔聯盟〕立法機關使用〔第114條〕」。[55]

　　因此在結論上，在特定權限中排除調和規定看起來並**不會構成**TFEU第114條的限制。然而，歐盟法院也提醒聯盟立法者，不得藉其內部市場之權限而對基礎條約中「排除調和之明文規定進行規避」。[56]這種立法權的「濫用」於日後受到裁罰。

## 3.「擇優適用」：第114條的排除適用條款

　　一旦歐盟採取調和措施，所有與該聯盟措施相衝突的內國規範在理論上應不予適用。此乃從歐盟法的優位性而來。當TFEU第114條在起草時，部分成員國擔心理事會引入條件多數決可能會破壞政治敏感較高的內國標準，因此堅持要一套根本性機制，可讓他們正當化這些排除適用歐盟法的內國法律。此一主張在理論層面上遭遇強烈的反彈，[57]不過在實際結果上，第114條第4項至第5項之「公共政策」正當化理由所受到的影響相當有限。

　　第114條在起草時一併考量TFEU第36條，其中第4項與第5項規定如下：

> 4. 在歐洲議會與理事會，理事會或執委會通過調和措施後，若成員國認為基於第36條所列重大需求之理由或是涉及環境或工作環境之理由，而認為有必要維持其內國措施者，應通知執委會該等條款以及

---

[54] Ibid., para. 78.

[55] Ibid., para. 88.

[56] Ibid., para. 79.

[57] P. Pescatore, 'Some Critical Remarks on the "Single European Act"' (1987) 24 *Common Market Law Review* 9.

應予以維持之理由。

5. 並且，在不違反第4項的前提下，在歐洲議會與理事會，理事會或執委會通過調和措施後，若成員國因該通過之調和措施所生該成員國之特定問題，認為有必要依據新科學證據來引進保護關於自然環境或工作環境的內國條款者時，應向執委會告知所欲引進條款及其引進理由。[58]

　　上述兩項允許成員國「維持」（maintain）或「引進」（introduce）與歐盟調和措施相「衝突」之內國措施。重要的是，此處的相衝突係指成員國**並未遵循歐盟依據第114條所通過之立法**。換句話說，TFEU第114條第4項與第5項並未包含成員國依據調和措施，有權採取更嚴格規範的情形。[59]其僅限於成員國因不顧強制且窮盡列舉的歐盟標準，並堅持其他**更高的標準**，而「違反」聯盟立法的情形。因此，第114條第4項包含成員國希望「維持」現行內國法律的情形，而第114條第5項規定成員國「引入」新內國法律的權力。兩種情形皆應依據執委會所進行的行政程序，[60]其結果則受歐盟法院審查。[61]

　　第114條第4項賦予成員國向執委會基於「第36條所列重大需求之理由或是保護自然環境或工作環境之理由」向執委會申請維持其較高內國標準的權利。[62]這個公益理由的清單限縮在貨品自由流通的明示排除規定，以

--------------

[58] 強調後加。

[59] 關於各種調和方式，詳R. Schütze, *European Union Law* (Cambridge University Press, 2018), ch. 14, section 3.

[60] 關於詳細的行政程序制度，詳TFEU第114條第6項至第8項。關於這些條款的概述，詳 N. de Sadeleer, 'Procedures for Derogation from the Principle of Approximation of Laws under Article 95 EC' (2003) 40 *Common Market Law Review* 889.

[61] TFEU第114條第9項規定：「執委會與任何成員國若認為他成員國不當使用本條授予之力，得排除適用第258條和第259條規定之程序，直接向歐盟法院提起訴訟。」

[62] 強調後加。

及歐盟法院所認可的兩項——也是唯二的兩項——不成文的強制要件。[63]
相較之下,第114條第5項並未提及第36條公共政策之理由,而是堅持須有
新的科學證據並進一步要求必須為系爭成員國所具有的問題。因此從最一
開始第114條第5項就比第4項來得嚴格。

這樣的看法在*Denmark v Commission*案[64]獲得肯認。該案中歐盟法院
主張如下:

〔第114條〕條文中所設想兩種情況的不同之處在於,在第一種情
況,內國規範先於調和措施存在。〔歐盟〕立法機關亦知悉該等規定存
在,但無法或不尋求以其作為調和的目的,立法機關不能亦不會試圖以
上述規範為指引。因此,成員國要求繼續維持其自身內國既有規定持
續有效是可以被接受的;反觀在第二種情況,新內國立法之通過**較有可
能危及調和**。依照定義,〔歐盟〕各機構並無法在起草調和措施時考量
內國規範內容條文。在此情況下,並不考量〔TFEU第36條〕條文之要
件,而僅接受環境或工作場所保護之理由,前提是成員國提供新科學證
據,以及存在有該成員國通過調和措施後致生該國特有。

因此無論是〔TFEU第114條第4項〕的文意或該條整體條文的廣義
理解,都不會得出該條要求原告成員國必須證明該國特有問題足以作
為正當化維持其所通知執委會欲維持的內國規定之理由……而對新科
學證據之要求亦同此理。上述要件是依〔TFEU第114條第5項〕作為維
持優先於歐盟法之現行內國法條文〔TFEU第114條第4項〕。此非屬維
持這類條文所加諸之條件限制。[65]

---

63 關於這些強制要件,詳第九章第4(a)節。
64 *Denmark v Commission*, Case C-3/00 [2003] ECR I-2643.
65 Ibid., paras 58-62 (強調後加)。

歐盟法院在此處認定執委會有權在此處行使其行政裁量，依第114條第5項給予排除效力之標準上可以更加嚴格。

後續的行政與司法實踐也肯認之。在*Upper Austria v Commission*案中，[66]奧地利針對歐盟的基因改造組織（genetically modified organisms, GMOs）的指令，申請第114條第5項的具體排除適用。系爭奧地利措施試圖禁止種植由GMO組成或含有GMO所組成之種子的培養，以及對基因改造動物的繁殖。然而，執委會以「奧地利未能提供新科學證據證明〔該國〕具有生產特有問題所生的新科學證據」為理由，拒絕其較為嚴格的內國標準。[67]奧地利就該行政裁決向歐盟當時的普通法院表示不服，此事給了歐盟法院一個解釋第114條第5項要件的機會。

歐盟法院明確闡明「新科學證據」的要件與「該成員國所特有的問題」之存在乃兩個皆須符合的要件；[68]而且前述兩要件的舉證責任應公平地分擔給系爭成員國。[69]對判決不服的奧地利政府向當時的歐盟法院上訴。然而，法院同樣維持執委會的否定裁定，但闡明所謂內國「特有」（specific）問題無須是該成員國「獨有」（unique）的問題。[70]

## 4. 租稅調和：聚焦第113條

自始之初，歐盟基礎條約就有訂一條期待內國租稅調和的權限規定，如今見於TFEU第113條。其謂：

---

[66] *Land Oberösterreich and Republic of Austria v Commission*, Joined Cases T-366/03 and 235/04 [2005] ECR II-4005.

[67] Ibid., para. 15.

[68] Ibid., para. 54.

[69] Ibid., para. 63.

[70] *Land Oberösterreich and Republic of Austria v Commission*, Joined Cases C-439 and 454/05P [2007] ECR I-7141, paras 65 et seq.

> 　　理事會應依照特別立法程序，經諮詢歐洲議會與經濟社會委員會後，在為確保內部市場建立與運作以及避免競爭扭曲之必要範圍內，以一致決通過關於營業稅、貨物稅，以及其他間接稅形式的調和立法。[71]

　　此條款允許聯盟在取得理事會中所有國家一致同意的支持下，調和所有形式的「間接稅」。間接稅乃間接課徵的租稅（直接稅著眼在生產帶來的增值，間接稅則是看產品的**價格**）。間接稅是對消費行為或對消費者的課稅。其徵收的對象並非直接產生應稅經濟行為的人。第113條所明定兩種主要的間接稅形式為營業（銷售）稅與貨物稅。聯盟的創建者認為此兩種稅乃「至關重要」，[72]因為它們對內部市場的建立與運作有著特別嚴重的影響。

　　在過去，聯盟已逐漸對上述兩種間接稅形式進行調和。在營業稅方面，其依循法國傳統採納適用全歐盟的「加值稅」（Value Added Tax, VAT）體系，此體系透過第2006/112號「加值稅共同體系」指令（Directive 2006/112）成文法化。[73]此處的加值稅被定義為適用在貨品（與服務）上「對消費所課徵與貨品價格完全成比例的一般性租稅」。[74]這種加值稅的標準稅率目前為15%。[75]不過，該稅率只是最低標準，成員國在其領土內可以課徵更高的加值稅率。[76]

---

[71] TFEU第113條（強調後加）。

[72] European Communities, 'The Value-Added Tax in the European Community' (European Communities, 1970), 3：「從調和間接稅與直接稅方法的明顯差異可以看出。羅馬條約制定者將營業稅和貨物稅之調和視為首要問題。」

[73] Directive 2006/112 on the common system of value added tax, [2006] OJ L347/1.

[74] Ibid., Art. 1(2).

[75] Ibid., Art. 97.

[76] 目前成員國採取最高VAT（標準）稅率為匈牙利的27%。克羅埃西亞、丹麥及瑞典的VAT（標準）稅率為25%。

　　第113條的文字在概念上排除了對諸如所得稅及公司稅等直接稅的調和。不過值得提醒的一點是，直接稅的調和並非超出積極統合的範圍，因為即使TFEU第114條第2項排除了條件多數決通過的調和方式，直接稅還是可能依據TFEU第115條而透過理事會的一致決予以調和。

　　總而言之，所有租稅調和均受制於「財稅否決權」（fiscal veto），各成員國仍對其課稅握有政治上的「主權」。此一財政否決權使得租稅的調和困難重重，在此領域的歐盟立法仍屬零散與薄弱。[77]未來主要面臨的迫切議題應該是公司稅的調和，該稅在成員國間有相當程度的歧異，也對內部市場運作造成了相當的扭曲（見表10.2）。不過，聯盟並未試圖調和出一共同的最低標準的公司稅，而是回歸各內國法秩序間租稅競爭的想法。此種競爭已榨乾歐洲各國的資源而應儘快處理。[78]

表10.2　公司稅率：各國差異

| 最低稅率成員國 | 稅率 | 最高稅率成員國 | 稅率 |
|---|---|---|---|
| 匈牙利 | 9% | 馬爾他 | 35% |
| 保加利亞 | 10% | 比利時 | 34% |
| 賽普勒斯 | 12% | 法國 | 33% |
| 愛爾蘭 | 12% | 德國 | 30% |
| 拉脫維亞 | 15% | 盧森堡 | 29% |
| 立陶宛 | 15% | 希臘 | 29% |

---

[77] A. Hinarejos and R. Schütze (eds), *EU Fiscal Federalism: Past, Present, Future* (Oxford University Press, forthcoming).
[78] Ibid..

## 小結

本章試圖探討內部市場內積極統合的範圍與性質。儘管主要著重在貨品的自由流通，但本章所討論的原則可類推於內部市場所有的基本自由。

而積極性統合的範圍為何？第1節探究聯盟的內部市場權限。我們看到聯盟一直沒有積極限制調和權限，不但其曾經拒絕對具體定義「調和」的方式，並且在傳統上將聯盟調和須為內部市場建立與運作之要件作相當廣泛的解釋。然而，在*Tobacco Advertising*案出現了一個相當重要、象徵性的轉折點。歐盟法院在此首次以其非屬第114條之一般性權限為由，使歐盟措施失效。

重要的是，如我們在第2節所述，第114條聯盟的一般性調和權限並未因歐盟基礎條約中專門立法權限而受到限制。只要系爭歐盟行為的重心落在內部市場領域，就有可能適用第114條的立法調和機制。

一旦進行調和，成員國原則上應遵循聯盟調和標準。然而聯盟法秩序亦認可某些對第114條第4項與第5項的排除適用規定。這些排除規定例外地使成員國得以維持或引進較高的內國標準，即便這會部分阻礙貨品自由流通。

最後，第4節檢視租稅調和此一敏感議題。聯盟在此處的調和權仍受制於各成員國的「財政否決權」。而此種政治安全保障擋下了許多在此領域所必要的調和努力。

# 第十一章　內部市場：人員流通

## 摘要

　　除了貨品之外，歐盟條約也致力於保障人員的自由流通。此種聯盟內部「市場」人員的基本選擇原本出自經濟考量，因此第2項之基本自由當初是為了協助有意赴其他成員國工作之人所設，因而過去在適用上僅限於經濟上的活躍人士。

　　基礎條約因此將經濟性移民區分成兩類，亦即受雇者（*employed*）與自雇者（*self-employed*）；而今日條約規範人員的章節，也依然分為「勞工」（Workers）以及「自營權」（Right of Establishment）兩章，且各自規定了排除人員自由流通限制的核心禁止規範，均涉及人員欲自一國流通至他國所面臨之「進口」與「出口」的限制。[1]

　　這兩章涵蓋數項聯盟的權限調和規定，這些權限在過去已廣泛行使多年，因此歐盟法在人員自由流通領域是基本法與次級法的高度混和狀態。

　　隨著1992年馬斯垂克條約簽訂，這兩個關於人員的章節補充了多項歐洲公民身分的一般性規定；歐洲公民身分概念的引進，部分切斷了歐盟自由流通權利在傳統上必須有的經濟性連結。TFEU第20條如今賦予每位公民「在成員國領土內自由移動與居住的權利」[2]。此種一般性的流通權利是一種備位性的權利（residual right）：「其行使須受基礎條約以及通過措施所訂條件與限制的拘束。」[3]並且不意外地，歐洲公民身分的規定與基礎條約兩個關於自由流通權利章節與歐洲公民身分規定之間一直存在著複雜的關係（見表11.1）。兩者之相互依存特別體現在「公民指令」

---

[1] 關於勞工，詳*Scholz v Opera Universitaria di Cagliari and Cinzia Porcedda*, Case C-419/92 [1994] ECR I-505；關於自雇自營作業人員者，詳*Knoors v Staats- secretaris van Economische Zaken*, Case 115/78 [1979] ECR 399。

[2] TFEU第20條第2項第a款，這在TFEU第21條中有詳細說明。

[3] TFEU第20條第2項最後一段。

（Citizenship Directive）之中。[4]

　　本章從四節探討人員自由流通的複雜建置。第1節和第2節分析經濟上活躍之人員（亦即勞工與自雇者）的兩項特別權利。第3節探討歐洲公民的一般性自由流通權利。最後，第4節探討成員國對於人員自由流通限制的正當化理由。

表11.1　有關人員自由流通的條約規定

| 人員自由流通：三種類型 | |
| --- | --- |
| 公民權利（第20條至第25條） | |
| **勞工的自由流通** | **設立自由** |
| 第45條：禁止（無理）之限制 | 第49條：禁止國家之限制 |
| 第46條：聯盟權限：勞工的自由流通 | 第50條：聯盟權限：設立自由 |
| 第47條：鼓勵青年勞工交流之義務 | 第51條：官方機構對自雇者的例外規定 |
| 第48條：聯盟權限：社會保障 | 第52條：國家限制的正當理由 |
| | 第53條：聯盟權限：相互承認 |
| | 第54條：法人（公司） |
| | 第55條：參與公司的資本設立 |
| **次級法（選擇）** | |
| 關於勞工自由流通的第492/2011號規則 | |
| 關於公民權利的第2004/38號指令（公民身分指令） | |

## 1. 勞工的自由流通

　　基礎條約以單一條文規範勞工自由流通的原則與可能的限制，此即TFEU第45條，全文如下：

---

[4]　Directive 2004/38 on the right of citizens of the Union and their family members to move and reside freely within the territory of the Member States, [2004] OJ L158/77.

1. 歐盟境內所有勞工之流通自由應受保障。

2. 前項流通自由應包含廢止成員國在勞工間基於國籍所為任何形式之歧視，包括僱傭、薪資或其他工作上與僱傭關係之條件。

3. 除基於公共政策、公共安全或公共衛生等原因之正當理由下，流通自由應包含以下權利：

   (a) 接受實際提出之僱傭要約。

   (b) 就上述目的在成員國領域內自由流通。

   (c) 依成員國僱傭之法律、規則或行政措施等規範，就僱傭目的停留該國境內。

   (d) 在成員國境內受僱後，依執委會將起草之規則中所列條件下，續留於成員國領域內。

4. 本條規定不適用於公務人員之僱傭。

　　本條具有直接效力，[5]因此是直接賦予個人在內國法院得以執行的聯盟權利。不過，許多勞工依第45條所享有的權利也規定在聯盟立法之中，其中最重要的兩項立法分別為規範勞工在聯盟境內自由流通的第492/2011號規則（勞工規則）[6]與規範歐洲公民與其家庭成員在成員國境內自由流通和居住權利的第2004/38號指令（公民身分指令）[7]。與TFEU第45條合併觀之，這兩項聯盟立法就歐盟內勞工所享有權利之人與物的範圍有了具體規定。

　　第45條與相關聯盟立法下所賦予之權利有何，其人和物的範圍為何？即什麼樣的人能被視為「勞工」？以及哪些類型的內國限制在禁止之列？

--------------

5　關於條約規定的直接效力理論，詳第五章第2節。

6　Regulation 492/2011 on freedom of movement for workers within the Union, [2011] OJ L141/1.

7　Directive 2004/38 on the right of citizens of the Union and their family members to move and reside freely within the territory of the Member States (n. 4).

我們依序檢視上述兩個面向。

### (a)人的範圍：勞工與「準勞工」

　　一個人在什麼情況下會成為「勞工」？兼職性的工作也能符合條件？求職者是否算「勞工」？這些問題涉及第45條之人的範圍，當中界定該條所適用之人的類型。[8]歐盟法院因此也堅持僅有此條有界定「勞工」一詞範圍的專屬解釋權，[9]法院主張如下：

> 　　若對此用語的定義為內國法的權限，將使各成員國均得以修改「移工」概念的意義，進而任意減損基礎條約對特定類型之人所提供之保護。[10]

　　因此，勞工的概念是一個歐盟法的概念，因為「如果該用語的意義可由內國法單方決定或修改，則基礎條約將窒礙難行」[11]。那歐盟法上「勞工」概念的範疇為何？歐盟法院曾在*Lawrie-Blum*案賦予其極廣的定義：

> 　　此概念的定義必須依據客觀的標準，即參照相關人員之權利與義務來界定僱傭關係。然而，僱傭關係的主要特徵在於，**一人於特定期間根據另一人之指示提供服務，並以作為所受報酬的對價**。[12]

---

8　本節集中討論作為TFEU第45條主要受益者的「勞工」，然而該條規定，特別是歐盟涉及此一問題的立法，同樣也賦予權利給其他類型之人，尤其是勞工的家屬。

9　F. Mancini, 'The Free Movement of Workers in the Case-Law of the European Court of Justice' in D. Curtin and D. O'Keeffe (eds), *Constitutional Adjudication in the European Community and National Law* (Butterworths, 1992), 67.

10　*Hoekstra (nee Unger) v Bestuur der Bedrijfsvereniging voor Detailhandel en Ambachten*, Case 75/63 [1964] ECR 177, 184.

11　Ibid..

12　*Lawrie-Blum v Land Baden-Württemberg*, Case 66/85 [1986] ECR 2121, para.17（強調後加）。

　　此一定義包含三個一般要件。第一，此人必須是「處於定居狀態」。[13]第二，此人必須接受另一人的指揮監督。第三，此種服從關係的對價便是報酬的給付。[14]

### (i) 僱傭關係：極簡主義的定義

　　應具有何種形式的報酬方有第45條的適用？在*Levin*[15]案中，英國國民遭到荷蘭當局拒發居留證，理由是因為她並非從事全職工作，其報酬無法達到該成員國之法定生存基本標準。[16]但是第45條之權利是否因此取決於獲得所在成員國的最低標準工資？歐盟法院在當時一心想要避免「勞工」定義因成員國而有差異，於是做了不同的主張：

　　　　儘管兼職工作的收入可能低於生存所需的最低工資，但仍為許多人改善生活條件的有效方式，若將勞工基於人員流通自由所享有之權利，限縮於從事全職工作從而受領相當於系爭行業最低保證工資水準者，將會減損聯盟法的實效，也危及基礎條約目的之達成……。

　　　　準此，不應區分以此類活動所得維持生計之人與以其他所得——無論來自財產或其同住家庭成員的僱傭關係之工作——補充該所得之人。然而，儘管兼職工作未經受雇不應被排除在勞工自由流通規範的適用範圍之外，但該等規範僅及於從事有效且真實的活動，而排除規模極小而被認僅為零星而附屬之活動。[17]

---

13　此一「永久性」的要求將TFEU第45條下的「勞工」與歸屬服務自由流通範疇的「派遣勞工」區分開來。關於「派遣勞工」這個獨立類別，詳R. Schütze, *European Union Law* (Cambridge University Press, 2018), ch. 16, section 2(a)。

14　就此意義而言，詳*Trojani v Centre public d'aide sociale de Bruxelles*, Case C-456/02 [2004] ECR I-7573, para. 22：「任何有償僱傭關係之構成要素，即為從屬關係與給付報酬。」

15　*Levin v Staatssecretaris van Justitie*, Case 53/81 [1982] ECR 1035.

16　Ibid., para. 10.

17　Ibid., paras 15-17（強調後加）。

在此歐盟法院將「勞工」定義為從事「有效且真實」（effective and genuine）的活動而受有報酬之人。依此種極簡主義的定義，工作時間的小時數與薪資水平並不相關，除非其規模小至「僅為零星而附屬」（purely marginal and ancillary）。之後的歐盟法院實務見解強化了這個的極簡標準[18]，法院因此肯認，只要所做工作「可認定為構成一般勞動市場之一部」，實物上的給付亦可被認作「報酬」。[19]但對於在當地國無法自力謀生之人又該如何？歐盟法院在此處堅持，即使該人需要該國家經濟援助以補充個人所得，此亦與其「勞工」身分認定無關，只要其曾從事有效且真實的活動即可。[20]

「有效且真實」的工作活動於是乎成為第45條人的範圍的核心概念，其涵蓋全職、兼職、臨時，甚至是無工時約定的工作（zero-hour work），只要有僱傭關係存在且該工作「非屬零星或附屬」即可。

### (ii)僱傭之外：前員工與求職者

歐盟法院對勞工的極簡定義使得第45條之人的範圍變得極大；不過仍須取決於真實僱傭關係的**存在**。但第45條是否也包括尋求**未來**僱傭關係之人，或**過去**曾有在僱傭關係之中的人？

歐盟法院在過去確實認為這些「準勞工」亦落入第45條之人的範圍。對於前員工，條文本身已提供解決方案，[21]並且法院亦在*Lair*[22]案中予以

---

18　參*Kempf v Staatssecretaris van Justitie*, Case 139/85 [1986] ECR 1741; as well as *Trojani*, Case C-456/02 (n. 14)。

19　Ibid., para. 24.

20　*Kempf v Staatssecretaris van Justitie*, Case 139/85 (n. 18), para. 14：「因此關於此一問題之法規必須解釋為，不能僅僅因為報酬低於最低生存水準而須尋求其他合法生計貼補生活，而將從事有效且真實活動者排除在適用範圍之外。就此而言，無論貼補來源是財產，或如Levin案是家庭成員工作，或如本案是所居成員國從國庫撥發之財政援助，全都無關緊要，只要證實從事有效且真實之活動即可。」

21　TFEU第45條第3項第d款明確提及「在成員國境內受僱後，依照執委會將起草規則所列之條件，居留於該國領域內」的權利。

22　*Lair v Universität Hannover*, Case 39/86 [1988] ECR 3161.

肯認。該案中，法國國民Lair女士向德國大學提起爭訟，因該校拒絕給予她維持最低生活所需的補助。該補助屬第45條勞工有權請求的社會福利給付，[23]但Lair女士是否能在所在國停止工作之後仍保有向其請求的權利？該案有三個成員國參與程序，並主張當事人於所在國為了轉換為全職學生而放棄之前的職業活動，或是在沒有受雇的情形下放棄搜求工作之情形，即已喪失勞工的身分，從而系爭社會福利的發放也失所附麗。[24]歐盟法院則持不同見解：

> 　　這些賦予移工的權利並非完全取決實際僱傭關係之有無或是否持續存在。在部分歐盟法律條文的規範下，過往曾在移入地主成員國以受雇者身分從事歐盟法院所定義之有效而真實的活動，但如今不再受雇之人，仍然被認為是勞工。因此，很清楚的是，即便不再處於僱傭關係中的移工仍享有與其勞工身分連結的特定權利。[25]

　　未受雇之人因此得以繼續享有其勞工權利，但上述這些權利必須與過去職業活動之間存有「某種延續性」。這些要求是為避免對地主國社會福利系統遭到濫用。[26]

　　在退休人士方面，歐盟法院亦曾認為「即便不再處於僱傭關係，並不會否認其享有某些與勞工身分連結之權利。其取決於過往存在而如今已然結束之僱傭關係所享有之退休金，即屬該類別之權利」[27]。過往曾經在非

---

[23] Ibid., para. 28. 關於TFEU第45條的客體範圍與第492/2011號規則第7條第2項的社會優惠利益概念，詳第1(b)節。

[24] Ibid., para. 29.

[25] Ibid., para. 36.

[26] In *Brown v The Secretary of State for Scotland*, Case 197/86 [1988] ECR 3205. 案中法院因此規定了嚴格的要求限制前勞工享有的教育權利，例如大學補助金。

[27] *Kohl and Kohl-Schlesser*, Case C-300/15, EU:C:2016:361, para. 25（引用參考過往案例法）。

自身成員國工作的退休人士也因此得以居留當地。但與之相對的是，從未在非自身成員國之外工作過的退休人士，若僅在退休後移居其他成員國，「則無法享有依TFEU第45條保障之流通自由」[28]。

那麼尋求於將來受雇之人又是如何？歐盟法院在*Antonissen*[29]案中刻意將第45條之人的範圍擴張到求職者。該案件由英國高等法院提出，就英國法容許驅逐失業六個月以上之外國人的規範是否相容於歐盟法一事聲請先決裁決。這種針對一個（潛在）勞工的暫時性限制是否可行？儘管歐盟法院在當時肯認第45條之人的範圍包括求職者，但其亦接受勞工的流通性不會因內國所提出「在合理時間內」找到工作之措施而受減損。[30]由於歐盟並無調和規定，因此六個月的期限被認為合理。[31]不過歐盟法院還是強調，「若期間過後，該有關人士提出能夠證明其持續尋求工作且有受雇的真實機會」，即不能強迫求職者離開當地成員國的領土。[32]

### (b)物的範圍：歧視與其他

勞工依TFEU第45條以及相關歐盟立法享有哪些權利？第45條第2項明文提到：「廢除成員國在勞工間基於國籍所為任何形式之歧視，包括僱傭、薪資或其他工作上與僱傭關係之條件。」第45條第3項進一步指出此「所指權利應包括」基於此目的而在成員國領域內接受工作要約、自由流通與居留的權利。

這些文字的骨幹又因兩項歐盟立法作為血肉而獲充實：「公民身分指令」（Directive 2004/38）與「勞工規則」（Regulation 492/2011）。對勞

---

[28] Ibid., para. 26（引用參考過往案例法）。

[29] *The Queen v Immigration Appeal Tribunal, ex parte Antonissen*, Case C-292/89 [1991] ECR I-745.

[30] Ibid., para. 16.

[31] Ibid., para. 21.

[32] Ibid..

工而言，後者較為重要，因其規範了勞工及其家屬的具體權利。[33]「勞工規則」除禁止移入國對進入勞動市場的限制，[34] 勞工規則也肯認僱傭關係存續中的平等待遇原則，其中的核心條文為第7條，規範如下：

1. 具某一成員國國民身分之勞工不應在他成員國的領域內，就僱傭關係與工作上之任何條件，**因其國籍而受到不同於國內勞工之待遇**，特別是在報酬、解僱以及在非受僱期間之復職與再度雇用的情形。
2. 其應與移入國的內國勞工享有相同之社會福利與稅負優惠。[35]

　　儘管TFEU第45條有直接效力，（勞工）規則第7條仍在歐盟案例法中扮演重要角色。該條在第1項的規範為平等待遇原則的反面敘述，在第2項則是該原則正面的敘述方式。

　　第7條第1項是否基於（禁止）歧視的立場；若是如此，具體為何？該條無疑包含諸如對外國勞工支付低薪等直接歧視的類型。然而在 *Sotgiu*[36] 案中，歐盟法院亦說明「基於其國籍」的解釋並不限於直接歧視：

　　　　關於平等待遇原則的規範，無論來自基礎條約或勞工規則〔492/2011〕第7條，所禁止者皆不限於基於國籍的明顯歧視，也包括藉由適用其他差別化標準而在事實上造成相同結果之一切隱性歧視。[37]

---

[33] 這些權利規定在規則的第一章。第一章分為3節，第1節關於「就業平等」（第1條至第6條），第2節涉及「就業與待遇平等」（第79條），第3節規範「勞工家屬」（第10條）。

[34] 詳規則第4條第1項：「成員國法律、規則或行政行為針對企業、活動部門或地區或全國範圍限制僱傭外國國民比例之規定，不適用於其他成員國國民。」

[35] 強調後加。

[36] *Sotgiu v Deutsche Bundespost*, Case 152/73 [1974] ECR 153.

[37] Ibid., para. 11（強調後加）。

　　因此，規則第7條第1項涵蓋直接與間接歧視的情形。後續的案例法也因此具體化兩種內國法上明顯為間接歧視的情形。第一種情形是，系爭內國法「雖然非以國籍為判斷基礎」，但卻「仍對移工造成重大影響或受影響者中的大多數為移工」。[38]相對地，第二種情形雖然在內國法的適用上沒有差別，但內國勞工卻較移工更容易滿足法規之要件，或是系爭法規的適用可能存在著對移工造成特定損害的風險。[39]除非這些差別待遇具備客觀的正當理由，否則兩種情形的內國法皆違反勞工規則的第7條第1項。

　　勞工規則第7條第2項為移工平等待遇權利的正面論述，外國勞工在此被賦予等同於內國勞工的社會福利與賦負優惠。[40]優惠（advantage）的概念在過去案例法中被賦予廣泛的涵義。在 *Cristini*[41]案中，歐盟法院肯認該詞涵蓋「所有社會與稅負優惠，無論是否依存於僱傭合約」，包括國家所提供給家庭的交通費用減免。[42]這樣的定義並在Lair[43]案中獲得確認，該案中，歐盟法院在此進一步將「社會優惠」（social advantage）的概念擴張到所有「可能促進〔勞工〕生活與工作條件並有助於其社會晉升的所有優惠」。[44]這包括所有符合以下之優惠：

---

38　*O'Flynn v Adjudication Officer*, Case C-237/94 [1996] ECR I-2617, para. 18.

39　Ibid.（廣泛引用參考案例法）。

40　起初，法院將求職者排除在此條適用範圍之外。在 *Centre public d'aide sociale de Courcelles v Lebon*, Case 316/85 [1987] ECR 2811案中，法院認為（Ibid., para. 26）：「在社會與稅賦優惠方面享有平等待遇之權利僅適用於勞工。根據〔TFEU〕第45條以及第1612/68號規則第2條和第5條，為求職而遷居者僅在獲得就業之後方能享有平等待遇。」此項判決見於Collins v Secretary of State for Work and Pensions, Case C-138/02 [2004] ECR I-2703。

41　*Cristini v SNCF*, Case 32/75 [1975] ECR 1085.

42　Ibid., para. 13.

43　*Lair v Universität Hannover*, Case 39/86 (n. 22).

44　Ibid., para. 20.

　　（社會優惠）無論是否與僱傭契約連結，皆能基於勞工之身分或單純基於其居住於內國領域之事實而獲得；而將之延伸至其他成員國國民之勞工，似乎有助於促進此類勞工在〔聯盟〕內部之流通。[45]

　　然而在勞工規則第7條第2項，就如同在第1項下，成員國得依勞工規則第7條第2項正當化其歧視性措施，只要是「其無涉相關人員國籍，且有助於該內國條款所欲達成正當目標之客觀考量」即可。[46]因此，如果成員國希望能夠「確保依第7條第2項的規則具社會優惠之補助金之申請人與其所規定的社會優惠的性質間存在**真實連結**（a genuine link）」，[47]居住要件便能具備正當性。

　　最後，對於勞工流通自由的非歧視性限制又是如何？雖然有許多勞工相關案例法的重心都在歧視性的內國法，但歐盟法院其實也肯認非歧視性措施亦有可能落入TFEU第45條的適用範圍。一個著名判決見於*Bosman*案，[48]該案涉及一項職業足球條例；球員不得接受另一俱樂部的聘僱，除非該俱樂部支付轉隊或訓練費用。此規範不具歧視性，同時適用於國民與非國民，但法院在*Bosman*案[49]卻認為：

　　排除或阻礙成員國國民因行使其流通自由而離開其所屬原籍國之規範，將因規定職業足球員在尚未支付先前所屬球員俱樂部一筆由兩俱樂部事前同意或依運動協會相關規定所決定之轉隊費用前，不得前往設立於他成員國之新加入俱樂部從事其活動，因此上述規範構成對

---

[45] Ibid., para. 21.

[46] *Collins v Secretary of State for Work and Pensions*, Case C-138/02 (n. 40), para. 66.

[47] Ibid., para. 67.

[48] *Union royale belge des sociétés de football association ASBL v Jean-Marc Bosman*, Case C-415/93 [1995] ECR I-4921. para. 98.

[49] Ibid..

勞工流通自由的障礙。[50]

　　此構成對該自由之障礙，即便這些條款的適用無關乎系爭勞工的國籍。在此規範若作為一般原則，這表示：「排除或阻礙成員國國民為行使流通自由而離開原籍國之內國規範，將因此構成對該自由之限制，即便其適用無關乎系爭勞工的國籍。」[51]從而，TFEU第45條亦包含非歧視性的限制。

## 2. 營業自由

　　營業自由是人員自由流通的另一個經濟面向，它確保的是自雇者的流通自由。為了達成此一目標，歐盟條約的相關章節規定了對非法內國障礙的禁止條款，並給予歐盟兩個立法權限。[52]本節著重在第49條所規定的禁止條款形式，[53]該條謂：

> 　　以下規範架構中，應禁止對一成員國國民於他會員國領域內營業自由之限制。此類禁止條款於任何成員國國民於任何成員國境內設立營業處、分公司或子公司之限制，亦有適用。
>
> 　　營業自由應包括以自雇者身分承接並從事活動之權利，以及依營業所在國法律對其國民所規範之條件以及資本相關規範章節，設立與經營事業體之權利，特別是第54條第2項意義下之公司或事務所（companies or firms）。

---

[50] Ibid., paras 96 and 100.

[51] *Olympique Lyonnais v Bernard and Newcastle UFC*, Case C-325/08 [2010] ECR I-2177, para. 34（強調後加）。

[52] 詳TFEU第50條和第53條。TFEU本節不討論在此脈絡下的各種立法工具。根據TFEU第53條通過的最重要工具是Directive 2005/36 on the recognition of professional qualifications, [2005] OJ L255/22.

[53] 本條在*Reyners v Belgium* (Case 2/74 [1974] ECR 631) 案中被賦予直接效力。

### (a)人的範圍：自雇者（與公司）

第49條之人的範圍是規範自雇者（self-employed persons）。如同勞工，自雇者亦須從事**真實的經濟活動**。然而，與勞工不同之處在於，自雇者並非在雇主指示下工作，同時也不因聽命於雇主而受有「薪資」對價。因此，第45條與第49條之人的範圍其實「彼此互斥」。[54]從而「勞工」的定義也反面地界定了營業自由之人的範圍。另外重要的一點是：自雇者可以是自然人或法人。因為TFEU第54條明文規定營業自由涵蓋公司與事務所。[55]

自雇者（與公司）通常會生產貨品或履行服務。貨品沒有界定上的問題，但聯盟法秩序必須從服務流通自由的角度來劃清第49條人的範圍，因為服務流通此一歐盟的第三自由，特別保障了在他成員國提供服務之人。[56]

那麼，營業自由之人的範圍其特色為何？歐盟法院的認定如下：

> 條約〔第49條至第54條〕所規範的營業自由權，同時賦予第54條之法人以及具有〔聯盟〕成員國國民之自然人。除了相關例外與條件限制，其容許在其他任何成員國領域內承接並從事各種形式的自雇者活動，組織並經營事業體，以及設立營業處、分公司或子公司等。

---

[54] *Gebhard v Consiglio dell'Ordine degli Avvocati e Procuratori di Milano*, Case 55/94 [1995] ECR I-4165, para. 20.

[55] TFEU第54條規定：「就本章而言，根據成員國法律成立並在聯盟內設有註冊辦事處、中央行政機構或主要營業地之公司或事務所，應與作為成員國國民之自然人享有同樣待遇。」「公司或事務所」是指根據民法或商法成立的公司或事務所，包括合作協會，以及受公法或私法管轄的其他法人，但非營利性質者除外。關於公司自由流通的討論，詳Schütze, European Union Law (n. 13), ch. 15, section.

[56] 根據TFEU第56條：「成員國國民在服務對象所在以外成員國設立據點得於聯盟境內自由提供服務，任何對4項自由之限制，應予禁止。」此處的「第三」自由不在本書討論範圍之內。

> 因此基礎條約關於營業的概念十分廣泛，〔聯盟〕成員國國民得以**穩固而持續地**參與其原籍國以外其他**成員國之經濟生活**，從中獲取利潤，進而在自雇者活動範圍內促進在〔聯盟〕內經濟及社會層面的交流。反之，在服務提供者流通至其他成員國的情形，服務相關章節之規範，特別是〔第57條第3項〕，則預設此人是暫時性地從事其活動。[57]

因此，區別「固定」（established）服務提供者與「臨時」（temporary）服務提供者的決定性要件在於前者係「穩定而持續」參與地主成員國經濟。「穩定而持續」的存在能夠產生營業自由之人的範圍。然而，營業的概念本身並不要求在地主國設立排他性的存在（因為此舉將會排除輔助性的營業據點）。第49條的適用與否取決於所提供服務的「期間」、「經常性、定期性或持續性」，[58]而且此種持續性的存在無須以「分公司」或「營業處」的形式，以「辦公室」的形式也可以。[59]不過，某些基礎設施——如辦公室——的存在，並無法作為認定營業的決定性有利證據。[60]

### (b)物的範圍：歧視與其他

第49條禁止「對營業自由做限制」。該禁止規定因此明顯涵蓋主要據點與輔助性據點，主要據點產生於自然人或法人初次設立之時。不過設立據點的營業自由，「並不限於在聯盟內創設單一據點的權利」，而是包含「在合於職業行為規範的前提下，在〔聯盟〕內設立並維持一個以上工作

---

[57] Gebhard, Case 55/94 (n. 54), paras 23-26（強調後加）。TFEU第57條規定：「在不影響本章自營權相關規定之情況下，提供服務者得為此暫停其在服務提供所在成員國之活動，條件比照該國對本國國民規定之條件。」

[58] *Gebhard*, Case 55/94 (n. 54), para. 27.

[59] See *Commission v Germany*, Case 205/84 [1986] ECR 3755, para. 21.

[60] *Gebhard*, Case 55/94 (n. 54), para. 27.

場所的自由」[61]。

因此，輔助性據點涵蓋「成員國國民在任何成員國境內〔已然〕設立之營業處、分公司或子公司」[62]。對於在聯盟成員國合法設立之公司或個人均得享有設立輔助性據點的權利，即便其於主要據點所在國沒有營業亦同。[63] 此種基本決定使得一間公司得以在聯盟內自由選擇其註冊地所在國。不過，當一間公司遷移至另一成員國時，將可能喪失其在原始設立國的法人格。[64] 此原則——部分限制了設立輔助性據點的權利——來自於各成員國有權決定一間公司何時成為「主要」據點。[65]

對於設立主要或輔助性據點的限制，第49條所禁止的類型為何？此條款規範的文字明顯包含歧視性措施，涵蓋具有直接歧視性的內國法，也禁止基於國籍所為的間接歧視。

*Reyners*[66]案為直接歧視的適例。本案原告在布魯賽爾出生，父母為荷蘭人，而其一直保有荷蘭國籍。由於具有比利時居民身分，原告其在當地接受法學教育並取得比利時法律學位，但當其申請成為出庭律師時，他的申請案因一部1919年的比利時立法而被拒絕。該法規定只有比利時國民可以執行法律業務。這種以國籍為理由的直接歧視明顯牴觸第49條。

--------

[61] *Ordre des avocats au Barreau de Paris v Klopp*, Case 107/83 [1984] ECR 2971, para. 19.

[62] TFEU第49條第1段。

[63] *Segers v Bestuur van de Bedrijfsvereniging voor Bank- en Verzekeringswezen, Groothandel en Vrije Beroepen*, Case 79/85 [1986] ECR 2375. The *Segers*原則於*Centros v Erhvervs-og Selskabsstyrelsen*,(Case C-212/97 [1999] ECR I-1459) 案中獲得肯認。

[64] *The Queen v HM Treasury and Commissioners of Inland Revenue, ex parte Daily Mail*, Case 81/87 [1988] ECR 5483. 此案區分法人與自然人，因為後者將主要據點遷至他成員國時並不會喪失其國籍。

[65] 這點在TFEU第54條獲得肯認，該條規定公司之設立應遵守成員國法律。內國法律通常遵循兩種理論之一。根據「註冊地說」，一間公司只要透過簡單的正式註冊程序即告「成立」。這與「所在地說」形成對比，該理論認為公司須要在註冊所在國設立管理與營運中心才算正式成立。

[66] *Reyners v Belgium*, Case 2/74 [1974] ECR 631.

間接歧視的適例見於 *Klopp*[67]案。本案涉及德國籍、在德國杜塞道夫登錄的出庭律師，其在法國巴黎申請次級登錄。然而，巴黎律師公會以其未符合法國法律要求出庭律師僅得在一處加入或設立數個事務所的規定，而拒絕其申請。該法並非直接性的歧視，因為其亦適用於法國的出庭律師；不過法院仍無懸念地認定本案有間接歧視的存在：

> 我們應強調〔第49條第2項〕之營業自由，包含自雇者「依營業所在國法律對其國民規範之條件」所得以參與和從事的活動。從其條文與脈絡可知，此事聯盟若無具體規定，成員國便得自由規範其領域內法律職業的執行。儘管如此，此原則不意謂成員國之立法可以要求一名律師只能在聯盟內擁有一個據點。此種限縮的解釋方式將意謂對一名已在某一特定成員國設立據點的律師，僅得以放棄已然設立之據點作為代價，方能享有基礎條約下在他成員國設立據點的自由。[68]

第49條是否也及於非歧視措施的問題，曾有一段時間沒有確切答案。這個不確定性最終在 *Gebhard*[69]案塵埃落定。該案涉及一名在義大利以「avvocato」名號執業，但未曾獲准加入義大利律師公會的德國律師。這種情形違反義大利關於法律職業組織的相關內國規範。儘管前述規範性質「不具歧視性」，歐盟法院仍明確認定其對營點據點自由「可能阻礙或減少其吸引力」而違反第49條。[70]此種市場進入的判斷標準原本涵蓋所有類型的管制性障礙。然而歐盟法院似乎將其排除範圍限縮在外國營業據點「進入市場」的障礙。[71]

---

[67] *Ordre des avocats au Barreau de Paris v Onno Klopp*, Case 107/83 [1984] ECR 2971.

[68] Ibid., paras 17-18.

[69] *Gebhard*, Case 55/94 (n. 54).

[70] Ibid., para. 37.

[71] *Caixa Bank France v Ministère de l'Économie, des Finances et de l'Industrie*, Case C-442/02 [2004] ECR I-8961, para. 14. 關於人員進入市場之檢驗標準的案例法分析，詳E.

## 3. 歐洲公民身分：一般性的流通權利

隨著歐洲公民身分相關條款的引進，[72]基礎條約承認關於所有「歐洲人」身為聯盟公民的整套權利。[73]這些權利在TFEU第20條有概括的規範，並具體化在其後條文之中。關於流通自由，TFEU第21條規範如下：

1. 聯盟每位公民享有在成員國領域內自由流通與居住之權利，惟須遵守在基礎條約以及使其生效所通過措施所訂的條件與限制。

2. 若能證明聯盟之行動為達成前項目標所必要，且基礎條約並未規定所需之權力，歐洲議會與理事會得循通常立法程序，通過條款以促成第1項權利之行使。

第1項背後的核心問題在於，此條款是否賦予所有聯盟公民一種直接有效的聯盟內部流通的權利，獨立於先前論及之勞工流通自由與營業自由。是否存在第三種一般性的聯盟內部自由流通的權利？無論第21條第1項是否存有這樣一個基礎條約位階的權利，第21條第2項賦予聯盟一項立法權限，而此權限曾被用來通過「公民身分」指令。[74]該指令具體規定聯盟之內所有自然人的自由流通權利。重要的是，公司並不在這些公民身分條款的範圍之內（見圖11.1）。

--------------

Spaventa, Free Movement of Persons in the European Union: Barriers to Movement in Their Constitutional Context (Kluwer, 2007), ch. 5。

[72] 公民身分條款是在馬斯垂克簽訂（舊）歐洲聯盟條約時引進。關於這些條款的早期分析，詳C. Closa, 'The Concept of Citizenship in the Treaty on European Union' (1992) 29 Common Market Law Review 1137。

[73] 此一歐洲公民身分係「附加」於內國公民身分之上（詳TFEU第20條第1項），成員國每位公民因此亦為聯盟公民。

[74] 公民身分指令是在TFEU第18條（無差別待遇）、TFEU第46條（勞工）、TFEU第50條（營業）及TFEU第59條（服務）的法律基礎上通過。

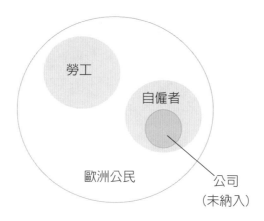

勞工

自僱者

歐洲公民

公司
（未納入）

圖11.1　（歐盟）公民身分權與特別自由之間關係

### (a)第21條第1項：流通權利的直接權源

聯盟條約第21條第1項是否具有直接効力，進而賦予所有歐洲公民一般性的流通權利？歐盟法院過去已使用了各種迂迴方式說明，[75]最後終於在Baumbast[76]案給出直截了當的回答。本案所涉為一位德國籍父親爭取與他持續在英國學校受教的兩位女兒一同留在英國的權利，歐盟法院在該案中所面對的基本問題為：一位不再因其移工身分而享有居留權的聯盟公民，是否仍然能僅依第21條第1項而享有居留權利？

英國政府在當時強烈反對上述觀點，主張「〔第21條第1項〕無法直接導出居留的權利」，因為「該項所列的限制與條件，顯示此非獨立存在的條款」。[77]歐盟法院著名的不同見解如下：

--------------

[75] 詳*Martínez Sala v Freistaat Bayern*, Case C-85/96 [1998] ECR I-2691; and *Grzelczyk v Centre public d'aide sociale d'Ottignies-Louvain-la-Neuve*, Case C-184/99 [2001] ECR I-6193。在後者中，歐盟法院提出一個很著名的主張（Ibid., para. 31）：「聯盟公民身分必然是成員國國民的基本身分」。

[76] *Baumbast and R v Secretary of State for the Home Department*, Case C-413/99 [2002] ECR I-7091.

[77] Ibid., para. 78.

　　並未要求聯盟公民必須以受雇者或自雇者身分從事專業或貿易活動，方能享有〔TFEU〕第II編關於聯盟公民身分之權利。再者，從該基礎條約文字中無從獲致，聯盟公民以受雇之身分在他成員國從事活動而於當地設立據點，其於該活動結束後即被剝奪由TFEU基於公民身分所賦予之公民身分權利的結論。特別是依〔第21條第1項〕於成員國領域內居住的權利，乃直接由〔該〕基礎條約之明確規範所直接賦予聯盟的每位公民。

　　Baumbast先生單純為一名成員國國民，從而作為聯盟公民，因此得以適用〔第21條第1項〕。不可諱言，該聯盟公民於他成員國領域內居住之權利，其授予仍受基礎條約及使其生效通過措施所訂條件與限制的拘束。然而，適用〔第21條第1項〕所認可關於此居住權利行使的條件與限制，仍須受到司法的審查。因此，任何對該權利所加諸之限制與條件，並不會阻礙〔第21條第1項〕規範賦予個人由自己執行且內國法院必須保障之權利。[78]

　　法院在此澄清了四件事情。第一，第21條第1項具直接效力，也因此賦予了一般性流通權利得以對抗內國法律的地位，即便這些權利受有條件與限制，亦無礙於其直接效力。第二，公民身分相關規範之人的範圍並不依附於該個人的經濟地位。歐洲人是以**公民身分權**享有其自由流通的權利，而公民身分是獨立於個人經濟地位的「基本地位」。[79]第三，公民身分相關條款屬備位性的規範，如有更為具體的自由流通法制時便不會適用。第四，任何透過歐盟立法對公民身分權利所作的限制皆應受司法審查，並且在這些立法限制不合比例時，歐盟法院得依第21條第1項使其無

---

[78] Ibid., paras 83-86（強調後加）（明文提及 *Van Duyn v Home Office*, Case 41/74 [1974] ECR 1337案中的理論）。

[79] Ibid., para. 82（參考 *Grzelczyk*, Case C-184/99 (n. 75)）。

效。[80]

### (b)公民身分指令：權利與限制

「公民於聯盟內自由流通與居留權利指令」的通過，將數個關於人員自由流通的附屬法源編纂成「單一法案」。[81]其設計係以水平方式規範「聯盟公民（及其家屬）於成員國領域內自由流通與居留權利**行使**之要件」。[82]

該指令的實體內容有五個章節。第二章涵蓋出入境的權利（第4條和第5條），第三章規範居留權的細節（第6條至第15條），第四章列出永久居留權的相關規定（第16條至第21條），第五章集結關於（暫時）居留權與永久居留權所共同適用的條文（第22條至第26條），最後在第六章則詳細規定基於公共政策、公共安全或公共衛生理由對出入境權和居留權所作的正當性限制（第27條至第33條）。

該指令所認可最重要的權利為何？在說明依有效身分證件或護照出入成員國的權利之後，該指令區分三種類型的居留權。依照第6條，「只要不造成地主成員國社會救助系統的不合理負擔」，所有聯盟居民皆擁有在他成員國領域居留最長三個月的短期居留權。[83]第7條則規定第二種居留權利，該條第1項指出：

所有歐盟居民符合下列情形之一者，應享有在他成員國領域居留三個月以上的權利：

(a) 為一地主成員國勞工或自雇者；或

---

[80] Ibid., paras 91-93.

[81] Directive 2004/38, Preamble 4.

[82] Ibid., 第1條第a款。不過，第3條限制「遷至或居住原籍國以外成員國之聯盟公民」的主體範圍（強調後加）。

[83] Ibid., 第14條第1項。

(b) 本身及其家人有足夠資源支持自身及其家屬，能於居留期間不成為地主成員國社會救助系統之負擔，並在該地主成員國內擁有全面的疾病保險；或

(c) 註冊於地主成員國依法或行政慣例所承認或資助之公私立機構，以參加包括職業訓練在內的學習課程為主要目的；且

在該地主成員國內有全面的疾病保險，並透過聲明或其他同等方式，向內國相關機關確保其本身及其家人有足夠資源支持自身及其家屬，能於居留期間不會成為地主成員國社會救助系統的負擔〔。〕

此條款承認三種享有中期居留權利之人，係指基礎條約所明文認可的經濟活躍移民（a款）。此種權利也延伸到所有具備「足夠資源」與「全面疫病保險」之人（b款），[84] 而學生能以稍微優惠的方式享有相同權利（c款）。

最後，公民身分指令賦予第三個權利：特定情況下的「永久居留權」。此權利的一般性規定在第16條，只要該權利於地主國合法居留「連續五年以上」即可依此條取得永久居留權利。[85] 值得注意的是，此一長期居留權乃**獨立於系爭個人之經濟地位與財務狀況**。

一旦一個人合法居留於另一成員國，公民身分指令也在第24條明確賦予該個人享有平等待遇的權利。歐盟法院的案例法在過去均十分肯認**合法居留與平等待遇**之間的連結。[86] 因此原則上，成員國必須以對待國民之相

---

84 指令第8條第4項因此這樣定義「足夠資源」：「成員國不得就其認定之『足夠資源』訂定一固定數額，而須考量有關人員之個人情況。無論如何，此數額不得高於地主成員國國民有資格獲得社會援助之門檻，若此標準不適用，則不得高於地主成員國給付之最低社會救助金。」

85 第17條是針對前勞工或自營者的優惠條款，第18條則是有關特定家屬的永久居留權取得。

86 esp. *Dano and Dano v Jobcenter Leipzig*, Case C-333/13, EU:C:2014:2358.

同方式對待在其領土合法居留的聯盟公民——也僅限於這些公民。然而，這項一般性原則的適用必須次於「基礎條約及其次級法所明文規定之特別條款規定」。[87]容有爭議的是，此種平等原則也會因第24條第2項關於社會救助與學習生活費補助的規定而被特別排除適用。

## 4. 正當化對受雇者與自雇者的限制

成員國雖然有權限制人員的自由流通，但僅限基於正當的公共利益。對勞工而言，第45條第3項明確允許「**以公共政策、公共安全或公共衛生為理由**正當化限制」。在營業自由部分，第52條允許「**以公共政策、公共安全或公共衛生為理由**對外國人為特殊待遇」。最後，第21條第1項則規定使得歐洲公民所享有的自由流通受限於「基礎條約及使其生效所通過之措施而訂的條件與限制」。

許多關於第九章的脈絡下論及貨品所遭遇的問題也類推適用於在正當化人員自由流通的限制。[88]然而，與貨品相關條款不同的是：基礎條約在此額外認可一種內國限制：即公務的例外。

### (a)明示的正當理由與（默示的）強制要件

基礎條約對人員限制的明文正當化理由與貨品大致相同。然而，不同於規範貨品的因果關係取向，公民身分指令已將部分案例法成文法化。[89]因此，指令第27條肯認成員國有權「以公共政策、公共安全或公共衛生為理由，對聯盟公民及其家屬之流通與居住自由為限制，無論其國籍為何」。

針對前兩項公益理由，指令進一步闡明內國限制必須「完全基於系爭

---

[87] Directive 2004/38, 第24條第1項。

[88] 關於貨品自由流通限制的正當化，詳第九章第4節。

[89] Directive 2004/38, 第六章（第27條至第33條）。

個人之行為」，[90]且該個人行為「必須對社會上某重大利益構成真實、現時且充分嚴重的威脅。」[91]而在公共衛生方面，指令第29條決定，僅有在「具有成為流行傳染病潛力之疾病」與類似的情形，方能正當化對自由流通的限制。[92]

公益的正當化理由清單是否窮盡？歐盟法院過往確實判定歧視性措施──無論直接或間接──限於在基礎條約（或歐盟次級法）明文承認的情形。[93]然而就在歐盟法院認可非歧視性措施有可能違反自由流通相關規範時，如同貨品的情形，亦承認額外──即默示的──正當化理由的存在，此與貨品自由流通的情形如出一轍。這些默示的正當化理由被稱作與公益有關的「強制要件」（imperative requirement）或「排除要件」（overriding requirement）。並且與貨品自由流通相同的是，歐盟法院在此所接受的強制要件也是沒有上限而且範圍廣泛。[94]

規範這些強制要件的基本原則見於Gebhard[95]案，法院在該案中揭示：

> 內國措施對基礎條約所保障基本自由之行使會造成阻礙或減少其吸引力者，必須符合四個條件：須以非歧視性之方式適用；必須基於

---

[90] Ibid., 第27條第2項第1段。關於司法對何謂個人行為的定義，詳 *Van Duyn v Home Office*, Case 41/74 (n. 78)。

[91] Directive 2004/38, 第27條第2項第2段。關於早期司法對何謂「現時」威脅的定義，詳*Regina v Pierre Bouchereau*, Case 30/77 [1977] ECR 1999.

[92] Directive 2004/38, 第29條第1項。

[93] *Engelmann*, Case C-64/08 [2010] ECR I-8219, para. 34.

[94] 這些強制要件包括消費者保護（Commission v France, Case 220/83 [1986] ECR 3663）、環境保護（De Coster, Case C-17/00 [2001] ECR I-9445）等，族繁不及備載！

[95] *Gebhard*, Case 55/94 (n. 54).

一般利益之強制要件予以正當化；必須有助於確保其所欲達成目標；不得逾越達成該目標所必要。[96]

從而成員國所提出作為正當化理由的強制要件，僅適用於非歧視性措施，且須符合比例原則。[97]

### (b)專論：公務之例外

許多國家仍然傾向將「公家事」保留給自己的國民，而基礎條約在人員自由流動的限制上承認公務的例外。就勞工而言，我們可在TFEU第45條第4項找到此種的特殊正當理由，其中指出該項謂「本條規定不適用於公共服務之僱傭關係」。[98]在營業自由方面，此一特別限制見於第51條規定，排除「涉及公權力行使（含非經常性）」的活動。

表面上看來，這兩條規定似乎都是將不同事物排除於各自的範圍之外。就勞工而言，第45條的文字表示公家機關所有對國家機構內僱傭關係皆可排除，因而這似乎基於一種**制度性**的定義。反之，營業自由像是採取一種**功能性**的定義，著眼於是否有公權力之行使。

不過儘管有這些上述的文字差異，歐盟法院選擇對上述兩種例外採取單一定義。在*Commission v Belgium*案中[99]可見對「公務」的——功能——定義取向。歐盟法院在此從第45條第4項的脈絡為以下主張：

要決定〔第45條第4項〕的適用範圍有其特殊困難，因為成員國依公權力行使權利之各種官方機關承擔經濟或社會責任，抑或從事涉及雖非傳統公務之功能但本質仍在條約適用範圍內之活動。準此，若將

---

[96] Ibid., para. 37.

[97] 關於貨品自由流通的比例原則，詳第九章第4(b)節。

[98] 強調後加。

[99] *Commission v Belgium*, Case 149/79 [1980] ECR 3881.

〔第45條第4項〕的例外規定延伸至雖隸屬國家或其他公法組織，但其
工作任務與所謂合理之公務無涉之職位的話，將意謂須從基礎條約所
規範之原則範圍中移除相當數量的職位，也將因各個國家及經濟生活
領域安排之不同而造成成員國間的不平等。[100]

　　由於「公務」概念的定義待有「統一」解釋，[101]歐盟法院因此拒絕
了制度性的（內國）定義，傾向第45條第4項的功能性的（歐洲）定義。

　　此種功能性的分類標準「取決於系爭職位是否帶有基於公法授權行使
權力並有責任保護國家一般利益之公務行為特徵」。[102]此一公務定義有
可能涵蓋私人公司之受雇者執行公權力的情形。[103]然而歐盟法院已將功
能性判斷標準限縮在「非常嚴格的條件」之下，[104]系爭工作必須有「對
國家之**特別忠誠關係**，並以對等的權利義務作為連結國籍之基礎」。[105]

　　在另一條案例法脈絡中，歐盟法院更進一步闡明公務之例外——不涉
及**內部歧視**僅適用涉及公權力工作的**取得限制**。因此，外國人獲准擔任公
職的情形，也同樣受平等待遇原則的保障。歐盟法院的具體判決如下：

　　　　一旦獲准進入公務體系之後，〔第45條第4項〕便不能用以正當化
　　關於報酬以及其他僱傭條件之歧視性措施。獲准許進入的事實本身即
　　顯示，〔第45條第4項〕用以容許正當化禁止歧視原則之例外的那些利
　　益，並非所問。

--------------

[100]Ibid., para. 11.
[101]Ibid., para. 12.
[102]Ibid..
[103]*Anker et al. v Germany*, Case C-47/02 [2003] ECR I-10447.
[104]*Lawrie-Blum*, Case 66/85 (n. 12), para. 28.
[105]*Commission v Belgium*, Case 149/79 (n. 99), para. 10（強調後加）。

第45條第4項的此種推論，也類推適用於第51條以及對於具有公權力職業的各種限制。

## 小結

人員的流通自由是一項複雜的基本權利，它不僅涵蓋勞工的自由流通以及自雇之個人和公司的營業自由，歐盟基礎條約也賦予所有聯盟公民（有限的）流通權利，本章便是討論此三種不同來源的自由流通權利。三者皆有其各自次級法作為補充；加上消極與積極統合在交互作用下所形成的基本法與次級法的混雜狀態，使得此領域的歐盟法討論充滿技術性。

為了能在這片技術性的海域航行，我們應記住兩個要素：一為性質，一為數量。儘管導入聯盟公民身分的水平規範，聯盟法秩序仍持續對各種行使流通權利之人員作性質的區分。經濟活躍的聯盟「勞工」與「專業人士」通常可以完全歸化至地主國，非經濟活躍的公民則否。對於後者，聯盟採取漸進的方式。移居他成員國之歐洲公民的移民所可主張權利數量的多寡，取決於其融入在地主國當地社會的程度高低。

# 第十二章　競爭法：卡特爾

摘要

1. 第101條：管轄權

   (a) 「事業體」的概念

   (b) 對成員國間貿易的影響

2. 事業體間的勾結形式

   (a) 協議之一：水平或垂直協議

   (b) 協議之二：「默許」與「單方行為」

   (c) 聯合行動與平行行為

   (d) 事業體協會的卡特爾決定

3. 對競爭的限制：反競爭目的或效果

   (a) 兩種面向：品牌間與品牌內競爭

   (b) 目的限制：歐洲的「當然違法原則」

   (c) 效果限制：歐洲的「合理原則」？

   (d) 非顯著限制:最低限度原則

4. 第101條第3項：促進競爭效果的豁免

   (a) 第101條第3項之直接豁免

   (b) 分類豁免：整體豁免規則（Block Exemption Regulation）

小結

# 摘要

　　競爭市場是指經濟競爭以提升效率的市場，而市場的「力量」會決定競爭的贏家與輸家，最後會迫使無效率的輸家退出市場。

　　然而，誰能促使贏家有效率地採取行動？19世紀末，美國首先提出這個問題。在經過激烈的競爭，「勝出的公司紛紛會尋求讓其生活較安逸的方式」；[1]他們開始運用——在眾多工具其中一種——普通法上的「托拉斯」（trust），來協調其在市場內的行為。為了抵制這些托拉斯的反競爭作用，美國立法者通過了現代第一部競爭法：薛曼反托拉斯法案（1890）。[2]此法針對所有競爭法的兩大禍害：反競爭協議[3]與壟斷性市場[4]。

　　美國經驗深深影響歐盟的競爭法，[5]儘管當初在基礎條約納入競爭法一章原非著重競爭上的考量，反而是因：「若容許經濟上強勢的企業以私人協議操縱貿易流量，則消除關稅障礙的一般協議將無法達成目標。」[6]準此，歐盟競爭法最一開始主要是作為內部市場的輔助機制。[7]

----

1　G. Amato, *Antitrust and the Bounds of Power: The Dilemma of Liberal Democracy in the History of the Market* (Hart, 1997), 8.

2　該法案以提案人參議員薛曼（Senator John Sherman）命名。

3　薛曼法案第1條：「任何限制州際或與外國交易或商業之契約、托拉斯、其他方式之結合或共謀，均為不法〔。〕」

4　Ibid., 第2條：「任何人壟斷或企圖壟斷，或與他人聯合或共謀壟斷州際或與外國貿易或商業，構成重罪〔。〕」

5　關於美國法的直接影響及其透過德國法的間接影響，詳 D. Gerber, *Law and Competition in Twentieth-Century Europe: Protecting Prometheus* (Oxford University Press, 2001)。

6　Ibid., 343.

7　內部市場與歐盟競爭法之間的此一連結持續在基礎條約中得到文字的支持。根據TEU第3條第3項（強調後加）：「聯盟應建立一內部市場，使歐洲基於均衡經濟發展與穩定價格永續發展，實現充分就業與社會進步之高度競爭社會市場經濟。」該條款的意義在「內部市場與競爭」議定書（第27號）中得到闡明，根據該議定書，「根據歐洲聯盟條約第3條建立之內部市場包含一確保競爭不受扭曲之體系（強調後加）」。

　　這也說明了競爭條款在基礎條約中的定位。這些條文主要見於TFEU第VII編第一章，該章分為兩部分，其一處理傳統競爭法，即「適用於事業體」的部分；另一則是「成員國補貼」對內部市場的公權力干預。表12.1簡要呈現了基礎條約中競爭條款的全貌。

表12.1　競爭條款：概述

| TFEU第VII編第一章 | |
|---|---|
| 第一部分：適用於事業體的規則 | 第二部分：各國的援助 |
| 第101條：反競爭協定 | 第107條：國家援助之禁止 |
| 第102條：濫用市場優勢地位 | 第108條：執委會之權力 |
| 第103條：競爭立法一 | 第109條：競爭立法二 |
| 第104條：「過渡」條款 | |
| 第105條：執委會之權力 | |
| 第106條：公共組織體（與公共服務） | |

　　因此，歐盟競爭法由四個支柱構成。第一支柱見於第101條，處理反競爭的卡特爾。第二支柱關注具支配性的強勢事業體濫用其市場力量的情形，規定在第102條。不幸的是，我們看不見第三支柱：當初基礎條約締結時並未提及對企業結合的控制。後續的條約修正也一直都未填補此一結構缺口。不過這個缺口後來以「歐盟合併規則」（European Union Merger Regulation, EUMR）的立法形式填補。歐盟競爭法的第四支柱是對於自由競爭進行「公共」干預，特別是國家補貼。

　　本章作為歐盟實體法的最後一章，僅透過探討第一支柱：即第101條，來「引介」歐盟競爭法。此條在許多方面都顯示「歐洲式」的競爭法。在第1節和第2節，我們首先討論條文的「管轄」考量面向。第101條的「實體」要件以及要件彼此間的關係，在第3節與第4節討論。

## 1. 第101條：管轄權

第101條禁止的是企業間反競爭性的勾結行為（collusion），亦即「卡特爾」（cartel）。歷史上，這種形式的非法行為一直都是最具危險性的反競爭作為，因此第101條便規範禁止在內部市場中事業體間任何限制內部市場競爭的聯合行為，該條謂：

1. 下列因與內部市場不相容，而應予禁止：所有可能影響成員國間貿易以及其目的或效果在防止、限制或扭曲內部市場內競爭之事業體間協議、事業體協會決定，以及聯合行動。
2. 任何依本條所禁止之協議或決定應自動失效。
3. 但有下列情形者，得不適用第1項之規範：
   — 任何事業體間個別或整體之協議，
   — 任何事業體協會個別或整體之決議，
   — 任何個別或整體的聯合行動，
   其有助於改善貨品之生產或配銷，或促進技術或經濟的進展，同時消費者亦也能分享所生利益之合理比例，且無下列之情形：
   (a) 對系爭事業體加諸非達上述目標所不可或缺之限制；
   (b) 可能使該事業體就系爭產品之相當部分減少競爭。

第101條採取一種三層的規範架構。第1項禁止事業體間以反競爭為目標或效果而影響成員國間貿易的勾結行為，第3項則豁免某些對聯盟經濟具有促進整體競爭效果的正當化理由。在上述禁止與正當化的雙層規範架構中有點突兀地安插了第2項，規定非法勾結行為的自動失效，從而不得在法院執行。[8]

--------

[8] 這並不是違反TFEU第101條的唯一後果。聯盟通常會利用其權利，對違反該條款的事業體處以鉅額罰款，關於歐盟競爭法的執行概況，詳W. Wils, *Principles of European Antitrust Enforcement* (Hart, 2005)。

本節觀察第101條第1項——也是所有歐盟競爭法共通的——兩個管轄權面向考量，亦即：納入規範的事業體類型以及「影響成員國間貿易」的要件。

### (a)「事業體」的概念

「事業體」（Undertaking）這個字在英文中的原義並非歐盟基礎條約所欲指涉之意。[9]這個字譯自德文與法文，是為了避免具有英國公司法中的涵義。[10]依據*Höfner & Elser*案中的著名定義，事業體概念的意義如下：

> 事業體的概念包含所有從事經濟活動的實體，無論該實體的法律地位及與其資金的取得方式。[11]

此種「事業體」概念的定義與「活動」（activity）連繫在一起，在功能上擴張了競爭法規範之人的範圍，納入形式上無法被歸為公司的實體。此概念也涵蓋自然人，[12]包含如訴訟律師等「專業人士」。[13]甚至「國家」及其所屬機關在從事經濟活動時，也可能被視為一事業體。[14]如此廣泛的功能性定義，其優點在於其彈性，缺點則是不確定性。無論如何，一個實體在特定情況下是否為歐盟競爭法意義下的「事業體」，則取決於它的行為。[15]

---

9　此字最悲傷的意思是喪禮的準備工作。

10　R. Lane, *EC Competition Law* (Longman, 2001), 33.

11　*Höfner and Elser v Macrotron*, Case C-41/90 [1991] ECR I-1979, para. 21.

12　Cf. *Hydrotherm v Compact*, Case 170/83 [1984] ECR 2999, para. 11.

13　Cf. *Wouters et al. v Algemene Raad van de Nederlandse Orde van Advocaten*, Case C-309/99 [2002] ECR I-1577, para. 49.

14　*Commission v Italy*, Case 118/85 [1987] ECR 2599.

15　Jacobs佐審官, *Firma Ambulanz Glöckner v Landkreis Südwestpfalz*, Case C-475/99 [2001] ECR I-8089, para. 72：「事業體乃一相對概念，某一實體可能因其活動之一部而被視為事業體，其他部分則不屬競爭法範圍。」

所以哪些情況是經濟行為？歐盟法院過往立場一致認定「任何在特定市場提供商品或服務的行為即為經濟行為」[16]。

這個包山包海的定義在遇到執行公權力的情形有其限制。在*Poucet & Pistre*案中，[17]歐盟法院拒絕認定職司社會安全體系的組織為「事業體」，因為其活動是基於「國家團結原則」而且「全然非營利」。[18]因此，私人機構在執行「屬於國家基本主要功能之公益性任務」時，不構成事業體。[19]然而，何謂基本主要公共職能並不易辨識。歐盟法院拒絕了「歷史上」或「傳統上」對公務的理解。在*Höfner & Elser*案中，法院最終認定「一般委由公家機關進行的職業介紹活動並不影響該活動的經濟本質」，因為「職業介紹在過往並非總是也不必然由公部門執行」[20]。

總結來說，關於經濟行為，歐盟法院至今尚未找到一個令人信服的定義。[21]

### (b)對成員國間貿易的影響

並非所有反競爭行為皆會落入歐盟競爭法的管轄範圍，特別是第101條。第101條僅涵蓋可能「影響成員國間貿易」的卡特爾。[22]

第101條管轄權的限制其理由為何？部分答案在於授權原則。[23]歐盟應只關注具「歐洲」面向的協議，且該面向是透過一種對成員國「之間」

---

[16] *Pavlov and Others v Stichting Pensioenfonds Medische Specialisten*, Case C-180/98 [2000] ECR I-6451, para. 75.

[17] *Poucet & Pistre*, Joined Cases C-159 and 160/91 [1993] ECR I-637.

[18] Ibid., paras 18-19. 在此*Albany International BV v Stichting Bedrijfspensio- enfonds Textielindustrie* (Case C-67/96 [1999] ECR I-5751)案獲得肯認，後案尤其引發爭議。

[19] *Cali & Figli Srl v Servizi ecologici porto di Genova*, Case C-343/95 [1997] ECR I-1547, esp. paras 22-23.

[20] *Höfner & Elser v Macrotron*, Case C-41/90 (n. 11).

[21] 關於此案例法的學術分析，詳O. Odudu, 'The Meaning of Undertaking with- in 81 EC' (2006) 7 *Cambridge Yearbook of European Legal Studies* 211。

[22] 下節稱為「協議」，但此分析亦類推適用於事業體協會的決定以及聯合行動。

[23] 關於聯盟法秩序中的「授權」原則，詳第三章。

貿易的（潛在）影響來體現。歐盟法院使用的文字為：

> 在關於卡特爾的法規中，「會影響成員國間貿易」之協議，在概念上旨在劃清由〔歐盟〕法與內國法所各自涵蓋領域的界線。僅有在系爭協議達到可能影響成員國間貿易的程度時，該協議對競爭造成的傷害才會落入〔第101條〕條文中〔歐盟〕法之範圍，否則不在前開禁止之列。[24]

因此協議必須具有**跨國**面向，否則便在歐盟競爭法範疇之外。但究竟歐盟競爭法中的「歐盟」範疇為何？第101條的管轄範圍過往一直被擴張解釋，[25]而且歐盟法院也就跨國貿易受到影響的情形發展出許多正當性的檢驗標準。其中一個著名公式出自*Société Technique Minière*案，[26]歐盟法院在此認定第101條適用於任何「可能對**成員國間貿易型態**造成直接或間接、現實或潛在影響」的協議。此一「貿易型態」標準極為廣泛，涵蓋貿易數量與性質的改變。[27]

若協議僅涉單一成員國，第101條未必有適用的餘地。[28]重要的是何謂內國協議對歐洲市場造成（潛在）影響？[29]而且在衡量一項協議對成員

---

[24] *Consten and Grundig v Commission*, Joined Cases 56 and 58/64 [1964] ECR 299 at 341.

[25] TFEU第101條。關於此標準的一般分析，詳Commission, 'Guidelines on the effect on trade concept contained in Articles [101 and 102] of the Treaty', [2004] OJ C101/81。

[26] *Société Technique Minière v Maschinenbau Ulm*, Case 56/65 [1965] ECR 235 at 249（強調後加）。

[27] 關於「貿易型態」檢驗標準的實質「中性」，詳Commission, 'Guide- lines on the effect on trade concept contained in Articles [101 and 102] of the Treaty' (n. 25), paras 34-35：「『貿易型態』一詞實屬中性，並非貿易受到限制或減損之狀況。當協議或行動造成貿易增加時，貿易型態亦受影響。」

[28] *Belasco and others v Commission*, Case 246/86 [1989] ECR 2117, para. 38：「因此，儘管系爭協議僅涉及產品在單一成員國之行銷，但仍須視為其可能影響〔聯盟〕內部貿易。」

[29] *Brasserie de Haecht v Wilkin-Janssen (II)*, Case 48/72 [1973] ECR 77, paras 26 et seq.

國間貿易的影響時，歐盟法院還會考慮該協議是否構成一個更廣泛的協議
網絡之一部：

> 其他類似合約之存在，連同其他情況，能夠作為判斷契約所須考
> 量之經濟與法律脈絡的一項要素。[30]

此種協議的「脈絡」觀點乃從Delimitis[31]案發展而來。該案為原告酒
吧老闆與釀酒廠主Henninger間的糾紛，而爭執在於啤酒供應協議是否合
法的問題。地方酒吧與地方釀酒廠間的一項協議是否可能對歐盟內部貿易
造成影響？歐盟法院在本案中明顯把系爭協議置於其所屬的協議網絡之
中，並認定「若干類似契約的累積效果改變競爭的方式，成為成員國間貿
易受到影響的一項因素」。[32]本案因此有必要分析整個網絡中所有啤酒供
應的協議，以觀察該項單一協議是否有助於產生跨國面向的累積效果。

然而，並非所有對跨國貿易的影響皆會開啟第101條的程序，因為
所造成的影響「要難非謂不重大」[33]，且聯盟只取締顯著影響聯盟內部
貿易的協議。[34]根據法院的這個「非顯著影響貿易」（non-appreciably-
affecting-trade, NAAT）原則，[35]若符合兩個要件，所涉協議通常就不會落
入第101條的範圍，第一：「各當事人在〔聯盟〕內部任何受協議影響之
相關市場的占有率加總不超過5%」，以及第二：「所有系爭協議所涉產

---

30 *Brasserie de Haecht v Consorts Wilkin-Janssen (I)*, Case 23/67 [1967] ECR 407 at 416.

31 *Delimitis v Henninger Bräu*, Case C-234/89 [1991] ECR I-9935.

32 Ibid., para. 14（強調後加）。

33 *Javico International and Javico AG v Yves Saint Laurent Parfums SA (YSLP)*, Case
C-306/96 [1998] ECR I-1983, para. 16 (with reference to *Völk v Vervaecke*, Case 5/69
[1969] ECR 295).

34 執委會明確區分對成員國間貿易的顯著影響與對競爭的顯著限制。前者將於此討論，
後者將於稍後的第3(d)節討論。

35 'Guidelines on the effect on trade concept contained in Articles [101 and 102] of the
Treaty' (n. 25), para. 50.

品的所屬事業體在〔聯盟〕年收益加總未超過4,000萬歐元」。[36]

## 2. 事業體間的勾結形式

第101條涵蓋事業體間反競爭之勾結行為，因此所禁止的行為勢必是**多邊**的。但在此包含的多邊勾結類型為何？第101條指出三種類型：「事業體間協議、事業體之決定以及聯合行動。」以下將依序探討之。

### (a)協議之一：水平或垂直協議

歐洲式的「協議」概念範圍極廣。[37]聯盟法秩序並不關心系爭協議在形式上是否構成內國法的「契約」；其著重的是經濟性從業者間的「意思合致」。[38]因此「君子協議」亦被歸為第101條下的協議，只要當事人認定其有拘束力即可。[39]

早期聯盟法秩序關注的議題之一在於，第101條是否只包含「水平」協議，抑或也包含「垂直」協議（見圖12.1）。水平協議為彼此競爭之事業體間的協議，也就是同游公司之間的協議。對之，垂直協議則是商業鏈裡上下游事業體間的協議，也就是彼此無競爭關係之公司間的協議。由於第101條禁止反競爭協議，不是應該只包含「水平」協議？這樣的邏輯非無破綻。因為生產者（P）與經銷商（D）間的垂直協議雖然可透過專業分工提升經濟效率，[40]但也可能因限制價格競爭而造成消費者重大損失。[41]

--------------------

[36] Ibid., para. 52.

[37] 關於「協議」概念的分析，詳J. Shaw, 'The Concept of Agreement in Article 85 EEC' (1991) 16 *European Law Review* 262。

[38] See *Bayer AG v Commission*, Case T-41/96 [2000] ECR II-3383, para. 69; and *Bundesverband der Arzneimittel-Importeure and Commission v Bayer*, Joined Cases C-2 and 3/01P [2004] ECR I-23, para. 97.

[39] See *ACF Chemiefarma v Commission*, Case 41/69 [1979] ECR 661, paras 106 et seq.

[40] Lane, *EC Competition Law* (n. 10), 92：「其主要好處是可以實現淨經濟效益：可讓生產者專注於生產，免除在市場轉移貨品的責任，因為這將由更適合此任務的（專業）配銷商負責。」

[41] Ibid., 97：「從經濟學角度，這並不奇怪：貨品的出廠價值有時只是其商店價值的一小部分〔。〕」

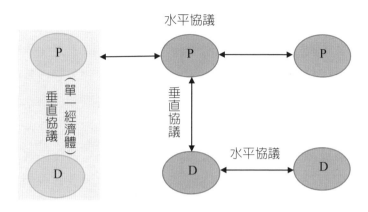

**圖12.1　水平與垂直協議**

　　垂直協議是否會落在第101條的管轄範圍內？歐盟法院在*Consten and Grundig v Commission*[42]案給出著名的正面答覆。德國製造商Grundig針對法國市場與Consten訂立經銷協議，執委會主張該協議違反歐盟競爭法。原告則反訴主張歐盟法院並無第101條下的管轄權，因為在第101條下「經銷契約並不構成條文中『事業體間協議』的涵義，因為當事人所處地位並不相同」[43]。歐盟法院對此並不認同：

　　〔第101條〕泛指所有扭曲共同市場內部競爭之協議，且未區別締約者為經濟過程中的同游競爭者或上下游間之非競爭關係者所締結。原則上，基礎條約未予區別之處即不應作任何區別。

---

42　*Consten and Grundig v Commission*, Joined Cases 56 and 58/64 (n. 24).
43　Ibid., 339.

此外，〔第101條〕對單純經銷契約之適用可能性，不能僅因授權者與銷售者非屬競爭關係亦非處相同地位而被排除。在〔第101條第1項〕中，造成競爭扭曲者的情形不僅限於當事人間限制競爭的協議，也包含避免或限制一方當事人與第三方間避免或限制競爭之協議。因此，系爭協議之當事人於經濟之地位與功能是否相同並非所問。這尤其適用在下述情形的協議，因當事人可能為了創造或確保其利益，透過避免或限制第三方產品方面之競爭性，而犧牲消費者或使用者以求不合理的競爭優勢，違背了〔第101條〕的宗旨。[44]

此種支持涵蓋垂直協議的論述，兼具文義與目的解釋的面向。從第101條的文字以觀，確實沒有區分水平與垂直協議，因此基本上看似涵蓋了二者。從目的上來看，其主張第101條不僅用以對抗加諸於經銷商的競爭限制，更在保護第三方：也就是消費者與競爭者。由於垂直協議可能造成這些第三方不合理的競爭劣勢，實應列在歐盟競爭法的管轄範圍之內。[45]

### (b)協議之二：「默許」與「單方行為」

每項協議——不論其為水平或垂直——都必須透過當事人的同意才能締結，也就是必須由**兩個或兩個以上**的意思相互合致所形成。因而，一方當事人**單方面**將其意思加諸在另一方之上，就不符合「協議」的想法。不過有時候，單方面的意思表示與默示同意之間的差別只是一線之隔。過往歐盟法院一直很努力為聯盟法秩序劃清這條界線。[46]造成此種概念上曖昧

---

[44] Ibid.

[45] 這第二個論點很重要：垂直協議應該要在歐盟競爭法的管轄範圍之內，因為垂直協議既可能對品牌內競爭（即經銷商間的價格競爭），也可能對不同產品間的品牌間競爭，造成反競爭效果。關於品牌間與品牌內競爭的區別，詳第3(a)節。

[46] *AEG v Commission*, Case 107/82 [1983] ECR 3151; *Ford-Werke AG and Ford of Europe Inc. v Commission*, Joined Cases 25 and 26/84 [1985] ECR 2725; and *BMW v ALD Auto-Leasing*, Case C-70/93 [1995] ECR I-3439.

不清的原因，即歐盟法院所稱兩方當事人間繼續性契約關係「看似單方」（apparently unilateral）的行為。

這種「看似單方」的行為，在 *Ford v Commission*[47] 案中有很好的說明。該案中美國汽車製造商在歐洲（特別在英國和德國），透過一個「主經銷協議」建立了一套獨特的經銷系統。該協議似乎並未違反第101條，而且其一開始允許德國經銷商訂購右駕及左駕汽車。然而福特汽車在英國市場的價格突然大幅上漲，英國消費者開始向德國經銷商訂車；福特公司擔憂英國經銷商因此蒙受損失，便通知德國經銷商不再接受其右駕車的訂單，以保留給英國市場。

這種中斷供應的決定是否構成一種協議？福特稱該決定在性質上為單方行為，而「單方行為不屬協議」，從而不在第101條的規範之內。[48] 法院則作出不同認定：

> 就事業體而言，製造商如此的決定並不符合如原告所稱不受基礎條約〔第101條第1項〕規定的單方行為。相反地，其構成事業體與其經銷商間契約關係之一部。[49]

此種對「同意」極度廣泛的解釋並非沒有界限。*Bayer v Commission*[50] 案中，德國拜耳藥廠使用其經銷系統行銷一種治療心血管疾病的藥：「冠達悅」（Adalat）。該藥品在共同市場內的價格差異甚大，因為這些價格是間接由各成員國內的健康主管機關所決定。西班牙和法國衛生機關所決定的價格平均低於英國價格的百分之四十。在商業邏輯的驅使下，西班牙

---

47 *Ford-Werke AG and Ford of Europe Inc. v Commission*, Joined Cases 25 and 26/84 (n. 46).

48 Ibid., para. 15.

49 Ibid., para. 21（強調後加）。

50 *Bayer AG v Commission*, Case T-41/96 (n. 38).

與法國批發商開始將藥品出口至英國，因此業者開始蒙受巨大營收損失，於是拜耳決定停止供應西班牙與法國批發商大額訂單，而是提供這些批發商其所認為能夠剛好滿足該國內需市場的數量。

這種對出口的間接限制是否基於協議式的合意？歐盟普通法院否認這樣的觀點。法院雖然接受「看似單方行為」可以構成一項協議，但一項協議至少要滿足——作為在概念上的基本要求——「其他當事人對**製造商的立場存在明示或默示同意**」。[51]在本案中，甚至不見任何默許之意。[52]單純是商業關係的延續，無法構成上述的默許。

該判決其後在上訴審得到支持，[53]歐盟法院扼要闡明如下：「一項本質中性的協議以及一項單邊附帶其上的限制競爭措施同時存在，並不因此構成該條所禁止之協議」。[54]反之，一項「看似單邊」的措施若要成為繼續性契約關係之一部，另一方當事人必須——至少——帶有默許之意（tacit acquiescence）。而此種默許必須由實際遵循該「看似單邊」的措施來展現。

### (c) 聯合行動與平行行為

締結協議僅為事業體勾結形式的一種。第101條第1項所規定的另一種形式是「聯合行動」（concerted practice）。此概念旨作為安全網，以捕捉不具協議形式的勾結行為。[55]歐盟法院肯認此概念，並指出其背後的目

---

[51] Ibid., para. 72.

[52] Ibid., paras 151 et seq：「調查批發商之態度與實際行為顯示，執委會宣稱其與原告旨在減少平行輸入之政策立場一致，此一說法並無根據批發商繼續嘗試取得冠達悅藥品進行出口，即便其認為利用不同系統更能有效取得供貨，仍然堅持如此做法，亦即一方面分配不同經銷商間之出口訂單，一方面透過小批發商間接下單。」

[53] *Bundesverband der Arzneimittel-Importeure and Commission v Bayer*, Joined Cases C-2 and 3/01P (n. 38).

[54] Ibid., para. 141.

[55] 為此緣故，可能沒有必要在協議聯合行動之間劃定明確的分界線，詳Commission v Anic Partecipazioni, Case C-49/92P [1999] ECR I-4125, para. 132：「儘管協議與聯合行動之概念有明確不同之要素，但兩者並非互不相容。」

標如下：

> 　　其目的是將事業體間的某種協調形式納入〔第101條第1項〕禁止範圍之內；此種協調形式尚未達到一般所謂協議的締約階段，卻有意以實質合作關係取代彼此競爭的風險。[56]

　　聯合行動的核心要素，在於「從參與者行為明顯可見」事業體間存在的某種「協調狀態」。[57]然而法院也隨即指出：並非所有事業體間的平行行為——例如同步調漲價格——均可認作聯合行為。[58]第101條「並不剝奪從業者針對其競爭者現有以及可預期的行為順應調整的權利」[59]。依循市場力量所為的平行行為不受譴責。只要不具「直接或間接接觸」所形成任何形式的「實質合作關係」，[60]事業體自可依市場「邏輯」調整其商業行為。[61]

### (d)事業體協會的卡特爾決定

　　第三種勾結類型是為了捕捉制度化的卡特爾；範圍可能包含各類專業團體如律師公會。[62]

　　第101條納入此種勾結形式，表明事業體不得建立一個**單方**決定的協會組織來取代多方的勾結形式，以規避落入第101條的範圍。一個卡特爾

---

[56] *Imperial Chemical Industries v Commission*, Case 48/69 [1972] ECR 619, para. 64.

[57] Ibid., para. 65.

[58] Ibid., para. 66.

[59] *Coöperatieve Vereniging 'Suiker Unie' UA and others v Commission*, Joined Cases 4-8, 50, 54-6, 111, 113 and 114/73 [1975] ECR 1663, para. 174; as well as *Commission v Anic Partecipazi- oni*, Case C-49/92P (n. 55), para. 117.

[60] *'Suiker Unie' v Commission* (n. 59), paras 27 and 174.

[61] 執委會的舉證責任極大：詳*Ahlstrom Osakeyhtiö and others v Commission*, Joined Cases C-89, 104, 114, 116, 117 and 125-9/85 [1993] ECR I-1307, para. 71：「平行行為不得視為協調行動之證據，除非協調行動為該行為之唯一解釋。」

[62] *Wouters et al. v Algemene Raad van de Nederlandse Orde van Advocaten*, Case C-309/99 (n. 13).

決定——即便是以「建議」的軟性形式——仍可構成第101條第1項的勾結行為而受規範。[63]

## 3. 對競爭的限制：反競爭目的或效果

一項協議違反第101條第1項的禁止規定，必須是反競爭性的；必須是「對競爭的防止、限制或扭曲」。[64]

「競爭限制」在此脈絡之下的意義一直很具爭議性。若它單純是指其對個人貿易自由的限制，則一切具有拘束力的協議都將具有反競爭性。因為「其本質即在拘束、限制」。[65]不過，這種個人主義式的定義，從未在聯盟法秩序中成為主流。因此有第二種觀點，主張第101條雖非保護特定競爭者的個人自由，但其保障市場所提供給實際或潛在競爭者結構自由。此種主張強調競爭限制帶來的排除效果，與「哈佛學派」相互呼應。[66]第三種觀點總算引進「芝加哥學派」，加入第101條第1項範圍的戰局。其主張此種禁止規定應專門針對那些造成消費者福利配置無效率的「剝削效果」（exploitative effort）。[67]歐盟法院的案例法至今偏向第二種觀點——儘管執委會曾一度試圖轉向第三種觀點。[68]

--------

[63] See *Van Landewyck and others v Commission*, Joined Cases 209-15 and 218/78 [1980] ECR 3125, para. 89.

[64] 此一表述涵蓋對競爭的前提假設、數量及性質的限制。在本節中通稱為對競爭之「限制」（restriction）。

[65] See *Chicago Board of Trade v United States*, 246 US 231, 238 (1918).

[66] 歐洲的「哈佛學派」是「弗萊堡學派」，以「秩序自由主義」（ordoliberalism）著稱於世。關於該學派哲學立場的簡要介紹，詳D. Gerber, 'Constitutionalizing the Economy: German Neo-Liberalism, Competition Law and the "New Europe"' (1994) 42 *American Journal of Comparative Law* 25。

[67] O. Odudu, *The Boundaries of EC Competition Law: The Scope of Article 81* (Oxford University Press, 2006), 102.

[68] See Commission, 'Guidelines on the application of Article 81(3) [now: Article 101(3)] of the Treaty', [2004] OJ C101/97. 另亦參閱*GlaxoSmithKline and others v Commission*, Joined Cases C-501, 513, 515, and 519/06P [2009] ECR I-9291, 歐盟法院在此拒絕歐洲競爭法的「芝加哥化」。

本節分析聯盟法秩序下構成競爭限制的四個面向。我們首先檢視競爭的各種面向，其後探究違反第101條第1項的兩種模式——「目的」限制與「效果」限制。這將分析「附帶限制」理論（the 'ancillary restraints' doctrine）是否為一種包裝過的「合理原則」（rule of reason）。最後一小節淺談競爭限制中的「最低限度」（de minimis）限制。

### (a)兩種面向：品牌之間與品牌之內競爭

競爭限制主要對競爭者之間的限制。然而，歐盟法院很早即肯認競爭限制不僅來自水平協議，也可來自垂直協議。[69]這是否意謂承認垂直協議的保護類型，限於限制品牌之間，亦即不同品牌的製造商之間？還是說也及於品牌之內，亦即同一品牌的經銷商之間的競爭類型？

歐盟法院過去偏向第二種解讀，因此聯盟法秩序認可兩種獨立的競爭類型：品牌**間**競爭與品牌**內**競爭。在*Consten and Grundig*[70]案中，歐盟法院因此否定原告關於垂直協議不會造成競爭限制的主張：

> 競爭自由原則涉及競爭的各個階段與型態。儘管製造商之間的競爭通常較同一產品的經銷商間之競爭更引人注意，但並不代表意在限制後者競爭類型的協議僅因其可能促進前者的競爭就得以跳脫〔第101條第1項〕的禁止規定。[71]

是否所有透過垂直協議對競爭之限制皆會違反第101條第1項？歐盟法院其後承認，品牌間競爭所生促進競爭的效果，其代價可能是對品牌內競

---

[69] 關於這點的討論，詳第2(a)節。

[70] *Consten and Grundig v Commission*, Joined Cases 56 and 58/64 (n. 24).

[71] Ibid., 342. 在後半部的判決（Ibid., 343）中，法院說明作此選擇的理由：「由於經銷成本對總成本價格影響甚鉅，似乎也應刺激零售商間之競爭。零售商之努力是由同一產品經銷商間之競爭刺激而來。」

爭造成限制。在*Société Technique Minière*[72]案中可以見到此種整體主義的觀點。歐盟法院在該案中基於以下理由認定獨家經銷協議不違反第101條：

> 此種競爭型態，必須從實際情況予以理解，即便不存在系爭協議也會發生競爭。特別是在前述協議看似一事業體進入新領域所必須時，對存在競爭是否造成干預仍有疑問。因此，為了決定含有「獨家銷售授權條款」之協議以因其目的或效果為由禁止之列，宜特別考量該協議所涵蓋產品之性質與數量，無論有否限制，〔以及〕**系爭產品之授權者與經營者在市場上的地位與重要性**〔。〕[73]

因此，判斷是否有存在競爭限制，必須一併考量品牌的兩種面向，並權衡二者利弊得失。

### (b)目的限制：歐洲的「當然違法原則」

一項協議的「目的或效果」若具反競爭性，就可能落入第101條第1項的範圍。此為擇一性要件，[74]滿足其中一項即符合第101條第1項的要件。

「因目的」而違反歐盟競爭法的可能性，並不意謂「意圖」在未來出於單純想像的限制措施也涵蓋在內。條文所指的協議目的不應被解讀為協議當事人的主觀意圖。相反地，它指的是協議的客觀內容。此種設計是識別協議中某些「嚴重限制」（hardcore restrictions）。這些嚴重限制不待進一步分析，而可輕易被推斷為對競爭「足生損害」。[75]在此種意義下，目的限制在運作上如同「當然違法原則」，也就是對該規則的限制本身即違反歐盟競爭法。

---

[72] *Société Technique Minière v Maschinenbau Ulm*, Case 56/65 (n. 26).

[73] Ibid., 250（強調後加）。

[74] Ibid., 249.

[75] Ibid., 249. 亦請參閱*T-Mobile Netherlands and others v Raad van bestuur van de Nederlandse Mededingingsautoriteit*, Case C-8/08 [2009] ECR I-4529, para. 29：「其性質本身就對正常競爭之實際運作造成傷害。」

　　何種嚴重的限制是聯盟所認定之目的限制？許多協議約款都曾被如此認定——無論是水平或垂直協議。就水平協議，目的性限制包含固定價格條款（price-fixing clauses）[76]、限制產出條款（output-limiting clauses）[77]與市場分配條款（market-sharing clauses）[78]等。就垂直協議而言，若協議含有約定固定（最低）轉售價格[79]、授予絕對領域保護[80]，或是「由特定經銷體系之成員，於貿易之零售階段對最終使用者為主動或被動的銷售行為進行限制」等情形，就推定存在目的限制。[81]

　　嚴重限制一直以來最富爭議的類型，是授予經銷商領域性保護從而限制成員國間平行貿易的條款。經典案例還是*Consten and Grundig*[82]案。Grundig指定Consten為其在法國的獨家經銷商，Consten因此承諾在法國銷售該德國產品並為其提供行銷與維修服務——相當高成本的承諾。作為交換，Grundig同意不提供其商品給法國市場的其他貿易商，並且以契約禁止其德國批發商出口到法國。此種程度的領域性保護還算是**相對性**的，因其只適用於Grundig本身的經銷體系。然而，為了防止「平行貿易商」——指不透過正式經銷管道進行貿易的第三方——將其產品輸入法國，Grundig授予Consten一項智慧財產權，而該智慧財產權為Consten建立**絕對性**的領域保護：未經經銷商正式同意，任何貿易商均不得在法國境內

---------------

[76] 詳第101條第1項a款：「直接或間接固定購買或銷售價格或任何其他交易條件。」另請特別參閱*Imperial Chemical Industries v Commission*, Case 48/69 (n. 56)。

[77] 詳第101條第1項b款：「限制或控制生產、市場、技術發展或投資。」另請特別參閱*Chemiefarma v Commission*, Case 41/69 (n. 39)。

[78] 詳第101條第1項c款：「分享市場或供應來源。」另請特別參閱*Suiker Unie' v Commission* (n. 59)。

[79] Commission Regulation 330/2010 on the application of Article 101(3) of the Treaty on the Functioning of the European Union to categories of vertical agreements and concerted practices, [2010] OJ L102/1, Art. 4(a).

[80] Ibid., Art. 4(b).

[81] Ibid., Art. 4(c).

[82] *Consten and Grundig v Commission*, Joined Cases 56 and 58/64 (n. 24).

合法銷售Grundig的產品。在歐盟法院眼中，上述協議建立了絕對性的領域保護，「消除批發階段任何競爭可能性」的意圖表露無遺，[83]因此構成以限制競爭為**目的**之協議。[84]

### (c) 效果限制：歐洲的「合理原則」？

在協議中若不具有被當然視為競爭限制條款的情形，第101條第1項則要求須對協議之反競爭性的**效果**詳細舉證。[85]

此處的核心問題是：上述禁止規定的發動，是否只要條款具有產生些許反競爭效果即可？還是必須在於協議**整體**具反競爭性的情形才可？換言之，第101條第1項是否規範那些確實限制生產，但相對也因開發新產品而有助於競爭的協議？第101條第1項的文字傾向一種絕對標準，但有論者認為絕對標準範圍過廣，應改採權衡協議中反競爭效果與促進競爭效果的相對性標準。

第101條第1項採取絕對或相對標準的討論與美國的「合理原則」理論有關。根據該理論，禁止反競爭協議之規定並不適用於對貿易的合理限制。這種隱性限制是否也適用於第101條第1項，即便如第101條在第3項中已承認明示的正當化理由？合理原則的存否一直都是歐洲的熱議話題，[86]而且此種議論並非僅在理論層面：作為基本決定，第101條第1項是

---

83　Ibid., 343.

84　關於法院肯認此種將平行貿易限制視為目的性限制的「強硬」觀點，詳 *GlaxoSmithKline and others v Commission*, Joined Cases C-501, 513, 515, and 519/06P (n. 68)——本案否決普通法院在GlaxoSmithKline Services v Commission, Case T-168/01 [2006] ECR II-2969一案軟化該歐盟競爭法原則的意圖。

85　為評估個別協議對市場的影響，歐盟法院會分析協議在市場內的地位，因此採取的是脈絡研究法，將個別協議置於其經濟脈絡內進行分析。協議一旦構成協議網絡的其中一部，法院就要檢視其在市場內的「累積」效果。關於此種「經濟」脈絡主義，請參閱*Delimitis v Henninger Bräu*, Case C-234/89 (n. 31)。

86　Odudu, *The Boundaries* (n. 67); as well as R. Nazzini, 'Article 81 EC between Time Present and Time Past: A Normative Critique of "Restrictions of Competition" in EU Law' (2006) 43 *Common Market Law Review* 497.

否存在合理原則，對實務亦有重大影響。[87]

　　歐盟法院的意見為何？他們所傳達的訊息一直模稜兩可，因為歐盟法院雖然在理論上否認第101條第1項有合理原則的存在，[88]但有部分案例法卻相當接近該原則的實際適用。舉例而言，歐盟法院不就堅持競爭限制若是在事業體「為進入新領域必要」，即不具反競爭性？[89]這種將反競爭效果與促進競爭效果兩相權衡的做法不正是經過包裝的合理原則？歐盟法院否認這點，反而是發展出其他理論來說明其推論。

　　這些理論中最著名的是「附帶限制」理論。有三個案件可以作更詳盡的說明。在*Remia & Nutricia*[90]案中，法院須處理「競業禁止」（noncompete）條款的合法性。此類條款限制某事業的出賣人在賣出後一定期間內不得與買受人競爭；從出賣方的角度來看，這無疑是對競爭的限制。但若事業體無法保證前任所有人將暫時離開市場，則甚少有事業體願意收購某一事業。歐盟法院認定該轉讓協議一般而言「會導致市場內事業體數量的增加因而有助於促進競爭」，並明白肯認若無競業禁止條款，「轉讓事業體的協議便無法生效」。[91]然而，像這種在整體上促進競爭協議的附帶限制，便不在第101條第1項的範圍內。

　　此種附帶限制原則在涉及加盟協議的*Pronuptia*案中關於加盟協議獲得肯認，[92]並在*Métropole Télévision*[93]案得到最詳盡的闡明。歐盟普通法

--------

87　後面會看到第101條第3項並非是對促進競爭協議的「中性」豁免，因為該條的豁免乃是取決於是否滿足四項要件。

88　See *Métropole Télévision (M6) and others v Commission*, Case T-112/99 [2001] ECR II-2459; as well as *O2 (Germany) v Commission*, Case T-328/03 [2006] ECR II-1231.

89　See *Société Technique Minière v Maschinenbau Ulm*, Case 56/65 (n. 26), 250（強調後加）。

90　*Remia and others v Commission*, Case 42/84 [1985] ECR 2545.

91　Ibid., para. 19.

92　*Pronuptia de Paris v Pronuptia de Paris Irmgard Schillgallis*, Case 161/84 [1986] ECR 353.

93　*Métropole Télévision (M6) v Commission*, Case T-112/99 (n. 88).

院在此主張：

> 在〔歐盟〕競爭法中，「附帶限制」的概念涵蓋任何與從事主要營業活動直接相關且必要之限制，而檢視一個限制是否必要隱含兩項標準審查。首先，必須確認此限制是否在客觀上為從事主要營業活動所必須。其次，必須確認其是否合於比例。就一項限制的客觀必要性而言，必須留意的是〔歐盟〕競爭法中並不支持合理原則的存在，因此在對附帶限制進行分類時，將客觀必要性之要件解為需要在特定協議中權衡其促進競爭與阻礙競爭效果的話，實為錯誤的。這種分析只在〔TFEU第101條第3項〕之特定架構中進行。[94]

因此，（歐洲的）附帶限制理論與（美國的）合理原則不同，因為前者並未具體權衡協議中促進競爭與阻礙競爭效果。依照歐盟法院的看法，該理論的操作「相對抽象」[95]，僅容許「主要協議**難以甚或至無法執行**」的限制條款。[96]因此，只有整體促進上競爭之協議中具有客觀必要性的限制競爭措施可以被接受。而且，這些客觀上必要的限制還必須為「附帶」性質，亦即：「依附」於主協議的目的之上。[97]

### (d)非顯著限制：最低限度原則

根據「微罪不舉」（de minimis non curat lex）的法理，法律不處理瑣事。放到這裡的脈絡，歐盟法院已聲明其不是以第101條在內部市場中建立「完全競爭」，而只是「可能達到的有效競爭狀態」。[98]市場之中微小

---

[94] Ibid., para. 104（參引省略）。

[95] Ibid., para. 109.

[96] Ibid..

[97] Commission, 'Guidelines on Article [101](3)' (n. 68), paras 29 and 30.

[98] *Metro SB-Großmärkte GmbH & Co. KG v Commission*, Case 26/76 [1977] ECR 1875, para. 20; 在*Metro SB-Großmärkte GmbH & Co. KG v Commission*, Case 75/84 [1986] ECR 3021, para. 65獲得肯認。

處的不完美是可被容忍的。對競爭的限制，只在「達到顯著程度」才會落入第101條第1項範圍。[99]此即所謂的最低限度原則。

依照歐盟法院的見解，**最低限度**並非以量化或質性的貿易條件衡量，而是取決於相對的市場占比。這種觀點得到執委會的支持，並在「最低限度通知」中提供相關指引。[100]除了「嚴重」限制的例外，[101]執委會認為在水平協議當事人有10%的加總市場占有率而在垂直協議當事人有15%的加總市場占有率，將**不會**明顯限制第101條第1項意義下的競爭。[102]重要的是，執委會與歐盟法院會就個別協議的整體經濟脈絡進行調查。[103]

## 4. 第101條第3項：促進競爭效果的豁免

若一項協議被認為具有第101條第1項意義下的反競爭性，除非能以第101條第3項的正當化理由豁免，否則便為無效。第101條第3項的作用在於豁免整體上具有促進競爭效果的反競爭協議，該條款因此適用於所有違反第101條第1項之協議，也因此包括目的限制。第101條第3項其具直接效力，因此在面臨法律訴訟程序可援引作為保護。[104]不過為求提高法律確定性，聯盟通過了各種豁免規定，針對可依第101條第3項豁免的特定協議類型提供細部規範。

---

[99] *Société Technique Minière v Maschinenbau Ulm*, Case 56/65 (n. 26), 249.

[100] 該通知的確切標題是：「Commission Notice on Agreements of Minor Importance which do not Appreciably Restrict Competition under Article 101(1) TFEU (de minimis)」[2014] OJ C 291/1。

[101] Ibid., para. 13.

[102] Commission Notice on Agreements of Minor Importance' (n. 100), para. 8.

[103] 關於單一協議的脈絡調查，詳註30的說明。

[104] 第101條第3項並非一開始就具有這樣的直接效力，事實上這是第1/2003號規則帶來的「革命性」變化之一（Regulation 1/2003 on the implementation of the rules on competition laid down in Articles [101 and 102] of the Treaty, [2003] OJ L1/1）。

### (a)第101條第3項規定之直接豁免

第101條第3項以四個加總式要件作為豁免前提。前兩項標準為積極要件，後兩項標準則為消極要件。[105]

積極面向而言，第101條第3項規定系爭協議必須「有助於改善貨品之生產或銷售，或促進技術或經濟之發展，同時讓消費者亦能分享所生利益之合理比例」。[106] 在協議因此帶來**生產性或動態性**效率的情形，[107] 這些效益可能超過第101條第1項的經濟無效率，但必須要同時滿足第二個要件——消費者能從獲致整體效益中分享合理比例。何謂「合理比例」？執委會認為：

> 「合理比例」的概念應指消費者所獲得的利益必須至少能彌補其因〔第101條第1項〕意義下之競爭限制所實際或可能承受的任何負面影響……若此類消費者因協議而處境更為不利，則未能滿足〔第101條第3項〕的第二個要件。[108]

即便當真如此，第101條第3項也不會允許對協議的促進競爭效果中「非屬不可或缺」的反競爭性進行限制；亦不會允許「削弱系爭產品中主

---

[105] 關於這些標準——全都為「經濟」性質——是否窮盡列舉，曾經引發激烈辯論。執委會認為這些標準是窮盡列舉（詳Commission, 'Guidelines on Article [101](3)' (n. 68),para. 42）：「〔第101條第3項〕四項要件亦為窮盡列舉，只要符合此等要件即可適用例外，無須考量任何其他條件。其他條約條款所追求之目標，只要可歸入〔第101條第3項〕之四項要件，亦能列入考量。」儘管如此，必須注意的是，基礎條約的競爭規範不能完全自外於其他政策；尤其是含有明確平行條款的政策——比如環境政策（詳TFEU第11條（強調後加）：環境保護要求必須納入聯盟政策與活動之制定與實行，尤其是為促進永續發展者）。

[106] TFEU第101條第3項。

[107] 關於這點的詳細闡述，詳Commission, 'Guidelines on Article [101](3)' (n. 68), paras 48 et seq。協議增進「生產效率」的典型例子是「專業化協議」（specialization agreement），「研發」協議則為協議增進動態效率的例子。

[108] Ibid., para. 85.

要部分的競爭力」之協議。[109]若一項協議違反上述任何一項消極要件，便無法享有豁免。

就限制的不可或缺性而言，執委會發展出一套雙重步驟的檢驗標準：「首先，系爭限制性協議本身必須是為了達到效率所合理必須者。其次，因系爭協議所生之個別競爭限制也須符合為達到效率所合理必須者。」[110]第一重檢驗標準要求「此效率須為系爭協議所獨有，亦即沒有其他經濟上可行或限制較小的方式來到達相同效率」。[111]通過這個整體性的檢驗後，執委會再就個別競爭限制的不可或缺性進行分析。在此，執委會將評估「個別限制是否為產生此效率合理必須。」[112]

最後，第四項限制——即便為協議之促進競爭效果所不可或缺——仍不得在實質上削弱競爭。此為對協議豁免性的絕對限制，將會成為市場結構的功能之一。[113]

### (b)分類豁免：整體豁免規則（Block Exemption Regulation）

為了提高法律確定性，第101條第3項在一開始就已設想到整個「協議類別」得以豁免的情形。因此，第103條允許歐盟理事會「就第101條第3項之適用作細部規範」。[114]此法律依據見用甚早，[115]而並是將「整

---

109 TFEU第101條第3項。

110 Commission, 'Guidelines on Article [101](3)' (n. 68), para. 73.

111 Ibid., para. 75.

112 Ibid., para. 78.

113 Ibid., para. 107：「是否有〔第101條第3項〕意義下之消除競爭情況，取決於協議前存在之競爭程度以及限制性協議對競爭之影響，亦即協議造成之競爭減少。相關市場之競爭已被削弱越多，達到〔第101條第3項〕意義下消除競爭情況所需之進一步減少便越輕微。」

114 TFEU第103條第2項b款。

115 Council Regulation 19/65 on application of Article 85(3) [now: Article 101(3)] of the Treaty to certain categories of agreements and concerted practices, [1965] OJ L36/533; and Council Regulation 2821/71 on application of Article 85(3) [now: Article 101(3)] of the Treaty to categories of agreements, decisions and concerted practices, [1971] OJ L285/46.

體」豁免協議的權限授予執委會。而執委會也已通過各式的「整體豁免規則」。[116]

許多整體豁免規則原本依循一種制式的「分類」方法，當中列出各種理想條款的「白名單」以及各式嚴重限制措施的「黑名單」。近年，這種對於整體豁免規則的制式做法已被更有彈性且較合乎經濟的方式所取代。現今的整體豁免規定少了嚴重限制措施，一般是依據市占比的門檻作為豁免依據。重要的是，即便有整體豁免，執委會始終握有針對個別協議收回整體豁免利益的權限。[117]

整體豁免規則新方法的經典例示是關於垂直協議的規則。[118]該規則在「供給商銷售契約之產品或服務在相關市場占有率未超過30%，且買方購買契約之產品或服務在相關市場占有率未超過30%的情形，所有垂直協議均可豁免」[119]。該規則仍然有嚴重限制措施的「黑名單」，但已不再有可容許之契約條款白名單，因此這個規則主要是著眼於協議的經濟效果。

## 小結

歐盟競爭法構成了聯盟對內政策的一大基石，聯盟在此有權對內部市場進行「管制」和「監督」，以確保競爭不受扭曲。歐盟競爭法因此建立在四個支柱上，第一支柱處理反競爭性的卡特爾，第二支柱涉及強勢支配性事業體濫用其市場權的情形，第三支柱關注對合併的管控，第四支柱則

--------------

[116] 例如Commission Regulation 330/2010 on the application of Article 101(3) of the Treaty on the Functioning of the European Union to categories of vertical agreements and concerted practices, [2010] OJ L102/1。

[117] See Art. 29 of Regulation 1/2003 (Withdrawal in individual cases), [2003] OJ L1/1.

[118] See Commission Regulation 330/2010 (n. 116)。關於此規則的討論，詳R. Whish and D. Bailey, 'Regulation 330/2010: The Commission's New Block Exemption for Vertical Agreements' (2010) 47 *Common Market Law Review* 1757。

[119] Ibid., Arts 2 and 3(1).

處理自由競爭中的「公共」干預。

　　本章僅著眼歐盟競爭法的第一支柱：第101條。此條禁止事業體之間反競爭性的勾結行為，以免扭曲競爭並影響成員國間的貿易。我們看到聯盟對該條款（對歐盟競爭法整體也是）賦予寬廣的管轄權；但其也試圖在每個協議當中促進競爭與反競爭的考量間找到適當的平衡。由於聯盟的歷史性任務在於創建內部共同市場，因此垂直協議對聯盟而言至關重要；經銷協議也確實在歐盟法院案例法中持續受到關注。

# 尾聲　英國脫歐：過去、現在、未來

摘要

1. 過去：英國是個「尷尬的夥伴」？

　(a) 沒有政府的市場：柴契爾的願景

　(b) 從差異化統合到退出歐盟

2. 現在：依TEU第50條退出

　(a) 脫歐協定之一：架構與內容

　(b) 脫歐協定之二：實施與治理

3. 未來之一：與歐盟（可能）的貿易協定

　(a) 歐洲經濟區：「挪威模式」

　(b) 關稅同盟：「土耳其模式」

　(c) 自由貿易協定：「加拿大模式」

4. 未來之二：「硬」脫歐與「WTO」模式

小結

## 摘要

英國退出歐盟（Brexit）在過去四年占據了歐盟的大部分時間。自歐盟成立以來，這是首次有成員國決定主動脫離歐洲統合，以圖重獲「主權」和「獨立」。[1]

這是為何發生？如何發生？歐盟其他成員國是否也會如此？過去十年，歐盟歷經幾次嚴重危機——特別是金融危機和移民危機——讓人不禁要問，英國脫歐究竟是一個孤例，還是歐洲解體時代來臨的信號。[2]

不過，本章的企圖並未如此宏大，主要目標在於：探索英國脫歐決定的過去、現在和未來。第1節首先簡要介紹過去英國和歐盟之間緊張關係的歷史背景，意在更清楚解釋英國對歐洲統合的那股「特殊的」不安情緒。英國身為昔日的帝國和世界強權，在政治上的自我理解確實從一開始就不同於其他歐盟成員國。第2節探討「目前」根據TEU第50條和「脫歐協定」（Withdrawal Agreement）進行的脫歐進程。第3節展望未來，分析歐盟與英國貿易關係的四種可能選項。雙方會決定建立共同關稅聯盟，還是會簽訂「加拿大＋」（Canada Plus）協定？未來的貿易協定目前正在談判中；然而，「硬」脫歐的選項依然存在。這個選項將在第4節討論。

## 1. 過去：英國是個「尷尬的夥伴」？

英國對歐洲統合向來都不怎麼熱衷。當英國政府要在大英國協與1957年成立的歐洲經濟共同體之間作出抉擇時，英國政府毫不猶豫選擇了大英

---

[1] 有關我們這個「全球化」時代對於國家主權觀念的批判性觀點，詳R. Schütze, Globalisation and Governance: International Problems, European Solutions (Cambridge University Press, 2018)。

[2] S. Gänzle et al. (eds), Differentiated Integration and Disintegration in a Post-Brexit Era (Routledge, 2019).

國協而非歐洲。[3]英國早期拒絕歐洲統合是出於經濟和政治因素，他們不僅認為自己與大英國協的關係較為緊密；[4]在政治上，歐洲對「超國家主義」（supranationalism）的堅持也引發他們的疑慮──這種觀點與英國的國家主權理想背道而馳。[5]儘管如此，為了緩和選擇反「歐洲」的後果，英國政府迅速提議籌組一個分庭抗禮的組織：1960年的歐洲自由貿易聯盟（European Free Trade Association, EFTA）。這是一個非「超國家」組織，旨在促進自由貿易，無涉政治統合。

然而，在一次重大的轉向之後，加入歐盟突然在1960年代初期成了英國的首要之務。但是，英國首次加入歐盟的申請遭到歐盟拒絕。這一拒絕令人震驚；而且後來又再重演一次，直到第三次申請才終於成功。這次遲來的接受成就了1972年英國加盟條約（1972 UK Accession Treaty）的簽署：1973年1月1日，英國正式加入歐盟。

然而，從那時起，英國就不是歐盟中最開心的成員國，其對歐洲統合的疑慮依然存在。最初的核心問題之一是歐盟的預算攤款。英國認為自己付出太多，得到太少。在柴契爾夫人──1980年代最具代表性的英國首相──執政期間，年費把退問題一直不斷遭到追究：英國想要「拿回自己的錢」！[6]為此，英國採取（非）文明抗命策略，故意阻撓1982年歐盟理事會的進行。[7]這一蓄意阻撓政策激怒了法國，法國因此公開建議英國另尋其他替代其歐盟完整成員資格的地位。這個建議立刻遭到拒絕。英國預算攤款問題（British Budgetary Question），俗稱「要命的英國問

----

3　有關此方面的經典分析，詳G. St. J. Barclay, *Commonwealth or Europe* (University of Queensland Press, 1970)。

4　M. Camps, *Britain and the European Community, 1955–1963* (Oxford University Press, 1964), 3.

5　同上，4：「與歐洲合作很好；與歐洲統合則否。」

6　柴契爾夫人有關的著名談話，詳www.youtube.com/watch?v=pDqZdZ5iZdY。

7　1996年狂牛症危機過後，為了反制歐盟的英國牛肉禁令，英國也曾重施類似的蓄意阻撓故計。

題」（Bloody British Question）[8]，終於在1984年取得進展。然而，諷刺的是，正是從這一刻起，「英國人」和「歐陸人」對歐洲的願景出現了另一個重大分歧。

### (a)沒有政府的市場：柴契爾的願景

歐盟的目標應該是什麼？對過去的英國（保守黨）政府來說，答案一直是這樣的：歐洲統合意謂的是**經濟統合**；亦即：建立一個內部市場，好讓英國企業可從無摩擦貿易（frictionless trade）和規模經濟中獲益。英國的此一願景源自歐盟作為一個經濟共同體，主要任務在於貿易自由化的歷史淵源。不過，這種獨有的貿易和商業觀點從未得到其他成員國的認同。對於歐盟的創始人來說，經濟統合只是邁向進一步政治和社會統合的第一步，而內部市場計畫其實被視為是實現這一更廣泛憲政目標的一種手段。

這兩種「歐洲」願景之間的衝突浮出檯面，是在歐盟進行首次正式條約修訂：單一歐洲法（Single European Act, SEA）時。諷刺的是，單一歐洲法的緣起是一項貼近英國心意：實現歐盟內部市場的改革提案。這項提案是由歐盟執委會「英國」委員考克菲勳爵（Lord Cockfield）提出，他是柴契爾的親密合作者。時任歐盟執委會主席的戴洛（Jacques Delors）抓住了這個機會，認為這是歐盟在經歷了十年的「歐洲硬化症」（Eurosclerosis）後重振歐洲統合的最佳機會。然而重點在於，儘管對英國來說「單一市場本身就是目的，可使柴契爾計畫的自由化和去管制化躍上歐洲舞臺」，但對大多數歐陸國家來說，這是「達到目的的一種手段，而這個目的就是更深程度的經濟和政治統合」[9]。其他成員國因此透過1986年單一歐洲法推動歐盟的重大制度改革。[10]著名的是，後者重新引

---

[8]　R. Jenkins, A Life at the Centre (Pan Books, 1991), ch. 27.

[9]　A. Geddes, *Britain and the European Union* (Palgrave, 2013), 70.

[10] 然而英國並未屈服於歐陸觀點，英國利益團體找到管道主導單一歐洲法，詳
　　 S. George, An Awkward Partner: Britain in the European Community (Oxford

入條件多數決制度（qualified majority voting），及隨之而來的歐洲市場監管主張。

　　然而，歐洲能夠重複監管（re-regulate）市場並為勞工提供社會權利的理念，正是當時英國政府所厭惡的。柴契爾氣憤地發現單一市場計畫不僅只是一種去監管化的做法，於是在1988年於歐洲學院（College of Europe）的一次著名演講中提出了她的「英國」願景：

> 　　我們在英國成功縮減政府的邊界，絕不是為了看到它們在整個歐洲範圍捲土重來，被一個新誕生的歐洲超級國家從布魯塞爾遙遙掌控……羅馬條約本身就是意在作為經濟自由憲章……藉由消除壁壘，藉由讓企業在整個歐洲境內自由經商，我們才有最佳條件與美國、日本以及亞洲和其他地區正在崛起的新經濟強國競爭。這意謂著採取行動去開放市場，去擴大選擇，去減少政府干預來產生更大的經濟融合。我們的目標不應是來自中央越來越鉅細靡遺的監管；而應是去管制化、解除貿易限制以及開放市場〔。〕[11]

　　這篇演講明確表達並進一步加深英國與歐陸國家之間對歐洲計畫願景最關鍵的分歧。對英國來說，「歐洲」不過是個「共同市場」，在這個市場裡，國家監管可受審查，而在歐洲層級不該再有重複監管。相較之下，歐陸願景堅持透過一個共同的超國家政府來重複監管這個共同市場；而這就會需要更多的政治統合。因此這個創造「更加緊密聯盟」所需的更進一步政治統合，特別意謂著兩件事：在理事會中更常採取條件多數

---

University Press, 1998), 184：「英國人在對他們重要的領域取得了實質進展。多數表決制僅用在少數有限的領域……特別被排除在多數表決制之外的領域有稅收、人員自由流通、健康管理及勞工權利。英國觀點的另一大勝利是歐洲議會的權力並無顯著提升。」

[11] A. G. Harryvan and J. van der Harst, *Documents on European Union* (Macmillan, 1997), 244-245.

決，以及歐洲議會崛起作為歐盟最能代表民意的機構。這兩個發展都遭英國反對；為了跳脫他們的邏輯，一種新的策略很快被採用：差異化統合（differential integration）。

### (b)從差異化統合到退出歐盟

英國堅持建立一個沒有歐洲政府的歐洲市場，但許多人並不贊同。而過去三十年來，英國日益增強的反對聲浪逐漸造成「一個七零八碎的歐洲」（a Europe of bits and pieces）。[12]因此，差異化統合的正式起點是1992年歐盟（馬斯垂克）條約，後者標誌著「歐洲統合進程的一個新階段」[13]，許多英國疑歐派視之為眼中釘，認為這根本不該簽署，因為馬斯垂克條約不僅為「經濟暨貨幣同盟」（Economic and Monetary Union, EMU）奠定基礎，而且還大幅推進更進一步的政治聯盟。

英國對此如何反應？就經濟暨貨幣同盟而言，他們取得了「選擇退出權」（opt-out）；[14]由於在社會事務上他們也強烈反對歐洲統合，所以在此也得到了「選擇退出權」。[15]然而，這僅僅是開始。因為這種拒絕更緊密聯盟的想法，英國在接下來的幾十年中，對於立法權限轉移歐盟採取一貫的批判態度。因此1997年阿姆斯特丹條約簽訂時，英國不僅決定退出超國家化的申根公約（Schengen Agreement），[16]同時也選擇不參與阿姆

---

[12] 這個著名的說法來自D. Curtin, 'The Constitutional Structure of the Union: A Europe of Bits and Pieces' (1993) 30 Common Market Law Review 17。

[13] Preamble to the 1992 TEU.

[14] 詳Protocol 'On certain Provisions relating to the United Kingdom of Great Britain and Northern Ireland', [1992] OJ C191/87, esp. Preamble 1: 'Recognizing that the United Kingdom shall not be obliged or committed to move to the third stage of Economic and Monetary Union without a separate decision to do so by its government and Parliament'。選擇退出權現可參閱Protocol No. 15 to the EU Treaties。

[15] 這個第二項選擇退出權最終在1997年工黨政府（布萊爾）重新執政時宣告放棄。

[16] 詳Protocol 'On the Application of Certain Aspects of Article 7a of the Treaty Establishing the European Community to the United Kingdom and to Ireland', [1997] OJ C340/97。這些條款現可參閱Protocols 19 and 20 to the present EU Treaties。

斯特丹條約的「簽證、庇護、移民與其他關於人員自由流通政策」標題條款[17]。同樣的「差異化」成員資格策略在2007年里斯本條約再次出現，英國在此取得從歐盟基本權利憲章（EU Charter of Fundamental Rights）和其他條約部分退出的權利。[18]

　　到2009年，英國已是三分之二加入和三分之一退出歐盟。雖然它是享有正式權利的正式成員，但選擇退出權使其逐漸免除某些實質性義務。「在歐盟中沒有其他國家享有同樣的特殊地位」。[19]然而，當英國在過去十年明顯轉向疑歐立場時，即使這種若即若離（semi-detachedness）的策略也不再管用，直接結果就是2011年歐洲聯盟法（European Union Act 2011），不僅對未來任何向歐盟的權力移轉設定了「公投鎖」（referendum lock）；[20]更戲劇化的是，保守黨領袖大衛・卡麥隆（David Cameron）還承諾「全面重新談判」英國的歐盟會籍條件以及「去留歐盟」的公投。[21]這場公投定於2016年6月23日舉行；英國略多於半數的選民表達了他們希望離開歐盟的願望。[22]

　　這次脫歐公投標誌著英國退出歐盟的開始。此一目標受到TEU第50條規範，這是我們接下來必須轉向的議題。

---

[17] 詳Protocol 'On the Position of the United Kingdom and Ireland', [1997] OJ 340/99。這些條款現可參閱Protocol 21 to the present EU Treaties。

[18] 詳Protocol No. 30 'On the Application of the Charter of Fundamental Rights of the European Union to Poland and the United Kingdom'。

[19] HM Government, 'Alternatives to Membership: possible models for the United Kingdom outside the European Union' (March 2016), para. 2.10.

[20] 關於此法的分析，詳M. Gordon and M. Dougan, 'The United Kingdom's European Union Act 2011: "Who Won the Bloody War Anyway?"' (2012) 37 *European Law Review* 3。

[21] 大衛・卡麥隆於2013年1月23日在他的「彭博演講」中首次作出非正式承諾；並在2014年保守黨宣言中作出正式承諾，承諾在2017年底舉行全民公投。

[22] 在這場投票率為72%的公投中，52%的人決定脫歐，48%的人選擇留歐。

## 2. 現在：依TEU第50條退出

　　歐盟不是一個主權國家，而是多個國家的聯盟；與主權國家不同，它允許成員國退出或「脫離」聯盟。TEU第50條明確規定這項退出的權利，條款內容如下：

1. 所有成員國均可依其憲法要求退出歐盟。
2. 決定退出的成員國應將其意向通知歐洲高峰會。歐盟應根據歐洲高峰會提供的談判綱領，與欲退出的成員國進行談判並制定協定，確定該國退出的安排，同時商討該國日後與歐盟的關係。協定應依據TFEU第218條第3項進行談判，並在歐洲議會取得同意後，經歐洲高峰會條件多數決之同意，由理事會代表歐盟締結協定。
3. 歐盟所有條約應自脫歐協定生效日起，若窒礙難行則依第2項通知屆滿兩年後，對當事國停止適用，除非歐盟所有成員國一致同意延長此期限……

　　這個條款本質為何？在歐盟內，退出的主權「權利」一直隱含在歐盟的法秩序中。[23] TEU第50條第1項現已明文規定此一隱含的權利。因此，這個條款代表的是「以國家為中心」和「以聯盟為中心」兩種版本之間的妥協。[24] 儘管如此，這個折衷方案更接近於前者的版本。因為退出歐盟的權利是**無條件且單方面的**。

　　但重要的是，退出歐盟**並非**自動權利，因為根據第50條第2項，欲退出歐盟的國家必須將其意向正式通知歐洲高峰會。就英國來說，這已在

---

23 有關相同觀點，詳J. H. H. Weiler, 'Alternatives to Withdrawal from an International Organisation: The Case of the European Economic Community' (1985) 20 *Israel Law Review* 282。
24 有關這個條款制定過程的討論，詳R. Schütze, *European Union Law* (Cambridge University Press, 2018), 855-856。

2017年3月29日發生，當時的英國首相致信歐洲高峰會主席，接下來就開始了第50條第3項規定的兩年談判期，不過這個期限已兩度延展至2020年1月31日。在此期間，第50條規定有程序義務，俾使歐盟與英國雙方透過「脫歐協定」達成共識。[25]這項協定業已達成，如今支配著歐盟和英國之間的關係。

### (a)脫歐協定之一：架構與內容

經過一段複雜的談判過程後，脫歐協定於2019年10月達成。2019年脫歐協定的架構請見表13.1。協定已於2020年2月1日正式生效。

我們必須將這份脫歐協定與英國和歐盟未來的任何貿易協定區別開來，這點至關重要。脫歐協定僅僅是在解決過去的承諾（即便其中已有界定雙方未來關係的政治宣言）[26]，它的實質範圍僅限於英國脫歐引發的問題。

開始之初，脫歐造成的三個主要問題是：(1)過去已行使自由流通權的歐洲公民（和企業）現今處境；(2)英國與歐盟之間必須找到財政解決辦法：(3)「愛爾蘭邊界問題」。

第一個問題似乎相對簡單，因為儘管脫歐最終會終止人員的自由流通，[27]但雙方同意英國境內歐洲公民和歐盟27國境內英國公民的權利必須受到保障，以確保他們過去的生活選擇。這特別意謂著，那些過去合法行使自由流通權的人，**原則**上將繼續根據脫歐協定第二部分享有這些權利。[28]

---

25 TEU第50條的文字只規定歐盟有協商退出協定的義務；不過英國同樣也有此責任。這個責任，不是直接來自TEU第50條，而是源自英國（繼續）作為歐盟成員國的地位，以及TEU第4條第3項規定的忠誠合作責任。

26 脫歐協定因此附有一份關於雙方今後關係的「政治宣言」；然而，這就只是一份政治宣言，本身並不屬於法定脫歐協定的一部。

27 此處的憲法原則，詳見第十一章。

28 這包括居留權（脫歐協定第11條）及不受歧視權（同上，第12條）。

表13.1　脫歐協定：架構

| 2019年英國脫歐協定 |
| :--- |
| 第一部分：共同條款（第1條到第8條）<br>第二部分：公民權利（第9條到第39條）<br>第三部分：分離條款（第40條到第125條）<br>第四部分：過渡期（第126條到第132條）<br>第五部分：財政條款（第133條到第157條）<br>第六部分：制度性條款（第158條到第185條） |
| 愛爾蘭／北愛爾蘭議定書 |
| 賽普勒斯英屬基地區議定書 |
| 直布羅陀議定書 |

　　第二個問題也比預期來得容易，因為歐盟最初採取的是「分手模式」，根據「英國必須履行其作為聯盟成員時所負全部義務的財政分額」這個原則來處理其未履行的財政承諾。[29]此一觀點與主張「俱樂部模式」的英國觀點形成鮮明對比，後者認為「TEU第50條允許英國離開歐盟，無需對歐盟預算或其他財政工具下的未償財政義務負責」。[30]不過，雙方又一次找到了折衷辦法，詳情現在可在脫歐協定第五部分看到。

　　第三個問題——愛爾蘭邊界問題——經證明是最難解決的。這個問題根源自規範英國北愛爾蘭地區和愛爾蘭共和國的複雜法律安排。在雙方歷經多年的準軍事衝突（人稱「北愛爾蘭問題」）之後，1998年「耶穌受難日協定」終於帶來和平。然而，該協定保證愛爾蘭島南北邊界開放；隨

--------

[29] 理事會，'Negotiating documents on Article 50 negotiations with the United Kingdom', at https://ec.europa.eu/commission/publications/negotiating-directives-article-50-negotiations_ en, para.25。

[30] 英國上議院，歐盟執委會，'Brexit and the EU Budget', at https://publications.parliament.uk/pa/ld201617/ldselect/ldeucom/125/125.pdf, para. 133。

著英國脫離歐盟，這條開放的邊界突然處於危險之中。因為一旦英國離開歐盟，愛爾蘭共和國和北愛爾蘭之間的邊界就變成了歐盟的**外部**邊界，穿過這條邊界進入歐盟內部市場的貨品就須進行邊境檢查。

對於英國來說，原則上未來唯一的解決方案似乎是永遠留在單一市場和關稅同盟之內。但是，如果日後沒有達成這方面的協定，又會如何呢？為了防止在此期間出現「硬」邊界，必須設計出一套可行的「迴避方法」。第一個解決方案提出了所謂的「愛爾蘭邊境保障措施」（Irish backstop），據此，包括北愛爾蘭在內的整個英國都將留在歐盟關稅同盟內，**直到未來的貿易協定解決愛爾蘭邊界問題為止**。然而，英國終究無法接受這種半永久性解決方案，因此2019年脫歐協定選擇了另一個方案，這個方案是英國退出歐盟關稅同盟（及單一市場）；但讓北愛爾蘭實質上留在關稅同盟（及單一市場環境）之內——儘管它表面上的法理地位並非如此。[31]因此，事實上，愛爾蘭共和國和北愛爾蘭之間的硬邊界已被愛爾蘭海的無形邊界所取代（圖13.1）。

### (b)脫歐協定之二：實施與治理

關於脫歐協定的實施，最重要的決定是在協定第四部分引進「過渡」期或「實施」期，這是英國政府自己提出，旨在爭取額外時間以利**有序**脫歐。此一期限將於2020年12月31日屆期；不過，脫歐協定明智地設想到期限延長的可能性。[32]在實施期間，英國必須適用（幾乎）所有的歐盟法，[33]特別是，他將繼續留在單一市場中，而且必須如同過去一般的適用

---

31 特別參詳脫歐協議愛爾蘭議定書第4條：'Northern Ireland is part of the customs territory of the United Kingdom'；但也請參閱第5條第5項：'Articles 30 and 110 TFEU shall apply to and in the United Kingdom in respect of Northern Ireland. Quantitative restrictions on exports and imports shall be prohibited between the Union and Northern Ireland.'。

32 脫歐協定第132條規定最多允許延長一年或兩年。

33 同上，第127條第1項。

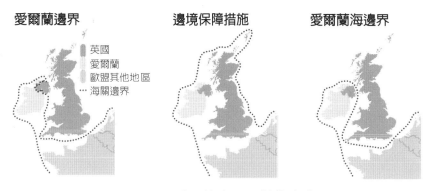

**圖13.1　愛爾蘭邊界：替代方案**

上圖改編自S. Fidler,‘Five Things to Know About Brexit Deal's Irish Border Issue', *The Wall Street Journal*, 10th December 2018。

歐盟法，[34]不過，它再也無法主動參與歐盟機構。這段「被動」會籍時期在理論上並不理想，但在實際上卻具有極其重要的意義，因為它意在為將來討論英國和歐盟之間的貿易關係時提供法律確定性。過渡期其實是被當作（過去的）成員地位與（未來的）夥伴關係之間的「橋梁」；而且，理想上，只要英國與歐盟有在談判，這段期間就應持續下去，以利避免「硬」脫歐。[35]過渡期結束後會是什麼局面？屆時，英國將完全脫離歐盟；然而，在一定期間內，這仍然意謂著歐盟法院可從英國法院收到有關脫歐協定特定事項的初步參考。[36]不過，脫歐協定的主要實施工作由「聯合委員會」負責。[37]委員會由英國和歐盟的代表組成，並依「共識」（mutual consent）作成決策。[38]英國與歐盟之間如有分歧，也有爭端解決

---

[34] 同上，第127條第3項及第131條。

[35] 關於這點，請見本書第四章。

[36] 關於協定第二部分事項的參考，特別參詳脫歐協定第158條。這裡設定的期間為八年。

[37] 同上，第164條。聯合委員會的程式規則規定在同上，附錄八。

[38] 同上，第166條第3項。

機制可供使用，透過此一機制最終雙方可藉國際仲裁解決歧見。

　　相較之下，愛爾蘭邊界問題的情況則更加脆弱和複雜，因為北愛爾蘭在脫歐協定下的地位必須得到其國內大多數人民的定期確認。過渡期結束之後四年及此後每隔一定期間，北愛爾蘭議會必須主動批准維持現狀；如果現狀遭到拒絕，「愛爾蘭解決方案」將在兩年後停止適用，[39]其結果將是一條硬邊界穿過該島——危及過去二十多年來的脆弱和平。

## 3. 未來之一：與歐盟（可能）的貿易協定

　　目前有哪些可供選擇的合作夥伴關係？英國當然會嘗試爭取一份最適合自己的「客製」協定，但歐盟目前針對希望與之建立緊密關係的國家有提供哪些模式呢？本節將探討三種模式：EEA模式（「挪威模式」）、關稅同盟模式（「土耳其模式」）和自由貿易協定模式（「加拿大模式」）。

　　就經濟關聯而言，以上每種模式都不如歐盟成員資格來得緊密，但都高於世界貿易組織（World Trade Organization, WTO）成員資格，這三種模式中以「挪威模式」關聯程度最高，以「加拿大模式」統合程度最低（見圖13.2）。

### (a)歐洲經濟區：「挪威模式」

　　歐洲經濟區（European Economic Area, EEA）協定於1992年簽署，1994年1月1日生效。[40]此經濟區彙集了歐盟（及其成員國）與除了瑞士以外的EFTA國家。[41]

---

39　愛爾蘭議定書，第18條。

40　歐洲經濟區協定（EEA Agreement），[1994] OJ L1/3。

41　EFTA現由四個國家組成：冰島、列支敦士登、挪威及瑞士，後者不是EEA的一部分，因為公投結果駁回批准EEA協定。因此，歐盟和瑞士的關係是建立在廣泛而大量的雙邊協定基礎上。然而，「瑞士模式」在實質上非常接近EEA模式。主要的「體制」差異在於如何實現與歐盟立法之間的監管同質性。歐盟一直對瑞士模式持高度批評態度，因此，這不會是歐盟與英國未來關係的可行選項。

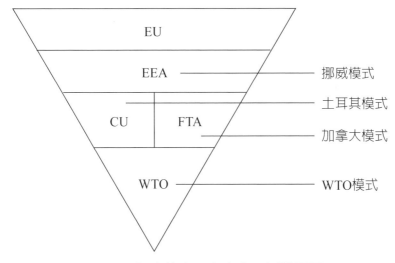

**圖13.2　經濟統合程度由高至低階層圖**

　　EEA協定旨在建立一個「同質的」自由貿易區，[42]因此協定涵蓋商品的自由流通（第二部分）；人員、服務和資本的自由流通（第三部分）；競爭法（第四部分）；不過它也規範與四大自由有關的配套政策（第五部分）。[43]第一至五部分的規定與歐盟條約（幾乎）相同。然而，EEA並非關稅同盟，而是一個「經過根本改善的自由貿易區」；[44]因此，EFTA成員國保有與第三國談判商業協定的自由。在歐盟權限的重要領域（見表13.2），EEA協定同樣給予EFTA國家自主行動的自由，不過，它們必須對歐盟預算作出貢獻。

---

[42] EEA協定（n. 40）第1條。

[43] EEA協定第五部分訂有「社會政策」、「消費者保護」、「環境」、「統計數據」和「公司法」的規定。

[44] S. Norberg, 'The Agreement on a European Economic Area' (1992) 29 *Common Market Law Review* 1171 at 1173.

表13.2　EEA協定：涵蓋範圍

| EEA：有涵蓋 | EEA：未涵蓋 |
| --- | --- |
| 自由流通：貨品 | 共同商業政策 |
| 自由流通：人員 | 共同農業政策 |
| 自由流通：服務 | 共同外交與安全政策 |
| 自由流通：資本 | 自由、安全與正義領域 |
| 競爭法（及國家補貼）歐洲貨幣 | 歐洲貨幣 |

　　EEA背後的核心目標是「在整個歐洲經濟區內，盡可能完全實現貨品、人員、服務和資本的自由流通，從而將歐盟內建立的內部市場擴大到EFTA國家」。[45]為了實現此一目標，EEA協定不僅複製了歐盟有關「消極統合」的規定，相對地，該協定也以顯著篇幅處理EEA內部的「積極統合」，以確保EFTA成員國與歐盟之間的監管一致。事實上，這種（動態）同質性的概念是EEA的一大關鍵原則。[46]

　　此立法上的一致性主要是透過「EEA聯合委員會」來達成，該委員會的任務是根據歐盟內部的最新立法發展來更新EEA協定的附件和議定書。[47]EEA聯合委員會是由歐盟和EFTA國家的代表組成，並「根據〔歐盟〕與EFTA全體國家達成的合意」行動。[48]過去，在（幾乎）所有的情況下，EEA聯合委員會對所有歐盟法案有如「橡皮圖章」般地全數同意；[49]立法一致性原則有時被認為是歐洲「霸權」，或者至少是嚴重的民主赤字。

------------------------

[45] *Ospelt and Schlössle Weissenberg Familienstiftung*, Case C-452/01 [2003] ECR I-9743, para. 29（強調後加）。

[46] G. Baur,'Decision-Making Procedure and Implementation of New Law' in C. Baudenbacher (ed.), *The Handbook of EEA Law* (Springer, 2016), 45 at 51.

[47] 與EEA相關的歐盟法案均標示為「Text with EEA relevance」。

[48] EEA協定第93條第2項。

[49] 不過，立法豁免與調整仍有可能。歐盟與EFTA成員國之間如有意見分歧，EEA協定有爭議的部分將會暫停適用（EEA協定第102條第5項）。

### (b)關稅同盟：「土耳其模式」

1963年與土耳其簽署的聯繫協定（「安卡拉協定」）是歐盟現有最古老的聯繫協定（association agreement）。[50]安卡拉協定旨在「促進雙方貿易和經濟關係持續平衡發展」；而此一更緊密經濟夥伴關係的目標，主要是透過締約國之間的關稅同盟來實現。[51]這個關稅同盟涵蓋貨品貿易，同時涉及：

— 歐盟成員國與土耳其之間禁止對進出口貨品徵收關稅和一切具有同等效力的稅費，禁止實施數量限制和一切具有同等效力，旨在以違反本協定宗旨之方式保護本國產品的其他措施；
— 土耳其在與第三國的貿易中採取〔歐盟〕的共同關稅，及接近〔歐盟〕其他外貿規定的趨於一致措施。[51]

因此，安卡拉協定的實施很大程度依賴於某種形式的「積極統合」；而其核心決策機構是「聯繫理事會」（Association Council），[53]其中理事是由歐盟（及其成員國）成員及土耳其代表組成，並依全體一致合意作成決定。[54]

關於貨品的自由流通，聯繫理事會最著名的決定是第1/95號決定，[55]

---

[50] 歐洲經濟〔同盟〕與土耳其建立聯繫關係的協定，於1963年9月12日由土耳其共和國與歐盟成員國在安卡拉簽訂，(1973) OJ C113/1。安卡拉協定的許多條款都在附加議定書中得到進一步闡明：Additional Protocol and Financial Protocol, [1972] OJ L293/4。

[51] 安卡拉協定第2條。

[52] 同上，第10條第2項。

[53] 同上，第22條第1項：「為實現本協定目標，聯繫理事會有權對協定規定情況作出決策。各方當事人應採取必要措施實施既定決策。」

[54] 同上，第23條第三段。

[55] Decision No. 1/95 of the EC–Turkey Association Council of 22 December 1995 on implementing the final phase of the Customs Union, [1996] OJ L35/1.

後者藉由將歐盟自己的貨品自由流通條款擴大到土耳其——幾乎一字不差——確立了「實施關稅同盟最後階段的規定」。為了實現內部貨品市場的「擴大」，土耳其承諾調合和統整與內部市場運作直接相關的土耳其立法，「盡可能與〔歐盟〕立法相一致」，[56]如有無法解決的意見分歧，歐盟或土耳其都可「採取必要的保護措施」。[57]

歐盟土耳其關稅同盟的實質範圍為何？關稅同盟與自由貿易區不同，其目標在於取消所有與海關有關的壁壘，不僅涉及締約國生產的貨品，也涉及在關稅同盟內「自由流通」的第三國貨品。為了達到此一目標並從而避免貿易轉向（deflections of trade），[58]關稅同盟對第三國採取共同商業政策；就歐盟土耳其關稅同盟而言，這種「共同」政策幾乎完全是歐盟的商業政策。土耳其確實承諾採取與歐盟「實質相似」的商業政策措施，[59]特別是「在共同關稅上保持一致」。[60]這意謂著土耳其與其他國家之間締結國際貿易協定會受到很大限制。

### (c) 自由貿易協定：「加拿大模式」

歐盟已經與第三國建立起廣泛的雙邊貿易協定網，一個很好的例子是「CETA」：歐盟與加拿大在2017年締結的優惠貿易協定[61]。藉由CETA，締約雙方「進一步加強他們密切的經濟關係」；儘管CETA的建構基礎是雙方各自在WTO下的權利義務，然而CETA的主要目的是在建立一個自由

---

[56] 同上，第54條第1項。直接相關領域定義如下（同上，第2款）：「與關稅同盟之運作直接相關的領域應為商業政策及與第三國達成的工業產品商業方面協定、有關取消工業產品貿易技術壁壘的立法、競爭和工業及智慧財產權法以及海關立法。聯繫理事會可根據聯繫關係的發展情況，決定擴大要達成調合的領域清單。」

[57] 同上，第58條第2項。這些措施後續由歐盟土耳其關稅同盟聯合委員會審查，但最終將交由國際仲裁處理（同上，第61條）。

[58] 當第三國在關稅同盟內選擇最容易進入同盟的成員國時，就會發生貿易轉向。

[59] Decision No. 1/95 (n. 55)，第12條。

[60] 同上，第13條。

[61] CETA代表「全面經濟貿易協定」（Comprehensive Economic and Trade Agreement）。CETA全文詳見[2017] OJ L11/23。

貿易區，「透過減少或消除貿易和投資壁壘，為他們的貨品和服務建立一個更廣大且安全的市場」。[62]

CETA經過七年的談判，篇幅超過1,000頁，共有30個章節，內容涵蓋形形色色的事務，儘管與前面討論的EEA或關稅同盟安排沒有任何相似之處，但CETA也有「監管合作」章節，[63] 這是設立一個「CETA聯合委員會」，由歐盟和加拿大各派代表組成，可經雙方同意作出決定。[64]

CETA 的主要作用是（幾近）全面降低關稅，同時也承諾大幅降低貨品的非關稅壁壘。CETA超越關稅同盟的實質範圍，加強關於服務和投資自由化的法律承諾，並致力於低度監管的統一。最後，由於CETA與EEA一樣建立了一個自由貿易區，加拿大模式將容許英國對世界其他地區採取自己的商業政策。

**(d)困難的選擇與紅線**

以上所述的三種模式提供三種不同的夥伴關係形式，個別特點總結如表13.3。

### 表13.3　未來關係模式：比較

| | EEA：「挪威模式」 | CU：「土耳其模式」 | FTA：「加拿大模式」 |
|---|---|---|---|
| 貨品自由流通 | 高 | 高 | 中 |
| 人員自由流通 | 高 | 低 | 低 |
| 歐盟競爭法 | 高 | 中 | 低 |
| 跟隨歐盟立法 | 高 | 中 | 低 |
| 與他國的貿易自由 | 高 | 中 | 高 |

---

62　同上，Preamble 1 and 2。

63　同上，第二十一章。

64　同上，第26.1條與第26.3條。

　　加入歐洲經濟區無疑是「最柔性」的脫歐形式。這個選項不一定代表英國重新加入EFTA，但它勢必意謂著英國原則上接受人員的自由流通，同時也承諾跟隨歐盟絕大部分的立法步伐。如果英國加入關稅同盟安排，這些後果可以部分避免。然而，儘管英國在此留住了對移民的掌控權，但這也會明顯降低其未來與第三國締結國際貿易協定的能力。那麼，加拿大式的自由貿易協定又如何呢？從脫歐協定所附的「政治宣言」（Political Declaration）來看，後者似乎是目前最有可能的途徑。[65]

　　重要的是，這三種模式都不能完全進入歐盟內部市場。只有成為歐盟的正式成員，才能成為歐盟內部市場的正式「成員」；所有非成員國安排都只能提供部分進入歐洲市場的機會。因此，參與歐盟的「黃金法則」是這樣的：第三國願意透過歐盟立法接受積極統合的程度，將直接決定其有權透過單一市場享受消極統合好處的程度。這是所有歐洲統合背後的基本「憲法」原則，如果歐盟放棄此一原則，歐盟自身的完整性就會受到威脅。[66]

　　前文所述個別模式中的「權衡」可否透過談判解決？英國希望可以如此，並且樂觀地提出「客製」協定的概念。然而，有個嚴重的經濟失衡問題對英國不利：因為歐盟是英國迄今為止最大的貿易夥伴，約占整體貿易總額的50%（！）；而英國的貿易只占歐盟整體貿易的15%-20%。所以，即使英國日後成為歐盟最重要的貿易夥伴之一，但與歐盟相比，英國相對的討價還價能力也會較差。而且，就法律層面而言，歐盟向來不是一個「容易」的談判對手，它是由許多不同國家組成，這些國家之間需要找到一個妥協的點；在最理想的情況是，這意謂著依據歐盟的共同商業政策在

---

[65] Political Declaration setting out the Framework for the Future Relationship between the European Union and the United Kingdom (n. 26), para. 3.

[66] 關於積極與消極統合之間的關係，詳R. Schütze, *From International to Federal Union: The Changing Structure of European Law*（準備出版中）。

理事會中取得條件多數決。[67]

## 4. 未來之二：「硬」脫歐與「WTO」模式

如果在過渡期結束前無法達成貿易協定，將會發生什麼事？若是如此，將會出現「硬」脫歐，英國重回世界貿易組織，改採WTO規則（WTO terms）。「WTO規則」是國際貿易標準條款，目前有150多個國家簽署。若未與歐盟達成雙邊貿易協定，英國無需採取任何其他行動，[68]將自動恢復其在世界貿易組織的獨立成員資格。

WTO協定的架構和內容為何？WTO協定旨在「為成員國之間的貿易關係提供共同的制度框架」，[69]因此，實質性的貿易規則見於其中的各種附件，這些附件將若干針對具體部門的貿易協定納入WTO協定（見表13.4）。

### 表13.4　WTO協定：涵蓋範圍

| WTO協定附件（節錄） | |
|---|---|
| 附件1A | 關稅暨貿易總協定（GATT） |
| | 農業協定 |
| | 食品安全檢驗與動植物防疫措施協定 |
| | 技術性貿易障礙協定 |
| | 原產地規則協定 |
| 附件1B | 服務貿易總協定（GATS） |

---

67　關於（普通）締約程序的討論，詳第二章第4節。

68　英國依其權利成為WTO成員這點，在WTO協定第11條第1項中得到確認。然而，其作為WTO成員的確切權利義務尚不確定，因為其先前作為歐盟成員國的地位將在脫歐之後取消。關於這一點的討論，詳F. Baetens, '"No Deal is Better than a Bad Deal"? The Fallacy of the WTO Fall-Back Option as a Post-Brexit Safety Net' (2018) 55 *Common Market Law Review* 133。

69　WTO協定第2條第1項。

　　WTO協定規範世界貿易的基本原則為何？其歷史核心為處理貨品的自由流通議題的1947年關稅暨貿易總協定（GATT）；但WTO協定也部分涵蓋服務（及其他品項）的貿易。因此，GATT禁止對進出口進行數量限制（以及具有同等效果的措施），[70]同時也要求對輸入產品「就所有法令所予待遇，不得低於本國生產之同類產品所予待遇」[71]。這聽起來很像TFEU第34條；但GATT的解釋與歐盟各條約的解釋完全不同。[72]

　　重要的是，與歐盟各條約相比，GATT明確允許將關稅作為國際貿易的合法壁壘，不過必須遵守WTO的一項著名原則：「最惠國待遇」（most-favoured-nation, MFN）原則。根據最惠國待遇原則，一個國家給予另一個國家的任何關稅優惠，必須自動給予從事同類產品貿易的**任何第三國**。[73]這對英國與歐盟之間的貿易意謂著什麼？這意謂著，在沒有優惠自由貿易協定的情況下，英國和歐盟都不能單方面決定不向對方徵收任何關稅，以達互惠目的。如果英國因此想降低對歐洲貨品的關稅，它也必須對世界其他地區的商品降低關稅；就歐盟的情況而言，這種做法是毫無可能的。如果「硬」脫歐的話，歐盟將會把其「正常」關稅擴大到英國；圖13.3顯示歐盟「共同關稅」下幾個最重要的關稅稅率。[74]

---

[70] GATT第6條第1項：任一締約國對進口到他締約國領土之任一產品，或對出口或為出口而銷售運往他締約國領土之任一產品，除課徵關稅、內地稅或其他規費外，不得利用配額或輸出許可證或其他措施來新設或維持數量上之限制。

[71] GATT第3條第4項。

[72] R. Schütze, From International to *Federal Market: The Changing Structure of International Law* (Oxford University Press, 2017).

[73] 詳GATT第1條第1項：對輸出或輸入，有關輸出或輸入，或因輸出或輸入所生之國際支付所課徵任何種類關稅或規費；及對該等關稅及規費之徵收方法，有關輸出及輸入之一切法令及程序以及本協定第3條第2項及第4項所涉事項，各締約國對來自或輸往其他締約國之任一產品所給予之利益、優惠、特權或豁免，應即無條件給予來自或輸往一切其他締約國之同類產品。

[74] 以上數據來自英國上議院歐盟委員會，Brexit: trade in goods', at https://publications.parliament.uk/pa/ld201617/ldselect/ldeucom/129/129.pdf。

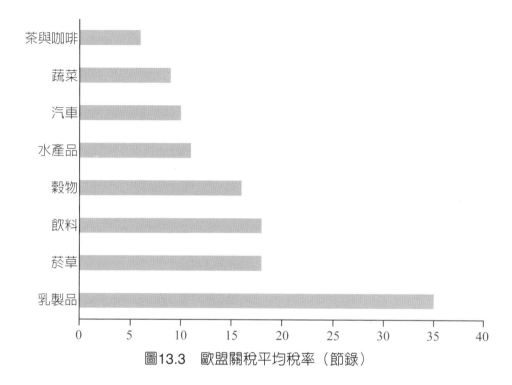

圖13.3　歐盟關稅平均稅率（節錄）

## 小結

英國脫歐是一個孤例，還是象徵著歐洲解體時代的開始？未來無法預測；而本章試圖做的是探討英國脫離歐盟的具體原因。英國對歐洲的興趣始終都是以經濟為主；它對「政治」統合的批判態度，則顯見於歐盟各條約中頻頻選擇退出的表現。但遺憾的是，即便是這種一腳在「內」一腳在「外」的折衷做法，仍沒能阻止英國脫歐。

英國脫歐進程在2020年1月31日之前受TEU第50條約束，在那之後，就受到第2節所述脫歐協定的約束。然而，該協定僅僅是第一步。它只是實現英國與歐盟的「分手」，未來的任何交易夥伴關係仍然有待第二份協定的協商談判。第3節討論各種協定「標準」，目前最可能的選項是歐盟—加拿大協定的版本。理論上，這份協定必須在2020年12月31日前達

成──除非英國的過渡期延長。如果無法達成協議,就會出現「硬」脫歐,後果則如第4節所述。

# 校譯者言：主譯者

歐盟法有其歐陸法傳統，所使用法律概念參考繼受傳統民刑法在所難免，但仍有意與其他法秩序（如國際法）區隔。因此在理解與翻譯上，實應針對相關基本用語（含術語）以及各用語彼此間關聯性加以界定。

此事在翻譯上的困難，要之如：（一）所譯法律用語，是否或應該如何呈現此領域的獨特性；其次（二）所採中文用語，是否或如何合於當地的使用習慣。

所幸在此領域，國內諸多前輩與先行者筆耕不輟，給予諸多靈感，並輔以本書作者不吝指點。然校譯者學殖甚淺，無意提出標準化的方案，在此僅嘗試拋磚引玉，紙短情長，還盼方家不吝指正。

針對上述（一），參考國內譯法多所考究者，不另創新詞，例如：regulation（或譯為規則、規章等）；primary law與secondary law（或譯為原生法與派生法、主要與次要聯盟法、基本法與次級法等）；principle of subsidiarity（或譯為補充性原則或輔助性原則）；歐盟個別機構的名稱有其歷史沿革，用語也各有所指，不得不察。

針對上述（二），試將書中內容依「法律文言」的程度，略分為所引條文、所引判決段落以及作者說明三者；前二類如已有官方譯本則予尊重，但仍嘗試依法律文言化語氣進行程度不一的調整。其結果雖仍不免遷就行文脈絡而異，但此屬常態而不可免。惜乎無法提出若干具體可靠的指標，以供讀者指正。

實則，即便面對熟悉領域文本，不同時點對同一段落的詮釋，自也呈現當下的理解與心境，甚至判若二人。同時參與多項翻譯計畫的專職譯者或經驗豐富的斜槓譯者可能司空見慣；但校譯者的目標與任務，也正是以

此為起點。本書譯者群，分於不同時期接觸法國、義大利、德國以及荷蘭等地歐盟法制的發展實況，當真體現歐盟「多元中團結」宗旨。校譯者力求語氣一致，雖不時身陷「超國家治理」與「政府間主義」的糾結，但實為再現譯者風采。

諸位譯者多為求學時代舊識，本譯本可謂前輩提攜、同輩相挺、後輩不棄的產物。拜讀過程中自己如沐春風不在話下，譯者在各自翻譯過程如能憶及舊時記趣，並慨允分享各自歐盟經驗，恐怕更是本書獨一無二的特點。

本書與傳統意義經典之不同，或許在體現當下的時空情境與社會心態（如英國脫歐的挑戰與回應），也是本版次重要價值所在。實則歐洲聯盟自上世紀草創至今未逾百年，規範架構早已數經更迭，推陳出新；其思路變化固然有跡可尋，但相關規範繁瑣程度，即便具法律背景或對歐洲文明有所接觸之人，恐也不免裹足半晌；是以，中文譯介或許有其必要。

本書可作為教科書，但章節安排是專為入門讀者所特意設計。工作上接觸歐盟事務之人，透過此書可較易掌握歐盟法律的風貌；對國際情勢或比較研究有興趣者，本中譯本所附海內外學者與實務的專業介紹，則提供不同觀點與靈感。至於歐盟法研究的專家學者，筆者建議直接參考作者的大部頭教科書（其間差異，請詳拉頁表格）以及其他專著。

# 校譯者言：高育慈

　　很榮幸參與本書的翻譯與審稿工作，這次藍教授邀請多位法律系老師與我共同翻譯Robert Schütze教授的《歐盟法要義》一書，相較於其他譯者的學有專精，我只修過幾門法律課，法律專業似乎有點不足，不過專職翻譯多年的我，還是可以從譯者的角度貢獻一點心得與建議，希望對日後類似的學術翻譯計畫有所助益。

　　先從心得開始。對我而言，翻譯本書最大的挑戰是要在短時間內學習大量的背景知識，讓自己的譯文看起來像個法律專家。譯者的工作其實跟演員很像，每次翻譯都是在扮演作者，揣摩對方說話的方式和邏輯，將其訊息傳達給另一個語言的讀者。學習背景知識不只幫助譯者判斷如何模仿作者遣詞用字，同時也能在翻譯過程提供理解原文的線索，畢竟，在一片字海中，你往不同方向解讀，最後抵達的目的地也會不同，你需要線索才能把船開到作者想到的地方。

　　儘管事前的準備工作不算輕鬆，但翻譯過程還算順利，因為相關的學術論文不少，邊做邊讀，很多問題自然迎刃而解。再者，本書是一本入門書，作者又是個大學教師，行文提綱挈領，論理清晰，循序漸進，而且還經常不厭其煩提點重要觀念，就連不是法律專業的我都能迅速進入狀況，相信讀者定能從中受益更多。

　　另一個幸運之處是藍教授願意與譯者密切合作，竭盡所能解答一切疑問，這對我的幫助極大，衷心期待這種專家與譯者的合作模式能夠普及。找專家翻譯專業書固然理想，但專家通常有自己的本業，不一定有時間從事翻譯，再者，懂專業的人也不一定擅長翻譯，專家與譯者合作不僅較有效率，品質也會較有保障。早期的佛經翻譯都是在譯場進行，主譯底下可有多達數千名助手，分別負責傳語、筆受、證義、潤文、審查等工作，大

家反覆討論，交換意見，協力完成一部又一部傳世經典，對照現今多由一人獨力翻譯的情況，差別甚鉅。學術翻譯的重要性不下佛經翻譯，縱使無法傾國家之力廣開譯場進行，也值得參考譯場的運作模式，集結專家與譯者之力一起進行。

接著是建議的部分。這次的翻譯工作是由4位譯者共同完成，可想而知，最後一定需要統整譯文，這也是我負責的工作之一。譯文需要統整的地方不只專有名詞的譯法，行文風格也是需要注意的重點。有的譯者喜歡增譯，在譯文裡面添加原文沒有的意思甚或是句子，有時這麼做可讓上下文的銜接更為順暢，其實無可厚非，但增譯過度，可能改變原文的簡潔風格，更何況，還須顧及其他譯者的風格，總不能一本書前面囉唆，後面惜字如金，所以最後還是決定以原文為依歸，刪除譯者過度詮釋的部分，反之亦然，譯文省略太多，已經失去原文面貌，改變論理邏輯者，也會補譯回來。

統整涉及許多編輯事務，連數字格式、註腳擺放位置都要統一，非常瑣碎，但又不得不做，其實，若能在翻譯開始之前做好準備工作，之後的統整工作會輕鬆很多。例如，事先參考原文的索引，製作詞彙表，將書中的重要用語先行翻譯出來，提供所有譯者使用。再如，召集所有參與人員開會討論譯文風格和翻譯策略，甚至內文格式、腳註格式、字體等都可以討論。最好先譯完一個章節，除了便於說明計畫主持人希望呈現的譯文面貌，譯者在翻譯過程也能隨時拿出來參考。

最後，我也建議使用翻譯輔助軟體，這是翻譯業界都會使用的工具，對譯者最大的好處是可以累積翻譯記憶，把先前翻譯過的內容變成資料庫，以供日後隨時查詢與參考，這對統一用詞和譯文風格非常有幫助，法條和判決書等重複的內容也不必再花時間重新翻譯。唯一的缺點就是軟體價格通常不便宜。不過現在也有免費的翻譯輔助軟體，只是功能比較陽春，但仍值得一試。

　　本書的翻譯計畫從開始到最後真的完成，歷經多年時間，一切都得歸功於藍教授的堅持，也希望在我們最後有把這艘船開到作者想到的地方。


　　　　　　　　　　　　　　　　　　　　　　　高育慈

# 主譯者誌謝

　　2020年孟春，身體略感不適，初不以為意，經家人催促方知須即刻住院。然小兒預產日在即，幼女甫滿週歲，內人獨攬家中瑣事，不久也身躺自己入院同張病床之上；岳母及時北上支援，不辭辛勞。此時全球疫情蔓延，口罩一片難求之際，仰頭所見，只有從人工儀器堆疊縫隙中直望窗外無盡的黑夜，借用當時同學們的慣用語——像極了英國眼中的歐盟，或許也像極了歐盟眼中的英國。

　　筆者接觸歐盟領域甚晚，美其名跳脫舒適圈，實乃擴大舒適圈的嘗試，在此必須感謝時任許惠峰院長以及現任王志誠院長兼副校長的支持與鼓勵。初識本書為初版不久的2014年，當時見其簡明扼要，初出茅廬之人如獲至寶，舉棋不定也無從迴避。決定投身其中到正式動工又已數年。其間蒙李柔萱、吳淩瑄、王秀元覓得此書二版，並以讀書會形式選讀若干段落，欣見其樹與蔓蔓枝葉。取得三版後，數度重整旗鼓，欲見其林；幸得牟科渝、唐成杰、林奕欣、葉家紘、盧怡潔、蔡承翰、蕭郁瀚等同學共修，利用寒暑與余討論；近日又聞作者分享四版增修計畫，方知本書有階段性任務在身，辭行之日在即。

　　本中譯是根據目前最新的第三版，緣其始末倒是將各時期的逐夢之旅串聯起來。家師葛克昌教授，嘗謂歐盟法研究即比較法研究，處理的是不同法律傳統的問題。本書作者所欲呈現歐盟法院見解迂迴發展之路，或許正是此一寫照。歷險之初，不免先入為主仰賴過去淺薄認知；理解困難處，只能帶著掌握得了的工具，一路大膽假設、小心求證，倒也自得其樂；比較研究的意義，或許不限於還原真相，也在詮釋歷史對當今處境的影響。只是未察馬齒徒增，氣力早非當年，終聽好友相勸方知借重長才。

幸賴前輩、同好以及同行新銳熱心扶持，百忙中撥冗獻技，才有如今讀者手上此書。

這趟歐盟之旅，暖心支持的師長與同好不吝賜序，是支撐自己堅持下去的關鍵，也得以見證國內外各學門對此領域關注熱絡。部分序文以外語寫就，中譯由團隊與余共同完成，體悟團隊合作寶貴意義，自身侷限必須坦然接受，果斷放下。出院恢復期間，狀況不佳失禮之處必多，也再次向翻譯與出版團隊以及賜序的師長好友致歉。劉副總編輯與佳瑩出版時程上多方體恤，始有機會抓住光陰彗尾。

特別感恩林教授谷燕臨門一腳的鼓勵，並慨允旁聽其「歐盟法專題研究」課程，諸位同修的優異使本書以全新面貌問世。最終階段的梳理，有王嘉鴻、林奕欣、馮冠中、劉岳翰等人參與；陳美娘、高彬修與施昀欣協助進行二校、共同設計封面，並構思書名中譯；最後一哩路，再有勞施昀欣統整，更將構想繪製圖表，備極辛勞。不敢言眾志成城，但總算一圓長久以來師生集體創作共同記憶的美夢。

此際防疫嚴謹依舊，幼子蟄伏在家，父母隔代教養，舅父、妹妹與妹婿不時關照，自己方得同享天倫，何其有幸。居家育兒期間，也試從子女角度仰望生活周遭世界，對於以家父長主義看待歐盟與其成員國間關係，有著說不出的體會……。

猶記護理人員將己病床推入電梯之際，特囑家人代向熱情邀稿師長表示力有未逮，盼其諒解；如今出版之際，體力復又不濟，只得再度致電表示歉意。但旁人不免要問：爾後莫非還要如此，何時才肯與自身達成和解？對曰：雖不知終其一生有何能求，但元駿能給所關愛之人最好的禮物，恐怕正是這一段又一段用來回憶的閱讀時光。

最後，本書要獻給自己第三屆導生。期許大家畢業後走入新環境，也能帶著新的已知，創造新的未知。數位化時代的今日，不知讀者能否透過電子屏幕接收作者熱情；回首自己親手接過師長贈書，片刻即感受暖暖心

意，內容受用至今。吾人能秉持此等初衷，那些砥礪身心的磨鍊應已不藥而癒。

藍元駿

時法律學系國際法研究中心召集人

國家圖書館出版品預行編目資料

歐盟法要義／Robert Sch tze原文作；藍元
駿, 陳盈雪, 高育慈, 張之萍, 徐彪豪譯.
－－初版.－－臺北市：五南圖書出版股份
有限公司, 2023.01
面；　公分
譯自：An introduction to European law
ISBN 978-626-343-592-6 (平裝)

1.CST: 歐洲聯盟　2.CST: 法規

578.1642023　　　　　　111019914

4U30

# 歐盟法要義
# An Introduction to European Law

作　　者 — Robert Schütze

主 譯 者 — 藍元駿

譯　　者 — 陳盈雪、高育慈、張之萍、徐彪豪

發 行 人 — 楊榮川

總 經 理 — 楊士清

總 編 輯 — 楊秀麗

副總編輯 — 劉靜芬

責任編輯 — 林佳瑩

封面設計 — 王麗娟

出 版 者 — 五南圖書出版股份有限公司

地　　址：106台北市大安區和平東路二段339號4樓

電　　話：(02)2705-5066　　傳　　真：(02)2706-6100

網　　址：https://www.wunan.com.tw

電子郵件：wunan@wunan.com.tw

劃撥帳號：01068953

戶　　名：五南圖書出版股份有限公司

法律顧問　林勝安律師

出版日期　2023年1月初版一刷

定　　價　新臺幣620元